Handeltreiben mit Betäubungsmitteln

Schriften zum Strafrecht und Strafprozeßrecht

Herausgegeben von Manfred Maiwald
und Carsten Momsen

Band 111

PETER LANG
Frankfurt am Main · Berlin · Bern · Bruxelles · New York · Oxford · Wien

Christoph Skoupil

Handeltreiben mit Betäubungsmitteln

Strafbarkeitsvorverlagerungen vor und nach der Entscheidung des Großen Senats für Strafsachen vom 26.10.2005

PETER LANG
Internationaler Verlag der Wissenschaften

Bibliografische Information der Deutschen Nationalbibliothek
Die Deutsche Nationalbibliothek verzeichnet diese Publikation in der Deutschen Nationalbibliografie; detaillierte bibliografische Daten sind im Internet über http://dnb.d-nb.de abrufbar.

Zugl.: Mainz, Univ., Diss., 2012

D 77
ISSN 0938-6181
ISBN 978-3-631-62391-6

www.peterlang.de

Meinen Eltern

Vorwort

Die vorliegende Arbeit wurde im Sommersemester 2011 vom Fachbereich Rechts- und Wirtschaftswissenschaften der Johannes Gutenberg-Universität Mainz als Dissertation angenommen.

Besonderer Dank gilt meinem Doktorvater, Herrn Professor Dr. Jan Zopfs. Auf seine Anregung hin entstand diese Arbeit. Er unterstütze mich während Ihrer Erstellung und war stets bereit mir mit Rat und Tat zur Seite zu stehen.

Ebenfalls herzlichen Dank schulde ich Herrn Professor Dr. Volker Erb, an dessen Lehrstuhl ich als wissenschaftlicher Mitarbeiter tätig bin. Er hat mir großzügig die zur Anfertigung dieser Arbeit notwendigen Freiräume belassen. Ihm sei ferner für die zügige Erstellung des Zweitgutachtens gedankt.

Weiterhin möchte ich den Herren Professoren Dr. Manfred Maiwald und Dr. Carsten Momsen für die Aufnahme dieser Arbeit in die Reihe der „Schriften zum Strafrecht und Strafprozeßrecht“ danken.

Schließlich danke ich der Lang-Hinrichsen-Stiftung für den großzügigen Druckkostenzuschuss.

Rechtsprechung und Literatur befinden sich auf dem Stand von März 2011.

Wiesbaden, im April 2012 Christoph Skoupil

Inhaltsverzeichnis

Einleitung

1. Kapitel: Historische Betrachtung der Gesetzgebung zum Begriff des Handeltreibens im Sinne des Betäubungsmittelstrafrechts

2. Kapitel: Definition des Begriffs Handeltreiben im Sinne des Betäubungsmittelgesetzes in der Rechtsprechung

3. Kapitel: Vorverlagerung des Vollendungszeitpunkts beim unerlaubten Handeltreiben mit Betäubungsmitteln im Sinne des § 29 I 1 Nr. 1 BtMG

Einleitung

Das Betäubungsmittelstrafrecht ist außerhalb des StGB und damit im Nebenstrafrecht gesetzlich geregelt. Anders als es die Bezeichnung Nebenstrafrecht vermuten lässt, war es jedoch Ausgangspunkt vieler für das moderne Straf- und Strafprozessrecht wichtiger Entwicklungen.[1] Darüber hinaus besitzt es eine enorme praktische Relevanz.[2] So bildeten die Rauschgiftdelikte insgesamt im Jahre 2009 mit 235.842[3] Taten die fünftgrößte Gruppe aller registrierten Delikte.[4] Hiervon entfielen wiederum allein 48.253[5] Taten auf den unerlaubten Handel mit (und Schmuggel von) Rauschgiften.

A. Problemstellung

Das unerlaubte Handeltreiben mit Betäubungsmitteln ist in § 29 I 1 Nr. 1 BtMG geregelt. Es ist nicht legal definiert. Die Rechtsprechung versteht unter dem unerlaubten Handeltreiben mit Betäubungsmitteln „jede eigennützige auf den Umsatz von Betäubungsmitteln gerichtete Tätigkeit."[6]

Das Handeltreiben hat in seiner mittlerweile über achtzigjährigen[7] Rechtsprechungsgeschichte stets eine weite, auf kriminalpolitische Gesichtspunkte gestützte[8] Auslegung erfahren. Dies führte unter anderem dazu, dass der Anwendungsbereich des vollendeten Handeltreibens, teilweise über das Stadium des gesetzlich in § 29 II BtMG vorgesehenen versuchten Handeltreibens hinaus, bis in das Stadium der eigentlich straflosen Vorbereitung hinein, ausgedehnt

---

1 Genannt sei hier nur BGH, B. v. 04.02.2003 – GSSt 1/02 = BGHSt 48, 189 (Bewaffnetes Handeltreiben mit Betäubungsmitteln: Zurechnung der Bewaffnung eines Mittäters); vgl. überdies die Zusammenstellung bei *Rahlf*, FS BRAK, S. 243.

2 Vgl. *Kotz*, StRR 2010, 301 der jüngst darauf hinweist, dass es sich bei dem Betäubungsmittelstrafrecht um das „wohl wichtigste Gebiet des Nebenstrafrechts" handelt. *Rahlf* (FS BRAK, S. 243) und *Weber* (BtMG, Vorwort S. IX) gehen gar davon aus, dass das Betäubungsmittelstrafrecht „in unseren Gerichtssälen längst vom Nebenstrafrecht zu einem Hauptstrafrecht geworden ist".

3 PKS 2009, S. 44.

4 PKS 2009, S. 31; mehr registrierte Straftaten erfolgten lediglich im Bereich des Diebstahls, des Betrugs, der Sachbeschädigung und der Körperverletzung.

5 PKS 2009, S. 44.

6 BGH, B. v. 26.10.2005 – GSSt 1/05 = BGHSt 50, 252, 256.

7 Der unerlaubte Handel mit Betäubungsmitteln wurde gesetzlich erstmals 1929 pönalisiert; vgl. unten 1. Kapitel:C.IV.

8 3. Kapitel:E.III.2.

wurde. Die anerkannten Deliktsgrenzen, zwischen Vorbereitung, Versuch und Vollendung wurden in diesen Fällen ignoriert – mindestens jedoch verwischt. In der Rechtsprechungspraxis führte dieses Vorgehen zu einer fast vollständigen Aussparung des Versuchs. Gleichzeitig werden Vorbereitungshandlungen als vollendete Taten bewertet.

Ähnliche Probleme ergeben sich im Rahmen der hier unter dem Blickwinkel der Kurierrechtsprechung betrachteten Abgrenzung von Täterschaft und Teilnahme: Auch in diesem Bereich ist eine Abgrenzung nach den gängigen Kriterien nur schwer durchführbar.

Insgesamt besteht zwischen der Definition des Handeltreibens (zumal in ihrer extensiven Auslegung) und den Regeln des Allgemeinen Teils des StGB, bzw. darüberhinausgehend, den rechtsstaatlichen Grundsätzen, ein starkes Spannungsverhältnis.

Am 10.07.2003 griff der 3. Strafsenat die in der Literatur schon seit mehreren Jahrzehnten geäußerte Kritik[9] auf und unternahm im Rahmen eines Anfragebeschlusses[10] den Versuch einer umfassenden, am Begriff des Waffenhandels orientierten Neudefinition des Handeltreibens. Obwohl diesem ehrgeizigen Unterfangen letztlich der Erfolg versagt bleiben sollte, führte der hieraus resultierende Vorlagebeschluss[11] eine Entscheidung des Großen Senats für Strafsachen herbei. Über die konkrete Vorlagefrage hinaus nutzte der Große Senat die sich ihm darbietende Gelegenheit und nahm ausführlich Stellung zum Begriff des Handeltreibens im Betäubungsmittelstrafrecht. Auch wenn er die überkommene Definition und Auslegung des Handeltreibens durch die Rechtsprechung billigte, räumte er doch gleichzeitig ein, dass die „Grenzziehung zwischen strafloser Vorbereitung einerseits und dem strafbaren Versuch des Handeltreibens bzw. vollendetem Handeltreiben andererseits in der Rechtsprechung des Bundesgerichtshofes bislang nur kasuistisch erfolgt ist.“[12] Zur Überwindung dieser Kasuistik führte er ferner aus, dass bei den, dem Vorbereitungsstadium zuzurechnenden Fallgestaltungen „noch jede Konkretisierung der in Aussicht genommenen Tat fehlt.“[13] Zudem sollte „ein großer Teil derjenigen Fälle, die im vorliegenden Zusammenhang als problematisch diskutiert werden, […] seine Lösung eher an der Grenzlinie zwischen Beihilfe und (Mit-)Täterschaft als in der Differenzie-

---

9 Vgl. bereits *Topf*, NJW 1954, 1898; *Liemersdorf/Miebach*, MDR 1979, 981.

10 BGH, Anfrageb. v. 10.07.2003 – 3 StR 61/02 und 3 StR 243/02 = NStZ 2004, 106; vgl. unten 3. Kapitel:E.I.2.

11 BGH, Vorlageb. v. 13.01.2005 – 3 StR 61/02 und 3 StR 243/02 = NJW 2005, 1589, 1591; vgl. unten 3. Kapitel:E.II.

12 BGH, B. v. 26.10.2005 – GSSt 1/05 = BGHSt 50, 252, 266.

13 BGH, B. v. 26.10.2005 – GSSt 1/05 = BGHSt 50, 252, 266.

rung zwischen versuchtem und vollendetem Handeltreiben"[14] finden. Sowohl die Tatsache, dass der Große Senat am Ende seiner Entscheidung noch die benannten Restriktionsmöglichkeiten aufzeigte,[15] als auch die nach dem Beschluss des Großen Senats zu beobachtende Entwicklung zeigen, dass die Diskussion um den Begriff des Handeltreibens mit Betäubungsmitteln noch keine Ende gefunden hat – und in Anbetracht der weiterhin bestehenden Schwierigkeiten noch keines finden sollte.

B. Gang der Untersuchung

Im ersten Kapitel soll ein Überblick über die historische Gesetzgebung zum Begriff des Handeltreibens im Betäubungsmittelstrafrecht gegeben werden. Dieser reicht bis zum heutigen Tag. Im Anschluss folgt eine erste Untersuchung der das Handeltreiben betreffenden Rechtsprechung (2. Kapitel). Dabei soll zunächst der Umgang des Reichsgerichts mit dem Handeltreiben beleuchtet werden. Sodann wird die Definition des Handeltreibens in der Rechtsprechung des Bundesgerichtshofs im Überblick skizziert. Das dritte Kapitel beschäftigt sich mit der Vorverlagerung der Strafbarkeit im Bereich des Handeltreibens. Insofern soll zunächst die dogmatische Grundlage begutachtet und damit die Deliktsnatur des Handeltreibens bestimmt werden. Dieser Einordnung schließt sich eine in Fallgruppen gegliederte Analyse der Rechtsprechung des Bundesgerichtshofs bis zum Anfragebeschluss des 3. Strafsenats[16] an. Die jeweils einschlägige Problematik wird an Fallbeispielen dargestellt und erläutert. Folgend wird die durch die Literatur geübte Kritik abgebildet und die hieraus entwickelten Lösungsansätze untersucht. Im Fortgang steht die Entscheidung des Großen Senats vom 26.10.2005[17] im Mittelpunkt. Sowohl das der Entscheidung vorausgehende Verfahren (Anfrage- und Vorlagebeschluss), als auch der Beschluss des Großen Senats selbst, werden eingehend durchleuchtet. Schließlich werden die durch den

---

14 BGH, B. v. 26.10.2005 – GSSt 1/05 = BGHSt 50, 252, 266.

15 Die konkrete Vorlagefrage war bereits beantwortet, die bisherige Definition und Auslegung gestützt. Die Ausführungen wären also, zumindest aus Sicht derjenigen, die keine Probleme bei der Anwendung des tradierten Begriffs sahen, entbehrlich gewesen. Nach *Rahlf* (FS BRAK, S. 253, 258) können sich „diejenigen, die Unbehagen an der uferlosen Ausdehnung des Tatbestandes empfunden und auf Grund des Anfrage- und Vorlageverfahrens Hoffnung auf eine Neuinterpretation [...] geschöpft hatten, [...] durch die Hinweise des Großen Senats am Ende seiner Entscheidung getröstet sehen".

16 BGH, Anfrageb. v. 10.07.2003 – 3 StR 61/02 und 3 StR 243/02 = NStZ 2004, 106.

17 BGH, B. v. 26.10.2005 – GSSt 1/05 = BGHSt 50, 252.

Großen Senat vorgeschlagenen Restriktionsmöglichkeiten und die sich hieran anschließende Rechtsprechung jeweils sowohl aus einem dogmatischen, als auch aus einem praktischen Blickwinkel betrachtet und bewertet. Im 4. Kapitel werden, ausgehend vom Status quo der Rechtsprechung, im Hinblick auf § 132 GVG zu ziehende Konsequenzen aufgezeigt. Sodann (5. Kapitel) erfolgt eine Schlussbetrachtung.

1. Kapitel: Historische Betrachtung der Gesetzgebung zum Begriff des Handeltreibens im Sinne des Betäubungsmittelstrafrechts

A. Historische Entwicklung bis zum Ersten Weltkrieg

Die europäische und US-amerikanische Betäubungsmittelgesetzgebung ist eng mit der zunehmenden Verbreitung von Opiaten[18] verzahnt.[19] Noch im 19. Jahrhundert wurden Opiate und Kokain als Heil- und Genussmittel[20] begriffen.[21] Opiumarzneien wurden von Ärzten in hundertfachen Variationen zur Heilung der verschiedensten Krankheitsbilder[22] verschrieben.[23] Die Sorglosigkeit bzgl. des Umgangs mit den genannten Substanzen zeigte sich unter anderem auch an der Anwendung von Opiumzubereitungen als Schlaf- und Hustenmittel[24] für Kinder und Kleinstkinder.[25] Eine gesetzgeberische Reaktion blieb allerdings zunächst aus, obwohl schon sehr früh im Rahmen medizinischer Veröffentlichungen auf die „Morphinsucht" und ihre Folgen hingewiesen wurde.[26] Die

---

18 Als deren wichtigste Vertreter seien Opium, Morphium, Heroin und Kodein genannt (vgl. *Malek*, Betäubungsmittelstrafrecht Kap. 1 Rn. 1).

19 *Malek*, Betäubungsmittelstrafrecht Kap. 1 Rn. 1.

20 Es wurden Coca-Weine, Coca-Teesorten, Coca-Pastillen, Coca-Zigaretten produziert. Auch die bekannte Coca-Cola enthielt bis in das Jahr 1903 hinein Coca-Bestandteile (vgl. *Körner*, BtMG, Einl. Rn. 10).

21 *Nestler,* Handbuch Betäubungsmittelstrafrecht, § 11 Rn. 18.

22 So wurde Opium unter anderem als Arzneimittel gegen Pocken, Ruhr, Cholera, Gicht, Pest, Masern, Durchfall, Asthma, Katarrh, Epilepsie, Angina, Fieber, Reisekrankheiten und Verwundungen verschrieben und auch bei der Behandlung von Brüchen und Amputationen eingesetzt (vgl. *Körner*, BtMG, Einl. Rn. 7).

23 *Rommeney*, FS Heinitz, S. 611; *Körner*, BtMG, Einl. Rn. 7.

24 *Körner*, BtMG, Einl. Rn. 7.

25 Vgl. hierzu die zeitgenössische Schilderung von *Friedrich Engels*, Die Lage der arbeitenden Klassen in England, S. 132: „Je stumpfer der Organismus des Kindes gegen die Wirkung des Opiums wird, desto größere Quantitäten werden ihm davon gegeben. […]. Man kann sich leicht denken, was die Folgen für die so behandelten Kinder sind. Sie werden blass, welk und schwach und sterben meist, ehe sie zwei Jahre alt sind Die Anwendung dieser Medizin ist in allen großen Städten und Industriebezirken des Reichs sehr verbreitet".

26 Vgl. *Hügel/Junge/Lander/Winkler*, Deutsches Betäubungsmittelrecht, Einf. S. 6.

Alkaloidproduktion[27] und der Handel mit Opium waren ein bedeutender Wirtschaftsfaktor für die Industrie geworden.[28] Dies gilt insbesondere für Deutschland als damals größten Alkaloidproduzenten der Welt.[29]

Erst als Anfang des 20. Jahrhunderts die gesundheitlichen Schäden durch den weltweiten Opiummissbrauch nicht mehr zu übersehen waren,[30] wurden die ersten vorsichtigen Schritte zur Eindämmung des Missbrauchs in die Wege geleitet. So wurde das Feilhalten und der Verkauf des bis dahin frei verkäuflichen Morphins durch die kaiserliche „Verordnung, betreffend den Verkehr mit Arzneimitteln vom 22. Oktober 1901"[31] den Apothekern vorbehalten.[32] Der Großhandel wurde von dieser Beschränkung allerdings ausgenommen.[33] Auch eine Strafbestimmung fehlte der Verordnung gänzlich.[34]

1904 wurde, auf den 1898 von den Amerikanern übernommenen Philippinen, erstmals der Handel mit Opium verboten.[35] Aufgrund des dort weit verbreiteten Opiummissbrauchs forderten Kirchenvertreter,[36] internationale Maßnahmen gegen den Opiumhandel zu ergreifen.[37]

---

27 Alkaloide sind überwiegend in Pflanzen (v.a. Nachtschatten-, Mohn-, Hahnenfußgewächse, Hülsenfrüchtler) vorkommende, alkalisch (basisch) reagierende, stickstoffhaltige Naturstoffe, die teilweise als Arzneistoffe verwendet werden, aber auch stark giftig sind. Erstes Alkaloid war das Morphin, das *Friedrich Wilhelm Sertürner* 1806 in Reinform aus Schlafmohn extrahierte (Brockhaus Enzyklopädie in 30 Bänden, Band 1, S. 534 f.).

28 Vgl. *Ellinger*, Betäubungsmittel und Strafbarkeit, S. 19; *Malek*, Betäubungsmittelstrafrecht, Kap. 1 Rn. 1; *Körner*, BtMG, Einl. Rn. 13.

29 *Körner*, BtMG, Einl. Rn. 13; *Nestler,* Handbuch Betäubungsmittelstrafrecht, § 11 Rn. 18.

30 MK-BtMG/*Rahlf*, Vorbm. zu den §§ 1 ff. Rn. 14.

31 RGBl. I S. 380.

32 Vgl. § 1 I der Verordnung: „Die in dem angeschlossenen Verzeichnisse A aufgeführten Zubereitungen dürfen, ohne Unterschied, ob sie heilkräftige Stoffe enthalten oder nicht, als Heilmittel (Mittel zur Beseitigung oder Linderung von Krankheiten bei Menschen oder Thieren) außerhalb der Apotheken nicht feilgehalten oder verkauft werden".

33 Vgl. § 3 der Verordnung: „Der Großhandel unterliegt den vorstehenden Bestimmungen nicht. [...]".

34 *Körner*, BtMG, Einl. Rn. 13.

35 *Malek*, Betäubungsmittelstrafrecht, Kap. 1 Rn. 2.

36 Namentlich der damalige Bischof der Philippinen, *Brent*; vgl. *Rommeney*, FS Heinitz, S. 614.

37 MK-BtMG/*Rahlf*, Vorbm. zu den §§ 1 ff. Rn. 14.

Auf Drängen der Vereinigten Staaten von Amerika fand 1909 schließlich die erste internationale Opiumkonferenz[38] in Shanghai statt.[39] Die gebildeten Kommissionen waren jedoch nur dazu befugt, unverbindliche Empfehlungen, die schwerpunktmäßig Exportbeschränkungen, Produktionsüberwachungen und die Forschung nach „Anti-Opiummitteln" vorsahen, an die Regierungen der Teilnehmerstaaten zu richten.[40]

Die auf der Opiumkonferenz von Shanghai erlassenen Empfehlungen mündeten schließlich in das Haager Internationale Opiumabkommen vom 23.01.1912.[41] Im Rahmen dieses Abkommens verpflichteten sich die Vertragsstaaten,[42] den Betäubungsmittelmissbrauch zu verhindern. Kokain und Morphin wurden geächtet.[43] Die Produktion und der Handel mit Opiaten und Kokain sollte gesetzlich geregelt werden.

Die Intention des Abkommens stand den wirtschaftlichen Interessen des Deutschen Reichs diametral entgegen. Zu dieser Zeit war Deutschland noch immer der weltgrößte Produzent von Morphium, Heroin und Kokain.[44] Deshalb weigerte sich Deutschland, das Abkommen zu ratifizieren.[45] Auch auf den folgenden Opiumkonferenzen in Den Haag in den Jahren 1913 und 1914 verweigerte sich das Deutsche Reich der Ratifizierung des Vertrages. Die deutsche Haltung rief weltweite Empörung hervor.[46]

---

38 China, Deutschland, England, Frankreich, Italien, Niederlande, Japan, Österreich-Ungarn, Persien, Portugal, Russland, Siam und die USA gehörten dieser Konferenz an; vgl. MK-BtMG/*Rahlf*, Vorbm. zu den §§ 1 ff. Rn. 15.

39 *Becker*, Betäubungsmittelgesetz, S. 25; *Malek*, Betäubungsmittelstrafrecht, Kap. 1 Rn. 2.

40 *Ellinger*, Betäubungsmittel und Strafbarkeit, S. 19; *Malek*, Betäubungsmittelstrafrecht, Kap. 1 Rn. 2.

41 MK-BtMG/*Rahlf*, Vorbm. zu den §§ 1 ff. Rn. 16; *Malek*, Betäubungsmittelstrafrecht, Kap. 1 Rn. 3; dreisprachig abgedruckt in RGBl. 1921 S. 6.

42 China, Deutschland, England, Frankreich, Italien, Japan, Niederlande, Persien, Portugal, Russland, Siam, USA.

43 *Büttner*, Betäubungsmittelstrafrecht, S. 37; *Körner*, BtMG, Einl. Rn. 15.

44 *Nestler,* Handbuch Betäubungsmittelstrafrecht, § 11 Rn. 18; *Büttner*, Betäubungsmittelstrafrecht, S. 36.

45 *Ellinger*, Betäubungsmittel und Strafbarkeit, S. 20.

46 *Körner*, BtMG, Einl. Rn. 16.

B. Kriegsnotverordnungen während des Ersten Weltkriegs

I. Verordnung betreffend den Handel mit Opium und anderen Betäubungsmitteln vom 22.03.1917 (OpiumV 1917)

Während des Ersten Weltkriegs wurde das Deutsche Reich mit weitreichenden Handelsblockaden belegt.[47] Hinzu kam eine verstärkt auftretende, missbräuchliche Verwendung von Morphin,[48] Opium und Kokain.[49] Insgesamt konnte der steigende Bedarf an schmerzstillenden Substanzen[50] in den Feldlazaretten von der deutschen Alkaloidindustrie nicht mehr gedeckt werden. Es entstanden Versorgungsengpässe.[51] Die vorstehend geschilderten kriegsbedingten Zwänge und Nöte führten letztlich zur ersten entscheidenden Einschränkung des freien Verkehrs mit Betäubungsmitteln im Deutschen Reich.[52] In der „Verordnung betreffend den Handel mit Opium und anderen Betäubungsmitteln vom 22.03.1917"[53] (OpiumV 1917) wurde bestimmt, dass Opium, Morphin und die übrigen Opiumalkaloide, Kokain und entsprechende Stoffe nur noch als Heilmittel verwendet und nur in Apotheken abgegeben werden durften.[54] Zuwiderhandlungen waren mit Strafe bedroht.[55]

---

47 *Schütz-Scheifele*, Betäubungsmittelstrafrecht, S. 21.

48 MK-BtMG/*Rahlf*, Vorbm. zu den §§ 1 ff. Rn. 33.

49 *Ellinger*, Betäubungsmittel und Strafbarkeit, S. 20.

50 Z.B.: Opium oder Morphin.

51 *Körner*, BtMG, Einl. Rn. 16; *Schütz-Scheifele*, Drogenkriminalität und ihre Bekämpfung, S. 12.

52 *Ebert*, Das Handeltreiben mit Betäubungsmitteln, S. 4.

53 RGBl. I S. 256.

54 Vgl. § 1 OpiumV 1917: „Opium, Morphium und die übrigen Opiumalkaloide, Kokain und analog zusammengesetzte Ergoninverbindungen sowie die Verbindungen und Zubereitungen dieser Stoffe dürfen außerhalb des Großhandels nur in Apotheken und nur als Heilmittel abgegeben werden. Im Großhandel dürfen sie nur an Apotheken und an solche Personen abgegeben werden, denen der Erwerb von der Landeszentralbehörde oder von der durch diese bestimmte Behörde gestattet ist".

55 Vgl. § 2 I OpiumV 1917: „Wer den Vorschriften im § 1 zuwider die dort bezeichneten Betäubungsmittel abgibt, wird mit Gefängnis bis zu einem Jahre und mit Geldstrafe bis zu zehntausend Mark oder mit einer dieser Strafen bestraft".

II. Verordnung über den Verkehr mit Opium vom 15.12.1918 (OpiumV 1918)

Mit zunehmender Dauer des Ersten Weltkriegs nahmen auch die betäubungsmittelbezogenen Versorgungsschwierigkeiten zu.[56] Die Bemühungen um die weitere, zumindest teilweise Aufrechterhaltung des Versorgungsstroms führten zu den sog. Kriegsnotverordnungen. So kam es zum Erlass der „Verordnung über den Verkehr mit Opium vom 15.12.1918"[57] (OpiumV 1918), die durch die Verordnung vom 20.08.1919[58] ergänzt wurde.[59] Nicht mehr die Zugehörigkeit zu einer bestimmten Berufsgruppe (Apotheker, Großhandel) war nun der im Rahmen des Verkehrs mit Betäubungsmitteln entscheidende Faktor.[60] Vielmehr wurde eine generelle, alle Personengruppen umspannende Erlaubnispflicht eingeführt.[61] Erstmals erfährt auch der Begriff des „Handels" eine ausdrückliche betäubungsmittelrechtliche Regelung.[62] Zuwiderhandlungen wurden pönalisiert.[63]

---

56 *Körner*, BtMG, Einl. Rn. 16; *Rommeney*, FS Heinitz, S. 616.

57 RGBl. I S. 1447.

58 RGBl. I S. 1474.

59 *Körner*, BtMG, Einl. Rn. 16.

60 *Ebert*, Das Handeltreiben mit Betäubungsmitteln, S. 4; *Bensch*, Der Begriff des Handeltreibens, S. 5.

61 Vgl. § 2 I OpiumV 1918: „Der Handel mit den in § 1 Abs. 1 bezeichneten Gegenständen sowie Erwerb und Veräußerung dieser Gegenstände ist nur denjenigen Personen gestattet, denen eine Erlaubnis von der obersten Verwaltungsbehörde der Bundesregierung oder von der durch diese bestimmten Behörde erteilt wird. […]".

62 Vgl. Fn. 61 und *Körner*, BtMG, Einl. Rn. 16.

63 Vgl. § 6 I OpiumV 1918: „Mit Gefängnis bis zu sechs Monaten und mit Geldstrafe bis zu zehntausend Mark oder mit einer dieser Strafen wird bestraft, wer den Bestimmungen des § 1, § 2 Abs. 1, § 3, § 4, § 5 Abs. 1 zuwiderhandelt. […]".

C. Deutsche Betäubungsmittelgesetzgebung ab Ende des Ersten Weltkriegs

I. Verordnung über den Verkehr mit Opium und anderen Betäubungsmitteln vom 20.07.1920 (OpiumV 1920)

Die „Verordnung über den Verkehr mit Opium und anderen Betäubungsmitteln vom 20.07.1920"[64] (OpiumV 1920) löste die bisherigen Verordnungen, unter Beibehaltung ihrer Strafdrohungen,[65] ab.[66] Für den Handel, Erwerb und die Veräußerung von Betäubungsmitteln sah die Verordnung eine strafbewehrte Erlaubnispflicht vor.[67] Der Erlaubnisnehmer war nur im Falle der Erwerbsberechtigung befugt, das Betäubungsmittel an den Erwerber zu veräußern.[68]

---

64 RGBl. I S. 1464.

65 Vgl. § 6 I OpiumV 1920: „Mit Gefängnis bis zu sechs Monaten und mit Geldstrafe bis zu zehntausend Mark oder mit einer dieser Strafen wird bestraft, wer den Bestimmungen des § 1 Abs. 1, § 2, § 3, § 4 Abs. 1, § 5 Abs. 2 zuwiderhandelt. […]".

66 *Ellinger*, Betäubungsmittel und Strafbarkeit, S. 21; MK-BtMG/*Rahlf*, Vorbm. zu den §§ 1 ff. Rn. 35.

67 Vgl. § 1 I OpiumV 1920: „Der Handel mit Opium, Morphin und den anderen Opiumalkaloiden, Kokain und analog zusammengesetzten Ergoninverbindungen sowie mit den Verbindungen und Zubereitungen, die solche Stoffe enthalten oder daraus hergestellt sind (z.B. Tinkturen, Extrakte, Gemische, Pulver, Tabletten und Lösungen, Dionin, Äthylmorphin, Apomorphin, Dantopon, Laudanon usw., Trivalin, Eumecon usw.) sowie der Erwerb und die Veräußerung der bezeichneten Gegenstände ist nur denjenigen Personen gestattet, denen eine Erlaubnis von der Landesbehörde oder von der durch diese bestimmten Behörde erteilt wird; die bisher erteilten Genehmigungen behalten ihre Gültigkeit. [...]".

68 Vgl. § 2 I OpiumV 1920: „Wer eine Erlaubnis gemäß § 1 erhalten hat, darf die dort bezeichneten Gegenstände nur an solche Personen, denen der Erwerb besonders gestattet ist, sowie an Großhändler, Großhersteller, Apotheken und wissenschaftliche Institute nach Maßgabe des § 4 veräußern".

II. Gesetz vom 30.12.1920 zur Ausführung des Internationalen Opiumabkommens vom 23.01.1912 (OpiumG 1920)

Durch Art. 295 des Versailler Vertrages vom 26.06.1919[69] wurde Deutschland verpflichtet, das bisher beharrlich abgelehnte Haager Abkommen von 1912 zu ratifizieren und die zur Ausführung dieses Abkommens erforderlichen Gesetze zu erlassen.[70] Diese Verpflichtung führte zum Erlass des Gesetzes vom 30.12.1920 zur Ausführung des Internationalen Opiumabkommens vom 23.01.1912[71] (OpiumG 1920). Das damit erste deutsche Betäubungsmittelgesetz[72] trug aus historischen Gründen[73] den Namen Opiumgesetz. Bemerkenswert ist, dass nicht eine freiwillige Neuausrichtung deutscher Drogenpolitik stattfand. Vielmehr war das Opiumgesetz das Ergebnis des internationalen Drucks der Siegermächte des Ersten Weltkriegs.[74]

Auch im Gesetz vom 30.12.1920 zur Ausführung des Internationalen Opiumabkommens vom 23.01.1912 (OpiumG 1920) war der Handel mit den in § 1 genannten Stoffen der Erlaubnispflicht unterworfen.[75] In bewusster Abkehr[76] von der Regelung des § 6 der OpiumV 1918[77] stellte § 8 Nr. 1 des OpiumG 1920[78] denjenigen unter Strafe, der enumerativ aufgezählte Stoffe und Zuberei-

---

69 Inkraftgetreten am 10.01.1920; RGBl. 1919 I S. 687.

70 *Weber*, BtMG, Einl. Rn. 4; *Büttner*, Betäubungsmittelstrafrecht, S. 37; *Ellinger*, Betäubungsmittel und Strafbarkeit, S. 21; *Schütz-Scheifele*, Betäubungsmittelstrafrecht, S. 22.

71 RGBl. I 1921 S. 2.

72 *Malek*, Betäubungsmittelstrafrecht, Kap. 1 Rn. 5; *Körner*, BtMG, Einl. Rn. 18.

73 In dem Gesetz zur Abänderung des Opiumgesetzes vom 21.03.1924 wird das Ausführungsgesetz zum internationalen Opiumabkommen vom 23.01.1912 als „Opiumgesetz“ bezeichnet; MK-BtMG/*Rahlf*, Vorbm. zu den §§ 1 ff. Rn. 37.

74 *Körner*, BtMG, Einl. Rn. 18; *Nestler,* Handbuch Betäubungsmittelstrafrecht, § 11 Rn. 18.

75 Vgl. § 2 I OpiumG 1920: „Die Einfuhr und Ausfuhr der im § 1 genannten Stoffe und Zubereitungen, ihre gewerbsmäßige Herstellung und Verarbeitung, der Handel mit ihnen sowie ihr Erwerb und ihre Veräußerung ist nur den Personen gestattet, denen hierzu die Erlaubnis erteilt worden ist. […]“.

76 RG, Urt. v. 08.05.1929 – II StR 1158/28 = RGSt 63, 161, 164; *Rahlf*, FS BRAK, S. 243, 244.

77 Vgl. Fn. 63.

78 Vgl. § 8 Nr. 1 OpiumG 1920: „Mit Gefängnis bis zu sechs Monaten und mit Geldstrafe bis zu zehntausend Mark oder mit einer dieser Strafen wird, sofern nicht nach anderen Strafgesetzen eine schwerere Strafe verwirkt ist, bestraft: 1. Wer die im § 1 Abs. 1 aufgeführten Stoffe und Zubereitungen ohne die im § 2 vorgesehene Erlaubnis ein-

tungen „ohne Erlaubnis einführt, ausführt, herstellt, verarbeitet, erwirbt, veräußert oder sonst in den Verkehr bringt oder sie in nicht genehmigten Örtlichkeiten herstellt, verarbeitet, aufbewahrt, feilhält oder abgibt." Das Handeltreiben fehlte in dieser Aufzählung der strafbaren Handlungsweisen. Es bestand mithin eine Gesetzeslücke.[79] So war der erlaubnislose Handel mit Betäubungsmitteln, insbesondere das erlaubnislose Vermitteln von Betäubungsmittelgeschäften, nicht strafbewehrt.[80]

III. Gesetz zur Abänderung des Opiumgesetzes vom 21.03.1924 (OpiumAndG)

Das Gesetz zur Abänderung des Opiumgesetzes vom 21.03.1924[81] (OpiumAndG) verschärfte die Strafdrohungen bei Zuwiderhandlungen auf Gefängnis bis zu drei Jahren und / oder Geldstrafe bis zu zehntausend Mark. Nicht erfasst wurde allerdings weiterhin der (deshalb straflose) erlaubnislose Handel mit Betäubungsmitteln.[82]

IV. Gesetz über den Verkehr mit Betäubungsmitteln vom 10.12.1929 (OpiumG 1929)

Durch Erlass des Gesetzes über den Verkehr mit Betäubungsmitteln vom 10.12.1929[83] (OpiumG 1929) wurden die durch die Ratifizierung des Genfer Opiumabkommens vom 19.02.1925[84] eingegangenen Gesetzgebungsverpflichtungen erfüllt.[85] Nach § 3 I OpiumG 1929[86] war der Handel – ebenso wie die

---

führt, ausführt, herstellt, verarbeitet, erwirbt, veräußert oder sonst in den Verkehr bringt oder sie in nicht genehmigten Örtlichkeiten herstellt, verarbeitet, aufbewahrt, feilhält oder abgibt; […]".

79 So schon *Fraeb*, JW 1933, 2772; *Körner*, BtMG, Einl. Rn. 18; *Nestler,* Handbuch Betäubungsmittelstrafrecht, § 11 Rn. 358.

80 *Körner*, BtMG, Einl. Rn. 18; *Rahlf*, FS BRAK, S. 243, 244; *Nestler,* Handbuch Betäubungsmittelstrafrecht, § 11 Rn. 358.

81 RGBl. I S. 290.

82 Vgl. oben 1. Kapitel:C.II.

83 RGBl. I S. 215.

84 RGBl. II 1929 S. 407.

85 *Liemersdorf/Miebach*, MDR 1979, 981, 983; MK-BtMG/*Rahlf*, Vorbm. zu den §§ 1 ff. Rn. 38.

86 Vgl. § 3 I OpiumG 1929: „Die Einfuhr und Ausfuhr der Stoffe und Zubereitungen, ihre Gewinnung, ihre gewerbsmäßige Herstellung und Verarbeitung, der Handel mit ihnen,

anderen Umgangsformen – mit den in § 1 OpiumG 1929[87] genannten Stoffen erlaubnispflichtig. § 10 I OpiumG 1929[88] stellte den erlaubnislosen Handel unter Strafe. Der Gesetzgeber schloss die bzgl. des Handeltreibens bestehende Gesetzeslücke[89] damit ausdrücklich[90].[91] In § 1 II OpiumG 1929[92] wurde erstmals die Möglichkeit vorgesehen, dem Gesetz (durch Rechtsverordnung) neue Stoffe zu unterstellen.

Das OpiumG 1929 blieb auch nach dem Zweiten Weltkrieg in Kraft. Es wurde nicht vom Alliierten Kontrollrat aufgehoben.[93] Ferner galt es nach dem Inkrafttreten des Grundgesetzes vom 24.05.1949 als vorkonstitutionelles Recht fort.[94]

---

ihr Erwerb, ihre Abgabe und Veräußerung sowie jeder sonstige gleichartige Verkehr mit ihnen ist nur Personen gestattet, denen hierzu die Erlaubnis erteilt worden ist. […]".

87 Vgl. § 1 I OpiumG 1929: „Stoffe im Sinne dieses Gesetzes sind Rohopium, Opium für medizinische Zwecke, Morphin, Diacetylmorphin (Heroin), Kokablätter, Rohkokain, Kokain, Ekgonin, Indischer Hanf sowie alle Salze des Morphins, Diacetylmorphins (Heroins), Kokains und Ekgonins".

88 Vgl. § 10 I Nr. 1 OpiumG 1929: „Mit Gefängnis bis zu drei Jahren und mit Geldstrafe oder mit einer dieser Strafen wird, sofern nicht nach anderen Strafgesetzen eine schwerere Strafe verwirkt ist, bestraft, 1. wer die Stoffe und Zubereitungen ohne die im § 3 vorgeschriebene Erlaubnis einführt, ausführt, gewinnt, herstellt, verarbeitet, Handel mit ihnen treibt, sie erwirbt, abgibt, veräußert oder sonst in den Verkehr bringt oder sie in nicht genehmigten Örtlichkeiten gewinnt, herstellt, verarbeitet, aufbewahrt, feilhält oder abgibt; […]".

89 Vgl. oben 1. Kapitel:C.II.

90 Vgl. RT-Drs. IV/1386, S. 10; *Nestler,* Handbuch Betäubungsmittelstrafrecht, § 11 Rn. 358; *Körner*, BtMG, Einl. Rn. 18.

91 Auf die damit ursprünglich lückenschließende Funktion des Handeltreibens rekurrieren insbesondere *Liemersdorf/Miebach* (MDR 1979, 981 ff.), die auf diesen Gedanken ihren Restriktionsvorschlag gründen, vgl. unten 3. Kapitel:D.II.1.

92 Vgl. § 1 II OpiumG 1929: „Stoffe, die nach wissenschaftlicher Feststellung die gleichen schädigenden Wirkungen wie die in Abs. 1 genannten auszuüben vermögen, können diesen durch eine mit Zustimmung des Reichsrats ergehende Verordnung der Reichsregierung gleichgestellt werden".

93 *Körner*, BtMG, Einl. Rn. 22.

94 *Körner*, BtMG, Einl. Rn. 22.

V. Betäubungsmittelgesetz vom 22.12.1971 (BetMG 1972)

Die Mitte der 1960er Jahre aus den USA kommende, auf Europa übergreifende Drogenwelle[95] führte zum Erlass des Betäubungsmittelgesetzes vom 22.12.1971[96] (BetMG 1972).[97] Bezeichnend für das BetMG[98] 1972 war das Streben nach vollständiger Kontrolle über den legalen und nach vollständiger Unterdrückung des illegalen Drogenverkehrs.[99] Ziel war es, „der Rauschgiftwelle in der Bundesrepublik Deutschland Einhalt zu gebieten und damit große Gefahren von dem Einzelnen und der Allgemeinheit abzuwenden."[100] Im Mittelpunkt der Beratungen des Gesetzes stand die Schaffung der besonders schweren Fälle und damit verbunden eine Anhebung der Höchststrafe.[101] Der Tatbestand des Handeltreibens spielte hierbei keine zentrale Rolle mehr.[102] Vielmehr wurden die den Themenbereich des Handeltreibens berührenden Vorschriften inhaltlich vom OpiumG 1929 übernommen. Die Strafbarkeit des erlaubnislosen Handeltreibens wurde nunmehr in § 11 I Nr. 1 BetMG 1972[103] geregelt.

---

95 *Malek*, Betäubungsmittelstrafrecht, Kap. 1 Rn. 11; MK-BtMG/*Rahlf*, Vorbm. zu den §§ 1 ff. Rn. 40; *Büttner*, Betäubungsmittelstrafrecht, S. 37; *Schütz-Scheifele*, Drogenkriminalität und ihre Bekämpfung, S.15; *Apfel/Strittmatter/Strittmatter*, Praxiswissen Strafverteidigung, Rn. 1; *Wohlers*, Deliktstypen des Präventionsstrafrechts, S. 178.

96 Gesetz über den Verkehr mit Betäubungsmitteln vom 22.12.1971 (BGBl. I S. 2092) in der Fassung der Bekanntmachung vom 10.01.1972 (BGBl. I S. 1).

97 Vgl. *Ellinger*, Betäubungsmittel und Strafbarkeit, S. 30, 33: Im Jahre 1965 waren 1003 Verstöße gegen das OpiumG 1929 bekannt geworden. Im Jahr 1970 bereits 16104 Verstöße. In der Begründung des aus dem Jahre 1970 stammenden Gesetzesentwurfs zur Novellierung des Opiumgesetzes heißt es hierzu in alarmierenden Worten: „Der Missbrauch von Rauschgiften, die im Opiumgesetz als Betäubungsmittel bezeichnet werden, droht ein gefährliches Ausmaß zu erreichen. Dieses Phänomen läßt sich nicht mehr als vorübergehende Mode deuten und abtun. Einer Seuche gleich breitet es sich mehr und mehr auch in der Bundesrepublik Deutschland aus. Immer weitere Kreise der Bevölkerung werden von dieser Welle erfaßt. In besonderem Maße droht der Jugend Gefahr, oft schon während der Pubertät" (BT-Drs. VI/1877, S. 5).

98 Im Hinblick auf den in Art. 74 Nr. 19 GG eingegangenen Begriff „Betäubungsmittel" wurde das Gesetz nunmehr „Betäubungsmittelgesetz" genannt.

99 *Malek*, Betäubungsmittelstrafrecht, Kap. 1 Rn. 12; *Körner*, BtMG, Einl. Rn. 29.

100 BT-Drs. VI/1877, S. 5.

101 *Rahlf*, FS BRAK, S. 243, 246.

102 *Liemersdorf/Miebach*, MDR 1979, 981, 984.

103 Vgl. § 11 I Nr. 1 BetMG 1972: „Mit Freiheitsstrafe bis zu drei Jahren und mit Geldstrafe oder mit einer dieser Strafen wird bestraft, wer 1. Betäubungsmittel ohne die

VI. Betäubungsmittelgesetz vom 28.07.1981 (BtMG 1982)

Die repressive Grundausrichtung des BetMG 1972 erwies sich binnen kurzem als nur wenig weiterführend: Die Zahl der registrierten Rauschgiftdelikte[104] und der Drogentoten[105] stieg kontinuierlich.[106]

Das Betäubungsmittelgesetz vom 28.07.1981[107] (BtMG 1982) führte zu einer erforderlichen Neugestaltung[108] und Vereinfachung[109] des Suchtmittelrechts.[110] Insbesondere wurden die Therapiemöglichkeiten für betäubungsmittelabhängige Straftäter erweitert[111] („Therapie statt Strafe"), aber auch eine Strafrahmenerhöhung für die schwere Rauschgiftkriminalität (von vorher 10 auf nunmehr 15 Jahre Freiheitsstrafe) bzw. eine Strafmilderungsmöglichkeit für Aufklärungsgehilfen („Kronzeugenregelung") eingeführt.[112]

Der Handeltreibenstatbestand blieb bei der Schaffung des BtMG 1982 außerhalb jeder grundsätzlichen Erörterung.[113] So stellte § 3 I BtMG 1982[114] den

---

nach § 3 erforderliche Erlaubnis einführt, ausführt, gewinnt, herstellt, verarbeitet, mit ihnen Handel treibt, sie erwirbt, abgibt, veräußert oder sonst in Verkehr bringt, [...]".

104 Im Jahr 1974: 26909 registrierte Taten, im Jahr 1978: 42878 registrierte Taten, im Jahr 1983: 63762 registrierte Taten; vgl. *Malek*, Betäubungsmittelstrafrecht, Kap. 1 Rn. 14.

105 Im Jahr 1974: 139 Drogentote, im Jahr 1983: 472 Drogentote; vgl. *Malek*, Betäubungsmittelstrafrecht, Kap. 1 Rn. 14.

106 *Malek*, Betäubungsmittelstrafrecht, Kap. 1 Rn. 14; *Böllinger* wirft dem Gesetzgeber vor, unter diesem Eindruck das BtMG „mit heißer Nadel gestrickt" zu haben und mit diesem Gesetz insgesamt verfassungswidrige Ziele zu verfolgen (vgl. KJ 1991, 393, 405 ff.).

107 BGBl. I S. 681.

108 MK-BtMG/*Rahlf*, Vorbm. zu den §§ 1 ff. Rn. 41.

109 An Stelle von 16 Betäubungsmittelverordnungen waren nur noch vier Verordnungen und sechs Durchführungsvorschriften maßgeblich. *Körner* (NJW 1993, 233) sprach angesichts der bis dahin bestehenden Regelungen von einem „Vorschriftenwirrwarr". Auch *Ellinger* (Betäubungsmittel und Strafbarkeit, S. 43) befand das bis dahin geltende Suchtmittelrecht als „ziemlich unübersichtlich".

110 *Körner*, BtMG, Einl. Rn. 34.

111 *Weber*, BtMG, Einl. Rn. 8; *Schütz-Scheifele*, Betäubungsmittelstrafrecht, S. 31 f; *Malek*, Betäubungsmittelstrafrecht, Kap. 1 Rn. 16.

112 *Körner*, BtMG, Einl. Rn. 34; MK-BtMG/*Rahlf*, Vorbm. zu den §§ 1 ff. Rn. 41.

113 *Rahlf*, FS BRAK, S. 243, 247; vgl. BT-Drs. 8/3551, S. 27 ff.

114 Vgl. § 3 I Nr. 1 BtMG 1982: „Einer Erlaubnis des Bundesgesundheitsamtes bedarf, wer 1. Betäubungsmittel anbauen, herstellen, mit ihnen Handel treiben, sie, ohne mit ihnen Handel zu treiben, einführen, ausführen, abgeben, veräußern, sonst in den Verkehr bringen, erwerben [...] will".

Handel mit Betäubungsmitteln (im Sinne des § 1 BtMG 1982[115]) weiterhin unter eine generelle Erlaubnispflicht. Die gesetzliche maximale Strafdrohung für den Grundtatbestand[116] des Handeltreibens wurde allerdings von drei auf vier Jahre Freiheitsstrafe erhöht.[117]

VII. Weitere Änderungen des Betäubungsmittelgesetzes bis heute

Das BtMG 1982 (mit seinen Anlagen) wurde seit seinem Inkrafttreten bis zur Neubekanntmachung der Neufassung des Betäubungsmittelgesetzes vom 01.03.1994 (BtMG)[118] 14-mal durch Gesetze und Verordnungen geändert. Nach der Neubekanntmachung erfolgten insgesamt 35[119] weitere Änderungen.[120]

Als relevante Änderung[121] für die Auslegung des Grundtatbestands des Handeltreibens sei jedoch nur die folgende genannt: Durch das „Gesetz zur Be-

---

115 Vgl. § 1 I BtmG 1982: „Betäubungsmittel im Sinne dieses Gesetzes sind die in den Anlagen I bis III aufgeführten Stoffe und Zubereitungen".

116 Die bestehenden Qualifikationstatbestände der § 29a I Nr.1, Nr. 2; 30 I Nr. 1; 30a I, II BtMG sollen in dieser Arbeit insgesamt außer Betracht bleiben, da sie für die Auslegung des Tatbestandsmerkmals Handeltreiben insofern keine Neuerungen enthalten; vgl. *Franke/Wienroeder/Wienroeder*, BtMG, Einf. Rn. 1.

117 Vgl. § 29 I Nr. 1 BtMG 1982: „Mit Freiheitsstrafe bis zu vier Jahren oder mit Geldstrafe wird bestraft, wer 1. Betäubungsmittel ohne Erlaubnis nach § 3 Abs. 1 Nr. 1 anbaut, herstellt, mit ihnen Handel treibt, sie ohne Handel zu treiben, einführt, ausführt, veräußert, abgibt, sonst in den Verkehr bringt, erwirbt oder sich in sonstiger Weise verschafft, […]." Krit. zur Anhebung des Strafrahmens: *Schmidt*, MDR 1982, 881; tendenziell ebenso: *Körner*, NJW 1982, 673, 675.

118 BGBl. I S. 358.

119 Zuletzt geändert durch Art. 6 des Gesetzes zur Neuordnung des Arzneimittelmarktes in der gesetzlichen Krankenversicherung vom 22.12.2010 (BGBl. I S. 2262).

120 Vgl. hierzu insgesamt die Übersicht bei MK-BtMG/*Rahlf*, Vorbm. zu den §§ 1 ff. Rn. 50.

121 Zudem wurde durch das „Gesetz zur Ausführung des Übereinkommens der Vereinten Nationen vom 20.12.1988 gegen den unerlaubten Verkehr mit Suchtstoffen und psychotropen Stoffen vom 02.08.1993" (BGBl. I S. 1407) § 29 I 1 Nr. 1 BtMG dahingehend geändert, dass die Formulierung „ohne Erlaubnis nach § 3 Abs. 1 Nr. 1 durch den Begriff „unerlaubt" ersetzt wurde. Ob die notwendige behördliche Erlaubnis bereits tatbestandsausschließende oder erst rechtfertigende Wirkung entfaltet, ist umstritten. Diese Problematik hängt jedoch nicht unmittelbar mit der eigentlichen Auslegung des Merkmals Handeltreiben zusammen und soll deshalb in dieser Arbeit nicht weiter beleuchtet werden. Vgl. zu diesem Problemkreis insgesamt *Körner*, BtMG, § 29 Rn. 17 ff.

kämpfung des illegalen Rauschgifthandels und anderer Erscheinungsformen der organisierten Kriminalität vom 15.07.1992"[122] (OrgKG) wurde der Strafrahmen des § 29 I BtMG im Höchstmaß von vier auf fünf Jahre Freiheitsstrafe ausgedehnt.[123,124]

D. Rahmenbeschluss der Europäischen Union vom 25.10.2004

Der von der Europäischen Union erlassene Rahmenbeschluss[125] erging auf der Grundlage des Vertrages über die Europäische Union.[126] Er ist unter dem Eindruck der „Bedrohung der Gesundheit, Sicherheit und Lebensqualität der Bürger der Europäischen Union sowie der legalen Wirtschaftstätigkeit, der Stabilität

---

122 BGBl. I S. 1302.

123 MK-BtMG/*Rahlf*, Vorbm. zu den §§ 1 ff. Rn. 53; *Körner*, BtMG, Einl. Rn. 43. Beweggrund des Gesetzgebers für diese Anhebung war sein Entschluss, jede Geldwäsche von Gewinnen aus dem Bereich der organisierten Kriminalität zu pönalisieren. Deshalb musste ein allgemeiner Straftatbestand (§ 261 StGB) in das StGB integriert werden. Dessen Strafdrohung musste den vergleichbaren Strafdrohungen des StGB, z.B. der Hehlerei, gleichgestellt werden. Damit die Vortat der Geldwäsche (z.B. § 29 I 1 Nr. 1, 11 und 12 BtMG) nicht mit geringerer Strafdrohung versehen war als die Geldwäsche selbst (die lediglich der Sicherung von Gewinnen aus der Vortat dient), musste folgerichtig auch die allgemeine Strafdrohung angepasst, also von vier auf fünf Jahre erhöht werden.

124 Zu weiteren mit dem OrgKG zusammenhängenden Änderungen vgl. *Malek*, Betäubungsmittelstrafrecht, Kap. 1 Rn. 16.

125 Rahmenbeschluss 2004/757/JI des Rates zur Festlegung von Mindestvorschriften über die Tatbestandsmerkmale strafbarer Handlungen und die Strafen im Bereich des illegalen Drogenhandels; ABl. EU L 335/8 v. 11.11.2004. Rahmenbeschlüsse waren für die Mitgliedsstaaten hinsichtlich des zu erreichenden Ziels verbindlich, überließen jedoch den innerstaatlichen Stellen die Formen und die Mittel der Umsetzung (*Weber*, JR 2006, 139, 142 Fn. 56). Sie waren im Mitgliedsstaat also nicht unmittelbar wirksam (Art. 34 II b EUV a.F.). Trotzdem waren die nationalen Gerichte verpflichtet, Rahmenbeschlüsse bei ihrer Auslegung zu berücksichtigen (vgl. EuGH, NJW 2005, 2839 mit Anm. *Gärditz/Gusy*, GA 2006, 225 ff.; *Tinkl*, StV 2006, 36 ff.). Das Instrument des Rahmenbeschlusses ist aufgrund des am 01.12.2009 in Kraft getretenen Vertrages von Lissabon (konsolidierte Fassung bekanntgemacht im ABl. EG Nr. C 115 v. 09.05.2008, S.13) allerdings weggefallen.

126 Insbesondere gestützt auf Art. 31 Buchst. e) a.F. und Artikel 34 II Buchst. b) a.F. Nach aktueller Gesetzeslage könnte die hier in Bezug genommene Regelung als Richtlinie gem. Art. 83 I AEUV ergehen (vgl. *Hellmann*, Der Vertrag von Lissabon, S. 91).

und der Sicherheit der Mitgliedsstaaten"[127] entstanden. Ein gemeinsamer europäischer Ansatz soll die Bekämpfung des illegalen Drogenhandels ermöglichen. In dem Rahmenbeschluss wurden die Mindestvorschriften über die Tatbestandsmerkmale strafbarer Handlungen und die Strafen im Bereich des illegalen Drogenhandels festgelegt. Obwohl der Vorschlag der Europäischen Kommission noch eine Definition des „illegalen Drogenhandels" aufwies,[128] verzichtet die endgültige Fassung des Rahmenbeschlusses auf eine abstrakte Begriffsbestimmung in diesem Bereich. Vielmehr werden in Art. 2 des Beschlusses Handlungen, die von den Mitgliedsstaaten als „Straftaten in Verbindung mit illegalem Handel mit Drogen und Grundstoffen" unter Strafe gestellt werden müssen, katalogartig aufgezählt.[129] Die dadurch aufgestellten, weit gespannten[130] Voraussetzungen wurden auf nationaler Ebene schon durch Erlass des BtMG 1982 erfüllt.[131]

---

127 ABl. EU L 335/8 v. 11.11.2004, S. 1.

128 Vgl. ABl. EG C 270 E/144 v. 25.09.2001, S. 2, Art. 1 Nr. 1: „Illegaler Drogenhandel": Verkauf und Handel ohne Genehmigung sowie Anbau, Produktion, Herstellung, Einfuhr, Ausfuhr, Verteilung, Anbieten und Verbringung ohne Genehmigung und in Gewinnerzielungsabsicht bzw. Empfang, Kauf oder Besitz von Drogen zum Zwecke des [richtig wohl „der"] Eigentumsübertragung ohne Genehmigung und in Gewinnerzielungsabsicht".

129 Vgl. nur die in Art. 2 I Buchst. a aufgezählten Tätigkeiten: Das Gewinnen, Herstellen, Ausziehen, Zubereiten, Anbieten, Feilhalten, Verteilen, Verkaufen, Liefern, Vermitteln, Versenden, Befördern, Einführen oder Ausführen von Drogen.

130 Vgl. *Weber*, JR 2006, 139, 142.

131 MK-BtMG/*Rahlf*, § 29 Rn. 32; zu der Vereinbarkeit eingetretener Rechtsprechungsänderungen mit den Anforderungen des Rahmenbeschlusses vgl. unten 3. Kapitel:G.II.3.c)ee).

2. Kapitel: Definition des Begriffs Handeltreiben im Sinne des Betäubungsmittelgesetzes in der Rechtsprechung

Der Begriff des Handeltreibens erfuhr weder im BtMG noch in den Vorläufern dieses Gesetzes je eine Legaldefinition.[132] Vielmehr scheint er als bekannt vorausgesetzt worden zu sein. Eine Anknüpfung an die (schon früher) ergangene Rechtsprechung ist daher unumgänglich.[133]

A. Rechtsprechung des Reichsgerichts

Das Reichsgericht judizierte schon in seiner ersten Entscheidung[134] zum Begriff des Handeltreibens im Sinne des § 10 I Nr. 1 OpiumG 1929, dass unter Handeltreiben jede eigensüchtige, auf Umsatz von (im konkreten Fall) Kokain gerichtete Tätigkeit zu verstehen sei, gleichviel in welcher Form und unter welchem Namen sie ausgeübt wird.

Diese Überzeugung speiste sich allerdings weniger aus spezifisch betäubungsmittelrechtlichen Überlegungen des Reichsgerichts. Noch ergab sich eine solche Definition aus den Gesetzesmaterialien zum OpiumG 1929.[135] Vielmehr war sie die logische Konsequenz bzw. Fortschreibung der Rechtsprechung des Reichsgerichts zum Begriff des Handeltreibens in anderen Rechtsgebieten.[136] Diese Entwicklung sei folgend anhand einiger Entscheidungen skizziert:[137]

- RG, Urt. v. 23.03.1917 – IV 124/17[138] (betreffend den „Handel" i.S.v. § 5 Nr. 3 Kettenhandelsverordnung): Für den Begriff des Handels ist es unerheblich, ob Eigenhandel oder Vermittlungstätigkeit vorliegt,
- RG, Urt. v. 18.01.1918 – IV 701/17[139] (betreffend den „Handel" i.S.v. §§ 1, 9 Kettenhandelsverordnung): Als Handel ist jede eigennützige, auf den Güter-

132 MK-BtMG/*Rahlf*, § 29 Rn. 262; *Eberth/Müller/Schütrumpf*, Verteidigung in BtM-Sachen, Rn. 57.

133 *Franke/Wienroeder/Wienroeder*, BtMG, § 2 Rn. 1.

134 RG, Urt. v. 25.04.1932 – III StR 234/32 = DJZ 1932, Sp. 808.

135 *Ebert*, Das Handeltreiben mit Betäubungsmitteln, S. 11.

136 Vgl. *Körner*, BtMG, § 29 Rn. 220.

137 Vgl. *Rahlf*, FS BRAK, S. 243, 245, der weitere Urteile des Reichsgerichts auflistet.

138 RGSt 50, 261, 272.

139 RGSt 51, 379, 380.

umsatz gerichtete Tätigkeit und insbesondere nicht nur der Kauf zum Weiterverkauf, sondern auch die Vermittlung eines solchen Kaufes anzusehen,

- RG, Urt. v. 28.05.1918 – IV 318/18[140] (betreffend den „Handel" i.S.v. § 13a Kettenhandelsverordnung): Der Begriff des Handeltreibens umfasst auch bloße Gelegenheitsgeschäfte,
- RG, Urt. v. 13.05.1919 – IV 414/19[141] (betreffend die Verordnung über den Handel mit Tabakwaren): Einer Handelserlaubnis bedarf auch der Vermittler von Handelsgeschäften und zwar ohne Rücksicht darauf, ob er die Vermittlung gewerbsmäßig betreibt oder nicht,
- RG, Urt. v. 06.10.1919 – III 246/17[142] (betreffend den „Handel" i.S.v. §§ 1, 9 Kettenhandelsverordnung): Als Handel ist jede eigennützige, auf den Güterumsatz gerichtete Tätigkeit und insbesondere auch die Vermittlungstätigkeit anzusehen. Es ist nicht erforderlich, dass die Tätigkeit von Erfolg begleitet ist. Vielmehr genügt insoweit jede mit einem solchen Ziele unternommene Tätigkeit.

Wie gezeigt, betreffen die den Begriff des Handeltreibens prägenden Entscheidungen den, aufgrund von Verordnungen aus dem Ersten Weltkrieg und der Nachkriegszeit, unerlaubten Handel mit Nahrungsmitteln. Die Auslegung wurde also von volks- und kriegswirtschaftlichen Belangen bzw. einem Regulierungsinteresse im Ausnahmezustand des Krieges geleitet.[143] Diesen Entscheidungen fehlte mithin jeder strafrechtliche Rechtsgutsbezug.[144] Kritisch festzuhalten bleibt, dass das Reichsgericht diese Definition der unter anderen Vorzeichen[145] ergangenen Entscheidungen übernahm, ohne sich mit dem neuen Zweck des Opiumgesetzes 1929 (Schutz der Volksgesundheit)[146] auseinanderzusetzen.

---

140 RGSt. 52, 58, 170.

141 RGSt. 53, 80.

142 RGSt. 53, 310, 316.

143 Vgl. nur die Ausführungen in RG, Urt. v. 18.01.1918 – IV 701/17 = RGSt 51, 379, 380: „[...] der Zweck der Bestimmungen, die private Tätigkeit beim Umsatz von Lebens- und Futtermitteln während der Kriegszeit auf das volks- und kriegswirtschaftlich gebotene Maß einzuschränken und alle unzuverlässigen Personen, namentlich alle diejenigen, von denen eine wucherliche Ausbeutung der Warenknappheit oder eine Nichtbefolgung der im allgemeinen Interesse für die Kriegszeit getroffenen Beschlagnahme-, Verbrauchs-, Verkehrs- und Preisregelung zu besorgen ist, davon fernzuhalten."; in diesem Sinne auch: RG, Urt. v. 23.01.1920 – II 930/19 = RGSt. 54, 94.

144 *Nestler,* Handbuch Betäubungsmittelstrafrecht, § 11 Rn 359 Fn. 875; *Gaede*, StraFo 2003, 392, 393.

145 Vgl. hierzu auch BGH, Anfrageb. v. 10.07.2003 – 3 StR 61/02 und 3 StR 243/02 = StV 2003, 501, 502: „Anliegen dieser weiten Auslegung, die zum Ende des Ersten Weltkriegs und in der anschließenden Zeit wirtschaftlicher Not [...] entwickelt wurde, war

B. Rechtsprechung des Bundesgerichtshofs

I. Definition nach der Rechtsprechung des Bundesgerichtshofs

1. Überblick

In seiner ersten Entscheidung zum OpiumG 1929[147] judizierte der Bundesgerichtshof, dass Handeltreiben „jede eigennützige, auf Umsatz gerichtete Tätigkeit, auch die nur gelegentliche oder einmalige, auch bloß die vermittelnde"[148], sei. Eine argumentative Fundierung dieses Begriffsverständnisses blieb, wie zuvor auch das Reichsgericht, der Bundesgerichtshof schuldig. Die Begründung wurde durch die Bezugnahme auf früher ergangene Reichsgerichtsentscheidungen[149] „ersetzt". Mithin bediente sich der Bundesgerichtshof der zweifelhaften Methodik des Reichsgerichts.[150] Die schon damals bestehenden Begründungsmängel fanden damit Eingang in die ständige Rechtsprechung des Bundesgerichtshofs.

Die weitere Fortentwicklung der Rechtsprechung des Bundesgerichtshofs ist durch ihre Weite[151] geprägt.[152] So ist nicht nur die „gelegentliche oder einmalige, auch bloß vermittelnde"[153] umsatzfördernde Tätigkeit ausreichend. Zudem

---

es, durch eine extensive Interpretation des Begriffs […] eine möglichst effektive Umsetzung dieser Vorschriften zu gewährleisten".

146 Vgl. RT-Drs. IV/1386, S. 6.

147 BGH, Urt. v. 01.07.1954 – 3 StR 657/53 = BGHSt. 6, 246.

148 BGH, Urt. v. 01.07.1954 – 3 StR 657/53 = BGHSt. 6, 246, 247.

149 So z.B. auf: RG, Urt. v. 06.10.1919 – III 246/17 = RGSt. 53, 310, 316; RG, Urt. v. 23.01.1920 – II 930/19 = RGSt. 54, 94; RG, Urt. v. 17.03.1924 - II 83/24 = RGSt. 58, 157, 158; RG, Urt. v. 25.04.1932 – III 234/32 = DJZ 32, 808; RG, Urt. v. 20.10.1933 – 1D 804/33 = JW 33, 2772 Nr. 14.

150 Vgl. oben 2. Kapitel:A. und *Ebert*, Das Handeltreiben mit Betäubungsmitteln, S. 12; *Bensch*, Der Begriff des Handeltreibens, S. 11.

151 So schon RG, Urt. v. 25.04.1932 – III StR 234/32 = DJZ 1932, Sp. 808 das dafür eintrat, das Merkmal gar „weitest auszulegen".

152 Vgl. nur *Malek*, Betäubungsmittelstrafrecht, Kap. 2 Rn. 86; *Franke/Wienroeder/-Wienroeder*, BtMG, § 29 Rn. 23.

153 *Franke/Wienroeder/Wienroeder*, BtMG, § 29 Rn. 23.

genügt es, dass diese bloß unterstützender Natur ist.[154] Ferner muss es nicht zur Anbahnung oder gar zum Abschluss bestimmter Geschäfte gekommen sein. Vielmehr reicht es aus, wenn ernsthafte Verkaufs- bzw. Ankaufsverhandlungen geführt wurden.[155] Weder muss die Förderung sich auf eine bestimmte, tatsächlich vorhandene Betäubungsmittelmenge beziehen noch ist die Verfügbarkeit der Betäubungsmittel für den Täter entscheidend.[156] Auch die Tatsache, dass ein Händler bei Vereinbarung der Lieferung noch keine gesicherte Lieferquelle hat, sondern nur eine reelle Chance sieht, sich eine solche zu erschließen, steht der Vollendung nicht entgegen.[157] Überdies ist nicht erforderlich, dass die vom Täter angebotenen Betäubungsmittel echt sind, sofern der Täter nur an deren Echtheit glaubt.[158] Schließlich kommt es auf die tatsächliche Förderung des erstrebten Umsatzes nicht an. Handeltreiben ist kein Erfolgsdelikt.[159]

Die Rechtsprechung geht davon aus, dass es nur diese weite Auslegung des Begriffs Handeltreiben gestatte, das gesetzgeberische Ziel einer umfassenden Bekämpfung des Rauschgifthandels zu erreichen.[160] Dieser unterscheide sich strukturell weitgehend von der „allgemeinen" Kriminalität und sei durch Konspiration, Tarnung und ein organisiertes hierarchisches System geprägt.[161]

Der möglichst vollständige Katalog der unerlaubten Begehungsformen des § 29 I 1 Nr. 1 BtMG[162] führt, in Verbindung mit der weiten Auslegung des Begriffs Handeltreiben durch die Rechtsprechung, zu vielfachen Überschneidungen hinsichtlich der einzelnen Begehungsweisen.[163] Die entscheidende Rechtsfigur zur Lösung der bei den Überschneidungen entstehenden Fragen ist die sog.

---

154 BGH, B. v. 01.07.1988 – 2 StR 330/88 = BGHR BtMG § 29 Abs 1 Nr 1 Handeltreiben 9; BGH, B. v. 24.03.1999 – 1 StR 84/99 = StV 1999, 429; BGH B. v. 04.03.1993 – 4 StR 69/93 = BGHR BtMG § 29 Abs 1 Nr 1 Handeltreiben 36.

155 BGH, B. v. 26.10.2005 – GSSt 1/05 = BGHSt 50, 252.

156 So schon BGH, Urt. v. 01.07.1954 – 3 StR 657/53 = BGHSt 6, 246, 247.

157 BGH, Urt. v. 15.01.1992 – 2 StR 267/91 = BGHR BtMG § 29 Abs 1 Nr 1 Handeltreiben 31.

158 BGH, Urt. v. 01.07.1954 – 3 StR 657/53 = BGHSt 6, 246, 247.

159 BGH, Urt. v. 11.06.2001 – 1 StR 111/01 = wistra 2001, 379.

160 Vgl. *Nestler,* Handbuch Betäubungsmittelstrafrecht, § 11 Rn. 357 m.w.N.

161 BGH, B. v. 26.10.2005 – GSSt 1/05 = BGHSt 50, 252, 261; ähnlich schon BGH, Urt. 04.10.1978 – 3 StR 232/78 = NJW 1979, 1259: „durch Arbeitsteilung und Tarnung gekennzeichnet".

162 *Weber*, BtMG, Vor. §§ 29 ff. Rn. 484; *Eberth/Müller/Schütrumpf*, Verteidigung in BtM-Sachen, Rn. 57.

163 *Körner*, NStZ 1981, 16.

„Bewertungseinheit".[164] Durch dieses Rechtsinstitut werden mehrere, teils eng zusammenhängende, ineinander mündende, teils auch ganz unterschiedliche[165] Teilakte zu einer einheitlichen Tat des Handeltreibens mit Betäubungsmitteln verknüpft.[166] Ausschlaggebendes Kriterium für die Annahme einer Bewertungseinheit ist, ob die Aktivitäten des Täters im Rahmen ein und desselben Güterumsatzes[167] stattfinden bzw. sie sich auf ein und dieselbe Betäubungsmittelmenge[168] beziehen.[169] In diesem Fall also, verklammert die einheitliche Betäubungsmittelmenge (die einmal bei diesem Täter vorgelegen haben muss) all seine Bemühungen um ihren Umsatz zu einer einzigen Handlung des Handeltreibens im Rechtssinne.[170] Sie bilden damit unselbstständige Teilakte des Gesamtgeschehens Handeltreiben.[171] Grund hierfür ist, dass sich der Unrechtsgehalt des Handeltreibens aus dem Unrechtsgehalt der jeweils verbundenen Teilakte ergibt.[172]

---

164 Dieses Rechtsinstitut wurde im Betäubungsmittelrecht entwickelt und erstmals in BGH, B. v. 07.01.1981 – 2 StR 618/80 = BGHSt 30, 28 erwähnt. Mittlerweile wird es auch in anderen Rechtsgebieten angewendet, vgl. z.B.: BGH, v. 03.12.1997 – 2 StR 267/97 = NStZ 1998, 194 zur Bestechlichkeit eines Polizeibeamten; krit. zur Ausdehnung auf die betäubungsmittelrechtlichen Absatzdelikte insgesamt: MK-StGB/-*v.Heintschel-Heinegg,* § 52 Rn. 44.

165 Z.B.: Bestellung, Erwerb, Vorrathaltung, Verkaufsangebot, Abgabe, Transport, Bezahlung.

166 *Körner*, BtMG, § 29 Rn. 846.

167 BGH, Urt. v. 08.07.1994 – 3 StR 570/93 = BGHR BtMG § 29 Abs 1 Nr 1 Handeltreiben 44.

168 Alternativ wurden auch folgende Formulierungen genutzt: „dieselbe Rauschgiftmenge" (BGH, Urt. v. 13.12.1994 – 1 StR 720/94 = NJW 1995, 739); „diese Gesamtmenge" (BGH, B. v. 13.12.1994 – 4 StR 680/94 = StV 1995, 391); „einheitlicher Gesamtvorrat" (BGH, B. v. 12.07.1994 – 5 StR 374/94 = NStZ 1994, 547; „ein Verkaufsvorrat" (BGH, B. v. 03.05.1995 – 5 StR 122/95 = BGHR BtMG § 29 Abs 1 Nr 1 Bewertungseinheit 5).

169 MK-BtMG/*Rahlf*, § 29 Rn. 381 und 384.

170 MK-BtMG/*Rahlf*, § 29 Rn. 384.

171 *Körner*, BtMG, § 29 Rn. 845.

172 BGH, Urt. v. 21.02.1974 – 1 StR 588/73 = BGHSt 25, 290, 291. Beachte auch folgende Ausnahme: Bei der Einfuhr von Betäubungsmitteln in nicht geringen Mengen (§ 30 I Nr.4 BtMG) kommt die Figur der Bewertungseinheit nicht zur Anwendung, da sie gegenüber dem Handeltreiben mit Betäubungsmitteln in nicht geringen Mengen (§ 29a I Nr. 2 BtMG) den größeren Unrechtsgehalt in sich birgt; vgl. *Hügel/Junge/-Lander/Winkler*, Deutsches Betäubungsmittelrecht, § 29 BtMG Rn. 4.1.1; *Apfel/Strittmatter/Strittmatter*, Praxiswissen Strafverteidigung, Rn. 151.

Sowohl in der Literatur[173] als auch vereinzelt in der Rechtsprechung[174] ist das weite Verständnis des Begriffs Handeltreiben nicht unbestritten geblieben. Letztlich gipfelte die Diskussion in dem Anfragebeschluss des 3. Strafsenats,[175] der eine völlig neue Definition des Handeltreibens vorschlug.[176] Aktuell geht der Bundesgerichtshof davon aus, dass unter Handeltreiben jede eigennützige auf den Umsatz von Betäubungsmitteln gerichtete Tätigkeit zu verstehen ist.

2. Der Tatbestand im Einzelnen

Zur Verwirklichung des Handeltreibens im Sinne des § 29 I 1 Nr. 1 BtMG müssen drei Merkmale erfüllt sein: Es muss erstens die Ausübung einer Tätigkeit vorliegen, diese muss zweitens auf den Betäubungsmittelumsatz gerichtet und drittens von Eigennützigkeit getragen sein.[177]

a) Tätigkeit

Als Tathandlung ist jede Tätigkeit ausreichend.[178]

aa) Objekt der Tätigkeit

Objekt der Tätigkeit können verschiedene Stoffe und Gegenstände sein.[179]

(1) Betäubungsmittel

Der Begriff des Betäubungsmittels[180] erfasst alle Stoffe, die nach wissenschaftlicher Erkenntnis wegen ihrer Wirkungsweise eine Abhängigkeit hervorrufen

---

173 Vgl. nur: *Liemersdorf/Miebach*, MDR 1979, 981; *Roxin*, StV 1992, 517; *Paul*, StV 1998, 623; *Paeffgen*, FS 50 Jahre BGH, S. 695; *Neuhaus*, NStZ 2001, 39; *Krack*, JuS 1995, 585; *Nestler,* Handbuch Betäubungsmittelstrafrecht, § 11 Rn. 357; ferner die Übersicht bei BGH, Anfrageb. v. 10.07.2003 – 3 StR 61/02 und 243/02 = NStZ 2004, 105, 107.

174 Vgl. RG, Urt. v. 08.05.1929 – II StR 1158/28 = RGSt 63, 161; BGH, Urt. v. 15.04.1980 – 5 StR 135/80 = BGHSt 29, 239; BGH, Urt. v. 03.06.1981 – 2 StR 235/81 = StV 1981, 549; BGH, B. v. 04.12.1981 – 3 StR 408/81 = BGHSt 30, 277; BGH, Urt. v. 18.06.1986 – 2 StR 201/86 = NJW 1987, 720; BGH, Urt. v. 28.02.1997 – 2 StR 556/96 = BGHSt 43, 8; vgl. unten 3. Kapitel:C.II.6.

175 BGH, Anfrageb. v. 10.07.2003 – 3 StR 61/02 und 243/02 = NStZ 2004, 105 ff.

176 Vgl. näher unten 3. Kapitel:E.I.2.b).

177 MK-BtMG/*Rahlf*, § 29 Rn. 272.

178 *Nestler*, StV 2002, 504, 506; MK-BtMG/*Rahlf*, § 29 Rn. 273.

179 *Weber*, BtMG, § 29 Rn. 213.

können oder deren betäubende Wirkungen wegen des Ausmaßes einer missbräuchlichen Verwendung unmittelbar oder mittelbar Gefahren für die Gesundheit begründen oder die der Herstellung solcher Betäubungsmittel dienen.[181] Welche Stoffe und Zubereitungen dies (im engeren betäubungsmittelrechtlichen Sinne) sind, ergibt sich aus § 1 I BtMG i.V.m. den Anlagen I bis III zum BtMG. Allein die Aufnahme des Stoffes (bzw. der Zubereitungen) in diese Positivliste[182] entscheidet damit über die Betäubungsmitteleigenschaft.[183] Nicht bestimmend ist hingegen eine konkrete Berauschungsqualität oder die Konsumfähigkeit des Stoffes.[184]

(2) Andere Stoffe oder Gegenstände

Die im Rahmen des Handeltreibens entwickelte Tätigkeit muss nicht zwingend einen unmittelbaren Bezug zu einem Betäubungsmittel aufweisen.[185] Sie kann sich vielmehr grundsätzlich auch mit Gegenständen und Stoffen befassen, die selbst zwar keine Betäubungsmittelqualität besitzen, aber bei Herstellung, Kauf, Tausch, Transport, oder sonstigem Umgang mit zum Umsatz bestimmten Be-

---

180 Der Begriff des Betäubungsmittels ist nicht unumstritten. Ihm ist eine Lückenhaftigkeit immanent, da neben narkotisierenden Stoffen auch Substanzen mit entgegengesetzten oder ganz anderen Wirkungen (Weckamine, Halluzinogene) der Verkehrskontrolle unterworfen sind, vgl. *Franke/Wienroeder/Wienroeder*, BtMG, § 1 Rn. 2; MK-BtMG/*Rahlf*, § 1 Rn. 1; BT-Drs. 8/3551, S. 25. Im Rahmen dieser Arbeit werden die Begriffe Betäubungsmittel, Rauschmittel, Rauschgifte und Droge, wie in der Rechtsprechung des Bundesgerichtshofs, jeweils synonym verwendet. Vgl. näher zu den verschiedenen Begrifflichkeiten: *Büttner*, Betäubungsmittelstrafrecht, S. 31.

181 BVerfG (2. Kammer des 2. Senats), B. v. 24.04.1997 – 2 BvR 55/97 = StV 1997, 405, 406; *Franke/Wienroeder/Wienroeder*, BtMG, § 1 Rn. 3.

182 Die Existenz dieser Positivliste als solche ist verfassungsrechtlich nicht zu beanstanden; vgl. BVerfG (2. Senat), B. v. 09.03.1994 – 2 BvL 43/92, 2 BvL 51/92, 2 BvL 63/92, 2 BvL 64/92, 2 BvL 70/92, 2 BvL 80/92, 2 BvR 2031/92 = BVerfGE 90, 145, 196.

183 *Eberth/Müller/Schütrumpf*, Verteidigung in BtM-Sachen, Rn. 57.

184 BayOblG, Urt. v. 25.09.2002 – 4 St RR 80/2002 = NStZ 2003, 270, 271; *Weber*, BtMG, § 1 Rn. 16; MK-BtMG/*Rahlf*, § 1 Rn. 4; *Malek*, Betäubungsmittelstrafrecht Kap. 2 Rn. 106; *Eberth/Müller/Schütrumpf*, Verteidigung in BtM-Sachen, Rn. 3; dies ist nicht völlig unbestritten, vgl. *Körner*, BtMG, § 1 Rn. 24; der allerdings auch den hier gewählten Standpunkt vertritt.

185 MK-BtMG/*Rahlf*, § 29 Rn. 275.

täubungsmitteln benutzt werden sollen.[186] Hierunter fallen beispielsweise Grundstoffe,[187] Streckmittel,[188] Laborgeräte[189] oder Schmuggelfahrzeuge[190].

In allen genannten Fällen bedarf die Tat jedoch der Konkretisierung[191] in der Form, dass Tätigkeiten vorliegen, die auf die Ermöglichung oder Förderung eines bestimmten Umsatzgeschäfts mit Betäubungsmitteln zielen.[192] Objekt der Tätigkeit kann zudem auch der aus dem Umsatz der Betäubungsmittel erzielte Erlös sein.[193]

bb) Art der Tätigkeit

Jede Tätigkeit, unabhängig von ihrer Art und Intensität kann als taugliche Tathandlung dienen.[194] Nicht erforderlich ist, dass die Handlung von außen als auf den Umsatz gerichtet erscheint.[195] Ferner ist kein ständiger Umgang mit Betäubungsmitteln oder gar ein auf Handel gerichteter Betrieb[196] vorausgesetzt.[197] Überdies bedarf es nicht zwingend eigener Umsatzgeschäfte.[198]

Von der Vielzahl der theoretisch möglichen, aber auch in der Praxis real vorkommenden tatbestandsmäßigen Handlungen, seien einige exemplarisch aufgezählt. So kann eine taugliche Tätigkeit beispielsweise im Anbau, der Herstellung oder Gewinnung von Betäubungsmitteln liegen.[199] Auch kann das Mischen[200], Strecken[201], Portionieren[202], Testen[203], Vorrätighalten[204], Lagern[205] und

186 *Weber*, BtMG, § 29 Rn. 216.

187 BGH, Urt. v. 25. 10. 2001 – 4 StR 208/01 = BGHSt 47, 134 ff. ; BGH, Urt. v. 03.08.2005 – 2 StR 360/04 = BGHR BtMG § 29 Abs 1 Nr 1 Handeltreiben 62.

188 BGH, B. v. 23.04.1993 – 3 StR 145/93 = BGHR BtMG § 29 Abs 1 Nr 1 Handeltreiben 37; BGH, B. v. 20.06.1994 – 3 StR 150/94 = NStZ 1994, 501.

189 BGH, B. v. 21.07.1993 – 2 StR 331/93 = BGHR BtMG § 29 Abs 1 Nr 1 Handeltreiben 40.

190 BGH, Urt. v. 30.01.2001 – 1 StR 423/00 = BGH, NJW 2001, 1289 f.

191 Vgl. *Franke/Wienroeder/Wienroeder*, BtMG, § 29 Rn. 47; *Weber*, BtMG, § 29 Rn. 220 ff., 233.

192 MK-BtMG/*Rahlf*, § 29 Rn. 275.

193 *Weber*, BtMG, Rn. 215; MK-BtMG/*Rahlf*, § 29 Rn. 275.

194 Vgl. oben 2. Kapitel:B.I.2.a).

195 *Joachimski/Haumer*, BtMG, § 3 Rn. 7.

196 RG, Urt. v. 18.01.1918 – IV 701/17 = RGSt 51, 379, 380.

197 *Weber*, BtMG, § 29 Rn. 234.

198 *Malek*, Betäubungsmittelstrafrecht, Kap. 2 Rn. 90.

199 Zu den bei der Überschneidung der einzelnen Tatbestandsalternativen des § 29 I 1 Nr.1 BtMG auftretenden „Konkurrenzproblemen“ vgl. oben 2. Kapitel:B.I.1.

200 MK-BtMG/*Rahlf*, § 29 Rn. 277.

201 *Weber*, NStZ 2004, 66, 68.

auch das Aufbewahren für einen Anderen[206] Handeltreiben sein. Desgleichen stellt die Inbesitznahme von Betäubungsmitteln in Umsatzförderungsabsicht[207] eine insofern taugliche Handlung dar. Ferner sind ernsthafte Kaufbemühungen,[208] Verkaufsangebote,[209] sowie Verkaufsverpflichtungen[210] als taugliche Tathandlungen zu qualifizieren. Selbiges gilt für Tauschgeschäfte[211] bzw. Vermittlungsbemühungen[212] hinsichtlich fremder Umsatzgeschäfte. Auch die Kuriertätigkeit kann eine taugliche Tathandlung darstellen.[213] Schließlich können unterstützende Finanztransaktionen, wie z.B. die Gewährung eines Darlehens[214] oder das Eintreiben des Kaufpreises[215] bzw. der Geldtransport[216] Tätigkeiten im Bereich des Handeltreibens sein.[217]

---

202 MK-BtMG/*Rahlf*, § 29 Rn. 277.

203 BGH, Urt. v. 02.10.1992 – 2 StR 466/92 (unveröffentlicht).

204 BGH, Urt. v. 28.02. 1997 – 2 StR 556/96 = BGHSt 43, 8 ff.

205 BGH, B. v. 29.07.1992 – 3 StR 61/92 = NStZ 1992, 546; BGH, B. v. 28.04.1994 – 4 StR 196/94 = StV 1994, 658.

206 BGH, B. v. 25.05.1994 – 2 StR 203/94 = BGHR BtMG § 29 Abs 1 Nr 1 Handeltreiben 42; BGH, B. v. 29.11.1994 – 4 StR 637/94 = BGHRBtMG § 29 Abs 1 Nr 1 Handeltreiben 47.

207 BGH, Urt. v. 20.01.1982 – 2 StR 593/81 = BGHSt 30, 359, 361.

208 BGH, Urt. v. 12.08.1986 – 1 StR 360/86 = BGHR BtMG § 29 Abs 1 Nr 1 Handeltreiben 4.

209 BGH, B. v. 06.11.1991 – 3 StR 406/91 = BGHR BtMG § 29 Abs 1 Nr 1 Handeltreiben 30.

210 BGH, Urt. v. 15.01.1992 – 2 StR 267/91 = StV 1992, 517.

211 BGH, B. v. 01.06.1983 – 3 StR 193/83 = NStZ 1983, 560 (Tausch PKW gegen Kokain).

212 BGH, Urt. v. 25.10.1989 – 3 StR 313/89 = BGHR BtMG § 29 Abs 1 Nr 1 Handeltreiben 19.

213 BGH, B. v. 04.03.1993 – 4 StR 69/93 = BGHR BtMG § 29 Abs 1 Nr 1 Handeltreiben 36; insofern ist allerdings die Entwicklung der Rechtsprechung zu beachten, vgl. unten 3. Kapitel:G.II.

214 BGH, Urt. v.01.08.1990 – 2 StR 147/90 = BGHR BtMG § 29 Abs 1 Nr 1 Handeltreiben 22; BGH, B. v.05.11.1991 – 1 StR 361/91 = BGHR BtMG § 29 Abs 1 Nr 4 Bereitstellen 2.

215 BGH, B. v. 29.06.1995 – 1 StR 345/95 = NJW 1995, 3264; BGH, B. v. 17.05.1996 – 5 StR 119/96 = BGHR BtMG § 29 Abs 1 Nr 1 Handeltreiben 50.

216 BGH, Urt. v. 17.07.1997 – 1 StR 791/96 = BGHSt 43, 158 ff.; BGH, B. v. 21.05.1999 – 2 StR 154/99 = BGHR BtMG § 29 Abs 1 Nr 1 Handeltreiben 52.

217 So vielgestaltig die möglichen Anknüpfungspunkte bzgl. der Handlung sind, so variantenreich sind auch die Bezeichnungen für die geforderte Tätigkeit. Ohne dass damit eine inhaltliche Differenzierung verbunden ist, werden neben dem hier verwendeten Be-

b) *Umsatz*

Die Tathandlung muss auf den Umsatz eines Betäubungsmittels gerichtet sein, damit der Tatbestand des Handeltreibens erfüllt ist. Die Rechtsprechung des Bundesgerichtshofs versteht unter dem Umsatz i.S.d. Handeltreibens die einverständliche Übertragung von Betäubungsmitteln von einer Person auf eine andere.[218] Der Betäubungsmittelumsatz muss das Endziel der Tathandlung sein.[219] Das objektiv formulierte Tatbestandsmerkmal des Umsatzes hat durch die Rechtsprechung des Bundesgerichtshofs eine starke Subjektivierung erfahren.[220] So stellte der Bundesgerichtshof fest, dass „eine nach außen erkennbare, auf die Veräußerung der Ware gerichtete Tätigkeit" nicht erforderlich ist.[221] Vielmehr ist entscheidend, ob der Täter nach seiner Vorstellung eine umsatzfördernde Handlung vorgenommen hat.[222] Ferner kommt es auch auf eine tatsächliche Förderung des erstrebten Umsatzes nicht an.[223] Demnach hat es keine einschränkende Wirkung, wenn das Betäubungsmittel zum Zeitpunkt der (auf den Umsatz abzielenden) Tätigkeit schon unter polizeilicher Überwachung stand[224] oder gar

---

griff der Tätigkeit (BGH, Urt. 12.08.1986 – 1 StR 360/86 = BGHR BtMG § 29 Abs 1 Nr 1 Handeltreiben 4; BGH, Urt. v. 15.03.1995 – 2 StR 15/95 = NStZ 1996, 48) auch Bestrebungen (BGH, B. v. 10.10.1988 – 2 StR 539/88 = BGHR BtMG § 29 Abs 1 Nr 1 Handeltreiben 14), Bemühung (BGH, B. v. 06.11.1991 – 3 StR 406/91 = BGHR BtMG § 29 Abs 1 Nr 1 Handeltreiben 30), Handlung (BGH, Urt. v. 15.04.1980 – 5 StR 135/80 = BGHSt 29, 239) und Verhalten (BGH, Urt. v. 26.04.1994 – 1 StR 87/94 = BGHR BtMG § 29 Beihilfe 1) als Beschreibung für die Tathandlung gewählt; vgl. auch *Ebert*, Das Handeltreiben mit Betäubungsmitteln, S. 14.

218 BGH, Urt. v. 12.05.1993 – 3 StR 2/93 = BGHSt 39, 216, 219; BGH, Urt. v. 20.08.1991 – 1 StR 273/91 = BGHR BtMG § 29 Abs 1 Nr 1 Handeltreiben 28; BGH, Urt. v. 23.08.1989 – 3 StR 120/89 = BGHR BtMG § 29 Abs 1 Nr 1 Handeltreiben 18; BGH, Urt. v. 25.10.1989 – 3 StR 313/89 = BGHR BtMG § 29 Abs 1 Nr 1 Handeltreiben 19.

219 BGH, B. v. 04.12.1981 – 3 StR 408/81 = BGHSt 30, 277, 278; BGH, Urt. v. 24.11.1982 – 3 StR 382/82 = NStZ 1983, 124; BGH. Urt. v. 12.05.1993 – 3 StR 2/93 = BGHSt 39, 216, 219.

220 *Ebert*, Das Handeltreiben mit Betäubungsmitteln, S. 15; *Bensch*, Der Begriff des Handeltreibens, S. 20.

221 BGH, Urt. v. 20.01.1982 – 2 StR 593/81 = BGHSt 30, 359, 361.

222 BGH, Urt. v. 21.02.1974 – 1 StR 588/73 = BGHSt 25, 290, 292; BGH, Urt. v. 18.03.1981 – 3 StR 68/81 = NStZ 1981, 263; BGH, Urt. v. 20.08.1991 – 1 StR 273/91 = BGHR BtMG § 29 Abs 1 Nr 1 Handeltreiben 28.

223 BGH, Urt. v. 04.10.1978 – 3 StR 232/78 = NJW 1979, 1259; BGH, Urt. v. 20.08.1991 – 1 StR 273/91 = BGHR BtMG § 29 Abs 1 Nr 1 Handeltreiben 28.

224 BGH, B. v. 04.12.1981 – 3 StR 408/81 = BGHSt 30, 277, 278.

bereits polizeilich sichergestellt wurde,[225] auf der Käuferseite zum Schein ein V-Mann der Polizei (als Vermittler) und ein Polizeibeamter (als Kaufinteressent) mitgewirkt haben,[226] auf beiden Seiten des Umsatzgeschäfts verdeckte Ermittler tätig geworden sind[227] oder dem Täter schlicht die Beschaffung des Betäubungsmittels misslingt[228].[229] Nicht entscheidend ist weiterhin, ob der Täter seine Umsatzförderungsabsicht später aufgibt, da die Tat mit der ersten Betätigung der (eigennützigen) Umsatzförderungsabsicht vollendet ist.[230] Schließlich ist auch derjenige vom Tatbestand des Handeltreibens erfasst, der eine eigennützige Förderung fremder Umsatzgeschäfte betreibt.[231]

Ein Fehlen der Umsatzförderungsabsicht ist hingegen zu bejahen, wenn die Betäubungsmittel der Polizei in die Hände gespielt und damit aus dem Verkehr gezogen werden sollen[232] bzw. ein Angeklagter sich auf eigene Faust (und ohne Kenntnis der Polizei) bei der Bekämpfung der Betäubungsmittelkriminalität betätigt.[233]

---

225 BGH, Urt. v. 26.04.1994 – 1 StR 87/94 = NJW 1994, 2162 m. Anm. *Krack*, JuS 1995, 585; BGH Urt. v. 20.08.1991 – 1 StR 273/91 = NJW 1992, 380.

226 BGH, Urt. v. 25.03.1981 – 3 StR 61/81 = NStZ 1981, 257.

227 BGH, B. v. 05.08.1993 – 4 StR 439/93 = NStZ 1994, 39.

228 BGH, Urt. v. 15.01.1992 – 2 StR 267/91 = StV 1992, 517.

229 Das Nichtvorliegen einer tatsächlichen Gefahr für das durch das Verbot des unerlaubten Handeltreibens geschützte Rechtsgut wird in diesen Fällen (oftmals) nur auf Strafzumessungsebene berücksichtigt; vgl. BGH. B. v. 06.04.1988 – 2 StR 60/88 = StV 1988, 296; BGH, Urt. v. 06.03.1992 – 2 StR 559/91 = NStZ 1992, 275 f.

230 MK-BtMG/*Rahlf*, § 29 Rn. 310.

231 Z.B. durch die Vermittlung eines fremden Umsatzgeschäfts oder durch Kuriertätigkeiten im Rahmen eines solchen Geschäfts, vgl. BGH, Urt. 04.10.1978 – 3 StR 232/78 = NJW 1979, 1259.

232 BGH, Urt. v. 05.07.1988 – 1 StR 212/88 = BGHR BtMG § 29 Abs 1 Nr 1 Handeltreiben 10; BGH, Urt. v. 03.06.1981 – 2 StR 235/81 = StV 1981, 549.

233 BGH, Urt. v. 05.07.1988 – 1 StR 212/88 = BGHR BtMG § 29 Abs 1 Nr 1 Handeltreiben 10.

c) *Eigennutz*[234]

Das Merkmal der Eigennützigkeit ist in den Tatbeständen der §§ 29 I 1 Nr. 1, 29a I Nr. 2, 30 I Nr. 1 und 30a I, II BtMG nicht erwähnt. Vielmehr ist es nur ein Bestandteil des die Tat umschreibenden Tatbestandsmerkmals des Handeltreibens.[235] Als solches ist es auch kein die Strafbarkeit begründendes besonderes persönliches Merkmal im Sinne des § 28 I StGB.[236] Eigennützig handelt derjenige, dessen Handeln vom Streben nach Gewinn geleitet wird oder der sich irgendeinen anderen persönlichen Vorteil davon verspricht, durch den er materiell oder immateriell besser gestellt wird.[237]

Nicht zu verwechseln ist die Eigennützigkeit mit der Gewerbsmäßigkeit[238].[239] Zudem muss beachtet werden, dass das in der Eigennützigkeit angelegte Gewinnstreben (oder die Gewinnsucht) im Hinblick auf das Verbot der Doppelverwertung von Tatbestandsmerkmalen[240] grundsätzlich nicht zusätzlich zur Strafschärfung herangezogen werden darf.[241]

Ferner ist es im Gegensatz zu der Gewinnsucht im Sinne der §§ 236 IV Nr. 1, 283a S. 2 Nr. 1, 283d III 2 Nr. 1, 330 I 2 Nr. 1 StGB nicht erforderlich, dass das Gewinnstreben ganz ungewöhnlich oder übersteigert ist.[242] Nicht erheblich

---

234 Teilweise wird auch der Begriff der „Eigennützigkeit" (BGH, B. v. 08.03.2000 – 3 StR 41/00 = NStZ 2000, 432) gebraucht. Ein inhaltliches Abweichen ergibt sich hieraus aber nicht; vgl. MK-BtMG/*Rahlf*, § 29 Rn. 314 m.w.N. Selbiges gilt für den von der Rechtsprechung gelegentlich verwendeten Begriff der „Eigensucht"; vgl. BGH, Urt. v. 21.02.1979 – 2 StR 663/78 = BGHSt 28, 308, 309; *Malek*, Betäubungsmittelstrafrecht, Kap. 2 Rn. 106.

235 *Franke/Wienroeder/Wienroeder*, BtMG, § 29 Rn. 31; MK-BtMG/*Rahlf*, § 29 Rn. 315; wohl auch *Roxin*, TuT, S. 628.

236 BGH, B. v. 08.03.2000 – 3 StR 41/00 = NStZ 2000, 432; *Franke/Wienroeder/-Wienroeder*, BtMG, § 29 Rn. 31.

237 BGH, Urt. v. 01.06.2006 – 1 StR 32/06 = NStZ 2006, 578; BGH, B. v. 16.11.2001 – 3 StR 371/01 = StV 2002, 254.

238 Gewerbsmäßig handelt, wer sich durch wiederholte Tatbegehung eine fortlaufende Einnahmequelle von einiger Dauer und einigem Umfang verschaffen will; vgl. BGH, B. v. 20.09.2000 – 5 StR 243/00 = StV 2001, 461; *Weber*, BtMG, § 29 Rn. 1701.

239 *Körner*, BtMG, § 29 Rn. 420; *Joachimski/Haumer*, BtMG, § 3 Rn. 21.

240 Vgl. § 46 III StGB; hierzu auch: *Malek*, Betäubungsmittelstrafrecht, Kap. 3 Rn. 13 f.

241 BGH, B. v. 09.11.2010 – 4 StR 532/10 = NStZ-RR 2011, 90; BGH, Urt. v. 30.01.1980 – 3 StR 471/79 = NJW 1980, 1344; *Eberth/Müller/Schütrumpf*, Verteidigung in BtM-Sachen, Rn. 62; vgl. aber auch: BGH, B. v. 24.09.2009 – 3 StR 294/09 = NStZ-RR 2010, 24 (Das Gewinnstreben des Angeklagten kann nur dann strafschärfend berücksichtigt werden, wenn es den Rahmen des Tatbestandsmäßigen deutlich übersteigt).

242 *Weber*, BtMG, § 29 Rn. 293; MK-BtMG/*Rahlf*, § 29 Rn. 316.

ist es, aus welchem Grund der Täter den Gewinn erzielen will.[243] Weiterhin braucht der Eigennutz weder das einzige[244] noch das vorrangige[245] Handlungsmotiv zu sein.

Ein materieller Vorteil im Sinne der Eigennützigkeit kann (typischerweise) in einem finanziellen Gewinn oder in sonstigen geldwerten Leistungen (z.B. „kostenloses" Benutzen einer Wohnung,[246] Erlangung von Auskünften, Hinweisen oder Tipps[247]) bestehen.[248] Es ist auch ausreichend, dass der Vorteil erst mittelbar eintreten soll.[249] Darauf, dass der erwartete Gewinn auch tatsächlich erzielt wird, kommt es nicht an.[250] Der Vorteil braucht nicht zwingend in einer vermögenswerten Zuwendung zu bestehen. Es kommen Vorteile jeder Art, also auch immaterielle Vorteile, in Betracht.[251] Andererseits reicht z.B. eine rein ideelle Anerkennung der anderen Mitwirkenden nicht aus.[252] Sofern immaterielle Vorteile also eigennütziges Tätigwerden begründen sollen, müssen sie einen objektiv messbaren Inhalt[253] haben.[254] Schließlich ist auch die Vermeidung eines

---

243 BGH, B. v. 17.03.1981 – 5 StR 56/81 = StV 1981, 238; *Weber*, BtMG, § 29 Rn. 294.

244 MK-BtMG/Rahlf, § 29 Rn. 319; *Franke/Wienroeder/Wienroeder*, BtMG, § 29 Rn. 34.

245 Vgl. BGH, Urt. v. 28.11.1990 – 3 StR 395/90 = BGHR BtMG § 29 Abs 1 Nr 1 Handeltreiben 25: Hier hatte der Angeklagte Spielschulden und wurde durch die „Drohung, andernfalls "halb tot" geschlagen zu werden" zur Tat bestimmt. Die Eigennützigkeit des Handelns leitete der Bundesgerichtshof (wohl) aus dem im Falle der Tatbegehung in Aussicht gestellten Erlass seiner Spielschulden ab. BGH, Urt. v. 23.06.2004 – 2 StR 161/04 = NStZ 2004, 696 f. ließ es ausreichen, dass der Angeklagte „nur neben der verwandtschaftlichen Verbundenheit", die ihn zur Tatbegehung motivierte, auch wirtschaftliche Vorteile erstrebte. Insgesamt zeigt sich damit auch in diesem Bereich die bedenkliche Neigung der Rechtsprechung zur extensiven Auslegung des Handeltreibens. Vgl. zu weiteren Bedenken im Rahmen der Eigennützigkeit unten Fn. 253.

246 BGH, B. v. 25.05.1994 – 2 StR 203/94 = BGHR BtMG § 29 Abs 1 Nr 1 Handeltreiben 42.

247 *Hügel/Junge/Lander/Winkler*, Deutsches Betäubungsmittelrecht, § 29 BtMG Rn. 4.1.2.

248 MK-BtMG/*Rahlf*, § 29 Rn. 321.

249 Vgl. BGH, Urt. v. 04.12.2007 – 5 StR 404/07 = NStZ 2008, 354 (insoweit allerdings nicht abgedr.); vgl. aber *Schmidt*, NJW 2009, 2999: Ein zunächst illiquider Schuldner kann erst durch das Rauschgiftgeschäft den Zahlungsanspruch des Täters begleichen.

250 *Hügel/Junge/Lander/Winkler*, Deutsches Betäubungsmittelrecht, § 29 BtMG Rn. 4.1.2.

251 *Apfel/Strittmatter/Strittmatter*, Praxiswissen Strafverteidigung, Rn. 90; *Weber*, BtMG, § 29 Rn. 306 ff.

252 BGH, B. v. 06.03. 2008 – 4 StR 33/08 = BeckRS 2008, 04795 Rn. 3.

253 Ein solcher wurde beispielsweise in folgenden Fällen bejaht: „Bezahlung" der gelieferten Betäubungsmittel durch sexuelle Leistungen einer heroinsüchtigen Frau (BGH Urt. v. 17.02.1982 – 2 StR 602/81 = NStZ 1982, 519) oder sofern die Tilgung der Darle-

sonst eintretenden Nachteils (z.B. Strafanzeige, Schutzgelderpressung) geeignet, das Merkmal der Eigennützigkeit zu begründen.[255]

II. Exkurs: Definition des Handeltreibens in benachbarten Rechtsgebieten

Auch außerhalb des BtMG hat der Begriff des Handeltreibens bzw. mit ihm verwandte Formen wie der Tier- oder der Waffenhandel wiederholt gesetzliche Regelung erfahren.[256] Der Blick über das Betäubungsmittelrecht hinaus soll eine Einordnung des Begriffs in den Gesamtkontext der (deutschen) Gesetzgebung ermöglichen und so den Überblick zur Rechtsprechung im Zusammenhang mit dem Handeltreiben komplettieren. Idealerweise kann durch den Vergleich der Regelungsinhalte die Grundlage einer fundierten Kritik bzw. gar ein Anstoß zu einer Neudefinition des Begriffs Handeltreiben i.S.d. BtMG erreicht werden.

1. Arzneimittelgesetz

In § 43 I 2 AMG[257] wird festgelegt, dass außerhalb von Apotheken grundsätzlich[258] mit den nach § 43 I 1 AMG den Apotheken vorbehaltenen Arzneimitteln[259] kein Handel getrieben werden darf. § 95 I Nr. 4 AMG[260] bedroht denjeni-

---

hensschuld eines Angehörigen vom Täter als familiäre „Pflicht" angesehen wird (BGH, B. v. 11.08.1995 – 2 StR 329/95 = BGHR BtMG § 29 Abs 1 Nr 1 Handeltreiben 48). Inwiefern jedoch in diesem Bereich die regulative Funktion des Merkmals der Eigennützigkeit (vgl. *Weber*, BtMG, § 29 Rn. 286) zur Entfaltung gelangt, erscheint aufgrund der wiederum sehr weiten Interpretation zumindest äußerst fraglich. Vgl. hierzu: BGH, Urt. v. 01.06.2006 – 1 StR 32/06 = NStZ 2006, 578; knapp bei *Winkler*, NStZ 2007, 317.

254 BGH, B. v. 26.08.1992 – 3 StR 299/92 = BGHR BtMG § 29 Abs 1 Nr 1 Handeltreiben 34; BGH, B. v. 24.02.1994 – 4 StR 44/94 = BtMG § 29 Abs 1 Nr. 1 Handeltreiben 41.

255 *Körner*, BtMG, § 29 Rn. 427; *Weber*, BtMG, § 29 Rn. 300.

256 Vgl. hierzu den Überblick bei MK-BtMG/*Rahllf*, § 29 Rn. 263.

257 Gesetz über den Verkehr mit Arzneimitteln in der Neufassung vom 12.12.2005 (BGBl. I S. 3394).

258 Eine Ausnahme besteht für die Fälle des § 95 IV AMG und die des § 47 I AMG.

259 Dies sind Arzneimittel im Sinne des § 2 I oder II Nr. 1 AMG, die nicht durch die Vorschriften des § 44 AMG oder der nach § 45 I AMG erlassenen Rechtsverordnung für den Verkehr außerhalb der Apotheken freigegeben sind.

260 Vgl. § 95 I Nr. 4 AMG: „Mit Freiheitsstrafe bis zu drei Jahren oder mit Geldstrafe wird bestraft, wer entgegen § 43 Abs. 1 Satz 2, Abs. 2 oder 3 Satz 1 mit Arzneimitteln,

gen mit Strafe, der entgegen § 43 I 2 AMG mit Arzneimitteln, die nur auf Verschreibung an Verbraucher abgegeben werden dürfen, Handel treibt. Durch diese Vorschrift werden sowohl die Apothekenpflicht (§ 43 I 2 AMG) als auch die Rezeptpflicht (§ 48 AMG) geschützt. Letztlich soll mit § 95 I Nr. 4 AMG also nicht nur die Sicherheit und Ordnung im Arzneimittelverkehr durch Einhaltung des Apothekenmonopols, sondern vor allem auch der Verbraucherschutz[261] gewährleistet werden.[262]

Der Begriff des Handeltreibens i.S.d. Arzneimittelrechts wird wie in § 29 I 1 Nr. 1 BtMG ausgelegt.[263] Nicht bedacht wird insofern allerdings, dass damit auch die Eigennützigkeit des Handelnden festgestellt werden muss. Fehlt diese (gibt der Apotheker also beispielsweise Medikamente zum Selbstkostenpreis[264] ab), kann ein Handeltreiben nicht bejaht werden, obwohl die oben aufgeführten Schutzgüter[265] betroffen wären.[266]

2. Gewerbeordnung

§ 148b GewO[267] enthält den Begriff des Handeltreibens.[268] Zu beachten ist allerdings, dass nicht das Handeltreiben selbst die inkriminierte Tathandlung dar-

---

die nur auf Verschreibung an Verbraucher abgegeben werden dürfen, Handel treibt oder diese Arzneimittel abgibt […]".

261 Bei apotheken- bzw. verschreibungspflichtigen Medikamenten bestehen im Idealfall mehrere Kontrollinstanzen, die den Verbraucher vor mit dem Arzneimittelgebrauch zusammenhängenden Gefahren bewahren sollen: Kontrolle des Arzneimittels durch den Hersteller, Kontrolle des Arzneimittels durch die Zulassungsbehörde, Kontrolle des Arzneimittels durch den Arzt, Kontrolle des Arzneimittels durch den Apotheker.

262 *Körner*, AMG, § 95 Rn. 56.

263 Allg. Meinung. Vgl. *Rehmann*, AMG, § 95 Rn. 13; *Körner*, AMG, § 95 Rn. 65; *Erbs/Kohlhaas/Pelchen/Anders*, AMG, § 95 Rn. 13; MK-BtMG/*Rahlf* § 29 Rn. 263; *Weber*, Handeltreiben, S. 38; BGH, Urt. v. 03.07.2003 – 1 StR 453/02 = NStZ 2004, 457, 458.

264 Vgl. hierzu im Betäubungsmittelrecht: BGH, B. v. 22.02.1985 – 2 StR 62/85 = StV 1985, 235; im Arzneimittelrecht (unter Bezugnahme auf das Betäubungsmittelrecht): BGH, Urt. v. 03.07.2003 – 1 StR 453/02 = NStZ 2004, 457, 458. Etwas anderes könnte bei Vorliegen besonderer Umstände gelten, etwa wenn neue Abnehmer durch Sonderkonditionen angeworben werden sollen (vgl. *Winkler*, NStZ 2006, 328).

265 Zumindest die Apotheken- und Rezeptpflicht und damit mittelbar wiederum auch der Verbraucherschutz.

266 Ähnlich auch *Weber*, JR 2006, 139, 142.

267 Diese Bestimmung wurde ebenso wie § 147a GewO nach Aufhebung des Gesetzes über den Verkehr mit Edelmetallen (EMG) durch ÄndG vom 25.07.1984 (BGBl. I S. 1008) neu in die GewO eingefügt. Sie entspricht dem aufgehobenen § 5 EMG.

stellt. Unter Strafe stehen vielmehr bestimmte hehlereispezifische Handlungsweisen.[269] Das Handeltreiben dagegen umschreibt lediglich den Kreis tauglicher Täter.[270] Als Täter kommt nur derjenige in Betracht, der sich in bestimmter, im Gesetz näher umschriebener Weise gewerblich betätigt und beim Betrieb eines entsprechenden Gewerbes die für die Hehlerei typischen Tathandlungen ausführt. § 148b GewO ist deshalb Sonderdelikt im strafrechtlichen Sinne.[271]

Die Bestimmung des Begriffs Handeltreiben orientiert sich wiederum an der betäubungsmittelrechtlichen Rechtsprechung.[272] Als zusätzliche Voraussetzung wird im Gewerberecht allerdings stets ein gewerbsmäßiges Handeln gefordert.[273] Damit ist der bloß gelegentliche Handel von § 148b GewO nicht erfasst.[274] Eine solche Einschränkung würde im Betäubungsmittelrecht allerdings ihrer Sinnhaftigkeit entbehren.

3. Grundstoffüberwachungsgesetz

Das Gesetz zur Überwachung des Verkehrs mit Grundstoffen, die für die unerlaubte Herstellung von Betäubungsmitteln missbraucht werden können (Grundstoffüberwachungsgesetz – GÜG)[275] beinhaltet den Begriff des Handeltreibens

---

268 Vgl. § 148b GewO: „Wer gewerbsmäßig mit den in § 147a Abs. 1 bezeichneten Gegenständen Handel treibt oder gewerbsmäßig Edelmetalle und edelmetallhaltige Legierungen und Rückstände hiervon schmilzt, probiert oder scheidet oder aus den Gemengen und Verbindungen von Edelmetallabfällen mit Stoffen anderer Art Edelmetalle wiedergewinnt und beim Betrieb eines derartigen Gewerbes einen der in § 147a Abs. 1 bezeichneten Gegenstände, von dem er fahrlässig nicht erkannt hat, daß ihn ein anderer gestohlen oder sonst durch eine gegen ein fremdes Vermögen gerichtete rechtswidrige Tat erlangt hat, ankauft oder sich oder einem Dritten verschafft, ihn absetzt oder absetzen hilft, um sich oder einen anderen zu bereichern, wird mit Freiheitsstrafe bis zu einem Jahr oder mit Geldstrafe bestraft".

269 Vgl. BeckOK-GewO/*Kirchesch*, § 148b Rn. 3 ff.

270 *Schwitters*, Die Vorverlagerung beim Handeltreiben, S. 156.

271 *Pielow/Kirchesch*, GewO, § 148b Rn. 10; BeckOK-GewO/*Kirchesch*, § 148b Rn. 10.

272 *Friauf/Ambs*, GewO, § 148b Rn. 6; MK-GewO/*Weyand*, § 148b Rn. 4; a.A. wohl MK-BtMG/*Rahlf* § 29 Rn. 263, der davon ausgeht, dass mit Handeltreiben in diesem Zusammenhang „das ständig betriebene Handelsgeschäft" gemeint ist.

273 *Friauf/Ambs*, GewO, § 148b Rn. 6.

274 *Erbs/Kohlhas/Ambs*, GewO, §148 b Rn. 2.

275 Grundstoffüberwachungsgesetz vom 11.03.2008 (BGBl. I S. 306); dieses Gesetz ersetzt GÜG v. 07.10.1994 (BGBl. I S. 2835); Ziel der Neuregelung war die Anpassung des Grundstoffüberwachungsgesetzes an das EU-Grundstoffrecht, das im Jahr 2005 geändert wurde und nunmehr wesentliche Teile unmittelbar auf europäischer Ebene regelt (BT-Drs. 16/7414, S. 1).

in zwei Vorschriften. So wird zunächst das Handeltreiben mit Grundstoffen generell verboten.[276] § 19 GÜG enthält die dazugehörige Strafbestimmung.[277] Ziel des Gesetzes ist es weiterhin[278], die missbräuchliche Abzweigung und Verwendung von sog. Grundstoffen zum Zwecke der unerlaubten Herstellung von Betäubungsmitteln zu verhindern bzw., sofern dies nicht gelingt, zu verfolgen.[279]

Der Gesetzgeber geht davon aus, dass sich § 19 I Nr. 1 GÜG (wie bisher) an § 29 I 1 Nr. 1 BtMG orientiert.[280] Die Auslegung des Begriffs Handeltreiben im GÜG stimmt sonach mit der betäubungsmittelrechtlichen Begriffsbestimmung vollständig überein.[281]

4. Kriegswaffenkontrollgesetz

Das Kriegswaffenkontrollgesetz[282] enthält den Begriff des Handeltreibens in mehreren Vorschriften. In den §§ 16, 17 und 18 KWKG wird jeweils verboten, mit Atomwaffen, biologischen oder chemischen Waffen bzw. mit Antipersonenminen oder Streumunition Handel zu treiben. Die mit diesen Verboten korrespondierenden Strafvorschriften finden sich in den §§ 19,[283] 20[284] und 20a[285]

---

276 Vgl. § 3 GÜG: „Es ist verboten, einen Grundstoff, der zur unerlaubten Herstellung von Betäubungsmitteln verwendet werden soll, zu besitzen, herzustellen, mit ihm Handel zu treiben, ihn, ohne Handel zu treiben, einzuführen, auszuführen, durch den oder im Geltungsbereich dieses Gesetzes zu befördern, zu veräußern, abzugeben oder in sonstiger Weise einem anderen die Möglichkeit zu eröffnen, die tatsächliche Verfügung über ihn zu erlangen, zu erwerben oder sich in sonstiger Weise zu verschaffen".

277 Vgl. § 19 I Nr. 1 GÜG: „Mit Freiheitsstrafe bis zu fünf Jahren oder mit Geldstrafe wird bestraft, wer 1. entgegen § 3 einen Grundstoff besitzt, herstellt, mit ihm Handel treibt, ihn, ohne Handel zu treiben, einführt, ausführt, durch den oder im Geltungsbereich dieses Gesetzes befördert, veräußert, abgibt oder in sonstiger Weise einem anderen die Möglichkeit eröffnet, die tatsächliche Verfügung über ihn zu erlangen, erwirbt oder sich in sonstiger Weise verschafft, […]".

278 Vgl. schon § 1 GÜG i.d.F. v. 07.10.1994.

279 BT-Drs. 16/7414, S. 12.

280 BT-Drs. 16/7414, S. 21.

281 *Erbs/Kohlhaas/Anders*, GÜG, § 3 Rn. 2; *Hügel/Junge/Lander/Winkler*, Deutsches Betäubungsmittelrecht, § 19 GÜG Rn. 3.1.1; vgl. auch MK-BtMG/*Kotz*, § 29 GÜG (a.F.) Rn. 24, der in seiner Kommentierung zum Begriff in Fn. 4 vollumfänglich auf das Betäubungsmittelrecht verweist.

282 Gesetz über die Kontrolle von Kriegswaffen in der Fassung der Bekanntmachung vom 22.11.1990 (BGBl. I S. 2506).

283 Vgl. § 19 I Nr. 1 KWKG: „Mit Freiheitsstrafe von einem Jahr bis zu fünf Jahren wird bestraft, wer Atomwaffen im Sinne des § 17 Abs. 2 entwickelt, herstellt, mit ihnen Handel treibt […]".

KWKG. Das Gesetz dient der Kontrolle und Überwachung der Herstellung und Verbreitung von Kriegswaffen.[286]

Mit der Einführung des Merkmals Handeltreiben[287] wollte der Gesetzgeber „die bisherigen inlandsbezogenen Tathandlungen des Einführens und Ausführens namentlich im Hinblick auf verbotene Tätigkeiten im Ausland [...] ergänzen [...].“[288] Die Auslegung des Merkmals Handeltreiben soll sich an diejenige im Betäubungsmittelrecht anlehnen.[289] Eine originäre kriegswaffenkontrollrechtliche Begriffsbestimmung liegt damit nicht vor. Dennoch ergeben sich in der konkreten Anwendung Abweichungen: So soll die Handeltreibensalternative im Rahmen des § 17 I Nr. 1 KWKG als „generalklauselartig ausgestalteter Tatbestand“[290] zurücktreten, sofern eine der spezielleren Verwirklichungsalternativen des § 17 I Nr. 1 KWKG einschlägig ist.[291] Dass auch der Gesetzgeber Differenzierungen zwischen der Auslegung in beiden Rechtsgebieten für geboten hält, zeigt sich an § 19 I Nr. 1 KWKG. Dieser erfasst beispielsweise nur solche Verhaltensweisen, bei denen die tatsächliche Gewalt über Atomwaffen ausgeübt wird.[292] Trotzdem enthält er die Tatalternative des Handeltreibens. Mithin besteht ein gewichtiger Unterschied zu der auf das Merkmal der tatsächlichen Gewalt verzichtenden, betäubungsmittelrechtlichen Auslegung. Eine Spiegelung

---

284 Vgl. § 20 I Nr. 1 KWKG „Mit Freiheitsstrafe nicht unter zwei Jahren wird bestraft, wer biologische oder chemische Waffen entwickelt, herstellt, mit ihnen Handel treibt [...]“.

285 Vgl. § 20a I Nr. 1 KWKG: „Mit Freiheitsstrafe von einem Jahr bis zu fünf Jahren wird bestraft, wer entgegen § 18a Antipersonenminen oder Streumunition einsetzt, entwickelt, herstellt, mit ihnen Handel treibt [...]“.

286 *Schwitters*, Die Vorverlagerung beim Handeltreiben, S. 154.

287 Eingeführt durch das Änderungsgesetz vom 05.11.1990 (BGBl. I S. 2428). Anlass dieser Änderung war die Lieferung einer Giftgasanlage nach Libyen (Rabta) durch deutsche Staatsbürger. Hierzu stellte der Gesetzgeber fest, „dass die geltenden Vorschriften des Kriegswaffenkontrollgesetzes nicht ausreichen, um die Mitwirkung Deutscher an der Entwicklung und Herstellung von biologischen und chemischen Waffen vollständig zu unterbinden.“ (vgl. BT-Drs. 11/4609, S. 7).

288 BT-Drs. 11/4609, S. 9; *Holthausen*, NJW 1991, 203, 204.

289 Vgl. BT-Drs. 11/4609, S. 9; *Steindorf/Heinrich/Papsthart/Heinrich*, WaffR, § 19 KWKG Rn. 3; *Pottmeyer*, KWKG, § 17 Rn. 8; *Hohmann/John*, Ausfuhrrecht, § 17 KWKG Rn. 16.

290 *Pottmeyer*, KWKG, § 17 Rn. 8.

291 *Pottmeyer*, KWKG, § 17 Rn. 8; diese Auslegung ähnelt einem aus der betäubungsmittelrechtlichen Literatur stammenden Restriktionsvorschlag, vgl. hierzu *Liemersdorf/Miebach*, MDR 1979, 981 ff., sowie unten 3. Kapitel:D.II.1.

292 Vgl. hierzu auch *Steindorf/Heinrich/Papsthart/Heinrich*, WaffR, § 19 KWKG Rn. 3.

dieser Auslegung auf das Handeltreiben mit Betäubungsmitteln würde allerdings zu einer zu weiten Rücknahme der Strafbarkeit führen und sich deshalb als ungeeignet erweisen.

5. Ausführungsgesetz zum Chemiewaffenabkommen

Im Ausführungsgesetz zum Chemiewaffenabkommen[293] wird der Begriff des Handeltreibens in § 17 I Nr. 1 CWÜAG[294] verwendet. Der Regelungsbereich des CWÜAG und des KWKG ist durch die Novellierung des KWKG von 1990[295] weitgehend identisch. Die Strafvorschriften des CWÜAG besitzen gegenüber denen des KWKG nur subsidiäre Bedeutung.[296] Mit § 17 I Nr. 1 CWÜAG soll allerdings die Lücke geschlossen werden, die daraus resultiert, dass bisher unbekannte chemische Kampfstoffe noch nicht in der Kriegswaffenliste[297] des KWKG genannt sind bzw. diese Stoffe aufgrund ihrer weitgehend zivilen Nutzung keinen Eingang in die Kriegswaffenliste des KWKG finden können.[298]

Der amtlichen Gesetzesbegründung ist zu entnehmen, dass der Begriff des Handeltreibens im Sinne des Kriegswaffenkontrollgesetzes verstanden werden soll.[299] Mithin ist auch hier letztendlich die betäubungsmittelrechtliche Begriffsbestimmung maßgeblich.[300]

---

293 Ausführungsgesetz zu dem Übereinkommen vom 13.01.1993 über das Verbot der Entwicklung, Herstellung, Lagerung und des Einsatzes chemischer Waffen und über die Vernichtung solcher Waffen (Ausführungsgesetz zum Chemiewaffenübereinkommen vom 02.08. 1994 – CWÜAG), BGBl. I S. 1954.

294 Vgl. § 17 I Nr. 1 CWÜAG: „Mit Freiheitsstrafe nicht unter zwei Jahren wird bestraft, wer toxische Chemikalien, Munition, Geräte oder Ausrüstung im Sinne des Artikels II Nr. 1 Buchstabe b oder c oder Nr. 2 des Übereinkommens für andere als erlaubte Zwecke entwickelt, herstellt, mit ihnen Handel treibt [...]".

295 Vgl. oben 2. Kapitel:B.II.4.

296 Vgl. § 17 I CWÜAG, der insoweit eine gesetzliche Subsidiarität anordnet.

297 Vgl. § 1 I KWKG: "Zur Kriegsführung bestimmte Waffen im Sinne dieses Gesetzes (Kriegswaffen) sind die in der Anlage zu diesem Gesetz (Kriegswaffenliste) aufgeführten Gegenstände, Stoffe und Organismen".

298 BT-Drs. 12/7207, S. 18.

299 Vgl. BT-Drs. 12/7207, S. 18.

300 Vgl. oben 2. Kapitel:B.II.4.

6. Tierschutzgesetz

Das Tierschutzgesetz[301] legt in § 11 I Nr. 3b TierSchG fest, dass derjenige, der gewerbsmäßig mit Wirbeltieren handeln will, der Erlaubnis der zuständigen Behörde bedarf. Nach § 18 I Nr. 20 TierSchG handelt derjenige ordnungswidrig, der „eine Tätigkeit ohne die nach § 11 Abs. 1 Satz 1 TierSchG erforderliche Erlaubnis ausübt." Nach § 1 TierschG ist es „Zweck dieses Gesetzes [...], aus der Verantwortung des Menschen für das Tier als Mitgeschöpf dessen Leben und Wohlbefinden zu schützen."

Der Begriff des Tierhandels[302] erfährt keine weitere gesetzliche Konkretisierung. Auch die Gesetzesmaterialen entbehren einer Definition des Tierhandels.[303] Die Rechtsprechung beschränkt sich größtenteils auf die bloße Feststellung, dass ein gewerbsmäßiger Handel vorliegt[304] bzw. geht nur auf das Merkmal der Gewerbsmäßigkeit näher ein.[305] Auch die zum Begriff des Tierhandels existierende Literatur beruft sich, im Gegensatz zum Betäubungsmittelrecht, nicht auf eine feststehende, allgemeingültige Definition. Teilweise[306] wird das Handeltreiben in den Kommentierungen gar vollends ausgespart und nur das Merkmal der Gewerbsmäßigkeit[307] näher beleuchtet.[308] Nach *Hirt/Maisack/-*

---

301 Tierschutzgesetz in der Fassung der Bekanntmachung vom 18.05.2006 (BGBl. I S. 1206, 1313).

302 Zur verfassungsrechtlichen Problematik der Gewerbefreiheit beim Handel mit Tieren vgl. *Schober*, GewArch 1976, 324.

303 Vgl. BT-Drs. VI/2559, S. 11 und BT-Drs. 10/3158, S. 27.

304 Vgl. z.B. VG Würzburg, Urt. v. 22.07.2008 – W 5 K 08.912 (unveröffentlicht): „Der Kläger übt [...] den gewerblichen Tierhandel aus"; VG München, Urt. v. 09.04.2008 – M 18 K 07.1105: „Da nach Auffassung des Gerichtes die Tätigkeit der Kläger die Voraussetzungen für einen gewerbsmäßigen Handel erfüllten, [...]".

305 Vgl. z.B. VG München, B. v. 20.08.2008 – M 18 K 07.3768 (unveröffentlicht): „Gewerbsmäßiges Handeln liegt vor, wenn eine Tätigkeit selbständig, planmäßig, fortgesetzt und mit der Absicht der Gewinnerzielung ausgeübt wird"; VG Stuttgart, B. v. 22.12.1998 – 4 K 5551/98 = NuR 1999, 718: „Gewerbsmäßige Hundezucht und gewerbsmäßiger Hundehandel liegen vor, wenn die genannte Handlung selbständig, planmäßig und fortgesetzt ausgeübt wird sowie auf die Erzielung eines Gewinns gerichtet ist. Das Merkmal der Gewerbsmäßigkeit ist damit im Rahmen des TierSchG, ohne daß ein Gewerbebetrieb im Sinne der GewO vorzuliegen braucht, im wesentlichen gleichbedeutend mit dem gewerblichen Handel im Sinne des Gewerberechts".

306 *Kluge/Goetschel*, TierSchG, § 11 Rn. 11.

307 Hierunter wird, unter Rückgriff auf die gewerberechtliche Definition, jede nicht sozial unwertige, auf Gewinnerzielung gerichtete und auf Dauer angelegte selbstständige Tätigkeit, die nicht Urproduktion ist, keinen freien Beruf darstellt bzw. sich auch nicht als bloße Verwaltung oder Nutzung eigenen Vermögens darstellt, verstanden (vgl. BVerwGE 100, 187, 193).

Moritz[309] bedeutet Handel „Einkauf und Verkauf mit der Absicht, einen Gewinn zu erzielen." *Hackbarth/Lückert*[310] verstehen unter Handel den „Waren- und Güteraustausch innerhalb bestehender Wirtschaftsbeziehungen."

Metzger[311] schreibt zum Begriff des Handels Folgendes: „Beim Handel zielt der Erwerb auf die entgeltliche, gewinnbringende Weiterveräußerung des Tiers, nicht auf seine Nutzung." Gemeinsam ist den genannten Begriffsbestimmungen, dass nach ihnen der Tierhandel eine auf die Gewinnerzielung gerichtete Orientierung erfährt.[312] Diese besondere Form der „Bereicherungsabsicht"[313] hat durch das Element der Eigennützigkeit auch Einzug in die betäubungsmittelrechtliche Definition des Handeltreibens gefunden. Ferner setzt auch der Tierhandel nicht voraus, dass der Handeltreibende selbst Besitz an den Tieren begründet.[314]

Über diese Gemeinsamkeiten hinaus ist der Begriff des „Tierhandels" allerdings weitaus enger. Zwar ist auch dem Tierhandel die Ausrichtung am Umsatzgedanken nicht fremd.[315] Jedoch sind die von ihm erfassten Tätigkeiten deutlich näher am eigentlichen Güterumsatz („Einkauf und Verkauf")[316] oder stellen gerade den eigentlichen Umsatz dar („Waren- und Güteraustausch")[317]. So ist beispielsweise der Vermittler kein Händler.[318] Insgesamt erscheint die Übernahme des tierschutzrechtlichen Begriffsverständnisses, aufgrund seiner starken Fixierung am eigentlichen Umsatz, für das Betäubungsmittelrecht aber unzweckmäßig.

---

308 Insgesamt sind sämtliche Kommentierungen sehr knapp gehalten. Der Begriff des Handels scheint im TierSchG keine Probleme aufzuwerfen.

309 *Hirt/Maisack/Moritz*, TierSchG, § 11 Rn. 11.

310 *Hackbarth/Lückert*, Tierschutzrecht, S. 112.

311 *Lorz/Metzger*, TierSchG, § 11 Rn. 18; *Erbs/Kohlhaas/Metzger*, TierSchG, § 11 Rn. 8.

312 Weniger klar insofern allerdings *Hackbarth/Lückert*, Tierschutzrecht, S. 112. Allerdings wird das Handeln „innerhalb bestehender Wirtschaftsbeziehungen" doch fast ausnahmslos auf die Gewinnerzielung gerichtet sein.

313 *Körner*, BtMG, § 29 Rn. 420.

314 *Hirt/Maisack/Moritz*, TierSchG, § 11 Rn. 11.

315 Vgl. *Schwitters*, Die Vorverlagerung beim Handeltreiben, S. 159, der daraus folgert, dass der Tierhandel im Sinne des Tierschutzgesetzes und das Handeltreiben im Sinne des Betäubungsmittelgesetzes kongruent auszulegen seien.

316 *Hirt/Maisack/Moritz*, TierSchG, § 11 Rn. 11.

317 *Hackbarth/Lückert*, Tierschutzrecht, S. 112.

318 *Erbs/Kohlhaas/Metzger*, TierSchG, § 11 Rn. 8; *Lorz/Metzger*, TierSchG, § 11 Rn. 18.

7. Strafgesetzbuch a.F.

Auch das StGB enthielt den Begriff des Handeltreibens zeitweise. So wurde in § 143 I StGB a.F.[319,320] der einem landesrechtlichen Verbot zuwiderlaufende Handel mit gefährlichen Hunden mit Strafe bedroht.[321] Schutzgut des § 143 StGB a.F. war „Leib und Leben von Menschen."[322] Das BVerfG erklärte § 143 I StGB a.F. am 16.03.2004 durch Urteil[323] für verfassungswidrig und nichtig:[324] Die Strafnorm genügte den Anforderungen von Art. 72 II GG nicht.[325] Am

---

319 Eingefügt durch das Gesetz zur Bekämpfung gefährlicher Hunde vom 12.04.2001 (BGBl. I S. 530).

320 Vgl. § 143 I StGB a.F.: „Wer einem durch landesrechtliche Vorschriften erlassenen Verbot, einen gefährlichen Hund zu züchten oder Handel mit ihm zu treiben, zuwiderhandelt, wird mit Freiheitsstrafe bis zu zwei Jahren oder mit Geldstrafe bestraft".

321 Dem Tätigwerden des Gesetzgebers ging eine kontroverse Debatte über den Umgang mit Kampfhunden voraus. Diese wiederum wurde veranlasst durch einen tödlichen Zwischenfall eines Kindes mit einem Kampfhund in Hamburg (vgl. näher zur Entstehungsgeschichte *Krüger*, JR 2002, 1; vor diesem Hintergrund, dem gesetzgeberischen Vorgehen insgesamt kritisch gegenüberstehend, NK/*Schild*, 2. Auflage, StGB, § 143), der von „Hektik" und „symbolischer Politik" schreibt; ähnlich: *Wassermann*, NJW 2000, 2560 f.

322 BT-Drs. 14/4451, S. 8, 16.

323 BVerfGE 110, 141 ff.

324 Vgl. BGBl. I S. 543.

325 Deshalb sei der Eingriff in Art. 12 I GG und Art. 14 I GG nicht durch ein Gesetzgebungsrecht des Bundes gedeckt gewesen. Die Gesetzgebungskompetenz des Bundes zur bundesrechtlichen Strafbewehrung von Verstößen gegen landesrechtliche Vorschriften könne sich zwar grundsätzlich aus Art. 74 I Nr. 1 GG ergeben. Dies sei aber nur der Fall, wenn „diese Regelung als für die Herstellung gleichwertiger Lebensverhältnisse im Bundesgebiet oder zur Wahrung der Rechts- oder Wirtschaftseinheit im gesamtstaatlichen Interesse erforderlich angesehen werden könnte." (BVerfGE 110, 141, 174). Insoweit erscheint es dem Bundesverfassungsgericht schon fraglich, welche der in Art. 72 II GG genannten Zielvorgaben der Gesetzgeber mit § 143 I StGB a.F. verfolge. Es führte weiter aus, dass der Verweis des bundesrechtlichen Strafrechts auf landesrechtliche Verbote zwar grundsätzlich denkbar sei, dies jedoch voraussetze, dass diese Verbote im Wesentlichen übereinstimmen (vgl. BVerfGE 110, 141, 175). Dieser Anforderung werde im konkreten Fall allerdings nicht genüge getan: So werde schon der Begriff des gefährlichen Hundes nicht einheitlich definiert. Zudem seien die Zucht gefährlicher Hunde und das Handeltreiben mit ihnen nicht in allen Bundesländern verboten. Daher wirke sich auch § 143 I StGB insgesamt bundesweit unterschiedlich aus. Mit dieser Strafnorm werde letztlich also nicht nur keine Bundeseinheitlichkeit erreicht, sondern die bestehende Uneinheitlichkeit über die strafrechtliche Sanktionierung noch verstärkt (vgl. BVerfGE 110, 141, 176 f.). Vgl. insgesamt: *Tröndle/Fischer*, StGB, § 143 Rn. 4 f.

25.04.2006 wurde § 143 StGB a.F. komplett aufgehoben.[326] Mangels Gesetzgebungszuständigkeit konnte der Bundesgesetzgeber diese Vorschrift nicht durch eine andere jedoch verfassungsgemäße Regelung mit gleicher Zielsetzung ersetzen.

Die Auslegung des Merkmals Handeltreiben war auch im Rahmen des § 143 I StGB a.F. umstritten.[327] *Schild*[328] verwies zur Begriffsbestimmung auf die jeweiligen landesrechtlichen Regelungen. Ein solches Vorgehen hätte aber den, angesichts der heterogenen landesrechtlichen Regelungen[329] wünschenswerten, bundeseinheitlichen Vollzug des Gesetzes unmöglich gemacht. Deshalb wurde überwiegend vertreten, dass § 143 a.F. ein von den landesrechtlichen Bestimmungen unabhängiger Handelsbegriff zugrunde zu legen sei. *Lilie*[330] plädierte für die Übernahme der betäubungsmittelrechtlichen Begriffsbestimmung. Er deutete das Handeltreiben als unechtes Unternehmensdelikt[331]. Motivation war insofern wohl die Überlegung, dass dadurch „Strafbarkeitslücken trotz der fehlenden Versuchsstrafbarkeit in § 143 vermieden werden“[332] könnten. Mehrheitlich wurde jedoch eine tierschutzrechtliche Vorprägung[333] des Begriffs angenommen.[334] Zur Bestimmung des Handeltreibens sollte auf die Legaldefinition des § 1 HundVerbrEinfG[335] zurückgegriffen werden.[336] Danach war unter Handel „jede Abgabe von Hunden gegen Entgelt“ zu verstehen. Diese Vorgehensweise war sachgerecht. Sie ließ sich auf einen systematischen Gesichtspunkt stützen: So sollte sich die Auslegung des ebenfalls in § 143 StGB a.F. enthalte-

---

326 Durch das „Erste Gesetz über die Bereinigung von Bundesrecht im Zuständigkeitsbereich des Bundesministeriums der Justiz vom 19.04.2006“ (BGBl. I S. 866).

327 Der diesbezügliche Wille des Gesetzgebers wurde in den Materialien nicht deutlich. In der BT-Drs. 14/4452, S. 18 ist lediglich zu lesen, dass der Handel (im Gegensatz zur Haltung) ein „gewerbsmäßiges Moment“ aufweisen solle.

328 NK/*Schild*, 1. Auflage, StGB, § 143 Rn. 28.

329 Vgl. die Übersicht bei NK/*Schild*, 1. Auflage, StGB, § 143 Rn. 28 selbst und *Tröndle/Fischer*, StGB, § 143 Rn. 22.

330 LK/*Lilie*, 11. Auflage, StGB, § 143 Rn. 4.

331 Vgl. näher zur Deliktsnatur des Handeltreibens nach dem BtMG unten 3. Kapitel:B.

332 LK/*Lilie*, 11. Auflage, StGB, § 143 Rn. 5.

333 MK-StGB/*v.Heintschel-Heinegg*, § 143 Rn. 18.

334 Vgl. zur Auslegung des Handeltreibens im TierSchG oben 2. Kapitel:B.II.6.

335 Hundeverbringungs- und -einfuhrbeschränkungsgesetz vom 12. April 2001 (BGBl. I S. 530).

336 So *Lackner/Kühl*, 24. Auflage, StGB, § 143 Rn. 2; MK-StGB/*v.Heintschel-Heinegg*, § 143 Rn. 18; *Tröndle/Fischer*, StGB, § 143 Rn. 21; insoweit unklar: *Krüger*, JR 2002, 1, 3, der jedenfalls die einmalige Veräußerung entsprechender Hunde nicht erfassen wollte.

nen Begriffs der Zucht auch an der tierschutzrechtlichen Bestimmung orientieren.[337] Gegen den Rückgriff auf § 1 HundVerbrEinfG konnte auch nicht dessen Wortlaut angeführt werden. Zwar definiert § 1 HundVerbrEinfG die dort aufgeführten Begriffe nur „im Sinne dieses Gesetzes". Insoweit handelte es sich jedoch um einen „offenkundigen redaktionellen Fehler"[338], da der Begriff des Handels bzw. des Handeltreibens im HundVerbrEinfG keinerlei weitere, also über § 1 HundVerbrEinfG selbst hinausgehende, Erwähnung findet. Die in § 1 HundVerbrEinfG enthaltene „Beschränkung" konnte damit für die Auslegung von § 143 StGB a.F. nicht maßgeblich sein.

Die in § 1 HundVerbrEinfG verwendete Definition nähert den Begriff des Handels weitestgehend[339] der Handlungsalternative des Veräußerns i.R.d. § 29 I Nr. 1 BtMG an. Beide Begrifflichkeiten betreffen lediglich das auf den Absatz der Ware (Hunde bzw. Betäubungsmittel) gerichtete Verhalten. Würde man diese Einschränkung auch auf das Handeltreiben mit Betäubungsmitteln übertragen, könnte die auf Umsatz gerichtete Beschaffung der Betäubungsmittel nicht mehr erfasst werden. Die Strafbarkeit würde über Gebühr zurückgenommen. Ein Transfer der i.R.d. § 143 StGB a.F. erarbeiteten Auslegungsgrundsätze auf das Betäubungsmittelstrafrecht wäre damit im Ergebnis nicht zielführend.

8. Transplantationsgesetz

Im Gesetz über die Spende, Entnahme und Übertragung von Organen (Transplantationsgesetz vom 04.09.2007 – TPG)[340] wird der Organhandel durch § 17 TPG[341] verboten. § 18 TPG[342] bildet die hiermit korrespondierende Strafvorschrift.

337 LK/*Lilie*, 11. Auflage, StGB, § 143 Rn. 5; *Lackner/Kühl*, 24. Auflage, StGB, § 143 Rn. 2; MK-StGB/*v.Heintschel-Heinegg,* § 143 Rn. 17; *Tröndle/Fischer*, StGB, § 143 Rn. 15; *Krüger*, JR 2002, 1, 3, der allerdings das einmalige Paaren ausscheiden wollte; a.A. wiederum NK/*Schild*, 1. Auflage, StGB, § 143 Rn. 24, der auch insoweit auf die landesrechtlichen Regelungen verwies.

338 MK-StGB/*v.Heintschel-Heinegg,* § 143 Rn. 18; *Tröndle/Fischer*, StGB, § 143 Rn. 21 („offensichtlich fehlerhaft").

339 Ein Unterschied besteht insofern, als dass es i.R.d. Veräußerns an der Eigennützigkeit des Handelnden fehlen muss (vgl. *Weber*, BtMG, § 29 Rn. 929 m.w.N.). Nach der Begriffsbestimmung des § 1 HundVerbrEinfG wäre aber wohl auch die mit einer Gewinn- bzw. Vorteilserzielung einhergehende Abgabe des Hundes erfasst gewesen.

340 BGBl. I S. 2206.

341 Vgl. § 17 I 1 TPG: „Es ist verboten, mit Organen oder Geweben, die einer Heilbehandlung eines anderen zu dienen bestimmt sind, Handel zu treiben".

Zur Auslegung des Begriffs Handeltreiben im TPG soll nach der Intention des Gesetzgebers auf die Grundsätze desselben Begriffs im Betäubungsmittelgesetz zurückgegriffen werden.[343] Diese vom Gesetzgeber vorgegebene Marschroute ist allerdings nicht unumstritten.[344] *König*[345] hebt die enormen, zwischen beiden Rechtsgebieten bestehenden Unterschiede (Heil bringendes statt gefährliches Handelsobjekt, keine „Organkartelle", keine unerschöpfliche „Organressource Mensch", kein vergleichbar großes Potential an Abnehmern, notwendige Zwischenschaltung des Arztes) hervor und weist darauf hin, dass die Folge der Begriffsübernahme „ein konturloser Tatbestand [sei], der […] ein breites Spektrum nicht strafwürdiger und sogar ethisch hoch stehender Verhaltensweisen umfasst." [346] Ähnliche Bedenken äußert auch *Schroth*[347], der konstatiert, dass im Gegensatz zum Betäubungsmittelhandel der „Organhandel nicht an sich gefährlich ist, sondern gesundheitsfördernd und Organtransplantation an sich gewünscht wird."[348] Die Problematik der Parallelisierung der Begriffe des Betäubungsmittel- und des Organhandels pointiert *Schroth* mit einem Beispiel zur zum Handel passenden Antithese, der Schenkung: „Das unentgeltliche zur Verfügung stellen oder Schenken von Organen ist durchaus wünschenswert, nicht jedoch das altruistische zur Verfügung stellen von Rauschgiften."[349] Er schlägt eine teleologische Reduktion des Handeltreibens dahingehend vor, dass gerade die Gefahr der Beeinträchtigung einer autonomen Entscheidung verhindert werden soll.[350] Dieser Ansatz ist aufgrund der soeben dargelegten Unterschiede zwischen den Rechtsgebieten im Rahmen des Betäubungsmittelstrafrechts nicht fruchtbar zu machen.

Auch in der Rechtsprechung[351] wird Kritik geübt. So hat sich das Bundessozialgericht[352] um eine Restriktion des Begriffs des Handeltreibens im TPG be-

---

342 Vgl. § 18 I TPG: „Wer entgegen § 17 Abs. 1 Satz 1 mit einem Organ oder Gewebe Handel treibt oder entgegen § 17 Abs. 2 ein Organ oder Gewebe entnimmt, überträgt oder sich übertragen lässt, wird mit Freiheitsstrafe bis zu fünf Jahren oder mit Geldstrafe bestraft".

343 Vgl. BT-Drs. 13/4355, S. 29 f.; *Erbs/Kohlhaas/Pelchen*, TPG, § 18 Rn. 2.

344 Ausführlich und m.w.N. *Gragert*, Strafrechtliche Aspekte des Organhandels, S. 82.

345 *Schroth/König/Gutmann/Oduncu/König*, TPG, § 18 Rn. 16.

346 *Schroth/König/Gutmann/Oduncu/König*, TPG, § 18 Rn. 16.

347 *Schroth*, FS Roxin, S. 869, 883; kritisch insgesamt auch *Höfling/Rixen*, TPG, § 17 Rn. 9 ff.

348 *Schroth*, FS Roxin, S. 869, 883.

349 *Schroth*, FS Roxin, S. 869, 883.

350 *Schroth*, FS Böttcher, S. 535.

351 Vgl. z.B. LSG Nordrhein-Westfalen, NWVBl. 2001, 401, 408: Die Annahme liegt nahe, „dass der Gesetzgeber zwar auf den betäubungsmittelrechtlichen Begriff des

müht[353]: Die Anwendung von § 17 TPG sollte auf Handelsgeschäfte beschränkt werden, die die Gefahr der Ausbeutung im weitesten Sinne in sich tragen. Gegen diesen Ansatz lässt sich jedoch einwenden, dass der Gesetzgeber mit der Übernahme des Merkmals Handeltreiben der Kommerzialisierung von Organen per se entgegenwirken wollte und deshalb gerade keinen Tatbestand gegen die Ausbeutung geschaffen hat.[354]

Insgesamt bleibt aber festzuhalten, dass sich die (weit überwiegende) Praxis[355] zum Begriff des Handeltreibens an der Definition der gefestigten Rechtsprechung im Betäubungsmittelrecht orientiert.

9. Waffengesetz

Das Waffengesetz[356] enthält den Begriff des Handeltreibens in den §§ 51,[357] 52[358] WaffG. Diese pönalisieren einen Verstoß gegen den in § 2 WaffG niedergelegten Erlaubnisvorbehalt bzgl. des Umgangs mit Schusswaffen bzw. Munition. Zweck des Waffengesetzes ist es (ausweislich des § 1 WaffG), „den Umgang mit Waffen oder Munition unter Berücksichtigung der Belange der öffentlichen Sicherheit und Ordnung" zu regeln.

Das Waffengesetz stellt insofern eine Besonderheit dar, als dass es als einziges den Begriff des (Waffen-)Handeltreibens verwendendes Gesetz eine Legaldefinition vorweisen kann. In Anlage 1 Abschnitt 2 Nr. 9 WaffG heißt es:

Handeltreibens zurückgreifen wollte, dessen weiten Inhalt jedoch nicht vollends erkannt hat".

352 Vgl. BSGE 92, 19 ff.

353 Der Große Senat für Strafsachen sieht den Grund hierfür in einer Besonderheit im Hinblick auf die Organspende (vgl. BGH, B. v. 26.10. 2005 – GSSt 1/05 = BGHSt 50, 250, 261). Ein generelles Problem mit der Weite der Definition vermag er dagegen insoweit nicht als Grund für Restriktionsversuche anzuerkennen.

354 *Schroth*, JZ 2004, 469; *Schroth/König/Gutmann/Oduncu/König*, TPG, § 18 Rn. 17.

355 Vgl. BGH, B. v. 26.10. 2005 – GSSt 1/05 = BGHSt 50, 250, 261 m.w.N.

356 Waffengesetz vom 11.10.2002 (BGBl. I S. 3970).

357 Vgl. § 51 I WaffG: „Mit Freiheitsstrafe von einem Jahr bis zu fünf Jahren wird bestraft, wer entgegen § 2 Abs. 1 oder 3, jeweils in Verbindung mit Anlage 2 Abschnitt 1 Nr. 1.2.1, eine dort genannte Schusswaffe zum Verschießen von Patronenmunition nach Anlage 1 Abschnitt 1 Unterabschnitt 3 Nr. 1.1 erwirbt, besitzt, überlässt, führt, verbringt, mitnimmt, herstellt, bearbeitet, instand setzt oder damit Handel treibt".

358 Vgl. § 52 I Nr. 1 WaffG: „Mit Freiheitsstrafe von sechs Monaten bis zu fünf Jahren wird bestraft, wer entgegen § 2 Abs. 1 oder 3, jeweils in Verbindung mit Anlage 2 Abschnitt 1 Nr. 1.1 oder 1.3.4, eine dort genannte Schusswaffe oder einen dort genannten Gegenstand erwirbt, besitzt, überlässt, führt, verbringt, mitnimmt, herstellt, bearbeitet, instand setzt oder damit Handel treibt, [...]".

„Im Sinne dieses Gesetzes treibt Waffenhandel, wer gewerbsmäßig oder selbstständig im Rahmen einer wirtschaftlichen Unternehmung Schusswaffen oder Munition ankauft, feilhält, Bestellungen entgegennimmt oder aufsucht, anderen überlässt oder den Erwerb, den Vertrieb oder das Überlassen vermittelt, [...].“ Diese Begriffsbestimmung ist um ein Vielfaches konkreter als die zu § 29 I 1 Nr. 1 BtMG entwickelte.[359] Diesen Umstand wollte der 3. Strafsenat[360] nutzen und hat unter weitgehendem Rückgriff auf die waffenrechtliche Definition eine Neubestimmung des Handeltreibens im Betäubungsmittelstrafrecht angestrebt.[361] Diesem ehrgeizigen Vorhaben sollte letztlich allerdings der Erfolg versagt bleiben.[362] Aufgrund des engen Zusammenhangs zwischen dem Anfragebeschluss des 3. Strafsenats und der Definition des „Waffenhandels“ soll eine Analyse dieses Begriffs und seines Potentials für das Betäubungsmittelrecht, weiter unten[363] im Kontext des Anfragebeschlusses des 3. Strafsenats stattfinden.

10. Stellungnahme

Der Begriff des Handeltreibens bzw. die mit ihm verwandten Formen wie der Tier- oder der Waffenhandel hat in vielen Gesetzen Niederschlag gefunden. Es wird in der weit überwiegenden Anzahl der Fälle auf die betäubungsmittelrechtliche Definition zurückgegriffen.[364]

Dies erscheint unter mehreren Gesichtspunkten bemerkenswert. Zunächst sieht sich der Begriff des Handeltreibens seit langem[365] massiver Kritik sowohl in der Literatur[366] als auch in der Rechtsprechung[367] selbst ausgesetzt. Die Kritik durch Rechtsprechung und Lehre verstummte, entgegen der Einschätzung einiger Autoren[368], auch nach der Grundsatzentscheidung des Großen Senats nicht

---

359 *Weber* (JR 2006, 139, 141) weist darauf hin, dass „die Übernahme des Begriffs des Handeltreibens aus dem Betäubungsmittelstrafrecht [...] nie zur Debatte“ stand.

360 BGH, Anfrageb. v. 10.07.2003 – 3 StR 61/02 und 243/02 = NStZ 2004, 105.

361 Vgl. ausführlich unten 3. Kapitel:E.I.2.b).

362 BGH, B. v. 26.10.2005 – GSSt 1/05 = BGHSt 50, 250 ff.; vgl. auch ausführlicher unten 3. Kapitel:E.III.

363 Vgl. ausführlich unten 3. Kapitel:E.I.2.b).

364 So im AMG, GüG, KWKG, VWÜAG, TPG und in der GewO.

365 *Topf*, NJW 1954, 1898; *Liemersdorf/Miebach*, MDR 1979, 981, 984.

366 Vgl. unten 3. Kapitel:D.I.

367 BGH, Anfrageb. v. 10.07.2003 – 3 StR 61/02 und 243/02 = NStZ 2004, 105; BGH, Vorlageb. v. 13.01.2005 – 3 StR 61/02 und 243/02 = NJW 2005, 1589.

368 Vgl. die Nachweise in Fn. 1214.

und ist damit immer noch aktuell.[369] Doch nicht nur die breite Kritik in der Vergangenheit und Gegenwart, sondern auch die fortwährend neu auftretenden Probleme und Widersprüche im Zusammenhang mit dem Begriff des Handeltreibens erfordern bei Betrachtung des oben gewonnenen Ergebnisses weitergehende Untersuchungen. Schließlich stellt sich die Übernahme des weiten betäubungsmittelrechtlichen Begriffsverständnisses im Hinblick auf die oftmals komplett unterschiedlichen Regelungsmaterien der Gesetze und die differierenden gesetzgeberischen Ziele[370] zudem als problematisch dar.

Damit drängt sich die Frage nach dem Grund der andauernden Verwendung eines derart problembehafteten Begriffs auf. Unbeantwortet bleibt insoweit, ob es die Qualität bzw. die Leistungsfähigkeit des betäubungsmittelrechtlichen Handeltreibens war, die diesen Begriff mit all seinen Schwächen in der ständigen Rechtsprechung belassen hat oder ob ein gegebenenfalls falsch verstandener Pragmatismus ebenso einen entscheidenden Anteil an der dargestellten Entwicklung hat.

C. Rechtsprechung des Bundesverfassungsgerichts

Das Bundesverfassungsgericht schließt sich dem Begriffsverständnis des Bundesgerichtshofs an. Es versteht „jede eigennützige auf den Umsatz von Betäubungsmitteln gerichtete Tätigkeit“[371] als Handeltreiben mit Betäubungsmitteln.

In mittlerweile drei[372] Nichtannahmebeschlüssen[373] von Verfassungsbeschwerden gegen die Auslegung des Begriffs Handeltreiben attestierte es diesem seine Verfassungskonformität.[374] Im Hinblick auf Art. 103 II GG hat es zunächst

369 Vgl. jüngst aus der Literatur: *Krumdiek*, StV 2009, 385; und aus der Rechtsprechung: BGH, B. v. 04.04.2006 – 3 StR 91/06 = BGHR BtMG § 29 Abs 1 Nr 1 Handeltreiben 66.

370 Vgl. oben 2. Kapitel:B.II.7.

371 BVerfG (1. Kammer des 2. Senats), B. v. 18.09.2006 – 2 BvR 2126/05 = NJW 2007, 1193.

372 Vgl. einen weiteren, die Abgrenzung von Täterschaft und Teilnahme im Rahmen des Handeltreibens betreffenden Nichtannahmebeschluss des BVerfG (1. Kammer des 2. Senats), B. v. 17.07.2007 – 2 BvR 1255/07 = NStZ 2008, 39).

373 BVerfG (jew. 2. Kammer des 2. Senats), B. v. 25.02.1993 – 2 BvR 2229/92 und B. v. 24.10.1999 – 2 BvR 1906/99 (beide unveröffentlicht); außerdem jüngst: BVerfG (1. Kammer des 2. Senats), B. v. 18.09.2006 – 2 BvR 2126/05 = NJW 2007, 1193.

374 Vgl. insb. zum jüngsten Nichtannahmebeschluss des BVerfG knapp *Leipold*, NJW-Spezial 2007, 232 f. Er geht davon aus, dass „spätestens mit diesem Beschluss des

grundsätzlich ausgeführt, dass der dort niedergelegte Bestimmtheitsgrundsatz nicht dazu zwinge, im Strafrecht auf die Verwendung auslegungsfähiger Begriffe zu verzichten.[375] Zudem könne Art. 103 II GG auch vor sachlich missglückten Strafbestimmungen nicht schützen, sofern diese die Strafbarkeitsvoraussetzungen hinreichend deutlich umschreiben.[376] Die mit den Verfassungsbeschwerden angegriffene Auslegung sei zwar weit, entspreche aber durchaus dem Wortlaut: „Vom Wortsinn („Treiben" als auf Handel gerichtetes Tun) ist ebenfalls umfasst, dass ein Täter subjektiv das Ziel verfolgt, solche Geschäfte abzuschließen, und dazu Handlungen vornimmt, in denen dieser Wille seinen Niederschlag findet."[377] Die ausgedehnte Vollendungsstrafbarkeit sei kein Problem der Bestimmtheit, sondern der Normintention. Hierbei müsse allerdings der Zusammenhang von § 29 I 1 Nr. 1 BtMG mit einer Gesetzgebung, „die auf eine möglichst umfassende „Bekämpfung der Drogenkriminalität" gerichtet ist"[378], beachtet werden. Schließlich seien auch in Bezug auf den Schuldgrundsatz keine Konflikte zu erkennen, da die den Begriff des Handeltreibens enthaltenden Tatbestände es erlauben, unterschiedlich gewichtete Verhaltensweisen einer abgestuften Strafdrohung zu unterwerfen.[379]

BVerfG [...] die Diskussion um die Weite des Begriffs „Handeltreiben" vorerst beendet sein" dürfte.

375 BVerfG (2. Kammer des 2. Senats), B: v. 24.10.1993 – 2 BvR 1906/99 (unveröffentlicht).

376 BVerfG (1. Kammer des 2. Senats), B. v. 18.09.2006 – 2 BvR 2126/05 = NJW 2007, 1193.

377 BVerfG (1. Kammer des 2. Senats), B. v. 18.09.2006 – 2 BvR 2126/05 = NJW 2007, 1193.

378 BVerfG (1. Kammer des 2. Senats), B. v. 18.09.2006 – 2 BvR 2126/05 = NJW 2007, 1193.

379 BVerfG (1. Kammer des 2. Senats), B. v. 18.09.2006 – 2 BvR 2126/05 = NJW 2007, 1193, 1194.

3. Kapitel: Vorverlagerung des Vollendungszeitpunkts beim unerlaubten Handeltreiben mit Betäubungsmitteln im Sinne des § 29 I 1 Nr. 1 BtMG

A. Problemaufriss

Das weite Begriffsverständnis der Rechtsprechung hat sowohl in praktischer als auch in dogmatischer Hinsicht zu vielfachen Abgrenzungsschwierigkeiten geführt. So ergaben[380] bzw. ergeben[381] sich große Probleme im Rahmen der Abgrenzung von täterschaftlichem Handeln und bloßen Beihilfehandlungen.[382] Ferner hat die „uferlose"[383] Begriffsbestimmung des Handeltreibens eine weite Vorverlagerung des Vollendungszeitpunkts und damit eine Ausdehnung der Strafbarkeit zur Folge. Allgemein anerkannt ist zwar, dass vollendetes Handeltreiben vorliegt, wenn es tatsächlich zu einem Umsatz von Betäubungsmitteln gekommen ist.[384] Sofern ein solcher Umsatz aber fehlt, ergeben sich Abgrenzungsschwierigkeiten.[385] Dies ist insbesondere der Fall, wenn die zu beurteilenden Handlungen dem Betäubungsmittelumsatz sehr weit vorgelagert sind, sodass sie als bloße Vorbereitungs- oder Versuchshandlungen erscheinen könnten. Ferner, wenn ein Umsatz von Betäubungsmitteln gar nicht erreicht werden kann, weil es sich um Scheindrogen handelt bzw. sich die Tätigkeiten auf bereits

---

380 Vgl. zur überkommenen Kurierrechtsprechung unten 3. Kapitel:G.II.1.

381 *Krumdiek*, StV 2009, 385; vgl. BGH, Urt. v. 16.01.2008 – 2 StR 535/07 = NStZ 2008, 284 einerseits und BGH, Urt. v. 07.02. 2008 – 5 StR 242/07 = NJW 2008, 1460 und BGH, B. v. 30.10.2008 – 5 StR 345/08 = NStZ 2009, 392 andererseits; hierzu ausführlich unten 3. Kapitel:G.II.3.c).

382 Im Rahmen dieser Arbeit kann diese Problematik allerdings nur insoweit erörtert werden, als sie signifikant mit der Thematik der frühen Vollendung des Delikts Handeltreiben zusammenhängt. Zur Darstellung dieser Problematik werden hier exemplarisch die sog. Kurierfälle herangezogen. Siehe hierzu ausführlich unten 3. Kapitel:G.II.

383 *Hecker*, NStZ 2000, 208, 209; *Roxin*, StV 1992, 517, 519; *Paul*, StV 1998, 623; *Malek*, Betäubungsmittelstrafrecht, Kap. 2 Rn. 137; *Strate*, ZRP 1987, 314, 316; *Nestler*, StV 2002, 504, 506; *Bensch*, Der Begriff des Handeltreibens, S. 185. *Krumdiek/-Wesemann*, StV 2006, 634, 636; *Krumdiek*, StRR 2007, 110, 111; a.A. ausdrücklich *Weber*, BtMG, § 29 Rn. 210; *ders.*, JR 2006, 139, 146; *ders.*, Handeltreiben, S. 551.

384 Dazu nur: *Roxin*, StV 1992, 517, 519; *ders.*, StV 2003, 619, 621.

385 Vgl. *Weber*, JR 2007, 400, 401.

sichergestellte Betäubungsmittel beziehen.[386] Die Problemkonstellationen sollen jeweils an einem typischen Beispielsfall veranschaulicht werden:

Beispielsfall[387] zum Bereich der „Vorverlagerung“:

Der Angeklagte versuchte, einen Käufer für ihm von dritter Seite ernsthaft angebotene Betäubungsmittel zu finden. Zu diesem Zwecke wollte er sich telefonisch mit einem potentiellen Kunden in Verbindung setzen. Seine Bemühungen schlugen jedoch fehl. Zu einem Kontakt mit dem „Kunden“ kam es nicht.

Das Landgericht verurteilte den Angeklagten wegen vollendeten Handeltreibens. Der Bundesgerichtshof bestätigte diese Sichtweise.

Diese Entscheidung dokumentiert die Tendenz des Bundesgerichtshofs zur vollständigen Versubjektivierung des Handeltreibens.[388] Zugespitzt lässt sich die, diese Neigung offenbarende Rechtsprechung mit wenigen Worten *Roxins* zusammenfassen: Sie „nähert sich bedenklich dem Gesinnungsstrafrecht.“[389]

Beispielsfall[390] zum Bereich des „nicht erreichbaren Betäubungsmittelumsatzes“ (Scheindrogen):

Der Angeklagte bot eine Flasche, deren Inhalt er irrig für Betäubungsmittel hielt, die aber tatsächlich Kochsalz enthielt, einem Kaufinteressenten an. Zum Abschluss des Geschäfts kam es nicht. Einen Monat später bot er dieselbe Flasche einem verdeckt agierenden Polizeibeamten an und wurde daraufhin festgenommen.

Er wurde wegen zweier vollendeter Vergehen nach § 10 I Nr.1 OpiumG verurteilt.[391]

Ohne einer genaueren Analyse der ersten Entscheidung des Bundesgerichtshofs zum OpiumG vorgreifen zu wollen[392] sollen doch zwei Gesichtspunkte schon hier Beachtung finden: Obwohl der Bundesgerichtshof in den Urteilsgründen selbst von einem „zweiten Versuch“ spricht,[393] scheint er eine etwaig bestehende Untauglichkeit des Tatobjekts nicht ernsthaft in seine Überlegungen einzubeziehen, sondern stellt hierzu lediglich fest: „[...], so muß es auch gleichgültig sein, ob der Stoff [...] ein echtes Betäubungsmittel ist oder ob er [der Tä-

---

386 *Weber*, JR 2007, 400, 401.

387 BGH, Urt. v. 25.10.1989 – 3 StR 313/89 = BGHR BtMG § 29 Abs 1 Nr 1 Handeltreiben 19; vgl. zu diesem Fall auch unten: 3. Kapitel:C.II.1.a)cc).

388 Vgl. hierzu auch *Bensch*, Der Begriff des Handeltreibens, S. 98.

389 So *Roxin*, Strafrecht AT I, § 2 Rn. 69.

390 BGH, Urt. 01.07.1954 – 3 StR 657/53 = BGHSt 6, 246.

391 Krit. *Topf*, NJW 1954, 1898, der vom Vorliegen eines untauglichen Versuchs ausgeht; so auch *Krack*, JuS 1995, 585, 587.

392 Vgl. unten 3. Kapitel:C.II.4.a).

393 *Endriß/Kinzig*, NJW 2001, 3217, 3218.

ter] es nur für ein solches hält.“ Zum anderen zeigt diese Entscheidung für wie dehnbar der Wortlaut der Norm im Betäubungsmittelrecht gehalten wird: Der Bundesgerichtshof bewertet allein den Versuch der Veräußerung von Kochsalz als ein vollendetes Handeltreiben mit Betäubungsmitteln (die freilich nur in der subjektiven Vorstellung des Täters existieren).

Vom vollendeten Handeltreiben werden also oftmals typischerweise dem Vorbereitungsstadium zuzuschreibende (eigentlich straflose) Handlungsweisen erfasst,[394] obwohl § 30 StGB auf § 29 I 1 Nr. 1 BtMG als Vergehen[395] nicht anwendbar ist.[396]

Überdies verbleibt für die Annahme einer Versuchsstrafbarkeit lediglich ein sehr enger Anwendungsbereich.[397] Dies erscheint besonders mit Blick auf § 29 II BtMG problematisch. Infolgedessen sind die Rücktrittsmöglichkeiten (§ 24 StGB) in diesem Bereich auf ein nahezu nur theoretisch bestehendes Minimum reduziert. Der Opferschutzgedanke[398] wird damit vernachlässigt.

Als Begründung für diese weite Vorverlagerung der Vollendungsstrafbarkeit werden zum einen kriminalpolitische Erwägungen angeführt.[399] Zudem wird seitens der Rechtsprechung stoisch[400] wiederholt, dass Handeltreiben kein Erfolgsdelikt sei.[401] Vielmehr handele es sich hierbei um ein sog. unechtes Unternehmensdelikt.[402] Bevor eine einzelfallbezogene Analyse unter vertiefender Berück-

---

394 *Nestler,* Handbuch Betäubungsmittelstrafrecht, § 11 Rn. 364.

395 Vgl. § 12 II StGB.

396 *Paul,* StV 1998, 623, 625; vgl. auch *Weber*, JR 2007, 400, 406 der deshalb, im Zusammenhang mit der neuen Richtung der Rechtsprechung bei der Beurteilung der Kurierfälle allerdings die Gefahr von Strafbarkeislücken in den Vordergrund stellt.

397 LG Frankfurt/M., Urt. v. 15.10.1990 – 89 Js 4200 7 /90 = StV 1992, 18; *Endriß/Kinzig*, NJW 2001, 3217, 3218; *Franke/Wienroeder/Wienroeder*, BtMG, § 29, Rn. 53.

398 Vgl. BGH, B. v. 19.05.1993 – GSSt 1/93 = BGHSt 39, 221 232; MK-StGB/Herzberg, § 24 Rn. 21.

399 BGH, B. v. 26.10.2005 – GSSt 1/05 = BGHSt 50, 250, 261 f.; BGH, Urt. v. 04.10.1978 – 3 StR 232/78 = NJW 1979, 1259.

400 *Endriß*, NStZ 1998, 463 spricht im Zusammenhang mit der Rechtsprechung gar von „bleigewichtiger Gleichförmigkeit“.

401 BGH, B. v. 04.12.1981 – 3 StR 408/81 = BGHSt 30, 277, 278; BGH, Urt. v. 23.08.1989 – 3 StR 120/89 = BGHR BtMG § 29 Abs 1 Nr 1 Handeltreiben 18; BGH, Urt. v. 20.08.1991 – 1 StR 273/91 = NJW 1992, 380, 381; BGH. B. v. 06.11.1991 – 3 StR 406/91 = NStZ 1992, 191; BGH, Urt. v. 08.10.1991 – 1 StR 520/91 = NJW 1992. 381, 382; diese Einschätzung teilt auch BVerfG (1. Kammer des 2. Senats), B. v. 18.09.2006 – 2 BvR 2126/05 = NJW 2007, 1193.

402 BGH, Urt. v. 01.07.1988 – 2 StR 330/88 = BGHR BtMG § 29 Abs 1 Nr 1 Handeltreiben 9; OLG Köln, B. v. 22.12.1998 – Hes 233/98 – 275 = StV 1999, 156.

sichtigung der weiteren Problemschichten und Argumentationsstrukturen stattfindet, soll zunächst, in einer grundsätzlichen Betrachtung die soeben referierte These, dass Handeltreiben sich als unechtes Unternehmensdelikt darstellt, überprüft werden.

Es ist mithin zu klären, welche Rechtsnatur das Handeltreiben besitzt und welche Konsequenzen sich aus dieser für die Behandlung der einzelnen Deliktsstadien ableiten lassen.

B. Rechtsnatur des Delikts des unerlaubten Betäubungsmittelhandels im Sinne des § 29 I 1 Nr. 1 BtMG unter Zugrundelegung der Definition des Bundesgerichtshofs

Wegen des Einflusses auf die tatbestandsspezifischen Grenzen der Verwirklichungsstadien ist zu untersuchen, ob das Handeltreiben im Sinne des § 29 I 1 Nr. 1 BtMG der Kategorie der Tätigkeits- oder Erfolgsdelikte, der Verletzungs- oder Gefährdungsdelikte[403] bzw. der Unternehmensdelikte zuzuordnen ist.[404]

---

403 Teilweise wird davon ausgegangen, dass sich abstrakte Gefährdungsdelikte stets auch als Tätigkeitsdelikte darstellen (so z.B. *Jescheck/Weigend*, Strafrecht AT, S. 264; *Ostendorf*, JuS 1982, 426, 429; ähnlich auch *Schröder*, ZStW 81 (1969), 7, 14 und *Berz*, Formelle Tatbestandsverwirklichung, S. 57 („Tätigkeits- oder Unterlassungsdelikte")). Da ein solcher Gleichlauf jedoch nicht ausnahmslos bejaht werden kann (vgl. z.B. §§ 306a I Nr. 1, 314 StGB die einerseits zwar der Kategorie der abstrakten Gefährdungsdelikte zuzuordnen sind, andererseits aber auch Erfolgsdelikte darstellen; vgl. SK-StGB/*Wolters/Horn*, § 306a Rn. 3 f.; LK/*Hillenkamp*, StGB, Vor § 22 Rn. 97; *Schönke/Schröder/Lenckner/Eisele*, StGB, Vor §§ 13 ff. Rn. 130), soll hier der herkömmlichen differenzierenden Einteilung der Delikte gefolgt werden.

404 *Ebert*, Das Handeltreiben mit Betäubungsmitteln, S. 93; *Bensch*, Der Begriff des Handeltreibens, S. 67.

I. Handeltreiben als Tätigkeitsdelikt

Das Handeltreiben könnte sich als Tätigkeitsdelikt präsentieren.

1. Abgrenzungen

Nach der spezifischen Beziehung zwischen strafbarer Handlung und möglichem Erfolg können Tätigkeits- und Erfolgsdelikte unterschieden werden.[405]

Beim Tätigkeitsdelikt erschöpft sich der Unrechtstatbestand in einer schlichten Handlung, ohne dass ein Erfolg im Sinne einer raum-zeitlich unterscheidbaren Außenwirkung eingetreten sein muss.[406] Signifikant für die Kategorie der Tätigkeitsdelikte ist also, dass der Tatbestand einen Handlungsvollzug beschreibt.[407]

Das Gegenstück zu den Tätigkeitsdelikten bilden die Erfolgsdelikte. Bei diesen tritt die Wirkung am Handlungsobjekt erst nach Ablauf einer vom Täter angestoßenen, von der Handlung gedanklich trennbaren, Kausalkette ein.[408] Der Kategorie der Erfolgsdelikte werden also Tatbestände zugeordnet, bei denen der Erfolg in einer räumlich und zeitlich[409] getrennten Verletzungs-[410] oder Gefährdungswirkung[411] besteht.[412]

Obwohl die Abgrenzung beider Deliktstypen bei unbefangener Betrachtung trennscharf erscheinen mag, muss hierbei zwei Gesichtspunkten besondere Aufmerksamkeit gewidmet werden.

Zunächst ist zu beachten, dass der Erfolgsbegriff nicht immer einheitlich verwendet wird.[413] Um Missverständnisse auszuschließen, ist ein Erfolg im engeren und ein Erfolg im weiteren Sinne zu unterscheiden. Der bis jetzt stets in Bezug genommene Erfolg im engeren Sinne beschreibt den Eintritt einer von der Handlung gedanklich abgrenzbaren Wirkung in der Außenwelt.[414] Der Erfolg im weiteren Sinne beschreibt dagegen schlicht die Erfüllung des Tatbestands[415] (mag dieser auch nur ein Handeln des Täters voraussetzen). Ein derart

---

405 *Heinrich*, Strafrecht AT I, Rn. 158; *Wessels/Beulke*, Strafrecht AT, Rn. 22.
406 *Jescheck/Weigend*, Strafrecht AT, S. 263; *Wessels/Beulke*, Strafrecht AT, Rn. 25.
407 *Jakobs*, Strafrecht AT, Abschn. 6 Rn. 85; *Rönnau*, JuS 2010, 961, 962.
408 *Rönnau*, JuS 2010, 961; *Maurach/Zipf*, Strafrecht AT I, § 20 Rn. 27.
409 *Jescheck/Weigend*, Strafrecht AT, S. 260.
410 *Roxin*, Strafrecht AT I, § 10 Rn. 102.
411 *Baumann/Weber/Mitsch*, Strafrecht AT, § 8 Rn. 41.
412 *Roxin*, Strafrecht AT I, § 10 Rn. 102.
413 Vgl. sogleich unten 3. Kapitel:B.I.2.a).
414 *Wessels/Beulke*, Strafrecht AT, Rn. 23.
415 *Maurach/Zipf*, Strafrecht AT I, § 20 Rn. 27.

verstandener Erfolg ist damit auch jedem Tätigkeitsdelikt immanent.[416] Damit kann bei der durchgeführten Abgrenzung nur der Erfolgsbegriff im engeren Sinne Geltung beanspruchen.[417] Entscheidend ist sonach die Verknüpfung zwischen Handlung und Außenwirkung. Die Abgrenzung stellt sich demnach als Problem des Kausalzusammenhangs dar.[418]

Zweitens ist in Rechnung zu stellen, dass eine unzweifelhafte Zuordnung verschiedener Straftatbestände zu den unterschiedlichen Deliktstypen nicht immer zu erreichen ist[419] und eine Unterscheidung von Fall zu Fall angezeigt sein kann[420]: So ist die durch eine schlichte Ohrfeige bewirkte Körperverletzung (§ 223 StGB), nach *Roxin*[421], als schlichtes Tätigkeitsdelikt anzusehen, weil bei ihr die Tatbestandserfüllung mit dem letzten Handlungsakt zusammenfällt; die durch einen Steinwurf bewirkte Körperverletzung allerdings als Erfolgsdelikt. Weitere Abgrenzungsprobleme bei Tätigkeitsdelikten erkennt *Jakobs*[422] im Verhältnis zu verhaltensgebundenen Erfolgsdelikten: So weist er darauf hin, dass der vielfach als Beispiel eines Tätigkeitsdelikts angeführte Meineid (§ 154 StGB), als Schwören (Tätigkeitsdelikt) oder als eigenhändiges Bewirken eines Eides (Erfolgsdelikt) definiert werden kann.

2. Einordnung des Handeltreibens

Zu klären ist nunmehr, in welche der oben genannten Kategorien das Delikt des unerlaubten Handeltreibens im Sinne des § 29 I Nr.1 BtMG, unter Zugrundelegung der Definition des Bundesgerichtshofs, einzuordnen ist.

a) Literatur

In der Literatur[423] besteht – soweit ersichtlich – Einigkeit darüber, dass das Handeltreiben mit Betäubungsmitteln nicht den Erfolgsdelikten zuzuordnen ist.

---

416 *Roxin*, Strafrecht AT I, § 10 Rn. 104; *Maurach/Zipf*, Strafrecht AT I, § 20 Rn. 27.

417 *Jescheck/Weigend*, Strafrecht AT, S. 260; *Rönnau*, JuS 2010, 961, 962.

418 *Heinrich*, Strafrecht AT I, Rn. 158; *Jescheck/Weigend*, Strafrecht AT, S. 260.

419 *Jakobs*, Strafrecht AT, Abschn. 6 Rn. 85.

420 *Roxin*, Strafrecht AT I, § 10 Rn. 104.

421 *Roxin*, Strafrecht AT I, § 10 Rn. 104.

422 *Jakobs*, Strafrecht AT, Abschn. 6 Rn. 85.

423 Vgl. insoweit nur: *Eberth/Müller/Schütrumpf*, Verteidigung in BtM-Sachen, Rn. 57; *Franke/Wienroeder/Wienroeder*, BtMG, § 29 Rn. 22; *Fischer*, StGB, Vor. § 52 Rn. 13a; *Körner*, BtMG, § 29, Rn. 222; *Zschockelt*, NStZ 1996, 222, 223; MK-BtMG/-*Rahlf*, § 29 Rn. 264.

Eine Begründung wird überwiegend ausgespart. Allein Verweise auf die ebenfalls keine Begründung liefernde Rechtsprechung[424] sind zu finden.

Fraglich erscheint insoweit allerdings, ob auch *Roxin* zum oben angeführten Schrifttum zu zählen ist. Die Zweifel ergeben sich aus einer Urteilsanmerkung[425] aus dem Jahre 1992: „So hat auch das „Handeltreiben" einen Erfolg, eben den „Umsatz" […]." Hierbei ist zu beachten, dass *Roxin* bei seinen Ausführungen nur den Begriff des Erfolgs im weiteren Sinne[426] gemeint haben kann. Dies wird ersichtlich, wenn man den weiteren Inhalt seiner Anmerkung in die Überlegung mit einbezieht. So schreibt er an anderer Stelle von „schlichten Tätigkeitsdelikten, wie das Handeltreiben."[427] Gestützt wird diese Annahme durch eine neuerliche Urteilsanmerkung[428] *Roxins*, in der er feststellt: „Handeltreiben ist ein Verhaltensdelikt" (wobei sich wiederum aus seiner Bezugnahme auf seine früheren Ausführungen und die im weiteren Verlauf der neuerlichen Anmerkung unterschiedslose und undifferenzierte Verwendung der Begriffe Verhaltens- und Tätigkeitsdelikt ergibt, dass er insofern nichts inhaltlich Abweichendes ausdrücken möchte). *Roxin* bezweckt in seinen Anmerkungen also nicht die Neueinordnung des Handeltreibens in die Kategorie der Erfolgsdelikte. Vielmehr versucht er unter Bezugnahme auf den weiten Erfolgsbegriff einen die Abgrenzung der verschiedenen Deliktsstadien ermöglichenden Ansatzpunkt, nämlich den Umsatz, zu verankern.[429] Der von ihm verwendete weite Erfolgsbegriff hat allerdings für die hier interessierende Unterscheidung keine Relevanz.[430] Demnach vertritt er,

---

424 Vgl. die Nachweise in Fn. 401.

425 *Roxin*, StV 1992, 517, 519.

426 *Maurach/Zipf*, Strafrecht AT I, § 20 Rn. 27.

427 *Roxin*, StV 1992, 517, 519.

428 *Roxin*, StV 2003, 619, 621.

429 So auch *Paul*, StV 1998, 623, 625 der allerdings vollumfänglich auf *Roxin* Bezug nimmt. Insofern ergeben sich also keine inhaltlichen Abweichungen, sodass auf eine gesonderte Darstellung verzichtet werden kann. Selbiges gilt für *Gaede*, StraFo 2003, 392, 395 f. Auch er erkennt die Notwendigkeit eines Erfolgsmomentes zur Abgrenzung der verschiedenen Deliktsstadien. Dieser Erfolg „muss gerade *nicht* notwendig eine zeitlich von der Handlung verschiedene Natur haben, sondern er kann auch die Tathandlung qualitativ kennzeichnen und damit derselben ein Eignungsmoment hinzufügen." Der einzige Unterschied zu *Roxin* besteht hier in der konkreten Ausformung dieses Eignungsmoments.

430 Vgl. oben 3. Kapitel:B.I.1.

was die Einordnung des Handeltreibens betrifft, keine von den oben[431] angeführten Nachweisen abweichende Meinung.[432]

b) Rechtsprechung

Wie im Überblick bereits dargestellt,[433] geht die ständige Rechtsprechung (ohne Begründung) davon aus, dass das Handeltreiben mit Betäubungsmitteln kein Erfolgsdelikt ist.

Anlass zur näheren Untersuchung ergeben lediglich eine Reihe von Entscheidungen, die größtenteils zu Sachverhaltskonstellationen ergingen, in denen das Betäubungsmittel nach dem Täterwillen nicht den „Markt" erreichen, sondern vielmehr der Polizei zugespielt und damit sichergestellt und aus dem Verkehr gezogen werden sollte. Bei diesen Konstellationen wird die Strafbarkeit wegen Betäubungsmittelhandels im Sinne des § 29 I 1 Nr. 1 BtMG (bzw. der Teilnahme daran) verneint. Überwiegend wird von einer näheren Begründung abgesehen. Oftmals wird nur ausgeführt, dass eine solche Handlungsweise „nicht auf den Umsatz des Stoffes abzielt"[434], „der Vorsatz des Handeltreibens fehlt, [...]"[435] oder, noch allgemeiner formuliert, „weder gegen ein gesetzliches Verbot noch gegen die guten Sitten"[436] verstoßen werde.

Nur eine einzige Entscheidung des Bundesgerichtshofs lässt sich in die Reihe der formelhaften „Begründungen" nicht widerspruchslos eingliedern und verdient deshalb besondere Betrachtung. Diese Entscheidung des Bundesgerichtshofs vom 03.06.1981[437] betrifft die Frage, ob ein Fahrer wegen Beihilfe zum Handeltreiben verurteilt werden kann, sofern er während des Betäubungsmittelgeschäfts ernsthaft mit der Anwesenheit und dem Eingreifen der Polizei gerechnet und nur in diesem Vertrauen das Geschäft durch seine Fahrdienste

---

431 Vgl. Nachweise in Fn. 423.

432 Insgesamt erscheint es jedoch verwunderlich, dass gerade die Ausführungen *Roxins* Anlass geben, die verwendeten Erfolgsbegriffe noch einmal aufzuarbeiten. So warnt er doch in seinem Lehrbuch Strafrecht AT I in § 10 Rn. 104 selbst vor den, bei undifferenzierter Begriffsverwendung, auftretenden Missverständnissen.

433 Vgl. oben 3. Kapitel:A.

434 Vgl. nur BGH, Urt. v. 07.03.1996 – 4 StR 742/95 = NJW 1996, 1604, 1605.

435 So in BGH, Urt. v. 05.07.1988 – 1 StR 212/88 = NStZ, 1988, 559; teilweise wird, etwas ausführlicher, dargetan, dass der Vorsatz fehle, weil „kein auf den Erfolg der Haupttat gerichteter Wille" vorliege (BGH, Urt. 27.08.1974 – 1 StR 300/74 (unveröffentlicht)), wie dieser Erfolg allerdings beschaffen ist, wird dann aber nicht näher erläutert.

436 BGH, B. v. 10.09.1980 – 3 StR 218/80 (unveröffentlicht).

437 BGH, Urt. v. 03.06.1981 – 2 StR 235/81 = StV 1981, 549.

gefördert hat.[438] Im konkreten Fall fuhr der Angeklagte einen Drogendealer [Y.] am Tattag zunächst in ein Waldstück, wo dieser sich Heroin beschaffte. Sodann brachte er Y. zu einem Parkplatz. Hier sollten die Betäubungsmittel durch Y. an die Abnehmer übergeben werden. Der Angeklagte rechnete, aufgrund einer von ihm zuvor an die Polizei gemachten Mitteilung, mit der Anwesenheit und dem Eingreifen der Polizei. Der Bundesgerichtshof verneinte hier deshalb letztlich den Beihilfevorsatz des Angeklagten. Im Gegensatz zu den bisher in Bezug genommenen Entscheidungen begründete der Bundesgerichtshof in diesem Fall seine Entscheidung: „Denn wegen Beihilfe kann nur bestraft werden, wer den zur Vollendung der Haupttat erforderlichen Erfolg, die Verletzung des durch den Straftatbestand geschützten Rechtsgutes, wollte oder – bei bedingtem Vorsatz – doch damit rechnete und die Unterstützungshandlung auch für diesen Fall vorgenommen hat. Missbilligter Erfolg im Sinne des Straftatbestands des Handeltreibens mit Betäubungsmitteln ist aber nur ein solcher Vorgang, der das Rauschgift auf dem Weg zum Konsumenten weiterbringt, nicht dagegen ein Umsatz, durch den es der Polizei in die Hände gespielt und damit aus dem Verkehr gezogen wird."[439] Damit sprach der Bundesgerichtshof zum einen von einem Erfolg des Handeltreibens im Sinne des § 29 I 1 Nr. 1 BtMG und definierte diesen zum anderen präzise.

Sonach ist anhand der oben[440] dargestellten Grundsätze zu untersuchen, ob diese Entscheidung auf den engen oder weiten Erfolgsbegriff abstellt und welche Konsequenzen sich aus ihr bezüglich der Einordnung des Handeltreibens als Tätigkeits- bzw. Erfolgsdelikt ergeben. Missbilligter Erfolg soll also ein Vorgang sein, der das Rauschgift auf dem Weg zum Konsumenten weiterbringt und damit die Verletzung des durch den Straftatbestand geschützten Rechtsguts herbeiführt. Fraglich ist ob nach dieser Definition der Erfolg, wie für Tätigkeitsdelikte typisch, in der Handlung selbst liegt, also mit dem letzten Handlungsakt zusammenfällt oder ob das „Weiterbringen des Rauschgifts auf dem Weg zum Konsumenten" nicht vielmehr als, wie für die Erfolgsdelikte kennzeichnend, eine von der Tathandlung zeitlich und räumlich getrennte Verletzungs- oder Gefährdungswirkung anzusehen ist.

---

438 Entgegen der Einschätzung von *Bensch* (Der Begriff des Handeltreibens, S. 70) handelte es sich bei dem Fahrer gerade nicht um einen „Provokateur". Dem Angeklagten war es vielmehr zutiefst unrecht, dass seine „neutralen" Fahrdienste für kriminelle Geschäfte missbraucht werden könnten. Zudem hatte er mit der Anbahnung des Geschäfts selbst nichts zu tun.

439 BGH, Urt. v. 03.06.1981 – 2 StR 235/81 = StV 1981, 549.

440 Vgl. oben 3. Kapitel:B.I.1.

Auf den konkreten Fall bezogen erscheint die zweite Deutungsalternative überzeugender. So ist in den Fahrten des Angeklagten zwar grundsätzlich eine taugliche Tathandlung des Handeltreibens (bzw. der Beihilfe hierzu)[441] zu erblicken. Die Ausführung derselben ist hier allerdings nicht mit dem vom Bundesgerichtshof beschriebenen Erfolg kongruent: Da die Betäubungsmittel durch die Fahrten gerade nicht näher an den Konsumenten herangebracht, sondern sichergestellt wurden, würde sich das „Weiterbringen" bzw. die „Verletzung des geschützten Rechtsguts" als eine von der Handlung zeitlich und räumlich getrennte, aber mit ihr kausal verknüpfte Wirkung darstellen. Damit ist hier (wohl) auf den engen Erfolgsbegriff Bezug genommen. Dieser aber wird den Erfolgsdelikten zugeschrieben. Andererseits ist zu beachten, dass sich das „Weiterbringen" von Betäubungsmitteln auf dem Weg zum Konsumenten" nicht zwingend als Erfolg im engen Sinne darstellen muss. Wendet man den Blick einer abstrakten, vom konkreten Einzelfall losgelösten Ebene zu, lassen sich aufgrund der immensen Vielgestaltigkeit der erfassten Tathandlungen[442] viele, wenn nicht gar überwiegend, Tätigkeiten (tatbestandsmäßige Handlungen im Sinne des § 29 I 1 Nr. 1 BtMG) denken, deren Ausführungen selbst schon das Betäubungsmittel auf den Weg zum Konsumenten weiterbringen und das geschützte Rechtsgut verletzen. Damit läge der Erfolg bereits in der Verletzungshandlung. Es handelte sich dann um einen Erfolg im weiteren Sinne, den auch die Tätigkeitsdelikte aufweisen. Ob der vom Bundesgerichtshof beschriebene Erfolg ein Erfolg im engeren oder weiteren Sinne ist, lässt sich damit nicht abstrakt bestimmen.[443] Es kann nur im konkreten Fall entschieden werden. Die der Entscheidung zugrunde liegende Sachverhaltskonstellation lässt es naheliegend erscheinen, dass hier ein Erfolg im engeren Sinne gemeint war.

Daraus folgt, dass der Bundesgerichtshof, entgegen der sonstigen Überzeugung der Rechtsprechung, das Handeltreiben und seine Bestandteile so auslegte und definierte, dass es sich hierbei um ein Erfolgs- und nicht um ein Tätigkeitsdelikt handelt.[444]

Der hier eingeschlagene Weg des Bundesgerichtshofs sollte die weitere Entwicklung der Rechtsprechung allerdings nicht prägen. Schon am 04.12.1981[445], also nur ca. sechs Monate später, judizierte der Bundesgerichtshof: „Auf die tatsächliche Förderung des erstrebten Umsatzes kommt es nicht

---

441 Vgl. zu dieser Problematik auch unten bei der 3. Kapitel:G.III.1.a).

442 Vgl. oben 2. Kapitel:B.I.2.a).

443 Vgl. oben 3. Kapitel:B.I.1.

444 So auch *Körner*, BtMG, § 29 Rn. 222; wohl ebenso *Schwarzburg*, Tatbestandsmäßigkeit und Rechtswidrigkeit der polizeilichen Tatprovokation, S. 59.

445 BGH, B. v. 04.12.1981 – 3 StR 408/81 = BGHSt 30, 277.

an; Handeltreiben ist kein Erfolgsdelikt.“[446] Dies ist die bis heute uneingeschränkt herrschende Ansicht innerhalb der Rechtsprechung.[447]

3. Deliktsstadien des Tätigkeitsdelikts

a) Vorbereitung

Die Grenze zwischen einer (zumeist[448]) straflosen Vorbereitung und dem Eintritt in das Versuchsstadium verläuft auch beim Tätigkeitsdelikt nach den allgemeinen Kriterien. Danach beinhaltet das Vorbereitungsstadium Tätigkeiten, die zwar auf die Tatbestandsverwirklichung hinzielen, aber zu dieser noch nicht unmittelbar im Sinne des § 22 StGB ansetzen.[449] Welche Tätigkeiten hierunter zu zählen sind, richtet sich nach den deliktsspezifischen Besonderheiten. Dass die Grenze zwischen beiden Deliktsstadien im Bereich des Handeltreibens nicht mehr trennscharf erscheint, ist der weiten Auslegung des Merkmals durch die Rechtsprechung und nicht der Eigenschaft als Tätigkeitsdelikt geschuldet.

b) Versuch

Die Versuchsstrafbarkeit ist bei der Deliktskategorie der Tätigkeitsdelikte grundsätzlich denkbar und auch möglich.[450] Es sind damit sämtliche Versuchsregeln, einschließlich derjenigen über den strafbefreienden Rücktritt (§ 24 StGB), anwendbar.[451] Entscheidend ist, ob nicht schon jedes unmittelbare Ansetzen zur Tatbestandsverwirklichung im Sinne des § 22 I StGB bereits notwendig die Vollendung der tatbestandlich beschriebenen Handlung bedeutet.[452] Auf diese Frage lässt sich allerdings keine allgemeingültige Antwort geben. Sie muss vielmehr im Zusammenhang mit dem jeweiligen Tatbestand gesucht werden.[453]

---

446 Ähnlich, nur wenig später, auch der 2. Strafsenat selbst (BGH, Urt. v. 20.01.1982 – 2 StR 593/81 = BGHSt 30, 359, 361): „Ebensowenig kommt es auf eine tatsächliche Förderung des erstrebten Umsatzes an“.

447 Unklar aber: BGH, B. v. 25.03.2003 – 1 StR 9/03 = NStZ-RR 2003, 185 der von einem „materiellen Unrechtserfolg“ spricht, den er mit einer Rechtsgutgefährdung gleichsetzt.

448 Vgl. aber z.B. auch § 30 StGB.

449 *Fischer*, StGB, § 22 Rn. 5; knapp aber mit vielen Beispielen: *Lackner/Kühl*, StGB, § 22 Rn. 6.

450 *Maurach/GösselZipf*, Strafrecht AT II, § 40 Rn. 83.

451 *Maurach/GösselZipf*, Strafrecht AT II, § 40 Rn. 86.

452 *Maurach/GösselZipf*, Strafrecht AT II, § 40 Rn. 84.

453 Vgl. hierzu sogleich unten 3. Kapitel:B.I.3.b)cc).

Generell lässt sich jedoch attestieren, dass ein Versuch des Tätigkeitsdelikts in zwei grundsätzlichen Varianten vorkommen kann: Zum einen, wenn die Tätigkeit nicht schon mit ihrer Vornahme vollendet ist, sondern einen gewissen Zeitraum beansprucht[454] und zum anderen im Falle des untauglichen Versuchs.[455]

aa) Tätigkeit erstreckt sich über einen gewissen Zeitraum

Die mit Strafe bedrohte Handlung dürfte demnach nicht schon mit dem Beginn ihrer Vornahme zur formellen Vollendung des Tatbestands führen.[456] Dies ist der Fall, wenn sich ein einziger Handlungsakt über einen längeren Zeitraum erstreckt bzw. eine Handlung in mehrere Teilakte zerlegbar ist.[457] Als Positivbeispiel mag insofern der Versuch des Meineides (§ 154 StGB) dienen. Hier ist die Versuchsschwelle des § 22 StGB bereits mit Beginn des Nachsprechens der Eidesformel des § 64 I StPO überschritten.[458] Der Versuchsrahmen erstreckt sich in diesem Falle bis das letzte Wort der Eidesformel ausgesprochen und die Tat damit vollendet wird.[459] Anders verhält sich die Situation hingegen im Rahmen der Bekräftigung gem. § 65 II StPO. Diese beschränkt sich auf das Wort „ja". In diesem Falle ist ein Versuch de facto nicht möglich.[460]

bb) Untauglicher Versuch

Auch der untaugliche Versuch, bei dem das Handeln aufgrund der Tätereigenschaft, nach der Art des Gegenstandes, an dem, oder des Mittels, mit dem die Tat begangen werden sollte, nicht zur Vollendung führen konnte[461] und der Täter hierüber irrt, ist im Rahmen der Tätigkeitsdelikte vorstellbar.[462]

---

454 *Maurach/GösselZipf*, Strafrecht AT II, § 40 Rn. 84; *Jescheck/Weigend*, Strafrecht AT, S. 524.

455 *Jescheck/Weigend*, Strafrecht AT, S. 524; *Maurach/GösselZipf*, Strafrecht AT II, § 40 Rn. 86.

456 *Jescheck/Weigend*, Strafrecht AT, S. 524.

457 *Maurach/GösselZipf*, Strafrecht AT II, § 40 Rn. 84.

458 So schon (allerdings noch zu § 66c I a.F. StPO): BGHSt 4, 172, 176; BGHSt 9, 131, 135; vgl. auch: LK/*Hillenkamp*, StGB, Vor § 22 Rn. 98.

459 *Schönke/Schröder/Lenckner/Bosch*, StGB, § 154 Rn. 15.

460 *Maurach/GösselZipf*, Strafrecht AT II, § 40 Rn. 85 (noch zu § 66d II a.F. StPO).

461 *Kühl*, Strafrecht AT, § 15 Rn. 86.

462 LK/*Hillenkamp*, StGB, Vor § 22 Rn. 98.

cc) Versuch des Handeltreibens als Tätigkeitsdelikt

Die weite Auslegung des Tatbestandsmerkmals Handeltreiben durch die Rechtsprechung hat im Versuchsbereich gravierende Folgen. Zwar lässt sowohl der Gesetzeswortlaut des § 29 I 1 Nr. 1 BtMG als auch die Vielgestaltigkeit der verschiedenen zur Tatbestandsverwirklichung führenden Handlungsalternativen, zumindest theoretisch, Raum für Versuchskonstellationen. Die aus der weiten Auslegung des Bundesgerichtshofs resultierende, in der Praxis bestehende, starke Einschränkung der Versuchsstrafbarkeit ergibt sich aber aus folgender Überlegung: Dadurch, dass die Rechtsprechung dazu neigt, die jeweiligen tatbestandlichen schlichten Tätigkeiten schon extrem früh als komplett verwirklicht anzusehen, sind Tätigkeiten, die zwar über einen längeren, auch praktisch fassbaren Zeitraum andauern, jedoch nicht gleichzeitig bereits eine formelle Vollendung des Delikts herbeiführen, nur schwer denkbar.[463]

Weniger Einschränkungen müsste die Versuchsstrafbarkeit, auch unter Zugrundelegung der weiten Definition des Handeltreibens, im Bereich des untauglichen Versuchs erfahren. Einzig nicht möglich ist die Herbeiführung eines untauglichen Versuchs durch ein untaugliches Tatsubjekt, da das Handeltreiben keine besondere Täterqualität voraussetzt. Inwiefern die Rechtsprechung von der mithin bestehenden Möglichkeit, einen untauglichen Versuch im Falle des untauglichen Tatobjekts oder Tatmittels anzunehmen, Gebrauch macht, wird im weiteren Verlauf der Arbeit näher beleuchtet.

4. Zusammenfassung

Wie gezeigt hängt die Zuordnung des Handeltreibens zur Gruppe der Tätigkeits- bzw. Erfolgsdelikte von der Auslegung bzw. Definition des Handeltreibens ab. Begreift man das Handeltreiben im Sinne der gängigen Definition des Bundesgerichtshofs als jede eigennützige auf den Umsatz von Betäubungsmitteln gerichtete Tätigkeit,[464] lässt man also die bloße Erfolgsbezogenheit ausreichen, ohne einen tatsächlichen Umsatz zu fordern, ist Handeltreiben ein Tätigkeitsdelikt. Dieser Meinung ist sowohl die Rechtsprechung als auch die Literatur.[465] Durch die getroffene Einordnung ergeben sich weitgehende Einschränkungen des Versuchsbereichs. Diese haben insbesondere im Rahmen des tauglichen Versuchs gravierende Folgen.

---

463 Krit. auch LK/*Hillenkamp*, StGB, § 22 Rn. 13.

464 So auch BVerfG (1. Kammer des 2. Senats), B. v. 18.09.2006 – 2 BvR 2126/05 = NJW 2007, 1193.

465 Vgl. oben 3. Kapitel:B.I.2.a).

II. Handeltreiben als abstraktes Gefährdungsdelikt

Die Einordnung des Handeltreibens in die verschiedenen Deliktsklassen ist anhand der Kategorien der Verletzungs- bzw. Gefährdungsdelikte fortzuführen. Dieser Standortbestimmung schließt sich wiederum eine Betrachtung der Folgen im Hinblick auf die Grenzen der verschiedenen Deliktsstadien an.

1. Abgrenzungen

a) Gefährdungs- und Verletzungsdelikte

Die Gefährdungs- müssen von den Verletzungsdelikten abgegrenzt werden. Die zwischen den genannten Deliktstypen verlaufende Grenze kann nicht als trennscharf bezeichnet werden.[466] Schon der Ausgangspunkt der Abgrenzung beider Deliktstypen wird unterschiedlich beurteilt. So wird zur Unterscheidung zwischen ihnen einerseits[467] auf die Intensität des Rechtsgutsangriffes, andererseits[468] auf die Intensität der Beeinträchtigung des Handlungsobjektes abgestellt.

Der Begriff des Rechtsguts ist von dem des Handlungsobjekts strikt zu trennen.[469] Unter dem Handlungsobjekt versteht man den konkreten, realen Gegenstand, an dem sich die Tathandlung vollzieht.[470] Was unter dem Rechtsgut zu verstehen ist, lässt sich schon begrifflich nur weniger klar fassen. So begreifen z.B. *Jescheck/Weigend*[471] die Rechtsgüter als der Sinneswahrnehmung nicht zugängliche, geistige Werte der Sozialordnung. *Maurach/Zipf*[472] verstehen unter Rechtsgütern alle strafrechtlich geschützten Interessen.[473] Gesichert erscheint

---

466 *Maurach/Zipf*, Strafrecht AT I, § 20 Rn. 29.

467 *Maurach/Zipf*, Strafrecht AT I, § 20 Rn. 29; *Heinrich*, Strafrecht AT I, Rn. 161; *Baumann/Weber/Mitsch*, Strafrecht AT, § 8 Rn. 42.

468 *Jescheck/Weigend*, Strafrecht AT, S. 263; *Roxin*, Strafrecht AT I, § 10 Rn. 123.

469 *Wessels/Beulke*, Strafrecht AT, Rn. 8; *Rönnau*, JuS 2010, 961, 962; *Baumann/Weber/-Mitsch*, Strafrecht AT, § 3 Rn. 18; NK/*Hassemer/Neumann*, StGB, Vor § 1 Rn. 121. Insgesamt ist aber auffallend, dass eine solche Trennung nicht konsequent durchgehalten wird. So sieht *Jescheck/Weigend*, Strafrecht AT, S. 263 zwar die Intensität der Beeinträchtigung des Handlungsobjektes als entscheidend an, verweist an dieser Stelle jedoch auf *Maurach/Zipf*, Strafrecht AT I, § 20 Rn. 29, die ihrerseits die Intensität des Rechtsgutsangriffs für ausschlaggebend halten.

470 *Jescheck/Weigend*, Strafrecht AT, S. 259 f.; *Wessels/Beulke*, Strafrecht AT, Rn. 8; *Baumann/Weber/Mitsch*, Strafrecht AT, § 3 Rn. 18.

471 *Jescheck/Weigend*, Strafrecht AT, S. 259; ähnlich auch *Baumann/Weber/Mitsch*, Strafrecht AT, § 3 Rn. 18: „vergeistigter ideeller Wert".

472 *Maurach/Zipf*, Strafrecht AT I, § 19 Rn. 4.

473 Zu weiteren Definitionsansätzen vgl. ausführlich: *Roxin*, Strafrecht AT I, § 2 Rn. 3.

immerhin, dass es sich bei Rechtsgütern um abstrahierte Erscheinungen im gedanklichen, geistigen bzw. ideellen Bereich handelt.[474]

Es stellt sich mithin die Frage, ob sich die Abgrenzung an der Intensität der Beeinträchtigung des Handlungsobjekts oder des Rechtsguts zu orientieren hat. Eine Antwort auf diese Frage bietet *Graul*.[475] Anhand eines einfachen Beispiels führt sie die Schwächen des auf das Handlungsobjekt abstellenden Lösungsansatzes vor: Würde man also so verfahren, wäre „auch der allgemein als abstraktes Gefährdungsdelikt anerkannte § 306 Nr. 2 StGB[476] [a.F. entspricht § 306a I Nr. 1 StGB n.F.] wegen des die Substanz verletzenden, (selbstständigen) Brennens des Hauses [Handlungsobjekt] (zugleich) ein Verletzungs-Erfolgsdelikt."[477] Da sich die Kategorien des Verletzungs- und des abstrakten Gefährdungsdelikts aber ausschließen,[478] kann eine solche Vorgehensweise nicht zu befriedigenden Ergebnissen führen. Mithin ist diesem zu formal erscheinenden Ansatz nicht zu folgen. Vielmehr ist damit das Rechtsgut der entscheidende Orientierungspunkt für die Beurteilung des Deliktscharakters des Straftatbestands. In dem soeben angeführten Beispiel des § 306 Nr. 2 StGB a.F. (§ 306a I Nr. 1 StGB n.F.) also der Mensch bzw. genauer: dessen Leib und Leben.[479] Auf eine Verletzung oder konkrete Gefährdung eines anderen Menschen kommt es aber im Rahmen des § 306 Nr. 2 StGB a.F. (§ 306a I Nr. 1 StGB n.F.) nicht an.[480] Der Tatbestand kann vielmehr auch dann erfüllt sein, wenn sich tatsächlich kein Mensch in dem (brennenden) Gebäude befindet. Durch das Abstellen auf die Intensität der Beeinträchtigung des Rechtsguts gelangt man damit zwanglos zu dem Ergebnis, dass § 306 Nr. 2 StGB a.F. (§ 306a I Nr. 1 StGB n.F.) ein abstraktes Gefährdungsdelikt ist.

Die soeben gefundene Lösung erscheint auch im Hinblick auf das unerlaubte Handeltreiben mit Betäubungsmitteln gut handhabbar und vorzugswürdig. Dagegen würde ein Abstellen auf das Handlungsobjekt zu Problemen führen: Das Handlungsobjekt Betäubungsmittel muss im Rahmen des § 29 I 1 Nr. 1 BtMG

---

474 Vgl. zur „Verflüssigung" des Rechtsgutsbegriffs und den damit zusammenhängenden Gefahren auch: NK/*Hassemer/Neumann*, StGB, Vor § 1 Rn. 122 ff.

475 *Graul*, Abstrakte Gefährdungsdelikte und Präsumtion im Strafrecht, S. 36 f.; sich ihr anschließend auch *Ebert*, Das Handeltreiben mit Betäubungsmitteln, S. 109 f. und *Bensch*, Der Begriff des Handeltreibens, S. 73.

476 Vgl. nur *Wessels/Hettinger*, Strafrecht BT I, Rn. 961 m.w.N.

477 *Graul*, Abstrakte Gefährdungsdelikte und Präsumtion im Strafrecht, S. 36.

478 *Graul*, Abstrakte Gefährdungsdelikte und Präsumtion im Strafrecht, S. 36 f.

479 *Schönke/Schröder/Heine*, StGB, § 306a Rn. 1; MK-StGB/*Radtke*, § 306a Rn. 3.

480 *Lackner/Kühl*, StGB, § 306a Rn. 1; *Wessels/Hettinger*, Strafrecht BT I, Rn. 961.

weder real vorliegen, keinerlei Beeinträchtigung bzw. Veränderung erfahren, noch auch nur einer Gefährdung ausgesetzt werden.[481]

Unter einem Verletzungsdelikt versteht man mithin ein Delikt, bei dem der Erfolg (im engeren Sinne[482]) in der konkreten Beeinträchtigung (Verletzung) des Rechtsguts liegt,[483] es muss also eine reale Werteinbuße vorliegen.[484] Bei den Gefährdungsdelikten hingegen ist die Herbeiführung einer Gefahr für das durch den Tatbestand geschützte Rechtsgut ausreichend.

b) *Konkrete und abstrakte Gefährdungsdelikte*

Die Gefährdungsdelikte unterscheiden sich wiederum in die Kategorien der abstrakten bzw. konkreten Gefährdungsdelikte. Entscheidend für die Einteilung ist die größere oder geringere Wahrscheinlichkeit des Eintritts des Verletzungserfolgs.[485] Das konkrete Gefährdungsdelikt zeichnet sich dadurch aus, dass im konkreten Fall eine wirkliche Gefahr für ein durch den Tatbestand geschütztes Rechtsgut eintritt.[486] Der Eintritt eines solchen Gefahrerfolgs ist Tatbestandsmerkmal.[487] Vorsatz bzw. Fahrlässigkeit sind dem Täter also auch bzgl. dieser Gefahr nachzuweisen.[488] Wie allerdings der konkrete Gefahrerfolg ausgestaltet sein muss, ist noch nicht abschließend geklärt.[489] Die Rechtsprechung jedenfalls

---

481 *Ebert*, Das Handeltreiben mit Betäubungsmitteln, S. 109.

482 Vgl. oben 3. Kapitel:B.I.1.

483 *Heinrich*, Strafrecht AT I, Rn. 161.

484 *Wessels/Beulke*, Strafrecht AT, Rn. 26.

485 *Maurach/Zipf*, Strafrecht AT I, § 20 Rn. 31.

486 *Baumann/Weber/Mitsch*, Strafrecht AT, § 8 Rn. 42; *Roxin*, Strafrecht AT I, § 11 Rn. 147; *Heinrich*, Strafrecht AT I, Rn. 163.

487 *Wessels/Beulke*, Strafrecht AT, Rn. 28; *Baumann/Weber/Mitsch*, Strafrecht AT, § 8 Rn. 42.

488 *Maurach/Zipf*, Strafrecht AT I, § 20 Rn. 31; *Berz*, Formelle Tatbestandsverwirklichung, S. 68; vgl. zum Gefährdungsvorsatz BGHSt 22, 67, 73 ff.

489 Vgl. hierzu BGHSt, 18, 271, 272: „Der Begriff der „Gefahr“ entzieht sich genauer wissenschaftlicher Umschreibung. Er ist nicht allgemeingültig bestimmbar und überwiegend tatsächlicher, nicht rechtlicher Natur.“ In der Literatur werden mannigfaltige Lösungsansätze vorgeschlagen. Im Folgenden seien nur einige wenige skizziert (vgl. hierzu, sowie zu weitergehenden Definitionsmöglichkeiten *Roxin*, Strafrecht AT I, § 11 Rn. 150 ff.): *Schünemann* (JA 1975, 787, 797) hingegen möchte eine konkrete Gefahr bejahen, wo der Erfolg nur zufällig (wobei der Zufall als Umstand auf dessen Eintritt „man nicht vertrauen kann“ verstanden wird) ausbleibt. *Demuth* (Der normative Gefahrbegriff, 197 ff., 205 f.), begreift die konkrete Gefahr als „akute Krise“ des Rechtsguts die eintritt, „wenn der Zeitpunkt überschritten ist, in dem ein Schaden durch normale Abwehrmaßnahmen mit Sicherheit vermieden werden könnte.“

nimmt in neueren Entscheidungen (hier zu § 315c I Nr. 1 a) das Vorliegen einer konkreten Gefahr an, wenn „die Sicherheit einer bestimmten Person oder Sache so stark beeinträchtigt [wurde], daß es nur noch vom Zufall abhing, ob das Rechtsgut verletzt wurde oder nicht.“[490]

Beim abstrakten Gefährdungsdelikt findet eine Bestrafung ohne Rücksicht darauf statt, ob im konkreten Fall tatsächlich eine Gefahr begründet wurde.[491] Die Strafwürdigkeit beruht auf der generellen (typischen[492]) Gefährlichkeit der tatbestandsmäßigen Handlung für bestimmte Rechtsgüter.[493] Im Falle einer erfahrungsgemäß besonders naheliegenden Gefährdung ist das Vorliegen der Gefahr kein Tatbestandsmerkmal.[494] Ihr Vorliegen wird vielmehr mit Begehung der Grundhandlung unterstellt.[495]

2. Einordnung des Handeltreibens

Um die Rechtsnatur des Handeltreibens mit Betäubungsmitteln im Sinne des § 29 I 1 Nr. 1 BtMG näher bestimmen zu können, muss nach dem oben Gesagten[496] zunächst das durch dieses Delikt geschützte Rechtsgut bestimmt werden. Da vorliegend die Bestimmung der Deliktsstruktur des Handeltreibens auf der Grundlage der Definition der Rechtsprechung vorgenommen wird, ist es

---

Kindhäuser (Gefährdung als Straftat, S. 202) nimmt eine konkrete Gefahr an, „wenn es nicht möglich ist, zur Vermeidung des Schadens gezielt in ein Geschehen einzugreifen“, also „wenn die Schadensrelevanz eines Verhaltens nicht gezielt abgeschirmt werden kann.“ Endlich bejaht *Ostendorf* (JuS 1982, 426, 430) eine konkrete Gefahr, wenn eine „Unbeherrschbarkeit des Gefährdungsverlaufs“ gegeben ist.

490 BGH, Urt. v. 30.03.1995 – 4 StR 725/94 = NStZ 1996, 83.

491 *Graul*, Abstrakte Gefährdungsdelikte und Präsumtion im Strafrecht, S. 355.

492 *Arzt/Weber/Heinrich/Hilgendorf*, Strafrecht BT, § 35 Rn. 46; *Rönnau*, JuS 2010, 961, 962; *Roxin*, Strafrecht AT I, § 11 Rn. 153.

493 *Jakobs*, Strafrecht AT, Abschn. 6 Rn.86; *Jescheck/Weigend*, Strafrecht AT, S. 264.

494 *Roxin*, Strafrecht AT I, § 11 Rn. 153; *Jescheck/Weigend*, Strafrecht AT, S. 264.

495 *Maurach/Zipf*, Strafrecht AT I, § 20 Rn. 31; sofern die Handlung unter keinen Umständen zu einer Beeinträchtigung rechtlich geschützter Interessen führen kann, möchten allerdings z.B. *Schröder*, ZStW 81 (1969), 7, 17; *Cramer*, Der Vollrauschtatbestand als abstraktes Gefährdungsdelikt, S. 65 f.; *Schönke/Schröder/Heine*, StGB, Vor § 306 Rn. 3a und *Schünemann*, JA 1975, 787, 797 f. den Gegenbeweis der Ungefährlichkeit zulassen. *Berz*, Formelle Tatbestandsverwirklichung, S. 116 f. nimmt in diesem Fall gar den Tatbestandsausschluss an. *Graul*, Abstrakte Gefährdungsdelikte und Präsumtion im Strafrecht, S. 358 nimmt hingegen bloß einen Strafausschluss an. Zu weiteren, zu diesem Problemkreis vertretenen Auffassungen vgl. *Roxin*, Strafrecht AT I, § 11 Rn. 154 ff.

496 Vgl. oben 3. Kapitel:B.II.1.

zweckmäßig, auch im Rahmen der Rechtsgutsbestimmung auf die Sichtweise der strafgerichtlichen Rechtsprechung zurückzugreifen.[497] Damit steht der Schutz der Volksgesundheit zumindest im Vordergrund.[498] Insbesondere in jüngeren Entscheidungen benennt die Rechtsprechung allerdings weitere geschützte Rechtsgüter, wie die individuelle Gesundheit und das Leben des Einzelnen.[499]

Aus der Definition des Begriffs Handeltreiben nach der Rechtsprechung ergibt sich, dass unter Zugrundelegung der Rechtsgüter der kollektiven bzw. individuellen Gesundheit eine Verletzung dieser Rechtsgüter keine Voraussetzung für den Eintritt der Strafbarkeit ist.[500] Mithin ist das Handeltreiben nicht als Verletzungsdelikt zu qualifizieren.

Ferner muss dem Rechtsgut auch keine konkrete Gefahr, also eine solche, deren Verwirklichung nur noch vom Zufall abhinge, gedroht haben. Demnach ist das Delikt des Handeltreibens mit Betäubungsmitteln auch nicht als konkretes Gefährdungsdelikt ausgestaltet.[501]

Vielmehr ist allein die generelle Gefährlichkeit des Handeltreibens Strafgrund.[502] Eine Rechtsgutsgefährdung wird mit Vornahme der tatbestandsmäßigen Handlung unwiderleglich vermutet.[503] Der Eintritt einer solchen Gefährdung ist kein Tatbestandsmerkmal des § 29 I 1 Nr. 1 BtMG. Demzufolge ist das

---

497 Vgl. zu der weitgehend übereinstimmenden Einschätzung der Literatur knapp *Haas*, Der Schutz der öffentlichen Gesundheit durch das Betäubungsmittelrecht, S. 85 ff.

498 BGH, B. v. 06.11.1991 – 3 StR 406/91 = BGHR BtMG § 29 Abs 1 Nr 1 Handeltreiben 30; BGH, Urt. v. 14.04. 1999 – 3 StR 22/99 = BGHR BtMG § 29a Abs 1 Nr 2 Handeltreiben 3; BGH, B. v. 06.04.1988 – 2 StR 58/88 = BGHR StGB § 29 V-Mann 1; BGH, Urt. v. 05.09.1991 – 4 StR 386/98 = BGHR BtMG § 29 Strafzumessung 18.

499 BGH, B. v. 25.09.1990 – 4 StR 359/90 = BGHSt 37, 179, 182; BGH, Urt. v. 07.02.2001 – 5 StR 474/00 = BGHSt 46, 279, 289. Unklar ist allerdings, ob zwischen den benannten Rechtsgütern ein Stufenverhältnis besteht. So geht z.B. BGH, Urt. v. 11.12.2003 – 3 StR 120/03 = BGHSt 49, 34, 43 davon aus, dass auch die Individualrechtsgüter, also die individuelle Gesundheit von § 29 BtMG zumindest mittelbar geschützt werde. BGH, Urt. v. 27.07.2000 – 1 StR 263/00 = NJW 2000, 3015 spricht davon, dass der Schutz der Volksgesundheit zwar vorrangig sein möge, allerdings „die einschlägigen Straftatbestände des Betäubungsmittelgesetzes jedenfalls auch Leben und Gesundheit individuell Betroffener schützen" wollen. Die insofern bestehende Unklarheit besitzt allerdings für die hier im Fokus stehende Problematik keine Relevanz und kann daher im weiteren Verlauf der Untersuchung unberücksichtigt bleiben.

500 Vgl. *Ebert*, Das Handeltreiben mit Betäubungsmitteln, S. 110 f.

501 *Ebert*, Das Handeltreiben mit Betäubungsmitteln, S. 111.

502 *Bensch*, Der Begriff des Handeltreibens, S. 74; *Ebert*, Das Handeltreiben mit Betäubungsmitteln, S. 111.

503 *Ebert*, Das Handeltreiben mit Betäubungsmitteln, S. 111.

Handeltreiben mit Betäubungsmitteln (auch[504]) ein abstraktes Gefährdungsdelikt.[505]

---

504 Vgl. die schon im 3. Kapitel:B.I.2 vorgenommene Kategorisierung (Handeltreiben als Tätigkeitsdelikt).

505 So auch *Körner*, BtMG, § 29 Rn. 222; *Weber*, BtMG, § 29 Rn. 251; *Nestler,* Handbuch Betäubungsmittelstrafrecht, § 11 Rn. 97 (mit Bedenken allerdings für die Tatmodalität der „Abgabe" i.S.d. § 29 I 1 Nr. 1 BtMG); *Niehaus*, JR 2005, 192, 196; *Hassemer*, ZRP 1992, 378, 382; BVerfG (2. Senat), B. v. 09.03.1994 – 2 BvL 43/92, 2 BvL 51/92, 2 BvL 63/92, 2 BvL 64/92, 2 BvL 70/92, 2 BvL 80/92, 2 BvR 2031/92 = BVerfGE 90, 145, 217; *Böllinger*, KJ 1994, 405, 414 f.; *Endriß*, NStZ 1998, 463; *Sommer*, NJW 1994, 1577, 1588; *Schünemann*, StV 1985, 424, 429; krit. *Harzer*, StV 1996, 338, die zwar das Handeltreiben nach ihrer engen Interpretation „allenfalls als ein abstraktes Gefährdungsdelikt" einordnen möchte. Als grundsätzliche Voraussetzung für die Anerkennung der Kategorie der abstrakten Gefährdungsdelikte begreift sie allerdings, dass durch den Tatbestand eine Handlung bezeichnet wird, „die nach ihrer Ausgestaltung durch eine typische Gefährdung und durch ein Moment der Unbeherrschbarkeit des Eintritts der Verletzung gekennzeichnet ist." Diese Voraussetzung sieht *Harzer* für das Handeltreiben nach der Definition der Rechtsprechung aber nicht gegeben. *Schwitters* (Die Vorverlagerung beim Handeltreiben, S. 144 ff.) konkretisiert die oben gefundene Einordnung weiter. Er geht davon aus, dass es sich beim Handeltreiben um eine Untergruppe (*Fischer*, StGB, Vor § 13 Rn. 19; BGH, NJW 1999, 2129) der abstrakten Gefährdungsdelikte, den sog. abstrakt-konkreten bzw. potentiellen Gefährdungsdelikten (zu weiteren gebräuchlichen Bezeichnungen vgl. *Schönke/Schröder/Heine*, StGB, Vor § 306 Rn. 3) handelt. Bei dieser Deliktsgruppe trifft der Gesetzgeber zwar eine Auswahl der als gefährlich für das geschützte Rechtsgut in Betracht kommenden Handlungen. Ob diese Handlung im Einzelfall tatsächlich zu einer Gefährdung geeignet ist, muss aber der Tatrichter feststellen. Er hat zu prüfen, ob der Handlung - nach generalisierendem Maßstab - typischerweise Gefährdungsgeeignetheit zukommt. (vgl. BGH, NJW 1999, 2129 m.w.N.). Bei den abstrakt-konkreten Gefährdungsdelikten ist also eine zu vermeidende Gefährdung im Tatbestand der Norm ausdrücklich bezeichnet (vgl. BGHSt 46, 212, 218; vgl. z.B. ferner den Wortlaut der in dieser Entscheidung ausdrücklich als potentielle Gefährdungsdelikte gekennzeichneten §§ 130 I, III; 311 I StGB). Schon dies ist beim Handeltreiben aber nicht der Fall. Der Tatbestand des § 29 I 1 Nr.1 BtMG spricht schlicht vom Handeltreiben, ohne auf eine etwaige Gefährdung Bezug zu nehmen. Selbst wenn man davon ausgeht, dass der Wortlaut nicht zwingend auf das Vorliegen eines abstrakt-konkreten Gefährdungsdelikts hinweisen muss (so *Schwitters*, Die Vorverlagerung beim Handeltreiben, S. 145), ergeben sich für die Einordnung des Handeltreibens in eine solche Deliktskategorie trotzdem keine weiteren Hinweise (vgl. zur folgenden Kritik: *Weber*, Handeltreiben, S. 466). So bleibt beispielsweise unklar, was beim Handeltreiben das Objekt der (gedachten) Eignungsformel sein soll. Deshalb setzt *Schwitters* (Die Vorverlagerung beim Handeltreiben, S. 145, 146) dieses auch schlicht mit den hinter dem Handeltreiben stehenden Rechtsgütern gleich. Obwohl das Objekt der Eignungsformel

3. Deliktsstadien des abstrakten Gefährdungsdelikts

a) Vorbereitung

Zwar existiert auch im Rahmen der abstrakten Gefährdungsdelikte ein, nach den allgemeinen Kriterien[506] abzugrenzender Bereich grundsätzlich strafloser Vorbereitung. Allerdings ist zu beachten, dass schon die Ausgestaltung eines Tatbestands als abstraktes Gefährdungsdelikt zu einer Strafbarkeitsvorverlagerung führt.[507]

b) Versuch

Eine gleichsam doppelte Vorverlagerung des Bereichs strafbaren Handelns wird nunmehr durch die Anwendung der Versuchsregeln bewirkt.[508] Trotzdem stehen einer Anwendung des Allgemeinen Teils des StGB, insbesondere der §§ 22 ff. StGB, keine generellen Bedenken entgegen. Ein Versuch der abstrakten Gefährdungsdelikte ist mithin möglich.[509] Statt an eine Verletzungstätigkeit oder einen Verletzungserfolg ist beim abstrakten Gefährdungsdelikt an die Gefährdungstätigkeit anzuknüpfen.[510] Wird also lediglich unmittelbar zu der Ausführung der strafbewehrten Handlung angesetzt, ist die Grenze des § 22 StGB auch beim abstrakten Gefährdungsdelikt überschritten.[511]

4. Zusammenfassung

Das Handeltreiben mit Betäubungsmitteln stellt sich als ein abstraktes Gefährdungsdelikt dar. Der Versuch ist möglich. Die Strafbarkeitsgrenze wird anhand der von § 22 StGB vorgegebenen Schranken bestimmt. Insgesamt ist jedoch in

---

und das geschützte Rechtsgut durchaus identisch sein können (vgl. § 311 I StGB), birgt dieses Vorgehen folgendes Problem: Verzichtet man sowohl auf einen eindeutigen Hinweis im Wortlaut des Tatbestands, als auch auf das Auffinden eines speziellen Objekts der Eignungsformel, so ließe sich jedes abstrakte Gefährdungsdelikt als abstrakt konkretes Gefährdungsdelikt begreifen. Deshalb kann die von *Schwitters* vorgenommene Einteilung zumindest keinen Erkenntnisgewinn zeitigen.

506 Vgl. oben 3. Kapitel:B.I.3.a).

507 *Berz*, Formelle Tatbestandsverwirklichung, S. 57; LK/*Hillenkamp*, StGB, Vor § 22 Rn. 97.

508 *Arzt/Weber/Heinrich/Hilgendorf*, Strafrecht BT, § 35 Rn. 117; *Baumann/Weber*, Strafrecht AT, S. 482; LK/*Hillenkamp*, StGB, Vor § 22 Rn. 97.

509 LK/*Hillenkamp*, StGB, Vor § 22 Rn. 97; *Baumann/Weber*, Strafrecht AT, S. 481.

510 *Baumann/Weber*, Strafrecht AT, S. 481.

511 LK/*Hillenkamp*, StGB, Vor § 22 Rn. 97.

Rechnung zu stellen, dass durch die doppelte Vorverlagerung der Strafbarkeitsgrenzen der praktische Anwendungsbereich für die versuchte Tat stark eingeschränkt wurde.

III. Handeltreiben als unechtes Unternehmensdelikt

Von der Rechtsprechung[512] und einem Großteil des Schrifttums[513] wird das Handeltreiben mit Betäubungsmitteln als unechtes Unternehmensdelikt angesehen. Diese Einordnung bildet das Fundament der Rechtfertigung der weiten Vorverlagerung der Vollendungsstrafbarkeit im Bereich des Handeltreibens. Inwiefern sich diese Einordnung halten lässt bzw. ob durch sie die beim Handeltreiben platzgreifende Vorverlagerung gerechtfertigt werden kann, ist zu untersuchen.

1. Abgrenzungen

Die Unternehmensdelikte lassen sich in die echten Unternehmensdelikte (§ 11 Nr. 6 StGB) und die sog. unechten Unternehmensdelikte[514] gliedern.[515]

Die echten Unternehmensdelikte haben gesetzlichen Niederschlag gefunden. § 11 Nr. 6 StGB bestimmt, dass das Unternehmen einer Tat deren Versuch[516]

---

512 BGH, Urt. v. 01.07.1988 – 2 StR 330/88 = BGHR BtMG § 29 Abs 1 Nr 1 Handeltreiben 9; OLG Köln, B. v. 22.12.1998 – Hes 233/98 – 275 = StV 1999, 156; BGH, B. v. 24.10.2006 – 3 StR 392/06 = BGHR BtMG § 29 Abs 1 Nr 1 Handeltreiben 69.

513 *Eberth/Müller/Schütrumpf*, Verteidigung in BtM-Sachen, Rn. 57; *Malek*, Betäubungsmittelstrafrecht, Kap. 2 Rn. 95; *Körner*, BtMG, § 29 Rn. 222; *ders.* in NStZ 2000, 95; *Hügel/Junge/Lander/Winkler*, Deutsches Betäubungsmittelrecht, § 29 BtMG Rn. 4.1.1; *Joachimski/Haumer*, BtMG, § 29 Rn. 27; *Gragert*, Strafrechtliche Aspekte des Organhandels, S 81; *Krack*, JuS 1995, 585, 587; *Liemersdorf/Miebach*, MDR 1979, 981, 982; *Endriß*, NStZ 1998, 463; krit. aber z.B. *Kreuzer*, FS Miyazawa, S. 177, 189; vgl. auch *Wagner/Kallin/Kruse*, Betäubungsmittelstrafrecht, S. 24, die allerdings im Jahre 2004, in Ansehung des Anfragebeschlusses des 3. Strafsenats (BGH, Anfrageb. v. 10.07.2003 – 3 StR 61/02 und 3 StR 243/02 = NStZ 2004, 106, vgl. hierzu ausführlich unten 3. Kapitel:E.I.2), Zweifel anmeldeten, ob dies auch noch für die Zukunft gelte.

514 Dieser Begriff geht auf *Schröder*, FS Kern, S. 457, 465 zurück.

515 *Sowada*, GA 1988, 199, 211.

516 Der Begriff des Versuchs im Sinne des § 22 StGB ist nach seinem Bedeutungsgehalt identisch mit dem des § 11 Nr. 6 StGB (ganz überwiegende Meinung), vgl. nur: *Jescheck/Weigend*, Strafrecht AT, S. 526; *Berz*, Formelle Tatbestandsverwirklichung, S. 129; *Sowada*, GA 1988, 195, 197, a.A. aber *Burkhardt*, JZ 1971, 352, 356, der den durch § 11 Nr. 6 StGB erfassten Versuch enger als „Handlungsversuch" versteht.

und deren Vollendung beinhaltet. Echte Unternehmensdelikte sind allerdings nur solche Delikte, die den Begriff des Unternehmens in ihrer tatbestandlichen Formulierung enthalten.[517]

Die Funktion der echten Unternehmensdelikte lässt sich anhand ihrer Entstehungsgeschichte illustrieren. Entstanden sind die Unternehmensdelikte im Bereich staatsschutzrechtlicher Bestimmungen (vgl. §§ 81, 82 StGB).[518] Da, sofern ein (Staats-)Umsturz von Erfolg gekrönt wäre, eine Verurteilung nach den §§ 81, 82 StGB durch die ehemals putschende, nunmehr aber amtierende Staatsmacht praktisch nicht vorkommen dürfte, wurde eine dogmatisch unangreifbare Möglichkeit gesucht, formell noch nicht vollendete Verhaltensweisen der Strafbarkeit eines vollendeten Delikts zu unterwerfen.[519]

Die Einordnung eines Delikts in die Kategorie der echten Unternehmensdelikte zeitigt damit folgende Konsequenzen: Die Anwendung der Rücktrittsvorschriften des Allgemeinen Teils[520] ist ausgeschlossen[521]. Ferner ist dem Gericht, trotz etwaig gegebener materieller Versuchslage, die Möglichkeit verschlossen, die Strafe gem. §§ 23 II, 49 I StGB zu mildern.[522,523] Es zeigt sich mithin, dass

---

Hiergegen zu Recht: *Maurach/GösselZipf*, Strafrecht AT II, § 40 Rn. 81: „[...] vom Standpunkt des geltenden Rechts nicht [...]“ zutreffend.

517 *Sowada*, GA 1988, 195, 196.

518 LK/*Hilgendorf*, StGB, § 11 Rn. 81.

519 MK-StGB/*Radtke*, § 11 Rn. 84; *Schröder*, FS Kern, S. 457, 459; *Jakobs*, Strafrecht AT, Abschn. 25 Rn. 5. Dieser Sachverhalt wurde pointiert durch *Frank*, StGB, § 82 Anm. IV: „Aber vollendet ist die Verfassungsänderung bekanntlich eine glorreiche Tat“.

520 Umstritten ist, ob die Gedanken bzw. die einzeln normierten Vorschriften der tätigen Reue Anwendung finden können. Vgl. hierzu: LK/*Hilgendorf*, StGB, § 11 Rn. 85. Richtigerweise wird man wohl BGHSt 14, 213, 217 folgen müssen, sofern dort ausgeführt wird, dass der Grundgedanke der tätigen Reue, sofern er nicht ausdrücklich normiert ist, im Rahmen einer entsprechenden „Anwendung auf sonstige Straftaten zu kriminalpolitisch unerwünschten Ergebnissen führen würde“, weil „der Gesetzgeber eine solche Vergünstigung nur für bestimmte Straftatbestände aus besonderen kriminalpolitischen Erwägungen vorgesehen hat“.

521 *Jakobs*, Strafrecht AT, Abschn. 25 Rn. 5; *Wessels/Beulke*, Strafrecht AT, Rn. 41; *Baumann/Weber/Mitsch*, Strafrecht AT, § 26 Rn. 7, a.A. aber für den Fall, dass die echten Unternehmensdelikte keine Vorschrift über die tätige Reue aufweisen, *Wolters*, Unternehmensdelikt, S. 254 f. und, trotz der von ihm erkannten verfassungsrechtlichen Problematik, auch MK-StGB/*Radtke*, § 11 Rn. 88.

522 Dies ist anerkanntermaßen der Hauptzweck der Regelung, vgl. *Schönke/-Schröder/Eser/Hecker*, StGB, § 11 Rn. 46; *Berz*, Formelle Tatbestandsverwirklichung, S. 130; *Roxin*, Strafrecht AT I, § 10 Rn. 125; *Schröder*, FS Kern, S. 457, 459.

die echten Unternehmensdelikte ihre Wirkung ausschließlich auf der Rechtsfolgenseite entfalten.[524] Das heißt, dass zwar eine normalerweise nur eine Versuchsstrafbarkeit begründende Verhaltensweise nunmehr als vollendete Tatbestandsverwirklichung bestraft werden kann. Die Grenze zu den grundsätzlich straflosen Vorbereitungshandlungen bleibt jedoch unangetastet. Eine weitere Vorverlagerung in diesen Bereich lässt sich mithin auch durch das Rekurrieren auf die Rechtsnatur eines Unternehmensdelikts nicht rechtfertigen.[525]

Ferner ist zu beachten, dass auch der „Versuch des Versuchs" ausgeschlossen ist.[526] Das bedeutet, dass auch, sofern ein Unternehmenstatbestand sich als Verbrechen (§ 12 I StGB) darstellt oder eine ausdrückliche Anordnung der Versuchsstrafbarkeit enthält,[527] eine weitere Vorverlagerung der Strafbarkeit dadurch, dass der vom Unternehmensdelikt mit abgedeckte Bereich des Versuchs erneut versucht werden könnte, nicht möglich ist.[528] Neben einer weiteren, nicht zu duldenden Vorverlagerung der Strafbarkeit würde ein solches Vorgehen zudem den Anforderungen an die Tatbestandsbestimmtheit nicht genügen.[529]

Neben den ausdrücklich in § 11 Nr. 6 StGB geregelten echten Unternehmensdelikten existiert die Gruppe der sog. unechten Unternehmensdelikte.[530] Unechte Unternehmensdelikte zeichnen sich dadurch aus, dass „der Gesetzgeber die Betätigung einer bestimmten Tendenz des Täters unter Strafe stellt, ohne

---

523 Ferner weisen *Jakobs*, Strafrecht AT, Abschn. 25 Rn. 5 und *Sowada*, GA 1988, 195, 197 richtigerweise darauf hin, dass auch die Berücksichtigung von Unverstand über § 23 III StGB nicht mehr möglich ist.

524 *Baumann/Weber/Mitsch*, Strafrecht AT, § 8 Rn. 52; *Sowada*, GA 1988, 195, 197.

525 BGHSt 15, 198; *Jescheck/Weigend*, Strafrecht AT, S. 526; LK/*Hilgendorf*, StGB, § 11 Rn. 81.

526 So schon RGSt 39, 321, 323 f.; BGHSt 5, 280, 281; *Jescheck/Weigend*, Strafrecht AT, S. 526; *Wolters*, Unternehmensdelikt, S. 142 ff.; *Fischer*, StGB, § 11 Rn. 28a.

527 So § 29 I Nr.1 BtMG, wenn man ihn denn als unechtes Unternehmensdelikt begreifen möchte.

528 *Jakobs*, Strafrecht AT, Abschn. 25 Rn. 6 belegt dies eindrucksvoll mit einem argumentum ad absurdum: „Die Definition des Unternehmensbegriffs (§ 11 Abs. 1 Nr. 6 StGB) bezieht sich auf die Versuchsbestimmung. Beim Versuch des Unternehmens würde also versucht, was seinerseits durch den Versuch bestimmt wird, so dass sich die Versuchsregelung auf sich selbst bezöge. Könnte sich aber die Versuchsregelung auf sich selbst beziehen, so wären bei *allen* Versuchen nicht nur der Versuch des Versuchs, wiederum dessen Versuch etc. strafbar, bis hin zur letzten Vorbereitungshandlung".

529 *Jakobs*, Strafrecht AT, Abschn. 25 Rn. 6.

530 Hierzu zählen aus dem StGB z.B.: §§ 111, 113, 125, 145d, 164, 292, 293, 316a, 323c, 333, 334.

dass diese einen tatsächlichen Erfolg gehabt zu haben braucht."[531] Konstituierend ist also nicht nur, dass unechte Unternehmensdelikte auch ohne die Herbeiführung eines Erfolgs (im engeren Sinne) formell vollendet werden können.[532] Erforderlich ist ferner, dass eine Handlung mit Erfolgstendenz vorgenommen wurde.[533] Wann ein Tatbestand eine solche Tendenztätigkeit[534] verlangt, hängt von seiner gesetzlichen Formulierung und Auslegung ab.[535] Die Tathandlung muss mit einem „finalen Tätigkeitswort" beschrieben werden.[536] Finale Tätigkeitswörter sind solche, die ein äußeres Verhalten nach dem vom Täter verfolgten Zweck beschreiben. Die Antithese hierzu bilden die sog. kausalen Tätigkeitswörter, die unter Abstellen auf rein objektive Merkmale eine Tat beschreiben.[537]

Zwischen den echten und den unechten Unternehmensdelikten bestehen mithin strukturelle Gemeinsamkeiten.[538] Hierdurch erfolgt, was die Auswirkungen der Einordnung anbetrifft, auf der Rechtsfolgenseite eine weitgehende Gleichstellung[539] von echten und unechten Unternehmensdelikten.[540] So ist auch bei der zuletzt dargestellten Gruppe der unechten Unternehmensdelikte eine Strafmilderung nach §§ 23 II, 49 I StGB sowie die (zumindest unmittelbare) Anwendung von § 24 StGB ausgeschlossen.[541]

---

531 *Schröder*, FS Kern, S. 457, 464; *Weber*, JR 2006, 139, 144.

532 *Schröder*, FS Kern, S. 457, 465.

533 *Jescheck/Weigend*, Strafrecht AT, S. 267; *Jakobs*, Strafrecht AT, Abschn. 25 Rn. 7.

534 *Lackner/Kühl*, StGB, § 11 Rn. 19.

535 *Weber*, JR 2006, 139, 145; MK-StGB/*Radtke*, § 11 Rn. 93; *Sowada*, GA 1988, 195, 202; LK/*Hilgendorf*, StGB, § 11 Rn. 87.

536 *Jakobs*, Strafrecht AT, Abschn. 25 Rn. 7; LK/*Hilgendorf*, StGB, § 11 Rn. 88.

537 Vgl. *Maurach/GösselZipf*, Strafrecht AT II, § 40 Rn. 93.

538 MK-StGB/*Radtke*, § 11 Rn. 91; LK/*Hilgendorf*, StGB, § 11 Rn. 81; *Sowada*, GA 1988, 199.

539 Vgl. nur *Berz*, Formelle Tatbestandsverwirklichung, S. 135 m.w.N. in Fn. 12.

540 Nicht übersehen werden darf, dass über diesen grundsätzlichen Konsens hinaus Meinungsverschiedenheiten (z.B. zu der Frage, welche Formen des Versuchs beim unechten Unternehmensdelikt anzuwenden sind, vgl. hierzu nur *Sowada*, GA 1988, 199, 207 ff.) bestehen. Auf diese Differenzen soll allerdings nur eingegangen werden, sofern sich herausstellt, dass das Handeltreiben mit Betäubungsmitteln als unechtes Unternehmensdelikt einzuordnen ist.

541 *Berz*, Formelle Tatbestandsverwirklichung, S. 136 f.

2. Einordnung des Handeltreibens

Da der Begriff des Unternehmens in der tatbestandlichen Formulierung des unerlaubten Handeltreibens mit Betäubungsmitteln nicht enthalten ist, handelt es sich bei § 29 I Nr. 1 BtMG ersichtlich nicht um ein echtes Unternehmensdelikt.

Es ist nunmehr zu untersuchen, ob das Handeltreiben mit Betäubungsmitteln unter Zugrundelegung der Definition des Bundesgerichtshofs und unter Berücksichtigung der oben gemachten Ausführungen als unechtes Unternehmensdelikt eingestuft werden kann. Insofern ist zunächst festzustellen, dass die verwendete Definition keinen Erfolg (im engeren Sinne) fordert. Allein ausreichend ist ein auf die Herbeiführung des Umsatzes gerichtetes Verhalten, also eine Tendenztätigkeit.[542] Danach könnte man geneigt sein, das Handeltreiben mit Betäubungsmitteln als unechtes Unternehmensdelikt zu klassifizieren und alle mit dieser Rechtsfigur verbundenen Folgen und Schwierigkeiten in Kauf zu nehmen. Trotzdem begegnet ein solches Vorgehen nachhaltigen Bedenken.

a) Generelle Bedenken

Der Figur des unechten Unternehmensdelikts stehen grundlegende Bedenken entgegen.

So ist zwar das Erkennen eines echten Unternehmensdelikts durch die gesetzliche Regelung des § 11 Nr. 6 StGB denkbar einfach. Trotz der für das unechte Unternehmensdelikt bestehenden, theoretisch klar erscheinenden Einteilungskriterien[543] ist die tatsächliche Zuordnung zu dieser Deliktsgruppe mit weitgehenden Unsicherheiten behaftet. Allein auf das Ausbleiben des Erfolgs abzustellen, ist insoweit nicht zielführend. So wurde schon oben gezeigt, dass beispielsweise auch Tätigkeits-[544] bzw. abstrakte Gefährdungsdelikte auf einen Erfolgseintritt im engeren Sinne verzichten. Mithin besteht zwingend die Notwendigkeit (zumindest) eines weiteren subjektiven Abgrenzungskriteriums.[545] Ein solches subjektives Kriterium hat durch die Forderung des Vorliegens einer Tendenztätigkeit[546] Einzug in die Begriffsbestimmung gehalten. Zu bedenken ist

---

542 *Ebert*, Das Handeltreiben mit Betäubungsmitteln, S. 117; *Bensch*, Der Begriff des Handeltreibens, S. 95.

543 Vgl. oben 3. Kapitel:B.III.1.

544 Vgl. oben 3. Kapitel:B.I.1.

545 Insoweit ist im Hinblick auf den geforderten materiellen Versuchscharakter zu bedenken, dass auch der Versuch sich nicht allein über den Mangel im objektiven Bereich konstituiert, sondern vielmehr ein subjektives Element, nämlich der Tatentschluss, zur Abgrenzung heranzuziehen ist.

546 *Lackner/Kühl*, StGB, § 11 Rn. 19.

nunmehr allerdings, dass auch das Abstellen auf ein, durch eine bestimmte Tendenz geprägtes Handeln, nur wenig mehr an Klarheit zu verschaffen mag. Die verwendete Begriffsbestimmung ist damit „reichlich vage.“[547] So kann dem Tendenzbegriff zwar die Funktion zugebilligt werden, dass er juristisch völlig irrelevantes Verhalten aus dem Bereich der Strafbarkeit ausklammert.[548] Ebenso sicher darf man jedoch nicht dem Umkehrschluss erliegen, dass schon jegliche rechtsgutsfeindliche Gesinnung für eine Tendenzbetätigung ausreiche.[549] Ein solches Vorgehen wäre mit dem durch Art. 103 II GG gemachten Vorgaben nicht zu vereinbaren.[550] Auch der Versuch, eine trennscharfe Abgrenzung anhand des Kriteriums der Verwendung von finalen Tätigkeitswörtern zu erzielen, muss kritisch betrachtet werden. Vergegenwärtigt man sich, dass schon die Tathandlung eines jeden Vorsatzdelikts eine finale Tätigkeitsbeschreibung darstellt, schwindet die abgrenzende Wirkung auch dieses Ansatzes.[551]

Selbst wenn eine eindeutige Zuordnung zur Gruppe der unechten Unternehmensdelikte gelingt, muss letztlich der hiermit verbundene inhaltliche Gewinn kritisch hinterfragt werden: Wenn man, zunächst singulär, für jeden einzelnen Tatbestand nachweisen muss, dass eine berechtigte Einbeziehung des Bereichs des materiellen Versuchs in den Bereich der formellen Vollendung vorliegt, bevor von einem unechten Unternehmensdelikt gesprochen werden kann, fragt sich, worin der eigenständige Bedeutungsgehalt dieser Deliktskategorie liegt.[552] Diese Schwäche resultiert daraus, dass beim unechten Unternehmensdelikt die Rechtsfolge (Behandlung des materiellen Versuchs als formelle Vollen-

547 *Sowada*, GA 1988, 195, 200.

548 *Berz*, Formelle Tatbestandsverwirklichung, S. 133.

549 *Sowada*, GA 1988, 195, 201 f. fordert daher, dass auch der Vollendungsfall, als Bezugspunkt für die subjektive Tatvorstellung, klar bestimmt werden müsse. Diese (berechtigte) Forderung eröffnet ein weiteres, ebenso brisantes Problemfeld, dass allerdings nicht nur die unechten Unternehmensdelikte betrifft.

550 Dass die Einordnung als unechtes Unternehmensdelikt mit großen Unwägbarkeiten behaftet ist, sieht auch *Berz*, Formelle Tatbestandsverwirklichung, S. 135: „Zwar mag man bezweifeln, daß dies in jedem einzelnen Fall der vom Gesetzgeber beabsichtigte Zweck […] gewesen ist, und annehmen, daß bei der Ausgestaltung der betreffenden Vorschriften gelegentlich auch der Zufall eine Rolle gespielt hat“.

551 *Sowada*, GA 1988, 195, 200. Auch der schon oben (vgl. Fn. 537) dargestellte Weg, dem Begriff des finalen Tätigkeitswortes durch eine Gegenüberstellung der kausalen Tätigkeitswörter Konturen zu verleihen erscheint problematisch (z.B. beim „Täuschen“, „Fälschen“, „Verdächtigen“, „falsch Schwören“).

552 *Lackner/Kühl*, StGB, § 11 Rn. 19.

dung) zugleich ein Definitionsmerkmal darstellt.[553] Die Einordnung hat damit rein klassifikatorische Bedeutung.[554] Sie gestattet mithin keine dogmatischen Ableitungen.[555]

Es zeigt sich damit, dass generell gegen die Kategorie der unechten Unternehmensdelikte tiefgreifende Bedenken bestehen. Trotzdem soll dieser Arbeit eine, die Figur der unechten Unternehmensdelikte grundsätzlich anerkennende Ansicht, zugrunde gelegt werden.[556] Nur auf diesem Wege kann die ebenfalls auf dieser Annahme fußende Argumentation der Rechtsprechung hinsichtlich des Handeltreibens überprüft werden.[557] Es lässt sich allerdings schon an dieser Stelle festhalten, dass die unechten Unternehmensdelikte, gerade im Vergleich mit den gesetzlich ausdrücklich geregelten und damit klarer fassbaren echten Unternehmensdelikten problembehaftet sind. Mithin ist, wiederum nicht zuletzt im Hinblick auf rechtsstaatliche Gesichtspunkte, ein restriktiver Umgang mit dieser, durch weitreichende Implikationen gekennzeichneten, Rechtsfigur angezeigt. Umso problematischer scheint es daher, wenn die betäubungsmittelrechtliche Rechtsprechung auf sie einen Hauptargumentationsstrang gründet.

b) Spezielle Bedenken

Ferner sprechen speziell im Hinblick auf § 29 I 1 Nr. 1 BtMG bestehende Bedenken gegen die Einordnung des Handeltreibens als unechtes Unternehmensdelikt.

So ist zu beachten, dass § 29 II BtMG die Strafbarkeit des Versuchs ausdrücklich normiert. Damit passt die Struktur des § 29 BtMG insgesamt nicht zu der eines unechten Unternehmensdelikts, welches sich doch gerade dadurch auszeichnet, dass der materielle Versuch schon zur formellen Vollendung führt. Der nach dieser Einschätzung also einzig sinnvoll verbleibende Anwendungsbereich des § 29 II BtMG im Rahmen des Handeltreibens wäre demnach der „Versuch des Versuchs". Diese Figur ist allerdings, aufgrund der mit ihr verbundenen untragbar weiten Vorverlagerung der Strafbarkeit und der damit einhergehenden

---

553 *Sowada*, GA 1988, 195, 202; treffend daher *Vogler*, FS Dreher, S. 405, 406: „Die Einordnung des § 257 StGB in die Gruppe der unechten Unternehmensdelikte liefert […] keine tragfähige Begründung, weil sie voraussetzt, was es zu beweisen gilt".

554 *Sowada*, GA 1988, 195, 203; *Wolters*, Unternehmensdelikt, S. 335.

555 *Lackner/Kühl*, StGB, § 11 Rn. 19; auch *Weber*, JR 2006, 139, 145 betrachtet den Begriff des unechten Unternehmensdelikts lediglich „als Arbeitsbegriff, mit dem der Regelungsinhalt eines Tatbestandes schlagwortartig gekennzeichnet werden kann […]. Mehr sollte ihm allerdings auch nicht zugeschrieben werden".

556 Insgesamt zweifelnd aber auch MK-StGB/*Radtke*, § 11 Rn. 92.

557 Vgl. sogleich unten 3. Kapitel:B.III.2.

tatbestandsmäßigen Unbestimmtheit, abzulehnen. Insofern stimmen nicht nur Schrifttum und Rechtsprechung überein. Vielmehr scheint auch der Gesetzgeber eine solche Vorverlagerung der Vollendungsstrafbarkeit nicht gewollt zu haben. Dies ergibt sich wiederum aus einer Analyse der als unechte Unternehmensdelikte bezeichneten Normen. Bei dieser fällt auf, dass es im StGB zwar eine Vielzahl an unechten Unternehmensdelikten zu geben scheint.[558] Ein unechtes Unternehmensdelikt mit ausdrücklich angeordneter Versuchsstrafbarkeit existiert jedoch nicht.[559]

Diese Ansicht ist allerdings nicht unbestritten[560]. So wird vorgebracht, § 121 I Nr. 1 StGB sei ein unechtes Unternehmensdelikt mit (in § 121 II StGB) ausdrücklich angeordneter Versuchsstrafbarkeit. Dem ist jedoch zu widersprechen: Im Unterschied zur alten Fassung erfasst der aktuelle § 121 StGB nur noch die Gefangenenmeuterei. Die Unternehmenstatbestände des § 122 StGB a.F. sind nunmehr in § 121 II StGB aufgegangen.[561] Sie erfahren damit eine gesonderte Regelung, ohne dass sie gleichzeitig in den Tatbestand des § 121 I Nr. 1 StGB einbezogen sind. Es ist mithin nicht (mehr) vertretbar, diese Norm als unechtes Unternehmensdelikt zu qualifizieren. Ferner wird § 109f I Nr. 3 StGB als unechtes Unternehmensdelikt mit ausdrücklich angeordneter Versuchsstrafbarkeit benannt. Dies ist ebenfalls nicht überzeugend. Die erste Handlungsalternative („Anwerben") setzt voraus, dass die auf das Anwerben gerichtete Tätigkeit erfolgreich ist. Bleibt ein Erfolg aus, kommt lediglich eine Versuchsstrafbarkeit in Betracht.[562] Überdies muss auch bei der zweiten Handlungsalternative ein unmittelbarer Förderungserfolg eingetreten sein,[563] da sonst nur wegen Beihilfe bestraft werden kann. Demnach stellt sich § 109f I Nr. 3 StGB nicht als Unternehmensdelikt dar und taugt nicht zur Widerlegung des obigen Befunds.

---

558 Vgl. Fn. 530.

559 So auch *Neuhaus*, NStZ 2001, 39, 41; *Schwitters*, Die Vorverlagerung beim Handeltreiben, S. 89. Insofern ist unerheblich, dass mit § 316a StGB ein unechtes Unternehmensdelikt mit Versuchsstrafbarkeit existiert. Die Versuchsstrafbarkeit resultiert in diesem Fall aus der Verbrecheneigenschaft des § 316a StGB (vgl. §§ 316a, 23 I, 12 I StGB). Damit ist sie jedoch vielmehr der Systematik des StGB als einer bewussten, auf § 316a StGB bezogenen Willensbetätigung des Gesetzgebers geschuldet.

560 *Wolters*, Unternehmensdelikt, S. 322.

561 *Schönke/Schröder/Eser*, StGB, § 121 Rn. 1.

562 So auch: MK-StGB/*H. E. Müller*, § 109f Rn. 13; *Schönke/Schröder/Eser*, StGB, § 109f Rn 2; a.A. *Fischer*, StGB, § 109f Rn. 2, der aber in Rn. 1 seiner Kommentierung selbst für die Einordnung als abstraktes Gefährdungsdelikt plädiert; *Lüttger*, MDR 1966, 629, 630. Diese Ansicht widerspricht allerdings sowohl dem Sprachgebrauch als auch der gesonderten Erfassung des Versuchs (so LK/*Schröder,* StGB, § 109f Rn. 6).

563 MK-StGB/*H. E. Müller*, § 109f Rn. 14; BGHSt 23, 308, 311.

Schließlich wird noch § 259 I StGB als unechtes Unternehmensdelikt mit ausdrücklich angeordneter Versuchsstrafbarkeit ins Feld geführt. Allerdings ist hier im Rahmen der in Betracht kommenden Tatalternativen des Absetzens bzw. Absetzenhelfens umstritten, ob tatsächlich auf das Erfordernis eines Erfolgseintritts zu verzichten ist.[564] Die auf diesen Erfolgseintritt verzichtende Ansicht ist allerdings mit dem aktuellen Wortlaut der Norm nicht zu vereinbaren und deswegen abzulehnen.[565] Infolgedessen ist auch § 259 I StGB nicht als unechtes Unternehmensdelikt zu qualifizieren. Insgesamt ist also an dem oben gefundenen Ergebnis, auch nach Betrachtung der sämtlich nicht verfangenden Einwände, festzuhalten.

Dieses Ergebnis lässt sich auch durch eine weitere systematische und teleologische Überlegung stützen: Eine Anwendung des § 29 II BtMG hat, in systematischer Hinsicht zwingend, auch eine generelle Anwendbarkeit von § 23 II StGB und § 24 StGB zur Folge. Der Sinn und Zweck der Unternehmensdelikte, die eine Anwendbarkeit der §§ 23 II, 24 StGB gerade ausschließen sollen,[566] würde damit komplett unterlaufen.[567]

Gegen eine Einordnung des Handeltreibens als unechtes Unternehmensdelikt kommt erschwerend Folgendes hinzu: Selbst die Rechtsprechung hat schon den (sogar tauglichen) Versuch des Handeltreibens gem. § 29 II BtMG bejaht.[568] Dies wäre aber denknotwendig nicht möglich gewesen, wenn schon ein materiell dem Versuchsbereich zuzuordnendes Verhalten zur tatbestandlichen Vollendung ausreichen würde. Mithin offenbart hier die Rechtsprechung ihre Inkonsistenz. Wenn dadurch der Annahme, dass es sich beim Handeltreiben um ein unechtes Unternehmensdelikt handele, nicht schon vollends der Boden entzogen ist, so ist dieses Argumentationsmuster zumindest als in seinen Grundfesten erschüttert zu bezeichnen.

3. Zusammenfassung

Es bleibt damit festzuhalten, dass zu den generell gegenüber der Figur des unechten Unternehmensdelikts geäußerten Bedenken spezielle, den Begriff des Handeltreibens betreffende Einwände hinzutreten. Insgesamt kann das unerlaub-

---

564 So die st. Rechtsprechung: BGHSt 26, 358, 359; BGHSt 27, 45, 49; im Hinblick auf die im Schrifttum geäußerte Kritik allerdings offen gelassen von BGHSt 43, 110, 111; ebenso: *Rosenau*, NStZ 1999, 352 f.; a.A. *Wessels/Hillenkamp*, Strafrecht BT II, Rn. 867 m.w.N.

565 Vgl. hierzu nur knapp aber eindeutig *Fischer*, StGB, § 259 Rn. 22.

566 Vgl. oben 3. Kapitel:B.III.1.

567 *Schwitters*, Die Vorverlagerung beim Handeltreiben, S. 89.

568 BGH, Urt. v. 15.12.2005 – 3 StR 61/02 (unveröffentlicht).

te Handeltreiben mit Betäubungsmitteln damit weder als echtes noch als unechtes Unternehmensdelikt begriffen werden.[569]

IV. Handeltreiben als unbestimmter Rechtsbegriff

Vereinzelt wird das Handeltreiben mit Betäubungsmitteln im Schrifttum als unbestimmter Rechtsbegriff bezeichnet.[570] Der Terminus „unbestimmter Rechtsbegriff" entstammt dem allgemeinen Verwaltungsrecht und bezeichnet einen (insbesondere bei Prognose- und Gremienentscheidungen) bestehenden Beurteilungsspielraum auf der Tatbestandsseite einer Norm.[571] Im Strafrecht kann ein solcher Beurteilungsspielraum auf der Tatbestandsseite aber schon aus rechtsstaatlichen Gründen nicht bestehen.[572] Deshalb soll mit der Klassifizierung als unbestimmter Rechtsbegriff wohl nicht mehr als die zu kritisierende, dem Begriff des Handeltreibens inne wohnende Unbestimmtheit[573] zum Ausdruck gebracht werden.[574] Das Handeltreiben mit Betäubungsmitteln ist demnach kein unbestimmter Rechtsbegriff im technischen Sinne.

V. Zusammenfassung und Ausblick

Das Delikt des unerlaubten Handeltreibens mit Betäubungsmitteln gem. § 29 I 1 Nr. 1 BtMG ist bereits vollendet, ohne dass ein Erfolg im Sinne einer raumzeitlich unterscheidbaren Außenwirkung eingetreten sein müsste. Es handelt sich damit um ein (schlichtes) Tätigkeitsdelikt.[575]

Auch eine Verletzung der durch das Handeltreiben geschützten Rechtsgüter ist keine Voraussetzung für den Eintritt der Strafbarkeit. Ferner fordert § 29 I 1 Nr. 1 BtMG, neben der Vornahme einer tatbestandsmäßigen Handlung, nicht den Eintritt einer konkreten Gefahr für die geschützten Rechtsgüter. Vielmehr wird eine Rechtsgutsgefährdung mit Vornahme der tatbestandsmäßigen Handlung unwiderleglich vermutet. Demzufolge ist das Handeltreiben mit Betäubungsmitteln (auch) ein abstraktes Gefährdungsdelikt.[576]

---

569 So auch *Roxin*, StV 2003, 619; *Neuhaus*, NStZ 2001, 39, 41; *Paul*, StV 1998, 623, 624; *Harzer*, StV 1996, 336, 337.

570 *Liemersdorf/Miebach*, MDR 1979, 981, 983.

571 *Maurer*, Allgemeines Verwaltungsrecht, § 7 Rn. 26, 31 ff.

572 *Paul*, StV 1998, 623, 624.

573 Vgl. zu diesem und weiteren Kritikpunkten der Literatur unten 3. Kapitel:D.I.

574 So auch *Paul*, StV 1998, 623, 624.

575 Vgl. oben 3. Kapitel:B.I.2.

576 Vgl. oben 3. Kapitel:B.II.2.

Zudem kann das Handeltreiben nicht als unbestimmter Rechtsbegriff im technischen Sinne eingeordnet werden.[577]

Schließlich ist, sofern man die Figur des unechten Unternehmensdelikts trotz der insofern bestehenden tiefgreifenden Bedenken überhaupt anerkennt, auch der Einordnung des Handeltreibens als unechtes Unternehmensdelikt, insbesondere aufgrund der in § 29 II BtMG ausdrücklich angeordneten Versuchsstrafbarkeit, zu widersprechen.[578]

Im Hinblick auf die sich für die verschiedenen Deliktsstadien ergebenden Konsequenzen muss berücksichtigt werden, dass grundsätzlich alle Deliktsstadien von der Vorbereitung bis zur Beendigung, beim Handeltreiben theoretisch denkbar sind. Trotz alledem wurde schon im Rahmen der Untersuchung der dogmatischen Grundlagen deutlich, dass nach der Definition des Bundesgerichtshofs, insbesondere der Versuchsbereich eine Einschränkung zugunsten der Vollendungsstrafbarkeit, hinzunehmen hat. Dessen ungeachtet kann die Grenze des § 22 StGB („unmittelbares Ansetzen") volle Geltung beanspruchen.

Inwiefern die Rechtsprechung trotzdem von der Möglichkeit der differenzierenden und schuldangemessenen Abschichtung der verschiedenen Verwirklichungsstufen Gebrauch macht bzw. dem Versuch einen praktischen Anwendungsbereich zubilligt, ist im Weiteren zu untersuchen und kritisch zu würdigen.

---

577 Vgl. oben 3. Kapitel:B.IV.

578 Vgl. oben 3. Kapitel:B.III.2.

C. Ausgewählte Entscheidungen des Bundesgerichtshofs bis zum Anfragebeschluss des 3. Strafsenats vom 10.07.2003 zum frühen Vollendungszeitpunkt

I. Einleitung: Allgemein zur Strafbarkeitsgrenze des § 22 StGB

Zunächst ist der Versuch gegenüber der Vorbereitung abzugrenzen.[579] Das Vorbereitungsstadium liegt zeitlich vor dem Versuchsstadium.[580] Es beschreibt den Bereich, in dem der Täter auf die Tatbestandsverwirklichung hinzielt (er z.B. seinen Entschluss endgültig fasst oder seinen zwar bereits fest gefassten Entschluss noch nicht in die Tat umgesetzt hat).[581] Der Übergang ins Versuchsstadium richtet sich nach § 22 StGB. Danach versucht eine Straftat, „wer nach seiner Vorstellung von der Tat zur Verwirklichung des Tatbestandes unmittelbar ansetzt."[582] Zumindest begrifflich lässt sich damit der Zeitpunkt des Versuchsbeginns nach § 22 StGB für das unerlaubte Handeltreiben mit Betäubungsmitteln präzise bestimmen: Die Tat des unerlaubten Handeltreibens mit Betäubungsmitteln im Sinne des § 29 I Nr.1 BtMG ist versucht, wenn der Täter nach seiner Vorstellung von der Tat zu einer Tätigkeit, die darauf abzielt, den Umsatz mit Betäubungsmitteln zu ermöglichen oder zu fördern, unmittelbar ansetzt.[583] Ein unmittelbares Ansetzen wiederum ist gegeben, wenn der Täter eine Ursachenreihe in Gang setzt, die nach seiner Vorstellung vom Tatablauf ohne Zäsur und ohne weitere wesentliche Zwischenakte in die eigentliche Tatbestandshandlung einmünden soll, mit der Folge, dass aus seiner Sicht das Angriffsobjekt schon konkret gefährdet erscheint.[584] Welche Tätigkeiten diese Voraussetzung bereits erfüllen, richtet sich nach den deliktsspezifischen Besonderheiten. Der Übergang in die Strafbarkeit lässt sich demnach nicht abstrakt anhand der For-

579 LK/*Hillenkamp*, StGB, Vor. §§ 22 ff. Rn. 2.

580 *Fischer*, StGB, § 22 Rn. 5; BeckOK-StGB/*Beckemper*, § 22 Rn. 7.

581 BeckOK-StGB/*Beckemper*, § 22 Rn. 7; *Fischer*, StGB, § 22 Rn. 5.

582 Damit beinhaltet § 22 StGB objektive und subjektive Elemente (MK-StGB/*Herzberg*, § 22 Rn. 30; *Schönke/Schröder/Eser*, StGB, § 22 Rn. 1).

583 *Ebert*, Das Handeltreiben mit Betäubungsmitteln, S. 129.

584 BGHSt 30, 363; 31, 178; *Wessels/Beulke*, Strafrecht AT, Rn. 601. Der bzgl. der verschiedenen Abgrenzungsformeln geführte Theorienstreit ist, in Bezug auf die hier interessierende Vorgehensweise der Rechtsprechung, unfruchtbar und sei deshalb nicht weiter erläutert. Vgl. hierzu *Roxin*, Strafrecht AT II, § 29 Rn. 121 ff.

mel des § 22 StGB bestimmen. Vielmehr müssen seine Merkmale stets mit einem im Gesetz umschriebenen Tatbestand kombiniert werden.[585]

Dem Versuch zeitlich nachfolgend erstreckt sich das Vollendungsstadium.[586] Da die Vollendung eintritt, sobald alle objektiven und subjektiven Tatbestandsmerkmale erfüllt sind, werden auch die Vollendungsvoraussetzungen durch die spezifische Ausgestaltung des jeweiligen Tatbestands bestimmt.[587]

II. Entscheidungen des Bundesgerichtshofs nach Fallgruppen

Obwohl eine Bezugnahme auf Fallgruppen weder eine Begründung noch eine einzelfallbezogene Analyse ersetzen kann, sei an dieser Stelle gleichwohl auf die Möglichkeit der Darstellung der Entscheidungen anhand von Fallgruppen zurückgegriffen. Zunächst lässt sich auch die Praxis der Rechtsprechung zumindest in grobe, immer wiederkehrende Fall- und Denkstrukturen gliedern. Ferner dient diese Vorgehensweise der Übersichtlichkeit.

1. Eigene Umsatzgeschäfte

Das für den Betäubungsmittelhandel typische Umsatzgeschäft ist der Verkauf von Betäubungsmitteln.[588] Zu betrachten sind demnach anfangs die eigenen Umsatzgeschäfte. Diese sind von den ebenfalls durch das Handeltreiben erfassten, fremden Umsatzgeschäften zu unterscheiden.[589] Weiter zu differenzieren sind die eigenen Umsatzgeschäfte des Verkäufers von denen des Käufers.

a) Umsatzgeschäfte des Verkäufers

Die Strafbarkeit des Verkäufers von Betäubungsmitteln wegen vollendeten unerlaubten Handeltreibens kann sich aus verschiedenen Verhaltensweisen ergeben,[590] die, nach herkömmlichen Gesichtspunkten betrachtet, dem Versuchs- bzw. gar dem Vorbereitungsstadium zuzuordnen wären. Wo in diesen Fällen die

---

585 MK-StGB/*Herzberg*, § 22 Rn. 1.

586 Das sich hieran wiederum zeitlich nachfolgend anschließende Stadium der Beendigung spielt im Rahmen der Betrachtung eines frühen Vollendungszeitpunkts keine Rolle und sei daher an dieser Stelle ausgespart; vgl. hierzu jedoch unten 3. Kapitel:G.III.1.a)cc).

587 BeckOK-StGB/*Beckemper*, § 22 Rn. 10.

588 So auch: *Weber*, BtMG, § 29 Rn. 330.

589 BGH, Urt. v. 04.10.1978 – 3 StR 232/78 = NJW 1979, 1259; BGH, Urt. v. 15.04.1980 – 5 StR 135/80 = BGHSt 29, 239, 240; vgl. sogleich unten 3. Kapitel:C.II.2.

590 Vgl.oben 2. Kapitel:B.I.2.a)bb).

Strafbarkeitsgrenze verläuft, soll anhand von einzelnen Entscheidungen aufgezeigt werden. Die Darstellung orientiert sich zunächst an den verhältnismäßig klar dem Vollendungsbereich zuzuordnenden Sachverhaltskonstellationen, um sodann in das Stadium extensiver Strafbarkeitsvorverlagerung vorzustoßen.

aa) Schuldrechtlicher Vertrag

Der Angeklagte trat mit einem verdeckten Ermittler in Kontakt. Dieser äußerte Interesse an einem Erwerb von Heroin. Daraufhin erklärte der Angeklagte, dass er Heroin und Kokain beziehen könne. Beide einigten sich schließlich auf die Lieferung von 7 kg Heroin oder Kokain (je nach Verfügbarkeit). Zum Zeitpunkt dieser Einigung hatte der Angeklagte aber noch keine gesicherte Lieferquelle, sah jedoch die reelle Chance, die Lieferung ermöglichen zu können. Dies gelang ihm jedoch nicht. Seine Aktivitäten beschränkten sich auf erfolglose Anfragen bei Personen, die aus seiner Sicht Verbindung zu Drogenkreisen hatten.[591]

Der Angeklagte wurde wegen vollendeten Handeltreibens verurteilt.

Nach der Rechtsprechung des Bundesgerichtshofs ist der Tatbestand des unerlaubten Handeltreibens bereits erfüllt, wenn der Verkäufer eine ernsthafte Lieferverpflichtung eingegangen und das schuldrechtliche Geschäft damit zustande gekommen ist. Auf die zivilrechtliche Wirksamkeit dieses Geschäfts kommt es nicht an.[592] Ebenfalls nicht von Bedeutung ist das etwaige Scheitern des vereinbarten Erfüllungsgeschäfts. Insbesondere ist unerheblich, ob eine Übergabe der Betäubungsmittel stattfindet oder, aus welchen Gründen auch immer, ausbleibt.[593]

bb) Ernsthaftes Verkaufsangebot[594]

Der Angeklagte bot den Zeugen, die von der Polizei als verdeckte Ermittler eingesetzt waren, bei einem Treffen die Lieferung von 1,5 bis 2 kg Kokain mit ei-

---

591 BGH, Urt. v. 15.01.1992 – 2 StR 267/91 = BGHR BtMG § 29 Abs 1 Nr 1 Handeltreiben 31; vgl. schon oben 3. Kapitel:A.

592 *Weber*, BtMG, § 29 Rn. 331; vgl. zu diesem Themenkreis auch BGH, Urt. v. 07.08.2003 – 3 StR 137/03 = BGHSt 48, 322 ff.

593 MK-BtMG/*Rahlf*, § 29 Rn. 283; *Körner*, BtMG, § 29 Rn. 298.

594 Hiervon abzugrenzen ist das sog. Scheinangebot. Dieses liegt vor, wenn der Beschuldigte sich von Anfang an bewusst darüber ist, dass das unterbreitete Angebot für ihn nicht zu realisieren ist. In diesem Fall fehlt es an der Ernsthaftigkeit des Angebots. Eine Strafbarkeit wegen § 29 I 1 Nr. 1 BtMG (sowie nach § 29 VI BtMG) scheidet aus. Zu denken ist allerdings an die Verwirklichung des Betrugstatbestands (§ 263 StGB); vgl. BGH, Urt. v. 08 10.1987 – 2 StR 437/87 = BGHR BtMG § 29 Abs 1 Nr 1 Handeltreiben 5; BGH, B. v. 25.03.2003 – 1 StR 9/03 = StV 2003, 618.

nem hohen Wirkstoffgehalt zu einem Preis von 75.000 bis 80.000 DM pro kg an. Zur Abwicklung des Geschäfts kam es jedoch letztlich nicht. Vielmehr veranlassten die verdeckten Ermittler die Festnahme des Angeklagten.[595]

Sowohl das Landgericht als auch der Bundesgerichtshof befanden den Angeklagten des vollendeten Handeltreibens mit Betäubungsmitteln für schuldig.

Vollendetes Handeltreiben mit Betäubungsmitteln liegt also bereits dann vor, wenn der Verkäufer das Stadium allgemeiner Anfragen verlässt[596] und dem Kaufinteressenten ein verbindliches und ernsthaftes Verkaufsangebot unterbreitet.[597] Diese Linie verfolgt der Bundesgerichtshof schon seit seiner ersten Entscheidung zum Handeltreiben.[598] Unerheblich ist dabei, auf welchem Kommunikationswege das Angebot unterbreitet wird, solange es dem Interessenten nur zugeht.[599] Wiederum ist es unerheblich, ob eine Lieferung des Betäubungsmittels zustande kommt oder nicht.[600] Der Bundesgerichtshof[601] begründet diese Ausdehnung der Strafbarkeit mit kriminalpolitischen Erwägungen bzgl. des besonderen Charakters des Betäubungsmittelmilieus: „Bei der Auslegung des Begriffs des HT können die Besonderheiten, die sich im BtM-Handel herausgebildet haben, nicht außer Betracht bleiben. Zu ihnen gehört die Eigenart der Geschäftsabwicklung […]. Der Übergabe des ‚Stoffes' gehen […] in der Regel wiederholte Verhandlungen voraus. Diese dienen vor allem dazu, die Zuverlässigkeit des Partners abzuklären, werden aber auch dazu benutzt, die Qualität der Ware zu prüfen. Oft lässt sich, selbst durch die unmittelbar Beteiligten, nicht eindeutig sagen, bei welcher der Besprechungen ein Kaufvertrag zustande gekommen ist, zumal auf diesem Gebiet förmliche Vertragsabschlüsse nicht üblich sind. Wollte man trotz derartiger Gegebenheiten den Nachweis des Abschlusses eines schuldrechtlichen Vertrages zur Erfüllung des Tatbestands fordern, so wäre dies lebensfremd und würde dem Sinn des Gesetzes widersprechen."[602]

---

595 BGH, B. v. 02.12.1999 – 3 StR 479/99 = NStZ 2000, 207.

596 BGH, Urt. v. 15.03.1995 – 2 StR 15/95 = NStZ-RR 1996, 48.

597 BGH, B. v. 02.12.1999 – 3 StR 479/99 = NStZ 2000, 207, 208.

598 Vgl. BGH, Urt. v. 01.07.1954 – 3 StR 657/53 = BGHSt 6, 246 mit abl. Anm. *Topf*, NJW 1954, 1898; sowie oben 3. Kapitel:A und unten 3. Kapitel:C.II.4.a).

599 *Körner*, BtMG, § 29 Rn. 300.

600 *Körner*, BtMG, § 29 Rn. 300; krit. *Paeffgen*, FS 50 Jahre BGH, S. 695, 719 Fn. 115: „Denn niemand „treibt irgend etwas" (weder Vieh, noch ab, noch Handel), was er […] erfolglos zu tun (treiben) versucht".

601 BGH, Urt. v. 11.06.1975 – 2 StR 88/75 = DRsp Nr. 1998/19526.

602 Die hier in Bezug genommenen Beweisschwierigkeiten resultieren aus der speziellen Art der Geschäftsabwicklung. Ergänzend stellte der 1. Strafsenat in seinem auf den Anfragebeschluss des 3. Strafsenats ergangenen Antwortbeschluss fest, dass es überdies auf dem Gebiet der Betäubungsmittelkriminalität „oft an dem für andere Krimina-

Auch wenn die Ausführungen des Bundesgerichtshofs unzweifelhaft das Vorgehen der Täter im Bereich des unerlaubten Betäubungsmittelhandels widerspiegeln, so muss doch schon der Argumentationsansatz an sich in Frage gestellt werden, und zwar unabhängig davon, ob man nun den Abschluss eines schuldrechtlichen Vertrages als Voraussetzung des Handeltreibens nach § 29 I 1 Nr. 1 BtMG ansehen möchte oder nicht: Allein ein kriminalpolitisches Bedürfnis nach Ausdehnung der Strafbarkeit vermag die gesetzlich festgeschriebenen (vgl. § 22 StGB) und verfassungsrechtlich garantierten (vgl. Art. 103 II GG) Grenzen der Strafbarkeit nicht aufzuweichen. Zudem muss darauf hingewiesen werden, dass sich auch in anderen Bereichen der organisierten Kriminalität weder schriftlich fixierte Vereinbarungen finden lassen werden, noch später bis ins Detail problemlos nachvollziehbare Verhandlungen geführt werden. Vielmehr setzt schon insofern die Verschleierung des Vorgehens als ein zentraler Baustein der organisierten Kriminalität ein. Diese Erkenntnis muss auch dem Gesetzgeber unterstellt werden, wenn er formuliert, dass „nicht nur der illegale Rauschgifthandel, sondern auch die sonstige organisierte Kriminalität [...] gegenüber den herkömmlichen Ermittlungsmaßnahmen weitgehend immun“[603] sei. Und trotzdem werden die, also gerade nicht ausschließlich betäubungsmittelspezifischen, Beweisschwierigkeiten außerhalb des Betäubungsmittelrechts nicht generell durch eine so weitgehende Vorverlagerung der Strafbarkeit umgangen.[604] Beweisschwierigkeiten dürfen nicht als primäres Auslegungskriterium eines gesetzlichen Tatbestandsmerkmals herangezogen werden.[605] Ihnen ist vielmehr „gegebenenfalls durch weitere gezielte Ermittlungshandlungen und Sachaufklärung Rechnung“[606] zu tragen.

---

litätsformen typischen anzeige- und aussagebereiten Geschädigten“ fehle (BGH, B. v. 25.03.2004 – 1 ARs 21/03 (unveröffentlicht)).

603 BT-Drs. 12/989, S. 41.

604 Gegen einen „Missbrauch“ der Vorverlagerung der Strafbarkeit zur Umgehung von Beweisschwierigkeiten auch *Roxin*, Strafrecht AT I, § 2 Rn. 69.

605 So später auch der 3. Strafsenat in seinem Vorlagebeschluss an den Großen Senat (BGH, Vorlageb. v. 13.01.2005 – 3 StR 61/02 und 3 StR 243/02 = NJW 2005, 1589, 1591), der im Übrigen die diesbezügliche Skepsis nicht teilt und darauf hinweist, dass die Tatgerichte auch sonst in der Lage sind, Beweisschwierigkeiten (auch in Betäubungsmittelverfahren) zu bewältigen.

606 So der 4. Strafsenat in seinem Antwortbeschluss (BGH, B. v. 27.02.2004 – 4 Ars 23/03 (unveröffentlicht)), der ergänzt, dass „im übrigen [...] an eine entsprechende tatrichterliche Überzeugungsbildung keine überzogenen Anforderungen zu stellen sein“ werden.

cc) Versuchte Kontaktaufnahme mit potentiellen Kunden

Der Angeklagte versuchte, einen Käufer für ihm von dritter Seite ernsthaft angebotene Betäubungsmittel zu finden. Zu diesem Zwecke wollte er sich telefonisch mit einem potentiellen Kunden in Verbindung setzen. Seine Bemühungen schlugen jedoch fehl. Zu einem Kontakt mit dem „Kunden" kam es nicht.[607]

Das Landgericht verurteilte den Angeklagten wegen vollendeten Handeltreibens. Der Bundesgerichtshof bestätigte diese Sichtweise.

Schon gegen die landgerichtliche Verurteilung wendete sich der Generalbundesanwalt. Seiner Auffassung nach sei vom Täter zu verlangen, dass er irgendetwas tue, „was zur Verbreitung des Betäubungsmittels führt."[608] Diesen richtigerweise um wenigstens eine gewisse Restriktion bemühten Überlegungen trat der erkennende Senat entgegen. Es sei lediglich erforderlich, „dass die Aktivitäten des Täters auf die Verbreitung des Betäubungsmittels gerichtet sind."[609] Zur Begründung führt der Bundesgerichtshof anschließend aus: „Zur Vollendung des unerlaubten Handeltreibens mit Betäubungsmitteln waren ein tatsächlich durchgeführtes Gespräch oder gar Verhandlungen über Menge und Preis mit dem ins Auge gefassten Kaufinteressenten nicht erforderlich. Handeltreiben besteht gerade darin, sich um einen Abnehmer zu bemühen, der bereit ist, für eine zur Verfügung stehende Ware einen höheren als den Einstandspreis zu zahlen. Weil unerlaubtes Handeltreiben mit Betäubungsmitteln kein Erfolgsdelikt ist, konnte der „bestehende Zustand unverändert" bleiben."[610]

Zwar ist zuzugeben, dass sich im Rahmen des Handeltreibens auch um einen Absatzmarkt, also um Abnehmer für die Waren, zu bemühen ist. Inwiefern mit dieser Feststellung allerdings ein Beitrag zur Abgrenzung der Deliktsstadien geleistet bzw. sogar die Begründung für eine Vollendungsstrafbarkeit gegeben ist, bleibt unklar. So muss doch, wenn schon auf das typische Erscheinungsbild des

607 BGH, Urt. v. 25.10.1989 – 3 StR 313/89 = BGHR BtMG § 29 Abs 1 Nr 1 Handeltreiben 19.

608 Diesem Gedanken ausdrücklich beipflichtend: *Paeffgen*, FS 50 Jahre BGH, S. 695, 718 Fn. 128: „Mit dem dortigen Vorschlag des GBA ist für die Vollendung eine Tätigkeit zu fordern, die zur „Verbreitung des BtM führt", mindestens aber eine objektive Besserstellung der Verbreitung".

609 BGH, Urt. v. 25.10.1989 – 3 StR 313/89 = BGHR BtMG § 29 Abs 1 Nr 1 Handeltreiben 19.

610 BGH, Urt. v. 25.10.1989 – 3 StR 313/89 = BGHR BtMG § 29 Abs 1 Nr 1 Handeltreiben 19.

Handeltreibens[611] abgestellt wird, berücksichtigt werden, dass dieses selbstverständlich auch Vorbereitungen bzw. die komplette Abwicklung[612] des Geschäfts beinhaltet. Viele Tätigkeiten des typischen Händlers bleiben aber trotzdem bloße Vorbereitungshandlungen oder kommen über ein Versuchsstadium nicht hinaus. Jede für das Handeltreiben typische Tätigkeit zugleich mit einer Vollendungsstrafbarkeit zu belegen, entbehrt mithin schon einer zwingenden logischen Grundlage. Damit liefert der Bundesgerichtshof auch in diesem Urteil keine befriedigende Begründung für die weite Vorverlagerung der Vollendungsstrafbarkeit. Letztlich bleibt nicht mehr als die übliche Formel: „Handeltreiben ist kein Erfolgsdelikt".

dd) Aufsuchen von Drogenumschlagsplätzen

Der Angeklagte suchte einen als Drogenumschlagsplatz bekannten Park in Zürich auf. Er führte drei Heroinbriefchen mit sich, die er in dem Park gewinnbringend verkaufen wollte. Dass der Angeklagte bereits Verkaufsgespräche führte oder gar Verkäufe tätigte, konnte nicht festgestellt werden. Unstreitig ist jedoch, dass er begonnen hatte, nach geeigneten Abnehmern zu suchen.[613]

Der Bundesgerichtshof bestätigte die Verurteilung wegen vollendeten Handeltreibens mit Betäubungsmitteln.

Auch diese Entscheidung erscheint wegen ihrer weiten Vorverlagerung der Vollendungsstrafbarkeit bedenklich. Insbesondere fällt, auch im Unterschied zu den bisher dargestellten Urteilen und Beschlüssen auf, dass es im vorliegenden Fall an jeglicher Konkretisierung des „Handelsgeschäfts", also der Tat, fehlte. So ist im Falle des Vertragsschlusses, des ernsthaften Angebots oder auch nur der versuchten Kontaktaufnahme doch immerhin der Gegenpart zum Händler, also der Abnehmer, klar zu bestimmen gewesen. Hier allerdings ist noch nicht einmal ersichtlich, wer der Abnehmer sein sollte. Zudem fehlen auch weitere, der Tat womöglich Konturen verleihende Faktoren: Weder die Verkaufsmenge noch der Preis sind ersichtlich. Dies ist im Hinblick auf die anderen Orts gegebenen Begründungen des Bundesgerichtshofs umso problematischer. So sollen doch unverbindlich sondierende Vorgespräche mangels weiterer Konkretisie-

---

611 Welche Tätigkeiten dieses noch beinhalten soll, führt der Bundesgerichtshof nicht aus. Insgesamt bietet die Betrachtung ein nur äußerst fragmentarisches Bild des Handeltreibens an sich.

612 Beispielsweise die Übergabe des Kaufpreises oder der tatsächliche Umsatz der Betäubungsmittel.

613 BGH, Urt. v. 02.01.1990 – 1 StR 642/89 = BGHR BtMG § 29 Abs 1 Nr 1 Handeltreiben 20.

rung des Geschäfts als straflose Vorbereitungshandlungen bewertet werden.[614] In dem beschriebenen Fall allerdings reichte es dem Bundesgerichtshof aus, dass mit der Suche nach Abnehmern begonnen wurde – und zwar ganz ohne jegliches Gespräch.[615]

Malek[616] erblickt in einer solchen Sachverhaltskonstellation eine bloße Vorbereitungshandlung. Er schreibt: „Erst recht ist die Suche nach Kaufinteressenten, ohne dass diese angesprochen sind, bloße Vorbereitungshandlung."[617] Ihm ist zuzustimmen.

ee) Straflose Verkaufsvorgespräche

Die bloße Erklärung des Angeklagten, er könne Heroin beschaffen, stellt allein noch kein Handeltreiben mit Betäubungsmitteln dar.[618] Selbiges gilt für allgemeine und unverbindliche Unterhaltungen über Drogen.[619] All die genannten Verhaltensweisen stellen damit lediglich Vorbereitungshandlungen dar.

Ebenfalls eine straflose Vorbereitungshandlung erblickte der Bundesgerichtshof im folgenden Fall:

Die Angeklagten fuhren mit einem Kraftfahrzeug von Deutschland nach Amsterdam. Dort wollten sie in einem Coffee-Shop Betäubungsmittel erwerben. Diese sollten in Deutschland gewinnbringend weiterveräußert werden.[620]

Hierzu führt der Bundesgerichtshof aus: „Die Angeklagten hatten keine Vereinbarung mit dem Lieferanten A. getroffen, wußten nicht, daß dieser zwischenzeitlich verhaftet und der Coffee-Shop geschlossen war, kannten keinen

---

614 BGH, B. v. 06.11.1991 – 3 StR 406/91 = BGHR BtMG § 29 Abs 1 Nr 1 Handeltreiben 30; siehe hierzu sogleich unten unter 3. Kapitel:C.II.1.a)ee).

615 *Körner*, BtMG, § 29 Rn. 295 deutet die dargestellte Entscheidung gar noch weiter. Er kommentiert: „Das Aufsuchen eines Parks mit drei Heroinbriefchen, um dort nach Abnehmern zu schauen, ist vollendetes Handeltreiben". Hierbei unterschlägt er allerdings die Tatsache, dass der Angeklagte nicht nur die bloße Absicht besaß, nach Abnehmern zu schauen, sondern mit der Suche bereits begonnen hatte.

616 Betäubungsmittelstrafrecht, Kap. 2 Rn. 138.

617 *Malek*, Betäubungsmittelstrafrecht, Kap. 2 Rn. 138.

618 BGH, Urt. v. 30.03.1988 – 2 StR 63/88 = BGHR BtMG § 29 Abs 1 Nr 1 Handeltreiben 6.

619 *Körner*, BtMG, § 29 Rn. 285; hierunter sind auch folgende Fragen zu rechnen: „Ob der Gesprächspartner Stoff wolle" (*Weber*, BtMG, § 29 Rn. 351), „Willst Du Ware?" (*Körner*, BtMG, § 29 Rn. 285) oder auch der Ausspruch: „Ich hab was!" (MK-BtMG/*Rahlf*, § 29 Rn. 279).

620 BGH, B. v. 14.05.1996 – 1 StR 245/96 = NStZ 1996, 507.

anderen, zuverlässigen Händler und hatten keine Chance, an entsprechendes Rauschgift heranzukommen."[621]

Nach der Rechtsprechung des Bundesgerichtshofs dürfte, für die Beurteilung des Sachverhalts als bloße Vorbereitungshandlung, einzig der zuerst geäußerte Gesichtspunkt (die Angeklagten hatten keine Vereinbarung mit dem Lieferanten geschlossen) entscheidend sein. Damit fehlte dem Geschäft jegliche Konkretisierung. Ob dagegen tatsächlich die Möglichkeit bestand, Betäubungsmittel zu erwerben bzw. den Umsatz dieser zu erreichen, müsste unbeachtlich sein,[622] da Handeltreiben, wie durch den Bundesgerichtshof schon mehrfach festgestellt wurde, kein Erfolgsdelikt ist. Im Ergebnis ist dieser Entscheidung aber zuzustimmen.

ff) Drogenherstellung

Im Januar 1989 beschloss der Angeklagte, ein versteckt arbeitendes Chemielabor einzurichten, hierin Amphetaminderivate[623] in Pulver- und Tablettenform herzustellen und diese über eine Gruppe von Großabnehmern gewerbsmäßig abzusetzen. Die Bemühungen des Angeklagten, einen Apotheker als Lieferanten von Grundstoffen zu gewinnen, führten letztlich dazu, dass der Angeklagte mit einem als verdeckter Ermittler arbeitenden Polizeibeamten bekannt gemacht wurde, der fortan als sein Lieferant fungierte. Der verdeckte Ermittler bemühte sich in den folgenden Monaten, die benötigten Chemikalien nur zurückhaltend, in kleineren Gebinden oder unvollständig zu liefern. Schließlich konnte die Drogenproduktion zwar aufgenommen werden, zu einem tatsächlichen Verkauf der Betäubungsmittel kam es aber nicht mehr.[624]

Der Angeklagte wurde wegen vollendeten Handeltreibens mit Betäubungsmitteln verurteilt.

Als Begründung dient dem Bundesgerichtshof in diesem Fall die Feststellung, dass der Beginn der Herstellung der Betäubungsmittel „zugleich der Beginn des Handeltreibens war."[625]

Nach der Lektüre dieser Entscheidung fühlt man sich unweigerlich an einen Vergleich *Roxins*[626] zwischen der Vorverlagerung der Strafbarkeit beim Handeltreiben mit der Begehung eines Einbruchsdiebstahls erinnert. So fragt *Roxin*:

---

621 BGH, B. v. 14.05.1996 – 1 StR 245/96 = NStZ 1996, 507, 508.

622 Vgl. zu diesem Aspekt unten 3. Kapitel:C.II.3.

623 Methylendioxyamphetamin (MDA), Methylendioxymethamphetamin (MDMA).

624 BGH, B. v. 21.07.1993 – 2 StR 331/93 = NStZ 1993, 584.

625 BGH, B. v. 21.07.1993 – 2 StR 331/93 = NStZ 1993, 584, 585.

626 StV 1992, 517, 519.

„Wer denkt denn daran, die zunehmende und gewiß sozial höchst missfällige Einbruchsdelinquenz dadurch besser bekämpfen zu wollen, dass jede „auf Einbruch gerichtete Handlung“ und damit schon der Einkauf oder das Herleihen eines Dietrichs der Vollendungsstrafe unterworfen wird?“.[627] Um bei dem von *Roxin* entworfenen Bild zu bleiben, müsste man hier wohl noch einen Schritt weitergehen und sogar fragen, ob es sinnvoll erscheint, schon den bloßen Beginn der Herstellung eines Dietrichs mit der Vollendungsstrafbarkeit zu belegen.[628]

gg) Verfügbarkeit des Betäubungsmittels

Soweit ersichtlich hat der Bundesgerichtshof lediglich in einem vereinzelt gebliebenen Fall[629] auf die tatsächliche Verfügbarkeit des Betäubungsmittels für den Verkäufer abgestellt. Hierbei stand das Betäubungsmittel dem Täter allerdings tatsächlich zur Verfügung und einer Verurteilung wegen vollendeten Handeltreibens damit nichts im Wege. Mithin ist dieser Entscheidung weder eine (andauernde) restriktive Tendenz zu entnehmen noch ließe sich mit Bestimmtheit sagen, ob der Bundesgerichtshof an dem Kriterium der Verfügbarkeit auch festgehalten hätte, wenn dies einen Freispruch zur Folge gehabt hätte.

Sonst wurde es vom Bundesgerichtshof nicht für erforderlich gehalten, dass der Verkäufer das angebotene Rauschgift im Besitz hat[630] oder über dieses verfügen,[631] auf eine gesicherte Bezugsquelle zurückgreifen[632] bzw. sich auf eine feste Lieferantenzusage[633] stützen kann. Es ist mithin ausreichend, dass die bereits angebotenen oder gar schon fest verkauften Betäubungsmittel noch vom Verkäufer beschafft werden müssen. Insofern ist es auch unerheblich, dass ihm

---

627 *Roxin*, StV 1992, 517, 519.

628 Ähnlich auch *Krack* (JR 2008, 342): „Im Rahmen des § 292 I Nr. 1 StGB [Jagdwilderei] käme niemand auf die Idee, schon das Beschaffen der Jagdwaffe oder das Anreisen zum Jagdgebiet als ein dem Wild Nachstellen anzusehen“.

629 BGH, Urt. v. 25.10.1989 – 3 StR 313/89 = BGHR BtMG § 29 Abs 1 Nr 1 Handeltreiben 19; vgl. zu diesem Fall auch oben 3. Kapitel:C.II.1.a)cc).

630 BGH, Urt. v. 12.08.1986 – 1 StR 360/86 = BGHR BtMG § 29 Abs 1 Nr 1 Handeltreiben 4.

631 BGH, Urt. v. 01.07.1954 – 3 StR 657/53 = BGHSt 6, 246, 247; BGH, Urt. v. 20.08.1991 – 1 StR 321/91 = NJW 1992, 382, 384 (in BGHSt 38, 58 insoweit nicht abgedr.).

632 BGH, Urt. v. 15.01.1992 – 2 StR 267/91 = BGHR BtMG § 29 Abs 1 Nr 1 Handeltreiben 31.

633 BGH, Urt. v. 15.09.2004 – 2 StR 232/04 = BGHR BtMG § 29 Abs 1 Nr 1 Handeltreiben 61.

dies – was er nicht weiß – aus objektiven Gründen nicht gelingen kann.[634] Allein genügend ist es, dass der Täter eine reelle Chance sieht, sich die Betäubungsmittel zu beschaffen und dem Angebot (oder Vertrag) entsprechend liefern zu können.[635] Lediglich wenn dies nicht der Fall ist, soll es an der Ernstlichkeit des Angebots fehlen und eine Strafbarkeit wegen § 29 I 1 Nr. 1 BtMG damit ausscheiden.[636]

Diese Rechtsprechung stößt in der Literatur auf mehrheitlich negativen Widerhall.

So geht zum Beispiel *Malek*[637] davon aus, dass sich, insbesondere im Bereich der fehlenden Verfügbarkeit des Rauschmittels, um eine Vermeidung der Überdehnung der Strafbarkeit zu bemühen sei. Eine Abgrenzung von Vorbereitung und Versuch sei anhand objektiver und subjektiver Kriterien vorzunehmen. In objektiver Hinsicht wird verlangt, dass der ein ernsthaftes Angebot abgebende „Täter", sofern er über die Betäubungsmittel nicht verfügt, wenigstens einen Lieferanten kennt und von diesem eine Lieferzusage erhalten hat.[638] Sonst könne auch in subjektiver Hinsicht noch nicht der Bereich strafbaren Tuns anzunehmen sein, da „die Schwelle zum „jetzt geht's los!" in der Vorstellung des Täters noch nicht erreicht ist."[639] Beachtlich erscheint zudem Folgendes: Selbst wenn in der hier in Rede stehenden Konstellation eine sichere Lieferzusage eines Lieferanten vorliegt, also auch nach *Malek* die Grenze des § 22 StGB überschritten wurde, möchte dieser folgerichtig zunächst eine Versuchsstrafbarkeit annehmen. Die von der Rechtsprechung verfolgte Linie, stets auf eine Vollendungsstrafbarkeit zu erkennen, scheint *Malek* für indiskutabel zu halten. Diese findet keinerlei Erwähnung.

Ferner möchte *Paul*[640] im Falle der fehlenden Verfügbarkeit der Rauschmittel lediglich eine Versuchsstrafbarkeit (je nach Fallgestaltung wohl auch wegen untauglichen Versuchs) annehmen. Dieser Deutung liegt allerdings ein grundsätzlich um Restriktion bemühtes Begriffsverständnis des Handeltreibens zugrunde.[641] Er geht davon aus, dass das Handeltreiben um einen Erfolg ergänzt

---

634 BGH, Urt. v. 20.08.1991 – 1 StR 273/91 = BGHR BtMG § 29 Abs 1 Nr 1 Handeltreiben 28.

635 *Weber*, BtMG, § 29 Rn. 266 m.w.N. „Maßgeblich ist das Bewusstsein einer solchen Chance, nicht der Umstand, worauf es beruht" (*ebenda*).

636 Vgl. BGH, Urt. v. 07.07.2006 – 2 StR 184/06 = NStZ 2007, 100, 101.

637 Betäubungsmittelstrafrecht, Kap. 2 Rn. 137.

638 *Malek*, Betäubungsmittelstrafrecht, Kap. 2 Rn. 137.

639 *Malek*, Betäubungsmittelstrafrecht, Kap. 2 Rn. 137.

640 StV 1998, 623, 625.

641 Vgl. ausführlich unten 3. Kapitel:D.II.4.

werden müsse. Diesen stelle der Umsatz „oder – anders formuliert – das Näherbringen“ des Betäubungsmittels auf dem Weg zum Abnehmer dar.[642]

Auch *Roxin*[643] kritisiert, ausgehend von der Basis eines restriktiveren Begriffsverständnisses, die Rechtsprechung insbesondere in den Fällen scharf, in denen dem Verkäufer eine sichere Lieferquelle fehlt. Nach *Roxin* kann nur eine solche Handlung zur Vollendungsstrafbarkeit führen, die selbst „Bestandteil des Übertragungsaktes von einer Person auf eine andere“ ist.[644] Hieran fehle es aber jedenfalls, sofern der Verkäufer noch keine gesicherte Lieferquelle hat. In diesem Fall sei das Verhalten des Verkäufers „von einem Umsatz, also der Übertragung des Rauschgifts auf den Käufer, noch weit entfernt. Es handelt sich also um eine straflose Vorbereitung.“[645]

b) *Umsatzgeschäfte des Käufers*

Im Rahmen der Umsatzgeschäfte des Käufers ist entscheidend, zu welchem Zweck der Käufer das Betäubungsmittel erwirbt.[646] Geschieht dies zum Zwecke des späteren gewinnbringenden Weiterverkaufs, so ist Handeltreiben zu bejahen. Erwirbt der Käufer lediglich, um seinen Eigenkonsum zu ermöglichen, so liegt bloßer Erwerb vor.[647] Ist der Käufer noch unschlüssig, ob er die Betäubungsmittel bei den Behörden abliefern oder gewinnbringend weiterveräußern soll, so ist lediglich Erwerb und kein Handeltreiben gegeben.[648] Die Absicht der gewinnbringenden Weiterveräußerung muss festgestellt werden.[649] Bloße Vermutungen sind nicht ausreichend.[650]

Die Strafbarkeitsgrenze im Rahmen der eigenen Umsatzgeschäfte des Käufers verläuft spiegelbildlich zu der des Verkäufers. Allgemeine unverbindliche Unterhaltungen über Drogen, Drogengeschäfte Dritter oder den Drogenmarkt

---

642 *Paul*, StV 1998, 623, 625.

643 StV 1992, 517, 519.

644 *Roxin*, StV 1992, 517, 519.

645 *Roxin*, StV 1992, 517, 519; krit. auch: *Hecker*, NStZ 2000, 208, 209 und *Nestler*, FS Miyazawa, S. 177, 189. Vgl. insgesamt näher zu dem von *Roxin* entwickelten Lösungsansatz unten 3. Kapitel:D.II.4.

646 MK-BtMG/*Rahlf*, § 29 Rn. 280.

647 BGH, Urt. v. 14.09.1988 – 3 StR 333/88 = BGHR BtMG § 29 Abs 1 Nr 1 Handeltreiben 13.

648 BGH, Urt. v. 04.08.1999 – 2 StR 100/99 = NStZ 1999, 572 f.

649 *Weber*, BtMG, § 29 Rn. 341.

650 *Körner*, BtMG, § 29 Rn. 323. Insofern können allerdings Rückschlüsse aus dem Ort und der Art der Aufbewahrung, der Art der Verpackung und der Menge des Betäubungsmittels gezogen werden.

sind ebenfalls als bloße Vorbereitungshandlungen zu qualifizieren.[651] Zur Vollendungsstrafbarkeit führt allerdings schon, wenn sich der Käufer mit einem „ernsthaften Anerbieten, Rauschgift zu erwerben, an eine Person wendet, die nach seiner Vorstellung als Verkäufer oder Vermittler in Betracht kommt."[652] Auch beim Kauf stellt der bloße Kaufvertragsschluss[653] bzw. die spätere Übereignung[654] der Betäubungsmittel (nach dem soeben gewonnenen Ergebnis erst recht) vollendetes Handeltreiben dar. Ebenso wie beim Verkauf ist es unerheblich, ob der Verkäufer über die Betäubungsmittel verfügen kann.[655]

Zur Veranschaulichung der auch im Rahmen der eigenen Umsatzgeschäfte des Käufers bestehenden Vorverlagerung der Strafbarkeitsgrenze und der damit einhergehenden Unsicherheit bzgl. der strafrechtlichen Beurteilung des Verhaltens sei abschließend nur auf folgenden Fall hingewiesen:

Der Angeklagte wendete sich an den Zeugen, von dem er wusste, dass er Beziehungen zu Heroinlieferanten hatte, um 500 g (gute) Heroinzubereitung zu erwerben. Ferner bedrängte der Angeklagte den Zeugen mehrmals telefonisch, das Geschäft zustande zu bringen. Letztlich scheiterte das Geschäft, weil der Zeuge trotz ernsthafter Bemühungen keinen Lieferanten fand.[656]

In diesem Fall vertrat die Verteidigung die Auffassung, dass in dem Verhalten des Angeklagten eine bloße (straflose) Vorbereitungshandlung zu erblicken sei. Das erstinstanzlich entscheidende Landgericht Heilbronn beurteilte den Sachverhalt immerhin noch als versuchtes Handeltreiben mit Betäubungsmitteln.[657] Die Staatsanwaltschaft hingegen wertete den Sachverhalt als vollendetes Handeltreiben. Dieser Auffassung schloss sich der Bundesgerichtshof an.

---

651 *Weber*, BtMG, § 29 Rn. 371; vgl. insofern auch *Körner*, BtMG, § 29 Rn. 326, der in diesen Fällen dem Begriff der „Absatzbemühungen" den Begriff der (straflosen) „Informationsbemühungen" gegenüberstellt.

652 BGH, Urt. v. 12.04.1995 – 3 StR 31/95 = BGHR BtMG § 29a Abs 1 Nr 2 Handeltreiben 1.

653 *Weber*, BtMG, § 29 Rn. 343.

654 *Weber*, BtMG, § 29 Rn. 344.

655 *Weber*, BtMG, § 29 Rn. 346.

656 BGH, Urt. v. 12.08.1986 – 1 StR 360/86 = NJW 1986, 2896.

657 So auch (allerdings ohne weitere Begründung) *Malek*, Betäubungsmittelstrafrecht, Kap. 2 Rn. 138: „Der Versuch des Handeltreibens ist denkbar, wenn sich der zum weiteren Absatz entschlossene Käufer von einem anderen Händler vergeblich bemüht, Betäubungsmittel zu erwerben (tauglicher Versuch) […]".

c) *Zusammenfassung*

Zusammenfassend lässt sich zunächst festhalten, dass schon die Aufnahme der Produktion von später für den gewinnbringenden Verkauf bestimmten Betäubungsmitteln zu einer Strafbarkeit wegen vollendeten Handeltreibens führen kann. Ferner überschreitet der Verkäufer von Betäubungsmitteln die Strafbarkeitsgrenze bereits mit dem Versuch der Kontaktaufnahme zu potentiellen Kunden. Erst recht ist demnach eine Strafbarkeit wegen Handeltreibens anzunehmen, sofern dieser ein ernsthaftes Verkaufsangebot unterbreitet oder es gar zum Vertragsschluss kommt. Der mit Weiterveräußerungsabsicht handelnde Käufer von Betäubungsmitteln verlässt den Bereich strafloser Vorbereitung, sobald er sich mit einer ernsthaften Kaufanfrage an einen aus seiner Sicht geeigneten Verkäufer oder Vermittler wendet. Die tatsächliche Verfügbarkeit des Betäubungsmittels ist jeweils unerheblich. Mit Überschreiten der beschriebenen Strafbarkeitsgrenzen nimmt der Bundesgerichtshof sogleich eine Strafbarkeit wegen vollendeten, und nicht zunächst wegen versuchten Handeltreibens mit Betäubungsmitteln, an.

2. Fremde Umsatzgeschäfte am Beispiel der Kurierrechtsprechung

Aufgrund der weiten Auslegung des Begriffs Handeltreiben durch die Rechtsprechung ist es nicht erforderlich, dass der Täter des Handeltreibens zwingend eigene Umsatzgeschäfte betreibt. Vielmehr kann auch eine allein auf die Förderung fremder Umsatzgeschäfte gerichtete Tätigkeit den Tatbestand des Handeltreibens erfüllen.[658] Insofern kommt sowohl die alleintäterschaftliche Verwirklichung als auch die mittäterschaftliche Verwirklichung[659] des Tatbestands in Betracht. Ferner kann durch die Förderung fremder Umsatzgeschäfte

---

658 BGH, Urt. v. 04.10.1978 – 3 StR 232/78 = NJW 1979, 1259; BGH, Urt. v. 15.04.1980 – 5 StR 135/80 = BGHSt 29, 239, 240.

659 Eine solche sollte im Rahmen der Kuriertätigkeit vorliegen, „wenn er [der Kurier] in eigennütziger Weise mit anderen bei einem bestimmten Rauschgiftgeschäft mitgewirkt hätte, bei der Gestaltung des Transports von der Übernahme des Rauschgifts bis zur Ablieferung im wesentlichen frei gewesen wäre und ein unmittelbares eigenes Interesse an der Tat gehabt hätte“ (vgl. BGH, Urt. v. 04.10.1978 – 3 StR 232/78 = BGH, NJW 1979, 1259; BGH, Urt. v. 18.06.1986 – 2 StR 201/86 = NJW 1987, 720). Überdies kommt eine mittäterschaftliche Begehungsweise insbesondere auch dann in Betracht, wenn der Beteiligte als gleichberechtigter Partner mitgewirkt hat und er Durchführung und Ausgang der Tat maßgeblich mitbestimmt bzw. dies will (vgl. BGH, B. v. 04.05.1999 – 4 StR 153/99 = StV 1999, 428).

auch eine bloße Teilnahme[660] (z.B. in Form der Beihilfe, § 27 StGB) begangen werden.[661]

Da auch bei der Betrachtung des Tätigwerdens im Rahmen fremder Umsatzgeschäfte das Augenmerk auf die Vorverlagerung der Strafbarkeitsgrenze gelegt werden soll, sind im Folgenden nur die Fälle des alleintäterschaftlichen Handelns entscheidend. Bei mittäterschaftlicher Verwirklichung des Tatbestands oder der Teilnahme an einer fremden Tat reichten nämlich unter Umständen auch Tätigkeiten bzw. Tatbeiträge aus, die selbst noch weit im Vorfeld der Tat (also im Stadium strafloser Vorbereitung) anzusiedeln sind und erst in Verbindung mit dem Tatbeitrag des Anderen bzw. der Haupttat in das Stadium der Strafbarkeit vordringen.[662] Damit wäre jedoch für die Untersuchung des Zeit-

---

660 Auch im Betäubungsmittelstrafrecht soll die Abgrenzung zwischen Täterschaft und Teilnahme nach den allgemeinen Abgrenzungskriterien (Grad des eigenen Interesses am Taterfolg, Umfang der Tatbeteiligung, Tatherrschaft, Wille zur Tatherrschaft (vgl. BGH, B. v. 04.02.2000 – 2 StR 636/99 = StV 2000, 261) stattfinden (vgl. nur BGH, Urt. v. 03.02.1999 – 2 StR 506/98 = NStZ-RR 1999, 186, 187 und die Rechtsprechungsübersicht bei *Schmidt*, MDR 1980, 969, 970; aktuell auch: BGH, B. v. 30.10.2008 – 3 StR 397/08 = NStZ-RR 2009, 93), wobei eine „ganz untergeordnete Tätigkeit“ schon objektiv auf eine bloße Gehilfenstellung hindeutet (BGH, B. v. 21.11.2000 – 1 StR 433/00 = NStZ-RR 2001, 148). Vgl. insgesamt zu den auch hier in der Praxis bestehenden Differenzierungen und den damit einhergehenden Unsicherheiten bzgl. der Abgrenzung von Täterschaft und Teilnahme BGH, Urt. v. 03.02.1999 – 2 StR 506/98 = NStZ-RR 1999, 186 f. einerseits und BGH, Urt. v. 10.05.2000 – 3 StR 21/00 = NStZ 2000, 482 f. andererseits. Den auch in diesem Teilbereich bestehenden Problemen ist sich der Bundesgerichtshof offenbar bewusst, wenn er schreibt, dass „die Abgrenzung zwischen Täterschaft und Beihilfe im Einzelfall mitunter schwierig“ sei (BGH, Urt. v. 04.10.1978 – 3 StR 232/78 = NJW 1979, 1259).

661 Vgl. zu diesem Problemkreis nur *Weber*, BtMG, § 29 Rn. 276 ff.; auf die Problematik der Abgrenzung zwischen Täterschaft und Teilnahme im Rahmen des Handeltreibens kann an dieser Stelle nicht eingegangen werden. Insofern würde der Rahmen dieser Arbeit überschritten. Vgl. hierzu allerdings noch die Ausführungen bzgl. der „neuen“ Kurierrechtsprechung unter 3. Kapitel:G.II.

662 Vgl. *Körner*, BtMG, § 29 Rn. 387 m.w.N.; *Bensch*, Der Begriff des Handeltreibens, S. 103. Dieser Befund ist hinsichtlich der Zurechnung im Rahmen des § 25 II StGB streitig (vgl. hierzu umfassend LK/*Schünemann*, StGB, § 25 Rn. 180 ff.). Die Zielsetzung dieses Kapitels erlaubt es jedoch, sich an der Rechtsprechungspraxis zu orientieren, ohne die teilweise durchaus berechtigten Einwände der Literatur näher darstellen zu müssen. Nach der Rechtsprechung des Bundesgerichtshofs kann auch dem nur im Vorbereitungsstadium seinen Tatbeitrag erbringenden Mittäter das Handeln des anderen Mittäters zugerechnet werden: Vgl. nur BGH, Urt. v. 23.04.1993 – 3 StR 145/93 = BGHR BtMG § 29 Abs 1 Nr 1 Handeltreiben 37.

punkts, in dem derjenige, der die fremden Umsatzgeschäfte fördert, selbst die Strafbarkeitsgrenze überschreitet, nichts gewonnen.[663]

Besondere Bedeutung erlangten in dem Bereich der Förderung fremder Umsatzgeschäfte die sog. „Kurierfälle".[664] Als Kurier tritt derjenige auf, der selbständig Rauschgift transportiert, ohne selbst Käufer oder Verkäufer zu sein.[665] Wann in diesem Falle die Strafbarkeitsgrenze als überschritten angesehen wurde, soll im Folgenden anhand von mehreren Fallbeispielen verdeutlicht werden.

a) Feste und realistische Transportzusage

Der Angeklagte erklärte sich bereit, 10 kg Heroin von Amsterdam nach Spanien zu transportieren. Zu dem beabsichtigten Transport kam es allerdings nicht. Zur Erlangung eines für den Transport benötigten Transitvisums für Frankreich hätte der Angeklagte eine Hotelbuchung in Spanien vorlegen müssen. Daraufhin sah man davon ab, den Angeklagten als Kurier einzusetzen.[666]

Der Bundesgerichtshof wertete sowohl die Transportzusage des Angeklagten als auch seine Bemühungen, das benötigte Visum zu erlangen, als bloße Vorbereitungshandlung des Handeltreibens.[667]

Dieses Urteil verdient Zustimmung. Seine Richtigkeit ergibt sich schon aus den Wertungen des Allgemeinen Teils des Strafgesetzbuches. So lässt sich aus § 30 II StGB ableiten, dass das „Sich-Bereiterklären" zur Begehung eines Delikts grundsätzlich dem (wiederum grundsätzlich) straflosen Bereich der Vorbereitung zuzurechnen ist.[668] Allein, wenn es sich bei diesem Delikt um ein Verbrechen im Sinne des § 12 I StGB handelt, soll eine Strafbarkeit – dann nach § 30 II StGB – gegeben sein. Das Handeltreiben mit Betäubungsmitteln ist gem. § 29 I 1 Nr. 1 BtMG allerdings auch mit Geldstrafe bedroht. Die Tat weist damit keinen Verbrechenscharakter auf. Mithin muss auch das „Sich-Bereiterklären" zum Transport von Betäubungsmitteln als straflose Vorbereitungshandlung zum Handeltreiben angesehen werden.

---

663 *Ebert*, Das Handeltreiben mit Betäubungsmitteln, S. 130.

664 Aufgrund ihrer herausgehobenen Stellung soll sich die Darstellung der Tätigkeiten im Rahmen fremder Umsatzgeschäfte auch auf die Kuriere beschränken. Ferner können fremde Umsatzgeschäfte beispielsweise auch durch eine Boten- oder Vermittlertätigkeit (vgl. hierzu MK-BtMG/*Rahlf*, § 29 Rn. 287) gefördert werden.

665 *Weber*, BtMG, § 29 Rn. 503 m.w.N.

666 BGH, Urt. v. 01.08.1990 – 2 StR 147/90 = NStZ 1990, 545.

667 „[…] mit ihnen [gemeint sind die oben geschilderten Tätigkeiten des Angeklagten] hat er nicht einmal zu einer solchen Handlung im Sinne des Versuchs angesetzt" (BGH, Urt. v. 01.08.1990 – 2 StR 147/90 = NStZ 1990, 545, 546).

668 *Roxin*, StV 1992, 517, 520.

Im Widerspruch zu dem soeben dargestellten, vollumfänglich zuzustimmenden Urteil steht allerdings die folgende Entscheidung des Bundesgerichtshofs.

Das Landgericht hat festgestellt, dass die Angeklagten als Kapitäne per Schiff 1,5 Tonnen Haschisch aus dem Mittelmeer vor die englische Küste transportierten. Auf dieser Fahrt war die Übernahme von zwei weiteren Tonnen Haschisch (vor der marokkanischen Küste) beabsichtigt. Hierzu kam es jedoch nicht, da das Lieferfahrzeug trotz bestehenden Lichtkontaktes mit dem zur Übernahme bereiten Schiff der Angeklagten nicht herankam und die Angeklagten dann verabredungsgemäß den Treffpunkt mit ihrem Schiff verließen.[669]

Der Bundesgerichtshof bestätigte die Verurteilung wegen vollendeten täterschaftlichen[670] Handeltreibens auch wegen des zugesagten, letztlich aber gescheiterten Transports der zwei weiteren Tonnen Haschisch.

Die Begründung des Bundesgerichtshofs ist denkbar knapp: Unter den Begriff des unerlaubten Handeltreibens „fällt jede eigennützige auf Umsatz von Betäubungsmitteln gerichtete Tätigkeit, auch die feste und realistische Transportzusage."[671] Etwaig bestehende Bedenken wegen der oben aufgezeigten Wertungen des § 30 II StGB teilt der Bundesgerichtshof nicht. Ferner verzichtet er auf eine Begründung auch und gerade im Hinblick auf die durch diese Rechtsprechung erneut erreichte, weitere Vorverlagerung der Vollendungsstrafbarkeit ins Stadium der Vorbereitung. Auf diese Weise illustriert das Urteil eindrucksvoll die im Bereich des Handeltreibens bestehende Praxis, um des kriminalpolitisch erwünschten Ergebnisses, dogmatische Bedenken hintan zu stellen und auf nachvollziehbare Begründungen zu verzichten. So werden es wohl der enorme Umfang an bereits transportierten Betäubungsmitteln bzw. die schon fest geplanten weiteren Betäubungsmitteltransporte gewesen sein, die den 3. Strafsenat zu einer erneuten Erweiterung des Begriffs Handeltreiben greifen ließen.[672] Dies erscheint jedoch vor dem Hintergrund der gem. § 29 II BtMG bestehenden Versuchsstrafbarkeit umso unverständlicher. So kann doch das Aufsuchen des

---

669 BGH, Urt. v. 23.08.1989 – 3 StR 120/89 = BGHR BtMG § 29 Abs 1 Nr 1 Handeltreiben 18.

670 Anders wohl der 2. Strafsenat in der zuletzt dargestellten Entscheidung (BGH, Urt. v. 01.08.1990 – 2 StR 147/90 = NStZ 1990, 545, 546), der für den Fall der Transportzusage (wohl ausschließlich) eine Strafbarkeit wegen Teilnahme erwog.

671 BGH, Urt. v. 23.08.1989 – 3 StR 120/89 = BGHR BtMG § 29 Abs 1 Nr 1 Handeltreiben 18.

672 Noch deutlicher wird dies im Vergleich zu der zuletzt dargestellten Entscheidung (BGH, Urt. v. 01.08.1990 – 2 StR 147/90 = NStZ 1990, 545, 546), in der die feste und realistische Transportzusage nicht als ausreichend erachtet wurde, wobei es allerdings auch lediglich um 10 kg Betäubungsmittel ging.

Übergabeortes und die Kontaktaufnahme (mittels Lichtzeichen) mit dem Lieferantenboot durchaus als unmittelbares Ansetzen im Sinne des § 22 StGB begriffen werden.[673] Damit wäre für den Bundesgerichtshof zudem die Möglichkeit eröffnet gewesen, zwar auf eine Versuchsstrafbarkeit zu erkennen, das Strafmaß jedoch (im Verhältnis zur Vollendungsstrafbarkeit) nur geringfügig oder, sofern dies im vorliegenden Fall mit § 23 II StGB vereinbar ist,[674] gar nicht zu mildern und damit auch bestehenden kriminalpolitischen Bedürfnissen Rechnung zu tragen.

b) Aufsuchen des Übergabeortes ohne Übernahme der Betäubungsmittel[675]

Der Angeklagte war mit konkreten Anweisungen nach Salzburg geschickt worden, um dort 10 kg Heroin zu übernehmen und nach Amsterdam zu transportieren. Er wartete in Salzburg vergeblich auf das Eintreffen des Rauschgifts und kehrte, nachdem er telefonisch weitere Anweisungen erhalten hatte, nach Amsterdam zurück.[676]

Das Landgericht verurteilte den Angeklagten wegen vollendeten Handeltreibens. Der Bundesgerichtshof trat dieser Auffassung entgegen und formulierte: „Der Angekl. selbst hatte auch hier noch keine Tätigkeit im Sinne einer tatbestandsmäßigen Ausführungshandlung des § 29 I 1 Nr. 1 BtMG entfaltet [...]. Er hatte zu einer solchen Tätigkeit auch noch nicht unmittelbar angesetzt [...].“[677]

Damit wertet der Bundesgerichtshof die erfolglose Anreise zum Übergabeort als bloße Vorbereitungshandlung.[678] Dieser Sichtweise ist vorbehaltlos zuzustimmen.

---

673 So auch *Ebert* (Das Handeltreiben mit Betäubungsmitteln, S. 137), der allerdings davon ausgeht, dass in diesem Fall vollendetes Handeltreiben anzunehmen sei; unklar *Bensch*, Der Begriff des Handeltreibens, S. 118.

674 Vgl. MK-StGB/*Herzberg*, § 23 Rn. 17 ff. zum Diskussionsstand bzgl. der Frage, wann nach § 23 II StGB zu mildern ist.

675 *Körner*, BtMG, § 29 Rn. 372 sieht in dieser Konstellation „besondere Abgrenzungsschwierigkeiten von Vorbereitung/Versuch/Vollendung des Handeltreibens“.

676 BGH, Urt. v. 01.08.1990 – 2 StR 147/90 = NStZ 1990, 545.

677 BGH, Urt. v. 01.08.1990 – 2 StR 147/90 = NStZ 1990, 545, 546.

678 Auch in einem weiteren Fall (BGH, B. v. 05.07.1984 – 1 StR 318/84 = StV 1985, 14) der erfolglosen Anreise eines Kuriers zum Übergabeort erkannte der Bundesgerichtshof nur eine Vorbereitungshandlung und führte aus: „[...] der Angeklagte [hat] eine Kuriertätigkeit weder entfaltet, noch hat er dazu unmittelbar angesetzt“.

c) *Verfügungsgewalt*

Entscheidend für die Überschreitung der Strafbarkeitsgrenze ist im Rahmen der Kurierfälle grundsätzlich[679] das Bestehen oder Fehlen der Verfügungsgewalt des Kuriers über die Betäubungsmittel.[680] So kann die eigennützige Förderung fremder Umsatzgeschäfte zwar den Tatbestand des Handeltreibens erfüllen,[681] dies setzt allerdings voraus, dass „der Täter mit dem Betäubungsmittel selbst befaßt"[682] ist, über dieses also Verfügungsgewalt ausüben kann bzw. konnte.[683]

Mit Hilfe der soeben skizzierten Rechtsprechungslinie lässt sich auch folgender Fall einordnen:

Im Reisegepäck eines pakistanischen Drogenkuriers befanden sich 1495 g Heroinzubereitung. Der Kurier wurde am Frankfurter Flughafen festgenommen. Er erklärte sich jedoch zur Kooperation mit den Zollbehörden bereit. Deshalb rief er seinen Auftraggeber an und teilte diesem mit, dass ihm seine kompletten Reiseunterlagen abhanden gekommen seien und er nunmehr im Transitbereich des Flughafens festsitze. Der Koffer wurde einem Vertrauensmann der Polizei übergeben, der den Drogenkurier von nun an (angeblich) unterstützen sollte. Bei ihm könne der Koffer nunmehr abgeholt werden. Zu diesem Zweck nahm ein vom Auftraggeber angewiesener Ersatzkurier (der spätere Angeklagte) mit dem Vertrauensmann der Polizei Kontakt auf. Letztlich flog der Angeklagte von Barcelona nach Frankfurt, um den Koffer mit dem Rauschgift dort an sich zu nehmen und nach Malaga weiter transportieren zu können. Der Ersatzkurier (Angeklagte) versuchte nach dem Eintreffen in Frankfurt, zweimal vergeblich, den Vertrauensmann der Polizei zwecks Übergabe des Koffers telefonisch zu erreichen. Nachdem dies misslang, entschloss sich der Angeklagte abzureisen. Als er an Bord seines Fluges gehen wollte, wurde er verhaftet.[684]

---

679 Anders allerdings der Bundesgerichtshof in der dargestellten Entscheidung (BGH, Urt. v. 23.08.1989 – 3 StR 120/89 = BGHR BtMG § 29 Abs 1 Nr 1 Handeltreiben 18); vgl. oben 3. Kapitel:C.II.2.a).

680 *Körner*, BtMG, 5. Auflage, § 29 Rn. 310; *Ebert*, Das Handeltreiben mit Betäubungsmitteln, S. 134.

681 Vgl. oben 3. Kapitel:C.II.2.

682 BGH, B. v. 23.04.1993 – 3 StR 145/93 = BGHR BtMG § 29 Abs 1 Nr 1 Handeltreiben 37.

683 Ob der Kurier letztlich das Ziel seines Transports erreicht, ist unerheblich. Damit wird auch der Kurier, der (auch kurze Zeit) nach Übernahme der Verfügungsgewalt festgenommen wird, wegen vollendeten Handeltreibens verurteilt (vgl. BGH, Urt. v. 04.10.1978 – 3 StR 232/78 = MDR 1979, 71).

684 BGH, Urt. v. 18.06.1986 – 2 StR 201/86 = NJW 1987, 720; vgl. hierzu auch unten 3. Kapitel:C.II.3, wo der Fall unter einem anderen Blickwinkel abermals beleuchtet wird.

Das Landgericht Frankfurt am Main wertete „die Flugreise des Angekl. nach Frankfurt zur Übergabe und zum Weitertransport des Heroin, sowie seinen Versuch „L“ [den Vertrauensmann der Polizei] deswegen zu erreichen, als unerlaubtes Handeltreiben mit Betäubungsmitteln.“[685] Dieser Ansicht trat der 2. Strafsenat entgegen.

Nach Meinung des Bundesgerichtshofs hat der Angeklagte im vorliegenden Fall noch keine Kuriertätigkeit entfaltet. Der erkennende Senat bestätigte zwar, dass der Angeklagte mit den Bemühungen, in den Besitz des Koffers zu gelangen, „eine auf Güterumsatz gerichtete Tätigkeit im weitesten Sinne entfaltet“[686] hat. Jedoch gab er zu bedenken: „[...] solange dieser [der Angeklagte] nicht im Besitz des Koffers war, änderte sich an dem durch die Unterbrechung des Transports und dem Verlust der Verfügungsgewalt eingetretenen Zustand aber noch nichts.“[687] Damit stellt auch der 2. Strafsenat in seinem Urteil entscheidend auf das Bestehen der Verfügungsmacht beim Kurier ab. Nur sofern diese vorliegt, kann demnach auch das vollendete Handeltreiben bejaht werden. Abschließend weist der Bundesgerichtshof noch darauf hin, dass der Angeklagte „unmittelbar zu einer tatbestandsmäßigen Handlung, nämlich der Inbesitznahme[688] des Rauschgiftes zum Zwecke des Weitertransportes, angesetzt“[689] habe. In diesem Ansetzen sei jedoch allenfalls ein Versuch des Handeltreibens zu erblicken.

Es fragt sich allerdings, ob das Kriterium der Verfügungsgewalt nicht durch die Rechtsprechung an anderer Stelle bestritten wird.[690] In einem Urteil[691] des 1. Strafsenats, in dem die Verfügungsgewalt letztlich kein relevantes Entscheidungskriterium war, äußerte sich der Senat trotzdem zu diesem Gesichtspunkt: „Bedenken könnten insbesondere insoweit bestehen, als dort der vorherigen Sicherstellung des Betäubungsmittels[692] – und damit der tatsächlichen Verfügungsgewalt über das Betäubungsmittel – eine Bedeutung beigemessen wird, die ihr in Fällen, in denen es nicht um die Strafbarkeit von Kurieren geht, nach der

---

685 BGH, Urt. v. 18.06.1986 – 2 StR 201/86 = NJW 1987, 720.

686 BGH, Urt. v. 18.06.1986 – 2 StR 201/86 = NJW 1987, 720; vgl. zu diesem Aspekt der Entscheidung auch unten 3. Kapitel:C.II.6.f).

687 BGH, Urt. v. 18.06.1986 – 2 StR 201/86 = NJW 1987, 720.

688 Vgl. hierzu unten 3. Kapitel:C.II.5.a).

689 BGH, Urt. v. 18.06.1986 – 2 StR 201/86 = NJW 1987, 720 f.

690 Hiervon wohl ausgehend: *Körner*, BtMG, § 29 Rn. 383.

691 BGH, Urt. v. 20.08.1991 – 1 StR 273/91 = NJW 1992, 380; vgl. zu dieser Entscheidung auch die Darstellung unter einem anderen Blickwinkel sogleich unter 3. Kapitel:C.II.3.

692 Vgl. sogleich unten 3. Kapitel:C.II.3. und 3. Kapitel:G.III.1.a).

Rechtsprechung nicht zukommt.“[693] Bei der Beurteilung dieser Äußerung ist jedoch zwingend der genaue Bezugspunkt der Ausführungen zu beachten. So meldet der 1. Strafsenat zwar insofern Bedenken an,[694] als das Kriterium der Verfügungsgewalt zur Lösung von Konstellationen herangezogen wird, in denen eine vorherige Sicherstellung des Betäubungsmittels eine entscheidende Rolle spielt. Es wird aber gleichzeitig ausdrücklich dargestellt, dass sich die geäußerten Bedenken nicht auf die Bedeutung des Kriteriums der Verfügungsmacht im Rahmen der Kurierfälle beziehen.[695] Insofern wird auch vom 1. Strafsenat die Entscheidungserheblichkeit des Kriteriums der Verfügungsgewalt im Rahmen der Kurierfälle nicht in Abrede gestellt, sondern vielmehr bestätigt.

Roxin[696] weist zu Recht daraufhin, dass das Kriterium der Verfügungsgewalt weder aus dem von der Rechtsprechung sonst gebrauchten weiten Begriff des Handeltreibens abzuleiten sei noch seine Verwendung weiter begründet werde. Durch das ausschließliche Abstellen auf dieses Kriterium im Bereich der Kurierfälle resultiert nach *Roxin*, im Rahmen des gesamten Handeltreibens, ein „Durcheinander“, welches es durch die Besinnung auf einen engeren Begriff des Handeltreibens aufzulösen gelte.[697]

3. Sichergestellte Betäubungsmittel

a) Rechtsprechung

Für einen Lohn von 75.000 DM sollte ein Rauschgiftkurier 12 kg Heroin in seinem Personenkraftwagen von der Türkei nach Deutschland befördern. Er wurde jedoch an der Grenze festgenommen. Das Heroin wurde sichergestellt. Dennoch rief der Kurier, auf Betreiben der Polizei, nur kurze Zeit später seinen Auftraggeber an und teilte ihm mit, dass er die Betäubungsmittel bei sich habe. Der Auftraggeber wies nunmehr den Angeklagten an, das Rauschgift vom Kurier (in der Wohnung eines T) abzuholen, diesem seinen Lohn zu übergeben und das Heroin letztlich bei ihm abzuliefern. Dem Angeklagten sollte als Entgelt Spielschulden i.H.v. 8000 DM erlassen werden. Der Angeklagte sammelte auftragsgemäß von Dritten den Kurierlohn ein und begab sich mit diesem zum

---

693 BGH, Urt. v. 20.08.1991 – 1 StR 273/91 = NJW 1992, 380, 381.

694 Er lässt jedoch ausdrücklich offen, ob er sich (bei gleicher Sachverhaltskonstellation) der von ihm in Bezug genommenen Entscheidung anschließen könnte (BGH, Urt. v. 20.08.1991 – 1 StR 273/91 = NJW 1992, 380, 381).

695 Vgl. *Ebert*, Das Handeltreiben mit Betäubungsmitteln, S. 134.

696 *Roxin*, StV 1992, 517, 519.

697 *Roxin*, StV 1992, 517, 519.

Übergabeort (G.). Ihm war nicht bekannt, dass das von ihm zu übernehmende Betäubungsmittel bereits sichergestellt wurde. Am Übergabeort (G.) wurde der Angeklagte festgenommen.[698]

Der Generalbundesanwalt plädierte für die Verurteilung des Angeklagten wegen versuchten Handeltreibens mit Betäubungsmitteln: „Weil das Heroin bereits am 13.3.1990 sichergestellt worden war, konnte der Angeklagte [...] die beabsichtigte Kuriertätigkeit nicht entfalten. [...] auch die Beitreibung des Geldes und dessen Transport nach G. sei noch kein Handeltreiben.“[699] Allerdings habe der Angeklagte durch die Fahrt nach G. und das Betreten der Wohnung des T nach seiner Vorstellung zur Übergabe des Kurierlohns und zur Beförderung des Rauschgifts – also zum Handeltreiben – unmittelbar angesetzt.[700] Der Bundesgerichtshof vermochte dieser Auffassung nicht zu folgen und verurteilte den Angeklagten wegen vollendeten Handeltreibens mit Betäubungsmitteln.

Er begründet das gefundene Ergebnis wie folgt: Handeltreiben „ist jede eigennützige, den Umsatz des Betäubungsmittels fördernde Handlung [...]. Die Förderung [...] bezieht sich nicht auf eine bestimmte, tatsächlich vorhandene Rauschgiftmenge. Es kommt nicht darauf an, ob das Betäubungsmittel, das der Täter anbietet, überhaupt zu seiner Verfügung steht.[701] Vielmehr genügt es, wenn die entfaltete Tätigkeit auf die Übertragung von Betäubungsmitteln von einer Person auf eine andere abzielt.“[702]

In diesem Urteil folgt der Senat damit „der bisherigen Linie einer großzügigen Anwendung des sowieso schon großzügig formulierten Begriffs „Handeltreiben“‘“[703] und erblickt allein in dem Einsammeln des Geldes von Dritten und dessen Transport zum Übergabeort, um dort im Austausch das Heroin in Empfang zu nehmen „jedenfalls insgesamt“[704] vollendetes täterschaftliches Handeltreiben.[705] Mit diesem Vorgehen umgeht der Bundesgerichtshof jegliche

---

698 BGH, Urt. v. 20.08.1991 – 1 StR 273/91 = NJW 1992, 380.

699 BGH, Urt. v. 20.08.1991 – 1 StR 273/91 = NJW 1992, 380, 381.

700 Vgl. BGH, Urt. v. 20.08.1991 – 1 StR 273/91 = NJW 1992, 380, 381.

701 Vgl. hierzu oben 3. Kapitel:C.II.1.a)gg).

702 BGH, Urt. v. 20.08.1991 – 1 StR 273/91 = NJW 1992, 380, 381.

703 *Hassemer*, JuS 1992, 352.

704 BGH, Urt. v. 20.08.1991 – 1 StR 273/91 = NJW 1992, 380, 381.

705 Der Angeklagte wurde wegen der soeben beschriebenen, weitgehend selbstständigen Abwicklung der Zahlungsmodalitäten („Im vorliegenden Fall setzte das Handeltreiben mit der Beschaffung des Geldes ein“, BGH, Urt. v. 20.08.1991 – 1 StR 273/91 = NJW 1992, 380, 381) insgesamt nicht mehr als schlichter Kurier angesehen. Deshalb musste hier, aus Sicht des 1. Strafsenats, auch nicht auf das, im Rahmen der Kurierrechtsprechung ansonsten ausschlaggebende Kriterium der (im konkreten Fall fehlenden) Verfügungsgewalt über die Betäubungsmittel abgestellt werden.

Stellungnahme zum eigentlichen Problem des Falls, nämlich der bereits erfolgten Sicherstellung des Betäubungsmittels und die damit verbundene Frage nach der Tauglichkeit des Tatobjekts.[706]

Dadurch, dass bereits jede Tätigkeit als ausreichend erachtet wird, die auf die Übertragung des Betäubungsmittels nur abzielt, wird wiederum eine Grenzziehung zwischen den verschiedenen Verwirklichungsstadien unmöglich gemacht.[707] Ohne weitere Erörterung wird die Vollendungsstrafbarkeit, anscheinend willkürlich weit, ins Vorfeld der Tat erstreckt. Diese durch den 1. Strafsenat an den Tag gelegte kompromisslose Ablehnung gegenüber der Einbeziehung anderer Lösungswege in seine Urteilsgründe ist umso erstaunlicher, als dass der Zusammenhang zwischen einer nicht zu erreichenden Rechtsgutsgefährdung und der Versuchsstrafbarkeit schon früher[708] durchaus erkannt wurde. Insofern führt der 2. Strafsenat aus: „Im vorliegenden Fall, in dem der Angeklagte das von ihm angestrebte Ziel von vornherein nie erreichen konnte und eine Gefährdung des durch die Strafvorschrift geschützten Rechtsgutes ausgeschlossen war, ist das Tatunrecht mit dem Unrechtsgehalt einer versuchten Deliktsverwirklichung vergleichbar."[709]

Fraglich ist, ob sich das Urteil des 1. Strafsenats, neben seiner zu kritisierenden Begründung, zudem in Widerspruch zu vorherigen Entscheidungen des Bundesgerichtshofs setzt. Dies wird teilweise seitens der Literatur[710] bemängelt. Insbesondere im Verhältnis zu drei früheren Entscheidungen[711] sollen Widersprüchlichkeiten zu erkennen sein. Die Sachverhalte dieser Entscheidungen

---

706 *Ebert*, Das Handeltreiben mit Betäubungsmitteln, S. 151; *Bensch*, Der Begriff des Handeltreibens, S. 110.

707 Selbiges gilt für die, hier nicht primär interessierende Abgrenzung von Täterschaft und Teilnahme. Vgl. hierzu aber unten 3. Kapitel:F.II. und 3. Kapitel:G.II.

708 BGH, B. v. 20.12.1989 – 2 StR 575/89 = BGHR BtMG § 29 Abs 1 Nr 1 Strafzumessung 9.

709 BGH, B. v. 20.12.1989 – 2 StR 575/89 = BGHR BtMG § 29 Abs 1 Nr 1 Strafzumessung 9.

710 Vgl. *Nestler*, Handbuch Betäubungsmittelstrafrecht, § 11 Rn. 370; *Roxin*, StV 1992, 517, 518 f.; so wohl auch der Generalbundesanwalt in vorliegenden Fall (vgl. BGH, Urt. v. 20.08.1991 – 1 StR 273/91 = NJW 1992, 380 f.); lediglich auf eine gegenläufige Tendenz der Entscheidungen hinweisend: *Hassemer*, JuS, 1992, 352.

711 BGH, Urt. v. 18.06.1986 – 2 StR 201/86 = NJW 1987, 720 (vgl. hierzu oben 3. Kapitel:C.II.2.c)); BGH, B. v. 05.07.1984 – 1 StR 318/84 = StV 1985, 14; ferner soll die besprochene Entscheidung auch einem Urteil des 2. Strafsenats vom 01.08.1990 (BGH, Urt. v. 01.08.1990 – 2 StR 147/90 = NStZ 1990, 545) widersprechen. Der Sachverhalt zeichnet sich zwar auch durch eine erfolglose Anreise des Kuriers aus, allerdings fand keine Sicherstellung der Betäubungsmittel statt.

zeichnen sich dadurch aus, dass der Angeklagte jeweils, im Ergebnis erfolglos, einen Ort aufsuchte, an dem ihm ein Dritter (Schmuggler) in Wahrheit schon sichergestellte Betäubungsmittel übergeben sollte.[712] Die Betäubungsmittel sollten sodann vom Angeklagten an eine weitere Person (Hintermann) geliefert werden. In allen Fällen scheiterte das Vorhaben jedoch wegen des Eingreifens der Polizei. Insoweit besteht eine völlige Vergleichbarkeit zu dem soeben zuerst und ausführlich dargestellten Fall[713]. In den Vergleichsfällen wurde der Angeklagte vom Vorwurf des unerlaubten Betäubungsmittelhandels jedoch freigesprochen.[714] Jeweils wurde die Tätigkeit des „verhinderten" Kuriers als (noch) nicht ausreichend für die Beurteilung als eigenhändiges Handeltreiben bewertet. Auf den Umstand, dass die Betäubungsmittel bei der Anreise schon sichergestellt waren, kam es für den Bundesgerichtshof also nicht mehr an. Die erkennenden Senate äußerten sich deshalb zu diesem Gesichtspunkt nicht. Trotz dieser, im Tatsächlichen liegenden Ähnlichkeiten der Fälle besteht zu der Entscheidung des 1. Strafsenats jedoch ein Unterschied, der von Seiten der Literatur, die die Widersprüchlichkeit dieser Entscheidung bemängelt, vernachlässigt wird. In sämtlichen zum Vergleich herangezogenen Urteilen sollte der Angeklagte letztlich eine schlichte Kuriertätigkeit ausüben.[715] Der für den Bundesgerichtshof im hier ausführlich geschilderten Fall[716] entscheidende Gesichtspunkt war dagegen (wohl) folgender: Die Bemühungen des Angeklagten ließen sich nunmehr als täterschaftliches Handeltreiben bewerten, da es ihm über die geplante Kuriertätigkeit hinaus zunächst oblag, das Geld für den Schmuggler selbstständig „zusammenzubringen".[717] Dies ist die, die Fälle unterscheidende Tatsache. Ihr hat der 1. Strafsenat, neben der Fahrt zum Übergabeort und seinem Aufsuchen insofern ausschlaggebende Bedeutung beigemessen, als dass er das Verhalten des Angeklagten damit „jedenfalls insgesamt […] nach Inhalt und Intensität der Tätigkeit [als] vollendetes täterschaftliches Handeltreiben"[718] wertete. Eine Vorla-

712 Ausgenommen sei hier BGH, Urt. v. 01.08.1990 – 2 StR 147/90 = NStZ 1990, 545, bei dem zum Zeitpunkt der Anreise noch keine Sicherstellung erfolgt war.

713 BGH, Urt. v. 20.08.1991 – 1 StR 273/91 = NJW 1992, 380.

714 BGH, Urt. v. 18.06.1986 – 2 StR 201/86 = NJW 1987, 720, 721 sah in dem begutachteten Verhalten allenfalls einen Versuch.

715 Bei BGH, B. v. 05.07.1984 – 1 StR 318/84 = StV 1985, 14 beinhaltete diese allerdings noch das Mitsichführen des Schmugglerlohns. Dieser wurde aber vom Angeklagten zuvor nicht erst eingesammelt.

716 BGH, Urt. v. 20.08.1991 – 1 StR 273/91 = NJW 1992, 380.

717 BGH, Urt. v. 20.08.1991 – 1 StR 273/91 = NJW 1992, 380; im weiteren Verlauf der Urteilsgründe spricht der Bundesgerichtshof auch vom „Einsammeln" und der „Beschaffung" (beides auf S. 381) des Geldes.

718 BGH, Urt. v. 20.08.1991 – 1 StR 273/91 = NJW 1992, 380, 381.

ge an den Großen Senat für Strafsachen war damit, wie der 1. Strafsenat ausführte,[719] nicht angezeigt.

Trotzdem sind im Verhältnis zu den angesprochenen Vergleichsentscheidungen zwei weitere Aspekte zu beleuchten.

Zum einen muss man die Frage stellen, ob die tatsächlich formal vorliegende Widerspruchsfreiheit auch Bestand gehabt hätte, wenn man sich das Beschaffen des Geldes durch den Angeklagten hinweg dächte. Wendete man die durch den 1. Strafsenat[720] gebrauchte Formulierung, nämlich dass es genüge, „wenn die entfaltete Tätigkeit auf die Übertragung von Betäubungsmitteln von einer Person auf eine andere abzielt“[721] auf die Vergleichsentscheidungen an, verblieben insofern ernsthafte Zweifel.[722] So lässt sich nur schwerlich bestreiten, dass auch die oben beschriebenen Tätigkeiten der Angeklagten in den Vergleichsfällen auf eine solche Übertragung von Betäubungsmitteln abzielten.

Zum anderen kann man dem Bundesgerichtshof zwar zu Gute halten, dass die Sachverhalte tatsächlich soweit unterschiedlich waren, dass eine Vorlage an den Großen Senat nicht angezeigt war. Der dem 1. Strafsenat zu machende Vorwurf des Wertungswiderspruchs bleibt hingegen bestehen: Es ist nicht einzusehen, wie der hier dargelegte einzige Unterschied zwischen den Sachverhaltskonstellationen eine Verurteilung wegen vollendeten Handeltreibens zu 3 Jahren Freiheitsstrafe[723], gegenüber einem Freispruch legitimieren könnte. Vielmehr erscheint es schlicht dem Zufall geschuldet, ob dem (ursprünglichen) Schmuggler das Geld direkt durch den Hintermann zukommt, es zwar durch den Kurier (gemeint ist hier jeweils der Angeklagte) übergeben wird, dieses Geld aber vom Hintermann an den Angeklagten ausgehändigt wird, oder ob der Angeklagte das Geld zunächst noch bei verschiedenen Stellen einzusammeln hat und es erst danach zur Übergabe kommen soll.

b) Literatur

Die vom Bundesgerichtshof in der dargestellten Entscheidung eingeschlagene Linie ist auch in der Literatur auf ablehnenden Widerhall gestoßen.[724] So wird

---

719 BGH, Urt. v. 20.08.1991 – 1 StR 273/91 = NJW 1992, 380, 381.

720 BGH, Urt. v. 20.08.1991 – 1 StR 273/91 = NJW 1992, 380.

721 BGH, Urt. v. 20.08.1991 – 1 StR 273/91 = NJW 1992, 380, 381.

722 Der 1. Strafsenat selbst ließ offen, „ob er sich bei gleicher Fallgestaltung den [...] geäußerten Rechtsmeinungen anschließen könnte“, äußerte insofern jedoch Bedenken (vgl. BGH, Urt. v. 20.08.1991 – 1 StR 273/91 = NJW 1992, 380, 381).

723 Ferner wurde der Personenkraftwagen des Angeklagten eingezogen.

724 So stellt *Hassemer* in JuS, 1992, 352 treffend fest, dass man sich bei der Lektüre der Leitsätze der Entscheidung (verwundert) „die Augen reiben“ müsse.

die vorliegende Konstellation richtigerweise als untauglicher Versuch (sichergestellte Betäubungsmittel als untaugliches Tatobjekt) des Handeltreibens bewertet.[725]

c) *Stellungnahme*

Für diesen Lösungsweg spricht neben den schon oben angeführten Aspekten eine vergleichende Überlegung im Rahmen der Hehlerei (§ 259 StGB), genauer: bei der Tatmodalität der Absatzhilfe. Hier fordert der Bundesgerichtshof keinen Absatzerfolg.[726] Zur Vollendung des Delikts genügt vielmehr jede, vom Absatzwillen getragene, vorbereitende, ausführende oder helfende Tätigkeit, die geeignet ist, den Vortäter bei seinem Bemühen um wirtschaftliche Verwertung der bemakelten Sache zu unterstützen.[727] Allerdings nimmt die Rechtsprechung insofern eine Einschränkung vor: Selbst wenn kein Förderungserfolg vonnöten ist, muss das Bemühen um den Absatz (im konkreten Fall) geeignet sein, die rechtswidrige Vermögenssituation aufrechtzuerhalten oder zu vertiefen.[728] „Wenn die Realisierung des Willens zur Beeinträchtigung des geschützten Rechtsguts nicht geeignet ist, den rechtswidrigen Zustand aufrechtzuerhalten oder zu vertiefen [...] kann keine Vollendung des Delikts angenommen werden."[729] Vielmehr verbleibt insofern lediglich eine Versuchsstrafbarkeit.[730] Warum dies allerdings im Falle des Handeltreibens – sofern die ausgeübte Tätigkeit objektiv von vornherein ungeeignet ist, das geschützte Rechtsgut zu verletzen, weil aufgrund der Sicherstellung jede weitere Gefährdung Dritter ausgeschlossen ist – anders zu beurteilen sein soll, ist nicht einsichtig.[731]

Zusammenfassend lässt sich konstatieren, dass der Umsatz von Betäubungsmitteln nicht mehr objektiv gefördert werden kann, sofern das Rauschgift bereits durch die Polizei sichergestellt wurde. Dennoch kommt nach der Rechtsprechung vollendetes Handeltreiben auch in diesem Falle in Betracht, sofern der Täter von dieser Sicherstellung keine Kenntnis erlangt (oder ein eingespiel-

---

725 So zu recht: *Harzer*, StV 1996, 336, 338; *Roxin*, StV 1992, 517, 519; *Nestler,* Handbuch Betäubungsmittelstrafrecht, § 11 Rn. 370; *Malek*, Betäubungsmittelstrafrecht, Kap. 2 Rn. 142; *Krack* (JuS 1995, 585, 586 f.) weist überdies auf die Überschreitung des Wortlautes durch die Auslegung der Rechtsprechung in diesem Bereich hin.

726 Vgl. hierzu schon knapp oben 3. Kapitel:B.III.2.

727 BGHSt 26, 358, 362; BGHSt 43, 110 f.

728 BGH, NStZ 1990, 539; BGHSt 43, 110f; MK-StGB/*Lauer*, § 29 Rn. 81.

729 *Endriß*, NStZ 1998, 463.

730 Vgl. BGHSt 43, 110, 112.

731 So auch *Endriß*, NStZ 1998, 463, 464.

tes Bezugs- und Vertriebssystem vorliegt[732]) und sein Verhalten weiterhin auf den Betäubungsmittelumsatz ausrichtet.[733]

4. Scheindrogen

Als Scheindrogen gelten Stoffe (Betäubungsmittelimitate[734] oder andere Stoffe),[735] die zwar selbst keine Betäubungsmittel sind, die aber irrig als echte Betäubungsmittel angeboten bzw. verkauft werden. In einem solchen Fall kommt, aus dem Blickwinkel des Handeltreibens betrachtet, ausschließlich die Strafbarkeit gem. § 29 I 1 Nr. 1 BtMG (bzw. § 29 II BtMG) in Betracht.[736] Die Anwendung von § 29 VI BtMG ist hingegen ausgeschlossen.[737] Dieser kann nur zu einer Strafbarkeit führen, wenn die Handelnden Kenntnis darüber haben bzw. es zumindest billigen und sich damit abfinden, dass es sich bei den Objekten der jeweiligen Geschäfte nicht um echte Betäubungsmittel, sondern um Betäubungsmittelimitate handelt.[738]

---

732 „Zum anderen können Einforderung, Kassierung und Weiterleitung des Entgeltes für eine bereits erfolgte, aber sichergestellte Rauschgiftlieferung insofern dem Rauschgiftumsatz dienen, als sie im Rahmen eines eingespielten Bezugs- und Vertriebssystems stattfinden und damit der nächsten Rauschgiftlieferung den Boden bereiten" (BGH, B. v. 17.05.1996 – 5 StR 119/96 = BGHR BtMG § 29 Abs 1 Nr 1 Handeltreiben 50); vgl. auch *Weber*, BtMG, § 29 Rn. 339, 347.

733 BGH, B. v. 21.05.1999 – 2 StR 154/99 = BGHR BtMG § 29 Abs 1 Nr 1 Handeltreiben 52; *Weber*, BtMG, § 29 Rn. 339, 347.

734 *Körner*, BtMG, § 29 Rn. 273.

735 Vgl. *Weber*, BtMG, § 29 Rn. 203.

736 Spricht der Täter dagegen irrtümlich echten Betäubungsmitteln ihre Betäubungsmitteleigenschaft ab, denkt also z.B., es handele sich um Betäubungsmittelimitate, liegt ein vorsatzausschließender Tatbestandsirrtum vor (*Körner*, BtMG, § 29 Rn. 2146). In Betracht kann aber fahrlässiges Handeltreiben mit Betäubungsmitteln nach §§ 16 I 2 StGB, 29 IV BtMG kommen (*Weber*, BtMG, § 29 Rn. 1887).

737 Vgl. *Körner*, BtMG, § 29 Rn. 2144; *Weber*, BtMG, § 29 Rn. 1877.

738 *Weber*, BtMG, § 29 Rn. 1885; BGH, Urt. v. 20.08.1991 – 1 StR 321/91 = BGHSt 38, 58, 60 f.; ausweislich der amtlichen Begründung wurde der Handel mit Scheindrogen, die der Händler bewusst als echte Drogen verkauft, unter Strafe gestellt, um zu verhindern, dass Dealer Scheindrogen abgeben, die Kunden damit zunächst von der Harmlosigkeit des angeblichen Rauschgifts überzeugen und auf diese Weise den späteren Absatz von Betäubungsmitteln erleichtern (BT-Drs. VI/1877, S. 10). Dabei fragt sich allerdings, inwiefern der Dealer durch die Abgabe minderwertiger Ware (Scheindrogen) neue Kunden gewinnen soll. Diese Vermutung hat sich auch in der Praxis nicht bestätigt (vgl. *Kreuzer*, Drogen und Delinquenz, S. 233). Deshalb wird nunmehr der Schutz der Konsumenten vor den von Betäubungsmittelimitaten ausgehenden Gesundheitsge-

a) Rechtsprechung

Der Bundesgerichtshof verfährt mit der oben beschriebenen Situation (Vorliegen von Scheindrogen) wie folgt:[739]

Der Angeklagte bot einem Kaufinteressenten eine Flasche Kochsalz an, deren Inhalt er für echtes Kokain hielt. Zum Verkauf kam es jedoch nicht. Daraufhin bot er die Flasche ein weiteres Mal in gleicher Weise an. Bei dem zweiten Verkaufsversuch wurde der Angeklagte festgenommen.[740]

In dieser, seiner ersten Entscheidung zum Opiumgesetz 1929, bestätigte der Bundesgerichtshof die Annahme des Landgerichts, dass es sich um zwei Fälle des vollendeten Handeltreibens mit Betäubungsmitteln handele.

Er begründete seine Ansicht damit, „daß es für den Begriff des „Handeltreibens" [...] nicht darauf ankommt, ob der Stoff, der als Betäubungsmittel [...] angeboten wird, wirklich ein solches ist"[741], da „ja schon das Verhandeln, das nach Absicht des Täters zum Vertragsschluß führen soll"[742], eine Strafbarkeit wegen vollendeten Handeltreibens begründe.[743]

Damit ist die Argumentationsstruktur des Bundesgerichtshofs in diesem Bereich mit derjenigen im Rahmen der bereits sichergestellten Betäubungsmittel[744] vergleichbar: Auch hier wird die rechtliche Bewertung des eigentlichen Kernproblems (nämlich das Nichtvorliegen von Betäubungsmitteln) durch ein Ausweichen auf die sich aus der sonstigen weiten Interpretation des Begriffs Handeltreiben ergebenden Alternativen (das Abstellen auf das vorhergehende ernsthafte Verkaufsangebot) umgangen.

Den bisherigen Argumentationsstrang der Rechtsprechung griff der Bundesgerichtshof in späteren Entscheidungen wieder auf.

Der Angeklagte bot einem Kaufinteressenten knapp 1 kg „Heroin" an. Es handelte sich in Wahrheit jedoch nicht um Heroin, sondern um eine nicht dem

---

fahren in den Vordergrund gestellt (vgl. *Körner*, BtMG, § 29 Rn. 2127). Ferner soll dem betrügerischen Handel mit Stoffen, die nicht unter das BtMG fallen, Einhalt geboten werden (vgl. *Weber*, BtMG, § 29 Rn. 1870), wobei sich fragt, ob nicht § 263 StGB insofern ausreichenden Schutz bietet.

739 Die folgend skizzierte Rechtsprechungslinie war bis in die jüngere Vergangenheit völlig unbestritten (vgl. *Körner*, NStZ 2000, 95). Erst im Jahre 2006 meldete der 3. Strafsenat (BGH, B. v. 04.04.2006 – 3 StR 91/06 = BGHR BtMG § 29 Abs 1 Nr 1 Handeltreiben 66) für diesen Bereich Zweifel an. Vgl. unten 3. Kapitel:G.III.4.

740 BGH Urt. v. 01.07.1954 – 3 StR 657/53 = BGHSt 6, 246.

741 BGH Urt. v. 01.07.1954 – 3 StR 657/53 = BGHSt 6, 246, 247.

742 BGH Urt. v. 01.07.1954 – 3 StR 657/53 = BGHSt 6, 246, 247.

743 BGH Urt. v. 01.07.1954 – 3 StR 657/53 = BGHSt 6, 246, 247.

744 Vgl. oben 3. Kapitel:C.II.3.

Betäubungsmittelgesetz unterliegende Substanz. Der Angeklagte ging davon aus, dass es sich um Heroin minderer Qualität handele. Bei der Übergabe des Stoffes wurde der Angeklagte festgenommen.[745]

Auch in diesem Fall bestätigte der Bundesgerichtshof die landgerichtliche Entscheidung, soweit sie in dem geschilderten Vorgehen vollendetes Handeltreiben erkannte.

Er führte aus, dass „sogar schon mit dem ernstgemeinten Lieferangebot die Voraussetzungen des vollendeten Handeltreibens erfüllt"[746] seien und deshalb der Umstand, dass es sich in Wirklichkeit nicht um Betäubungsmittel handelt, „schon aus Gründen rechtlicher Logik"[747] nicht dazu führen könne, dass das Delikt dadurch in das Stadium des bloßen (untauglichen) Versuchs zurückfalle. Zudem wurde das gefundene Ergebnis auf wertende Überlegungen im Verhältnis zu § 29 VI BtMG gestützt: Wenn schon der in Kenntnis der fehlenden Betäubungsmitteleigenschaft des verkauften Stoffes Handelnde gem. § 29 VI BtMG ausschließlich der Vollendungsstrafbarkeit unterworfen würde, so dürfe der sich insofern in einem Irrtum befindliche Täter, der doch nach seinem betätigten Willen mindestens ebenso gefährlich ist, nicht in den Genuss der Möglichkeit der Strafmilderung gem. § 23 II StGB gelangen und muss damit ebenso wegen des vollendeten Delikts bestraft werden.[748]

Die zuvor gemachten Ausführungen gelten nicht nur für den Verkäufer, sondern auch für den in gewinnbringender Veräußerungsabsicht handelnden Erwerber.[749]

b) Literatur

Die Haltung der Rechtsprechung erfuhr in der Literatur ein geteiltes Echo.

Der Rechtsprechung beipflichtend führte *Weber*[750] ein weiteres Argument für die dargestellte Sichtweise an. Auch für *Weber* ist entscheidend, auf was sich die Abrede (oder eine sonstige auf Umsatz gerichtete Handlung) bezog. Sofern diese auf das „echte" Betäubungsmittel gerichtet ist, soll es insofern unerheblich sein, wenn tatsächlich nur eine Scheindroge vorliegt. Dieses Ergebnis ergebe sich aus einer Betrachtung der Gegenleistung. So werde der Preis doch gerade

---

745 BGH, B. v. 06.11.1991 – 3 StR 406/91 = NStZ 1992, 191.

746 BGH, B. v. 06.11.1991 – 3 StR 406/91 = NStZ 1992, 191.

747 BGH, Urt. v. 14.04.1999 – 3 StR 22/99 = NJW 1999, 2683, 2684.

748 BGH, B. v. 06.11.1991 – 3 StR 406/91 = NStZ 1992, 191.

749 *Weber*, BtMG, § 29 Rn. 206; BGH, Urt. v. 14.04.1999 – 3 StR 22/99 = NJW 1999, 2683, 2684; BGH, B. v. 11.06.1997 – 2 StR 134/97 = StV 1997, 638.

750 BtMG, § 29 Rn. 204.

für das Betäubungsmittel und nicht für den anderen Stoff ausgehandelt oder bezahlt.[751] Ferner schreibt *Weber*, „niemand würde auf den Gedanken kommen, es habe kein Diamantenhandel vorgelegen, wenn statt der Diamanten Kieselsteine geliefert werden oder sich die Diamanten als falsch herausstellen."[752]

Diesem Vergleich ist entgegenzutreten. Eine Begründung, weshalb die von ihm skizzierten Fallgestaltungen zwingend als „Diamantenhandel" zu begreifen seien, liefert *Weber* nicht. So lässt sich doch ebenso gut vertreten, dass wohl niemand auf den Gedanken käme, ein Geschäft, bei dem letztendlich Kieselsteine geliefert werden, als Diamantenhandel zu bezeichnen. Begrifflichkeiten wie Betrug, Täuschung oder Hintergehung liegen in diesem Zusammenhang deutlich näher als die Bezeichnung des Vorgangs als „Handel". Zudem scheint der Diamantenhandel an sich kein geeignetes Vergleichsobjekt zu sein. Der Handel mit Diamanten ist grundsätzlich legal. Der Handel mit Betäubungsmitteln ist (zumindest im hier interessierenden Bereich) illegal. Insofern verdient letzterer eine differenziertere Betrachtung und im Zweifel auch eine restriktivere Beurteilung hinsichtlich der Wortlautgrenze.

Eben diese sehen *Paeffgen*[753] und *Krack*[754] durch die dargestellte Auslegung der Rechtsprechung verletzt.[755] Ersterer führt aus: „Dabei wird freilich schlicht die Copula mit „Betäubungsmitteln" ausgeblendet. Denn es dürfte sprachlich kaum ein klareres Beispiel für Nicht-Rauschgift geben als vermeintliches („unechtes") Rauschgift. Wieso aber das Veräußern von nur irrig für BtM gehaltenem Stoff „Handel-Treiben mit BtM" sein soll, müsste erst noch einmal aufgeklärt werden."[756] Ähnlich deutlich wird auch *Krack*, wenn er schreibt: „Die Veräußerung z.B. von Kochsalz lässt sich in der deutschen Sprache nicht korrekt als das Handeltreiben mit einem Rauschgift beschreiben."[757]

Schon *Topf*[758] stellt darüber hinaus in seiner Urteilsanmerkung klar, dass man generell zwar in dem ernsthaften Angebot von Betäubungsmitteln bereits ein Handeltreiben erblicken könne. Die vorliegende Situation sei aber anderes gelagert. Hier wurden gerade keine echten Betäubungsmittel übergeben. Dies

---

751 *Weber*, Handeltreiben, S. 526.

752 *Weber*, BtMG, § 29 Rn. 204; *ders.*, Handeltreiben, S. 253.

753 FS 50 Jahre BGH, S. 695, 718 Fn. 111.

754 JuS 1995, 585.

755 Ebenso: *Niehaus*, JR 2005, 192, 193 f.

756 *Paeffgen*, FS 50 Jahre BGH, S. 695, 718 Fn. 111.

757 *Krack*, JuS 1995, 585, 586 f.

758 *Topf*, NJW 1954, 1898.

fordere aber der klare Gesetzeswortlaut. Insofern bleibt lediglich die Verurteilung wegen untauglichen Versuchs des Handeltreibens.[759]

Endriß/Kinzig[760] sehen in der früheren Entscheidung einen Dammbruch im Hinblick auf die Vergeistigung von Tathandlung und Tatobjekt und weisen darauf hin, dass der Bundesgerichtshof in seinen Urteilsgründen kurioserweise selbst von einem „zweiten Versuch" spricht, allerdings ohne sich ernsthaft mit dieser Strafbarkeitsalternative auseinanderzusetzen.

c) Stellungnahme

Die durch die Literatur geäußerten Bedenken vermögen zu überzeugen.

Der Normwortlaut muss stets die äußerste Grenze der Auslegung darstellen. Inwiefern aber im Lichte des Art. 103 II GG ein gerade nicht vorliegendes Betäubungsmittel als „echtes Betäubungsmittel" begriffen werden kann, ist nicht einsichtig. Auch die dahingehenden Begründungsversuche *Webers*[761] vermögen dies nicht plausibel zu machen. Damit kann auch der Weg des Ausweichens der Rechtsprechung unter schlichtem Abstellen auf das ernsthafte Angebot keine weitere Geltung beanspruchen. Selbst wenn man diese Sichtweise grundsätzlich billigt, zeigt auch ihr der Wortlaut an dieser Stelle die Grenzen auf.

Ferner sind auch die in systematischer Hinsicht gemachten Ausführungen des Bundesgerichtshofs nicht zwingend: Aus dem ausschließlichen Verweis des § 29 VI BtMG auf § 29 I 1 Nr. 1 BtMG kann auch abgeleitet werden, dass der bloße Wille mit Betäubungsmitteln zu handeln, im Hinblick auf seine Strafwürdigkeit, gerade nicht dem Handel mit echten Betäubungsmitteln gleichgestellt wird. Wollte der Gesetzgeber eine solche Gleichstellung, hätte er den in § 29 VI BtMG ergangenen Verweis nicht auf § 29 I 1 Nr. 1 BtMG beschränkt, sondern auch auf die §§ 29 III, 29a ff. BtMG erstreckt.[762]

Überdies erscheint bedenklich, dass die Rechtsprechung nicht nur die weite Auslegung im Rahmen des Handeltreibens nach § 29 I 1 Nr. 1 BtMG mit einem Vergleich zu § 29 VI BtMG rechtfertigt. Vielmehr wird beim Handeltreiben mit Imitaten (nach § 29 VI BtMG) wiederum auf die weite Definition des Handeltreibens nach § 29 I 1 Nr.1 BtMG verwiesen und damit die Annahme eines nach § 29 VI BtMG straflosen Versuchs des Handeltreibens mit Imitaten

---

759 So auch *Krack*, JuS 1995, 585, 587.

760 NJW 2001, 3217, 3218.

761 Vgl. soeben oben 3. Kapitel:C.II.4.b).

762 *Malek*, Betäubungsmittelstrafrecht, Kap. 2 Rn. 142.

vermieden.[763] „Eine weite Definition des strafbaren Unrechts begründet [damit] wechselseitig die andere.“[764]

Insgesamt greift im Bereich der Scheindrogen die ohnehin schon im Rahmen der Tathandlung bestehende Subjektivierung[765] weiter Platz. Nunmehr wird auch das eindeutig objektiv zu bestimmende Merkmal des „Betäubungsmittels“, also das Tatobjekt, subjektiv beurteilt.[766] Diese Vergeistigung geht soweit, dass es für die Tatbestandverwirklichung ausreichen soll, wenn sich allein der Wille der Beteiligten auf ein Betäubungsmittel bezieht. Dabei übersehen wird jedoch, dass „auch eine böse Absicht [...] Kochsalz nicht zu Kokain machen“[767] kann. Mithin ist der vom Bundesgerichtshof beschrittene Weg abzulehnen. Die dargestellten Konstellationen lassen sich sachgerecht mit Hilfe der Figur des untauglichen Versuchs (nach § 29 II BtMG) lösen.

---

763 *Nestler,* Handbuch Betäubungsmittelstrafrecht, § 11 Rn. 364 Fn. 901; vgl. BGH, Urt. v. 20.08.1991 – 1 StR 321/91 = NStZ 1992, 87, 88.

764 *Nestler,* Handbuch Betäubungsmittelstrafrecht, § 11 Rn. 364 Fn. 901.

765 Vgl. oben 3. Kapitel:C.II.3.

766 *Ebert*, Das Handeltreiben mit Betäubungsmitteln, S. 157.

767 *Krack*, JuS 1995, 585, 587.

5. Betäubungsmitteldiebstahl

a) *Allgemein zur Bewertung der Inbesitznahme von Betäubungsmitteln als Handeltreiben*

Nach der Rechtsprechung ist schon die bloße Inbesitznahme von Betäubungsmitteln als vollendetes unerlaubtes Handeltreiben zu werten, wenn der Täter nach seiner Vorstellung mit dieser bereits eine umsatzfördernde Handlung vorgenommen hat[768] oder mindestens vornehmen wollte.[769] Diese immerhin innerhalb der Rechtsprechung unumstrittene Beurteilung verdeutlicht nochmals, wie weit der straflose Spielraum des Betäubungsmitteltäters im objektiven Bereich beschnitten wurde. „Eine nach außen erkennbare, auf die Veräußerung der Ware gerichtete Tätigkeit ist nicht erforderlich."[770] Damit kommt es entscheidend darauf an, was der Täter beim Akt der Gewahrsamsbegründung gedacht hat.[771] Das Erfassen dieser Gedanken durch die Definition des Handeltreibens nach der Rechtsprechung gibt Anlass zur Kritik. Die schlichte Inbesitznahme ist nämlich keine auf den Umsatz gerichtete Tätigkeit.[772] Die Verwertungsabsicht ist zwar eindeutig auf den Umsatz gerichtet. Dieser Umstand macht aber aus einer Absicht noch keine Tätigkeit. Auf die auf Umsatzförderung gerichtete Tätigkeit wird in Wahrheit verzichtet. Der böse Gedanke allein muss jedoch straflos sein, sonst „regierte das Schreckensinstrument des Gesinnungsstrafrechts."[773]

Eine weitere, negative Folge eines solch weiten Verständnisses des Begriffs Handeltreiben ergibt sich im Bereich der Abgrenzung von Vorbereitung und Versuch. Dies lässt sich an folgendem Beispiel illustrieren:

Nachdem der Angeklagte eine Lieferung von 15 kg Heroin entgegengenommen hatte, vergrub er sie zunächst auf einem Grundstück. Wohl zwei Mona-

---

768 BGH, Urt. v. 21.02.1974 – 1 StR 588/73 = BGHSt 25, 290, 292.

769 *Franke/Wienroeder/Wienroeder*, BtMG, § 29 Rn. 44; BGH, Urt. v. 18.03.1981 – 3 StR 68/81 = NStZ 1981, 263.

770 BGH, Urt. v. 20.01.1982 – 2 StR 593/81 = BGHSt 30, 359, 361.

771 *Strate*, ZRP 1987, 314, 316.

772 *Neuhaus*, NStZ 2001, 39 f. weist in diesem Zusammenhang richtigerweise darauf hin, dass die Inbesitznahme auch keine Bemühung ist, die den Umsatz mit Betäubungsmitteln (im Sinne der Definition des BGH) „ermöglichen" soll. Mit dem „Ermöglichen" ist nämlich nicht nur eine abstrakt denkbare Kausalität gemeint. Vielmehr müsste die Handlung den Umsatz zum Endziel haben. Hieran kann es aber beispielsweise fehlen, wenn die Inbesitznahme den Zweck hat, das Rauschgift an die Ermittlungsbehörden zu übergeben (vgl. hierzu BGH, Urt. v. 03.06.1981 – 2 StR 235/81 = StV 1981, 549).

773 So richtigerweise *Rath*, JuS 1998, 1006, 1007; vgl. auch LK/*Hillenkamp*, Vor §§ 22 ff. Rn. 3.

te[774] später erstattete er wegen dieses Vorgangs Selbstanzeige. Der Angeklagte ließ sich unwiderlegt dahingehend ein, dass er von Anfang an beabsichtigte, das Heroin den deutschen Ermittlungsbehörden zu übergeben und die liefernde Rauschgiftorganisation aufzudecken.[775]

Das Landgericht verurteilte den Angeklagten wegen Besitzes in nicht geringer Menge gem. § 29a I Nr. 2 BtMG. Hiergegen wandte sich die Staatsanwaltschaft mit dem Ziel einer Verurteilung (auch) wegen Handeltreibens mit Betäubungsmitteln. Dieser Revision versagte der Bundesgerichtshof allerdings den Erfolg. Er sah die geforderte Eigennützigkeit des Täters nicht als gegeben an.[776] Insofern sei nicht ausreichend, dass er die gewinnbringende Weiterveräußerung nur erwog.[777]

Damit ist nicht das Ergebnis, sondern vielmehr die vom Bundesgerichtshof gelieferte Begründung kritikwürdig. So führte der Bundesgerichtshof weiter aus, dass der Tatbestand des Handeltreibens erfüllt gewesen wäre, wenn der Angeklagte sich zu einer ihm vorteilhaften Mitwirkung am Rauschgiftgeschäft (auch nur) entschlossen hätte.

Es ist in Erinnerung zu rufen, dass die Abgrenzung zwischen Vorbereitung und Versuch auch beim Handeltreiben nach den allgemeinen Kriterien vorgenommen werden soll. Das Versuchsstadium ist also erst erreicht, sobald der „Täter" nach seiner Vorstellung von der Tat unmittelbar zur Verwirklichung des Tatbestands angesetzt hat.[778] Im vorliegenden Fall ist in objektiver Hinsicht festzustellen, dass der Angeklagte die Betäubungsmittel lediglich in Empfang nahm und vergrub. Hiermit allein ist allerdings, wie oben bereits festgestellt, keine umsatzfördernde Einwirkung verbunden. Eine solche wurde vielmehr noch nicht einmal versucht. Einsichtig ist jedoch, dass er das Handeltreiben durch die Inbesitznahme lediglich vorbereitete.[779] Nicht verständlich erscheint hingegen, wie

---

774 Insofern ist der mitgeteilte Sachverhalt unklar. Zwar wird als Datum der Lieferung der 07.12.1996 genannt. Als Datum der Selbstanzeige wird der 07.02.1997 angegeben. Dies entspräche einem Zeitraum von zwei Monaten. Andererseits spricht der Bundesgerichtshof davon, dass der Angeklagte erst drei Wochen nach Erhalt des Rauschgifts den Versuch unternahm, mit den Ermittlungsbehörden in Verbindung zu treten; vgl. *Neuhaus*, NStZ 2001, 39 Fn. 1.

775 BGH, Urt. v. 04.08.1999 – 2 StR 100/99 = NStZ 1999, 572.

776 Bloße Vermutungen bzgl. der Eigennützigkeit des Handelns sollen für einen Schuldspruch nicht ausreichend sein (vgl. BGH. B. v. 18.06.1993 – 4 StR 318/93 = BGHR BtMG § 29 Abs 1 Nr 1 Sichverschaffen 1).

777 BGH, Urt. v. 04.08.1999 – 2 StR 100/99 = NStZ 1999, 572, 573.

778 Ist dies der Fall, so ist damit zwar eine Verurteilung wegen § 29 II BtMG zu rechtfertigen. Eine Vollendungsstrafbarkeit ist auch dann allerdings nicht zu bejahen.

779 *Neuhaus*, NStZ 2001, 39, 40.

das Merkmal des unerlaubten Besitzes, allein durch den Entschluss (auch nur in ferner Zukunft) umsatzfördernd tätig zu werden, als unerlaubtes Handeltreiben mit Betäubungsmitteln interpretiert werden kann.[780] Zudem birgt ein solches Begriffsverständnis Widersprüche im Verhältnis zur sonstigen Rechtsprechung des Bundesgerichtshofs in sich: So soll es bei einer Strafbarkeit wegen bloßer Vorbereitung verbleiben, wenn der Angeklagte lediglich eine auf Güterumsatz gerichtete Tätigkeit im weitesten Sinne entfaltet.[781] Wenn allerdings eine solche, immerhin im weitesten Sinne auf die Umsatzförderung gerichtete Tätigkeit nicht zur Tatbestandsverwirklichung ausreicht – wie soll dann aber diese Strafbarkeit der alleinige Gedanke bewirken können?[782]

b) Der Betäubungsmitteldiebstahl

Ungeachtet dieser Tatsache ereignete sich im Rahmen der im Folgenden näher beschriebenen Entscheidungen eine, immerhin in der amtlichen Sammlung ausgetragene Kontroverse darüber, ob auch die Inbesitznahme der Betäubungsmittel im Wege des Diebstahls unter den Begriff des unerlaubten Handeltreibens im Sinne des § 29 I 1 Nr. 1 BtMG zu rechnen sei.[783]

aa) Die Entscheidung des Bundesgerichtshofs vom 04.12.1981

Der Entscheidung des 3. Strafsenats des Bundesgerichtshofs vom 04.12.1981[784] liegt folgender Sachverhalt zugrunde: Auf einer Bahnfahrt von Amsterdam nach Wien entdeckten die Angeklagten 15,2 kg Cannabisharz, welches durch Dritte auf einer Zugtoilette versteckt worden war. Während sie sich (bereits bzw. noch) auf deutschem Hoheitsgebiet befanden, beschlossen sie, so viel wie möglich des Cannabisharzes zu entwenden, um es schließlich in Wien gewinnbringend zu veräußern. Unmittelbar nachdem die Angeklagten die Zugtoilette mit insgesamt ca. 6 kg Haschisch verließen, wurden sie, durch den die Situation bereits observierenden deutschen Zoll, festgenommen. Der Bundesgerichtshof entschied, dass diese Feststellungen die Verurteilung wegen Handeltreibens mit Cannabisharz nicht tragen.

---

780 *Neuhaus*, NStZ 2001, 39, 40.

781 BGH, Urt. v. 18.06.1986 – 2 StR 201/86 = StV 1986, 527, 528.

782 *Neuhaus*, NStZ 2001, 39, 40.

783 Zu dem, in diesem Zusammenhang ebenfalls auftretenden, hier allerdings nicht weiter behandelten Problem der Verkehrsfähigkeit von Betäubungsmitteln vgl. nur BGH, B. v. 20.09.2005 – 3 StR 295/05 = NJW 2006, 72 f. m.w.N. und *Wolters*, FS Samson, S. 495 ff.

784 BGH, B. v. 04.12.1981 – 3 StR 408/81 = BGHSt 30, 277.

Zwar räumt der 3. Strafsenat in seinem Beschluss ein, dass auch die Inbesitznahme von Betäubungsmitteln, selbst im Wege des Diebstahls, um sie gewinnbringend zu veräußern, eine im weitesten Sinne auf Umsatz gerichtete Tätigkeit darstelle,[785] jedoch nicht, ohne eine entscheidende Einschränkung nachzuschieben: Erst eine weitere, zu der Inbesitznahme hinzutretende, auf Umsatz gerichtete Handlung (z.B. das Bemühen um einen Käufer, das Führen von Verkaufsgesprächen) lasse es zu, den Sachverhalt als Handeltreiben zu betrachten. Erschöpfe sich die Tätigkeit jedoch in der Inbesitznahme der Betäubungsmittel im Wege des Diebstahls, könne nicht von einem Handeltreiben ausgegangen werden. Insofern stehe der natürliche Wortsinn entgegen, nachdem das Handeltreiben Tätigkeiten erfordere, die „bei natürlicher Betrachtung solche eines Händlers sind“[786] bzw. die „dem Tätigkeitsbereich eines Händlers zugerechnet werden“[787] könnten.

bb) Die Entscheidung des Bundesgerichtshofs vom 20.01.1982

Einen ähnlich gelagerten Fall hatte nur kurze Zeit später (10.01.1982) der 2. Strafsenat des Bundesgerichtshofs zu entscheiden.[788] Nunmehr stahl der Beschwerdeführer, gemeinsam mit einem Mitangeklagten, insgesamt 1,7 kg Haschisch aus dem Drogenversteck eines Dritten (dass dieser letztlich 1,4 kg der gestohlenen Betäubungsmittel wieder erhielt, ist im Hinblick auf die hier interessierende Konstellation irrelevant).

Der erkennende 2. Senat distanzierte sich explizit von der zuvor dargestellten Entscheidung des 3. Strafsenats. In Abgrenzung[789] zu dieser urteilte er, dass „auch der Diebstahl als solcher unter den Begriff des Handeltreibens [fällt], wenn er in der Absicht geschieht, das Betäubungsmittel später zu verwerten.“[790] Das insoweit vom 3. Strafsenat angeführte Argument bzgl. des Wortsinns wurde zwar zur Kenntnis genommen und auch referiert. Eine inhaltliche Auseinandersetzung mit ihm fand jedoch nicht statt. Vielmehr untermauerte der 2. Strafsenat seinen Standpunkt mit der Überlegung, dass es, würde man zwischen den For-

---

785 Vgl. oben 3. Kapitel:C.II.5.a).

786 Vgl. zu diesem Kriterium auch noch unten 3. Kapitel:C.II.6.e).

787 BGH, B. v. 04.12.1981 – 3 StR 408/81 = BGHSt 30, 277, 278.

788 BGH, Urt. v. 20.01.1982 – 2 StR 593/81 = BGHSt 30, 359.

789 Eine Vorlage an den Großen Senat für Strafsachen war nach Meinung des 2. Strafsenats wegen der unterschiedlichen Sachverhaltskonstellationen allerdings nicht geboten. Insoweit verwies er darauf, dass sich die im zu beurteilenden Fall ebenfalls gegebene Lagerhaltung (zur späteren Verwertung) auch nach Auffassung des 3. Strafsenats als vollendetes Handeltreiben darstelle.

790 BGH, Urt. v. 20.01.1982 – 2 StR 593/81 = BGHSt 30, 359, 361.

men der Inbesitznahme (abgeleitet oder im Wege verbotener Eigenmacht) unterscheiden, zu einer nicht zu rechtfertigenden Ungleichbehandlung käme: Dies liefe darauf hinaus, „dass ein Dieb (= kein Handeltreiben) besser gestellt würde als der „ehrliche“ Erwerber von Betäubungsmitteln (= Handeltreiben).“[791]

cc) Weitere Entwicklung

In einer weiteren Entscheidung,[792] die die Inbesitznahme von Betäubungsmitteln im Wege der verbotenen Eigenmacht zum Gegenstand hatte, gab der 3. Strafsenat seine frühere Rechtsprechung ausdrücklich auf. Allerdings verabschiedete er sich nicht von seinem Gedanken, dass das Handeltreiben einer dem Bild eines Händlers entsprechenden Tätigkeit bedürfe. Vielmehr argumentierte er nunmehr knapp: „Es entspricht durchaus dem Bild der Tätigkeit eines Händlers, sich die zu veräußernde Ware zu verschaffen. Daran ändert nichts, wenn er sie sich durch eine strafbare Handlung verschafft.“[793] Im Ergebnis entspricht diese Auffassung mittlerweile der ständigen Rechtsprechung.[794]

dd) Stellungnahme

(1) Kriminalpolitische Notwendigkeit

Es fragt sich, ob eine solch extensive Auslegung des Merkmals Handeltreiben mit kriminalpolitischen Erwägungen zu rechtfertigen ist. Zwar ist es erklärtes Ziel des Gesetzgebers gewesen, durch § 29 I 1 Nr. 1 BtMG den unrechtmäßigen Betäubungsmittelverkehr vollständig zu erfassen.[795] Andererseits bestünde kein Bedürfnis hierfür die Tatmodalität des Handeltreibens zu bemühen, wenn die anderen Varianten des § 29 I 1 Nr. 1 BtMG eingriffen, ohne dass es zu einer etwaigen Ungleichbehandlung kommen würde. Dies ist mithin zu untersuchen.

---

791 BGH, Urt. v. 20.01.1982 – 2 StR 593/81 = BGHSt 30, 359, 361.

792 BGH, Urt. v. 23.09.1992 – 3 StR 275/92 = NStZ 1993, 44.

793 BGH, Urt. v. 23.09.1992 – 3 StR 275/92 = NStZ 1993, 44, 45.

794 Vgl. nur BGH, B. v. 18.06.1993 – 4 StR 318/93 = BGHR BtMG § 29 Abs 1 Nr 1 Sichverschaffen 1; zum Fall des gewaltsamen Wiederbeschaffens gestohlener Betäubungsmittel auch: BGH, Urt. v. 01.10.1997 – 2 StR 520/96 = BGHSt 43, 252; pointiert weist *Strate*, ZRP 1987, 314, 316 auf eine praktische Konsequenz dieser Auffassung hin: Der Dieb ist Händler, „wenn er das Betäubungsmittel nach dem Diebstahl nicht sofort wegwirft, sondern bei sich aufbewahrt. Denn aus dem Aufbewahren lässt sich der schnelle Schluß ziehen, dass er es auch anderen Personen gegenüber verwerten wollte“.

795 BT-Drs. 9/500 (neu), S. 2.

Die Konstellation des „Betäubungsmitteldiebstahls“ lässt sich nicht als Erwerb i.S.d. § 29 I 1 Nr. 1 BtMG begreifen. Hierfür müsste die tatsächliche Verfügungsmacht über das Betäubungsmittel im Wege des abgeleiteten Erwerbs (durch Rechtsgeschäft) erfolgt sein.[796] Allerdings ist zu beachten, dass durch das BtMG 1982[797] die Tatmodalität des „Sichverschaffens in sonstiger Weise“ (vgl. § 29 I 1 Nr. 1 BtMG) eingeführt wurde.[798] Die bis dato bestehende Strafbarkeitslücke wurde mithin geschlossen.[799] Es ist nunmehr problemlos möglich, den im Wege der verbotenen Eigenmacht durchgeführten Erwerb der Betäubungsmittel auch aus dem Blickwinkel des Erwerbs (nämlich über das „Sichverschaffen in sonstiger Weise“) und nicht nur des Besitzes zu pönalisieren.[800] Lässt sich nicht mehr feststellen, auf welche Art und Weise der Täter den Eigenbesitz an den Betäubungsmitteln begründete, ist Wahlfeststellung zwischen „Erwerb“ und „Sichverschaffen in sonstiger Weise“ möglich.[801] Fraglich bleibt allerdings, ob es zu einer nicht zu rechtfertigenden Ungleichbehandlung der Täter kommt, wenn man die in Streit stehende Konstellation nach der Modalität des „Sichverschaffen in sonstiger Weise“ beurteilt. Insofern ist zunächst festzustellen, dass § 29 I BtMG für beide Tatmodalitäten, also für den Grundtatbestand des Handeltreibens und für das „Sichverschaffen" den identischen Strafrahmen aufweist. Allerdings ist eine solche Überprüfung unvollständig. Zu beachten ist nämlich, dass die Tatmodalität des „Handeltreibens“ gegenüber derjenigen des „Sichverschaffens in sonstiger Weise“ in den §§ 29a – 30a BtMG vielfache Strafrahmenverschärfungen erfährt. Mithin muss zumindest insoweit dem 2. Strafsenat zugestimmt werden: Insgesamt ist es für den Täter günstiger, wenn er wegen „Sichverschaffen in sonstiger Weise“ anstatt wegen Handeltreibens verurteilt wird. Inwiefern sich aus dieser Feststellung allerdings die Erfassung der „Diebstahlskonstellation“ durch das Handeltreiben rechtfertigen lässt, muss letztlich eine Prüfung an Hand des Wortsinns ergeben.[802]

---

796 *Weber*, BtMG, § 29 Rn. 1114; MK-BtMG/*Körner*, § 29 Rn. 1276.

797 Vgl. oben 1. Kapitel:C.VI.

798 Krit. zur Einführung dieser Tatmodalität: *Slotty*, NStZ 1981, 321, 323.

799 MK-BtMG/*Kotz*, § 29 Rn. 836; *Körner*, BtMG, § 29 Rn. 1349.

800 Vgl. BT-Drs. 9/500 (neu), S. 2 unter Bezugnahme auf BT-Drs. 8/3551, S. 43; so jüngst auch BGH, Urt. v. 29.09.2010 – 4 StR 239/09 = NStZ 2010, 222, 223; *Weber*, BtMG, § 29 Rn. 1110; *ders.*, Handeltreiben, S. 514 f., der bei einem alleinigen Abstellen auf den Begriff des Handeltreibens in diesen Fällen „die Grenze des möglichen Wortsinns erreicht, wenn auch nicht überschritten“ sieht.

801 MK-BtMG/*Körner*, § 29 Rn. 1276 m.w.N.

802 Vgl. hierzu sogleich unten 3. Kapitel:C.II.5.b)dd)(2).

(2) Wortsinn

Entscheidend ist damit, ob es dem Wortsinn des Handeltreibens entspricht, wenn durch diese Tatmodalität auch der Diebstahl von Betäubungsmitteln erfasst wird.

Es lässt sich Folgendes konstatieren: Nach dem natürlichen Verständnis des Wortes Handeltreiben wohnt diesem jedenfalls ein einverständliches Element inne. Veräußernder und Erwerbender lassen sich also gemeinsam und übereinstimmend auf einen Handel ein. Handlungsweisen, die durch Zwang oder Gewalt geprägt sind unterfallen diesem Bild bzw. Begriff nicht. Diesen Grundgedanken scheint auch die Rechtsprechung zu teilen. So definierte sie doch den Begriff des Umsatzes, auf den die Bemühungen im Rahmen des Handeltreibens stets gerichtet sein müssen, als einverständliche Übertragung von Betäubungsmitteln von einer Person auf eine andere.[803] Gerade dieser einverständliche Übertragungsakt verleiht dem Handeltreiben sein typisches Gepräge. Deshalb ist auch an anderer Stelle im Rahmen des Handeltreibens, nämlich bei der Betrachtung des Beschaffungsakts, nicht auf die Einverständlichkeit (bzw. zumindest auf das Erfordernis eines nicht explizit gegen den Willen eines anderen gerichteten Verhaltens) zu verzichten.[804] Danach ließe sich zwar die insofern willensneutrale Urproduktion von Betäubungsmitteln wohl noch als Handeltreiben begreifen. Für den zwingend willensbrechenden Diebstahl gilt dies hingegen nicht.[805] Festzuhalten ist mithin, dass die Erfassung des Diebstahls nicht dem Wortsinn des Handeltreibens im Sinne des § 29 I 1 Nr. 1 BtMG entspricht.[806]

---

803 BGH, Urt. v. 12.05.1993 – 3 StR 2/93 = BGHSt 39, 216, 219; BGH, Urt. v. 20.08.1991 – 1 StR 273/91 = BGHR BtMG § 29 Abs 1 Nr 1 Handeltreiben 28; BGH, Urt. v. 23.08.1989 – 3 StR 120/89 = BGHR BtMG § 29 Abs 1 Nr 1 Handeltreiben 18; BGH, Urt. v. 25.10.1989 – 3 StR 313/89 = BGHR BtMG § 29 Abs 1 Nr 1 Handeltreiben 19.

804 Ähnlich: *Ebert*, Das Handeltreiben mit Betäubungsmitteln, S. 149; *Niehaus*, JR 2005, 192, 194.

805 A.A. aber *Weber* (Handeltreiben, S. 253), der den hier aufgezeigten Unterschied (willensneutrale Urproduktion im Gegensatz zum willensbrechenden Diebstahl) vernachlässigt und deshalb aus der Erfassung der vom entsprechenden Veräußerungswillen getragenen Urproduktion folgert, dass auch der Diebstahl von Betäubungsmitteln Handeltreiben i.S.d. § 29 I 1 Nr. 1 BtMG darstellen könne.

806 Vgl. hierzu auch *Paeffgen*, FS 50 Jahre BGH, S. 695, 720 der sich angesichts der völligen Lösung „von konventionellen Techniken der Auslegung“ in Sarkasmus flüchtet und feststellt: „Ginge es nicht um so etwas Ernstes wie Strafbarkeit von Menschen, so könnte man bei „Diebstahl ist Handeltreiben“ auch an eine aparte Ergänzung zu „Eigentum ist Diebstahl“ denken“.

Vielmehr stellt ein solches Verständnis eine klare Überschreitung des Wortlauts und damit ein Verstoß gegen Art. 103 II GG dar.[807]

Grund zur Kritik gibt allerdings nicht nur das gefundene Ergebnis. Des Weiteren vollzieht der 3. Strafsenat einen bedenklichen Wandel in seiner Argumentation. Zwar hält er auch in seiner zweiten Entscheidung zu diesem Themenbereich daran fest, dass die Handlungen des Täters dem Tätigkeitsbereich eines Händlers zugerechnet werden müssen. Im Rahmen dieser Betrachtung stellt er allerdings einen einzelnen, den Diebstahl nur unzureichend beschreibenden Aspekt in den Vordergrund: Der 3. Strafsenat rekurriert allein auf die Tatsache, dass sich auch durch den Diebstahl etwas verschafft wird. Dieses Verschaffen wiederum sei dem Tätigkeitsbereich eines Händlers zuzurechnen. Deswegen entspreche auch der Diebstahl insgesamt dem Tätigkeitsfeld eines Händlers. Eine solche Überlegung greift allerdings zu kurz. Nicht das Sichverschaffen, sondern die Art und Weise, wie dies geschieht, ist für den Diebstahlscharakter maßgebend.[808] Diese Tatsache schlicht auszublenden, führt zwangsläufig zu falschen Ergebnissen. Zudem zeigt die Argumentationsstruktur des 3. Strafsenats mit welcher Beliebigkeit – entsprechende Strafbarkeits-Euphorie[809] vorausgesetzt – die als objektives Auslegungskriterium begriffene Wortlautschranke handhabbar ist.

Es bleibt damit festzuhalten, dass sich die untersuchte Auslegung nicht mehr im Rahmen des Wortlauts befindet. Hält man eine solch extensive Auslegung aufgrund kriminalpolitischer Überlegungen trotzdem für unverzichtbar, müsste man sich auf „den Ruf nach dem Gesetzgeber" beschränken.[810]

---

807 So auch *Paeffgen*, FS 50 Jahre BGH, S. 695, 720; *Niehaus*, JR 2005, 192, 194.

808 So liegt ohne den „Bruch" fremden Gewahrsams schon keine Wegnahme und damit insgesamt kein Diebstahl i.S.d. § 242 StGB vor.

809 *Paeffgen*, FS 50 Jahre BGH, S. 695, 723.

810 So, unter Hinweis auf das Gewaltenteilungsprinzip, auch *Paul*, StV 1998, 623, 625; *ders.*, NStZ 1998, 222, 223; ebenso: *Gaede*, StraFO 2003, 392, 394. Selbst in der „entgegengesetzten" Richtung, also gerade nicht im Rahmen einer Extension, ist dem Richter ein Tätigwerden untersagt: Art. 103 II GG versagt es dem Strafrichter auch, ein unbestimmtes Gesetz von sich aus nachzubessern (vgl. BVerfGE 105, 135, 153). Hält sich der jeweilige Tatbestand allerdings in den Grenzen des Art. 103 II GG, ist die Rechtsprechung gehalten, „Unklarheiten über den Anwendungsbereich von Strafnormen durch Präzisierung und Konkretisierung im Wege der Auslegung nach Möglichkeit auszuräumen (Präzisierungsgebot)", so BVerfG, StV 2010, 564.

6. Entscheidungen mit restriktiven Tendenzen

Die bis ins annähernd uferlose ausgedehnte, in diesem Kapitel bereits dargestellte Auslegung des Begriffs Handeltreiben ist auch innerhalb der Rechtsprechung nicht durchweg auf ungeteilte Zustimmung gestoßen. So existieren vereinzelte Entscheidungen des Reichsgerichts und des Bundesgerichtshofs, die den Willen zu einer restriktiveren, handhabbare Konturen aufweisenden Auslegung erkennen lassen. Zwar tritt keiner der erkennenden Senate hierfür mit einer solchen Vehemenz bzw. in einer solchen Absolutheit wie der 3. Strafsenat in seinem Anfragebeschluss[811] ein. Trotzdem sollen die betreffenden Entscheidungen im Folgenden (zumindest im Überblick) dargestellt werden.

a) Gefährdung der Volksgesundheit

Der Entscheidung des Reichsgerichts vom 08.05.1929[812] lag ein die Vermittlung von Betäubungsmitteln betreffender Sachverhalt zugrunde. Nach aktueller Gesetzeslage wäre diese Tätigkeit nach § 29 I 1 Nr. 1 BtMG als Handeltreiben zu bestrafen. Das damals anzuwendende OpiumG 1920[813] sah jedoch eine Strafbewehrung des erlaubnislosen Handels nicht vor. Mithin musste das Reichsgericht beurteilen, ob in der Vermittlung der Betäubungsmittel ein „Inverkehrbringen" derselben erblickt werden kann. Dies wurde zutreffend verneint. Bemerkenswert erscheint nunmehr allerdings mit welchen Erwägungen das Reichsgericht die fehlende Strafbewehrung des erlaubnislosen Handels begründet hat. Es führte aus, „daß die Gefährdung der Volksgesundheit infolge Mißbrauchs von Rauschgiften, die das Gesetz verhüten will, nicht schon durch den Abschluß eines schuldrechtlichen Vertrages, sondern erst durch das Inverkehrbringen der Ware herbeigeführt werden kann."[814] Würde man diese sehr fortschrittlich anmutende Betrachtung auf die heutige Rechtsprechung bzgl. des Handeltreibens projizieren, könnte eine zu begrüßende Restriktion erreicht werden. So dürften doch immerhin die Fälle, in denen eine Gefährdung der Volksgesundheit von vornherein ausgeschlossen erscheint (z.B. Lieferung von Scheindrogen, Geschäfte, die sich auf sichergestellte Betäubungsmittel beziehen, Verkauf von Betäubungsmitteln an Scheinkäufer der Polizei), nicht weiterhin als vollendetes Handeltreiben bewertet werden. Bedauerlicherweise haben die skizzierten Überlegungen weder

---

811 BGH, Anfrageb. v. 10.07.2003 – 3 StR 61/02 und 3 StR 243/02 = NStZ 2004, 106, vgl. ausführlich unten 3. Kapitel:E.I.2.

812 RG, Urt. v. 08.05.1929 – II StR 1158/28 = RGSt 63, 161.

813 Vgl. hierzu oben 1. Kapitel:C.II.

814 RG, Urt. v. 08.05.1929 – II StR 1158/28 = RGSt 63, 161, 164.

innerhalb der Rechtsprechung noch im Rahmen der Gesetzgebung Widerhall gefunden.[815]

b) Völlig untergeordnete Tätigkeit

Die ersten anscheinend einschränkenden Tendenzen ließ der Bundesgerichtshof erkennen, als er entschied: „An einem Handeltreiben fehlt es nur, wenn es um eine ganz untergeordnete Tätigkeit bei der Weitergabe der Ware geht.“[816] Insofern ist allerdings zu beachten, dass Handlungen im Sinne der Definition des Handeltreibens auch völlig untergeordnete Tätigkeiten, unabhängig von ihrem Gewicht, sein können.[817] Daher wird diese Einschränkung fast einhellig[818] auf die Abschichtung von Täterschaft und Teilnahme bezogen.[819] Insofern ist hierauf an dieser Stelle[820] nicht weiter einzugehen. Es bleibt lediglich kritisch anzumerken, dass diese Einschränkung weder aus der durch die Rechtsprechung geprägten Definition des Handeltreibens abzuleiten ist, noch kann mit ausreichender Trennschärfe festgelegt werden, was genau unter einer völlig untergeordneten Tätigkeit zu verstehen ist.

---

815 Sowohl das Reichsgericht als auch der Bundesgerichtshof gingen auf diese Erwägungen nicht mehr ein. Vielmehr entschied das Reichsgericht schon in seiner ersten Entscheidung zum OpiumG 1929, dass der Begriff des Handeltreibens „weitest“ auszulegen sei (vgl. RG, Urt. v. 25.04.1932 – III StR 234/32 = DJZ 1932, Sp. 808). Zudem ließ sich auch der Gesetzgeber nicht beeindrucken und stellte schon im OpiumG 1929 (vgl. oben 1. Kapitel:C.IV.) den erlaubnislosen Handel mit Betäubungsmitteln wieder unter Strafe (vgl. § 10 I Nr. 1 OpiumG 1929).

816 So schon BGH, B. v. 13.10.1977 – 4 StR 408/77. Erstmals veröffentlicht aber in BGH, Urt. v. 15.04.1980 – 5 StR 135/80 = BGHSt 29, 239, 240.

817 *Weber*, BtMG, § 29 Rn. 236; *ders.*, Handeltreiben, S. 47.

818 A.A. soweit ersichtlich nur *Strate*, ZRP 1987, 314, 316; unklar dagegen: *Schwitters*, Die Vorverlagerung beim Handeltreiben, S. 33 ff.; BGH, Urt. v. 15.04.1980 – 5 StR 135/80 = BGHSt 29, 239, 240.

819 So auch MK-BtMG/*Rahlf*, § 29 Rn. 347; *Weber*, BtMG, § 29 Rn. 236; *Hügel/Junge/Lander/Winkler*, Deutsches Betäubungsmittelrecht, § 29 BtMG Rn. 4.1.3; st. Rechtsprechung, vgl. z.B.: BGH, Urt. v. 15.05.1984 – 1 StR 169/84 = NStZ 1984, 413; BGH, Urt. v. 24.06.1986 – 5 StR 153/86 = BGHSt 34, 124, 125; BGH, B. v. 01.07.1988 – 2 StR 330/88 = BGHR BtMG § 29 Abs 1 Nr 1 Handeltreiben 9; BGH, B. v. 04.03.1993 – 4 StR 69/93 = StV 1993, 474; BGH, B. v. 15.12.1994 – 1 StR 701/94 = StV 1995, 198.

820 Vgl. zu den im Rahmen der Abgrenzung von Täterschaft und Teilnahme auftretenden Problemen aber exemplarisch die Darstellung der Kurierrechtsprechung unten im 3. Kapitel:G.II.

c) *Tatsächliche Förderung des Absatzes*

In einer vereinzelt gebliebenen Entscheidung urteilte der 5. Strafsenat, über die Handlungen der Angeklagten: „Sie förderten nicht nur in der Vorstellung der Angekl., sondern tatsächlich den Absatz des [...] Heroins.“[821] Dieser hier anklingende, auf eine objektiv gegebene, tatsächliche Förderung des Betäubungsmittelumsatzes abstellende Ansatz hat in der Rechtsprechung keinen Anklang finden können. In einer nur wenig später ergangenen Entscheidung nahm der Bundesgerichtshof zwar immerhin noch auf ihn Bezug, bezeichnete die Einschränkung allerdings als „unklar“ und entschied schließlich selbst: „Auf eine tatsächliche Förderung des erstrebten Umsatzes kommt es [...] nicht an.“[822] Ferner muss beachtet werden, dass der 5. Strafsenat in seiner Entscheidung an anderer Stelle lediglich feststellte, dass das „Tätigwerden [des Angeklagten] den Absatz des Heroins fördern sollte und deshalb auf seinen Umsatz gerichtet war“[823], er also selbst nicht mehr auf die tatsächliche Förderung abstellte. Es bleibt damit letztlich offen, ob die aufgezeigte, einschränkende Tendenz nur einer sprachlichen Ungenauigkeit geschuldet war.[824]

d) *Vorgang, der das Rauschgift auf dem Weg zum Konsumenten weiterbringt*

In einem Fall[825], in dem die Betäubungsmittel letztlich der Polizei in die Hände gespielt und damit aus dem Verkehr gezogen wurden, führte der 2. Strafsenat aus: „Missbilligter Erfolg im Sinne des Straftatbestandes des Handeltreibens mit Betäubungsmitteln ist aber nur ein solcher Vorgang, der das Rauschgift auf dem Weg zum Konsumenten weiterbringt [...].“[826] Diese, schon weiter oben[827] ausführlich dargestellte Entscheidung, lässt das Handeltreiben im Lichte eines Erfolgsdelikts erscheinen. Sie würde eine zuverlässigere Abgrenzung der verschiedenen Deliktsstadien zulassen. Trotz ihrer klaren Grenzen wurde die durch

---

821 BGH, Urt. v. 15.04.1980 – 5 StR 135/80 = BGHSt 29, 239, 241.

822 BGH, B. v. 04.12.1981 – 3 StR 408/81 = BGHSt 30, 277, 278; vgl. zu dieser Entscheidung auch ausführlich oben 3. Kapitel:C.II.5.b)aa).

823 BGH, Urt. v. 15.04.1980 – 5 StR 135/80 = BGHSt 29, 239, 241.

824 Weitere Zweifel an der einschränkenden Absicht des 5. Strafsenats ergeben sich zudem unter Betrachtung des entschiedenen Sachverhalts. So lag hier gerade eine tatsächliche Förderung des Umsatzes vor. Ob der 5. Strafsenat in einem Fall, in dem eine solche lediglich beabsichtigt war, ebenso formuliert hätte, darf angesichts der entgegenstehenden Rechtsprechungspraxis bezweifelt werden.

825 BGH, Urt. v. 03.06.1981 – 2 StR 235/81 = StV 1981, 549.

826 BGH, Urt. v. 03.06.1981 – 2 StR 235/81 = StV 1981, 549.

827 Vgl. oben 3. Kapitel:B.I.2.b).

den 2. Strafsenat geprägte Formulierung nicht weiter genutzt. Allerdings diente sie wohl zumindest *Roxin*[828] als Inspirationsquelle[829] für die Formulierung eines eigenen, einschränkenden Ansatzes.[830]

e) Tätigkeiten eines Händlers

Die folgende Entscheidung[831] hatte den Diebstahl von Betäubungsmitteln zum Gegenstand. Der 3. Strafsenat sprach sich dagegen aus, auch diese Konstellation als Handeltreiben zu betrachten. Er schrieb: Handeltreiben erfordere „Tätigkeiten, die bei natürlicher Betrachtung solche eines Händlers sind“[832] bzw. die „dem Tätigkeitsbereich eines Händlers zugerechnet werden“[833] könnten. Trotz des im konkret entschiedenen Fall richtigen Ergebnisses (Diebstahl von Betäubungsmitteln ist kein Handeltreiben) vermag die gemachte Einschränkung nicht zu überzeugen. Der 3. Strafsenat selbst beweist, mit welchen Unbestimmtheiten[834] die gefundene Formulierung behaftet ist, indem er in einer späteren, ebenfalls den Betäubungsmitteldiebstahl betreffenden Entscheidung[835] nunmehr diese Sachverhaltskonstellation doch als Tätigkeit eines Händlers einstufte. Ohne eine Klarstellung, auf welchen Typus des Händlers[836] sich die Einschränkung bezieht, bzw. ohne eine beispielhafte Aufzählung[837] von Tätigkeiten, die der 3. Strafsenat als für einen Händler typisch betrachtet, ist also auch dieser anklingende Restriktionsversuch mit unüberwindbaren Unsicherheiten behaftet.

---

828 *Roxin*, StV 1992, 517 ff.

829 So auch *Nestler,* Handbuch Betäubungsmittelstrafrecht, § 11 Rn. 371 Fn. 929.

830 Vgl. hierzu sogleich unten 3. Kapitel:D.II.4.

831 BGH, B. v. 04.12.1981 – 3 StR 408/81 = BGHSt 30, 277; vgl. zu dieser Entscheidung bereits oben 3. Kapitel:C.II.5.b)aa).

832 BGH, B. v. 04.12.1981 – 3 StR 408/81 = BGHSt 30, 277, 278 f.

833 BGH, B. v. 04.12.1981 – 3 StR 408/81 = BGHSt 30, 277, 278.

834 So auch *Weber*, NStZ 2004, 66, 68.

835 BGH, Urt. v. 23.09.1992 – 3 StR 275/92 = NStZ 1993, 44, 45; vgl. oben 3. Kapitel:C.II.5.b)cc).

836 Insofern muss allerdings beachtet werden, dass die naheliegende Bezugnahme auf den dem Handelsgesetzbuch zugrundeliegenden Begriff des Händlers verfehlt wäre: Die am „ehrbaren Kaufmann orientierten Begriffe des Handelsrechts [sind] nicht geeignet [...] den Realitäten eines illegalen, auf Verschleierung angelegten und weithin von offener oder struktureller Gewalt beherrschten Marktes gerecht zu werden“ (*Weber*, BtMG, § 29 Rn. 195; *ders.* NStZ 2004, 66, 68); so auch: *Körner*, BtMG, § 29 Rn. 219; *Harzer*, StV 1996, 336 f.

837 Z.B. im Stile eines Regelbeispiels.

f) Auf Güterumsatz gerichtete Tätigkeit im weitesten Sinne

Der Bundesgerichtshof wertete die erfolglose Anreise eines Kuriers zum Übergabeort als bloße Vorbereitungshandlung des Handeltreibens.[838] Er beurteilte die Bemühungen des Angeklagten als „auf Güterumsatz gerichtete Tätigkeiten im weitesten Sinne“[839], die allerdings nicht als tatbestandsmäßige Ausführungshandlung des Handeltreibens taugen. Auf die am 18.06.1986 durch den Bundesgerichtshof geprägte Formulierung wurde allerdings nicht mehr zurückgegriffen. Damit bleibt auch sie ein in der konkreten Entscheidung zum richtigen Ergebnis führender Einzelfall. Schließlich mangelt es allerdings auch diesem Restriktionsversuch an Bestimmtheit. Ohne eine andauernde und gleichförmige Anwendung dieser Formel und eine damit einhergehende Präzisierung durch die Rechtsprechung kann je nach Dafürhalten des erkennenden Senats in der jeweiligen Situation der Rahmen der „Tätigkeiten im weitesten Sinne“ (fast) beliebig variieren.

g) Geschäftsmäßiger Kontakt mit anderen Personen

In einer Entscheidung[840], in der es schwerpunktmäßig um das Mitsichführen einer Schusswaffe (also § 30a II Nr. 2 BtMG) ging, sah der erkennende 2. Strafsenat Veranlassung, sich auch zum Grundtatbestand (§ 29 I 1 Nr. 1 BtMG) und damit dem Begriff des Handeltreibens zu äußern. Er führte aus: „Handeltreiben ist dagegen [in Abgrenzung zum bloßen Besitz von Betäubungsmitteln] begrifflich auf den geschäftsmäßigen Kontakt mit anderen Personen hin angelegt.“[841] Insofern kann dem Bundesgerichtshof, vor dem Hintergrund eines unbefangenen Wortlautverständnisses, vorbehaltlos zugestimmt werden. Trotzdem fand der vorgetragene Restriktionsansatz keinen Anklang in der weiteren Rechtsprechung. Dies mag daran liegen, dass er zwar eine etwas klarere Konturierung der Tathandlung ermöglicht, sich aber gleichzeitig zu der sonst bestehenden Rechtsprechung in Widerspruch setzt. So wird zum Beispiel das „Strecken“ von Betäubungsmitteln als Akt des Handeltreibens betrachtet.[842]

---

838 BGH, Urt. v. 18.06.1986 – 2 StR 201/86 = NJW 1987, 720; vgl. zu dieser Entscheidung oben 3. Kapitel:C.II.2.c).

839 BGH, Urt. v. 18.06.1986 – 2 StR 201/86 = NJW 1987, 720.

840 BGH, Urt. v. 28.02.1997 – 2 StR 556/96 = BGHSt 43, 8; mit zust. Anm. *Lenckner*, NStZ 1998, 257; krit. dagegen: *Paeffgen*, FS 50 Jahre BGH, S. 695, 725 und *Zaczyk*, JR 1998, 256, 257.

841 BGH, Urt. v. 28.02.1997 – 2 StR 556/96 = BGHSt 43, 8, 11.

842 *Zaczyk*, JR 1998, 256, 257; *Paul*, NStZ 1998, 222; vgl. auch oben 2. Kapitel:B.I.2.a)bb).

Dies müsste der 2. Strafsenat aber konsequenterweise verneinen, denn das Strecken selbst ist nicht auf den geschäftsmäßigen Kontakt mit Personen hin angelegt. Vielmehr stellt es sich als bloße Modalität des Besitzes, verbunden mit der späteren Intention zum Handeltreiben, dar.[843] Ferner ist nicht zu erkennen, wie der Diebstahl eines Betäubungsmittels als ein auf einen „geschäftsmäßigen Kontakt mit Personen" gerichtetes Verhalten aufgefasst werden kann. Auch insofern würden Widersprüche zur ständigen Rechtsprechung auftreten.[844]

h) Zusammenfassung

Wie gezeigt finden sich auch in der Rechtsprechung des Bundesgerichtshofs vereinzelt restriktive Tendenzen. Ihnen gemeinsam ist allerdings, dass sie sich sämtlich nicht nachhaltig in der Rechtsprechungspraxis niederschlagen konnten. Die Restriktion blieb auf den Einzelfall beschränkt. Alle dargestellten Bemühungen waren entweder ihrerseits durch eine enorme Weite und Unbestimmtheit gekennzeichnet, oder setzten sich, in Anbetracht der uferlosen[845] Auslegung des Merkmals Handeltreiben durch den Bundesgerichtshof, fast folgerichtig zu den bestehenden Rechtsprechungslinien in Widerspruch.

D. Entwicklung des Schrifttums zum Handeltreiben mit Betäubungsmitteln bis zum Anfragebeschluss des 3. Strafsenats vom 10.07.2003

Das betäubungsmittelrechtliche Schrifttum verfolgte die oben[846] dargestellte Entwicklung der Rechtsprechung überwiegend kritisch.[847] Teilweise wurde versucht, über die Bewertung der Entscheidungen hinaus, eigene Lösungsvorschläge zu entwickeln. Im Rahmen dieser erfuhr der Begriff des Handeltreibens mehrfach eine Neuformulierung. Im Folgenden soll zunächst ein Überblick über die generell, an der Definition und Auslegung des Begriffs Handeltreiben durch die Rechtsprechung, geäußerte Kritik gegeben werden. Sodann werden die durch die Literatur entwickelten Alternativvorschläge dargestellt und bewertet.

---

843 Vgl. *Zaczyk*, JR 1998, 256, 257.

844 Vgl. oben 0.

845 Vgl. die Nachweise in Fn. 383.

846 Vgl. oben 2. Kapitel:.

847 Vgl. insoweit schon die jeweilige Kritik im Rahmen der Darstellung der einzelnen Fallgruppen.

I. Kritik

Sämtliche Einwände der Literatur fußen auf der Weite der Definition des Handeltreibens. Sie ist es, die Grenzen verschwimmen und Konturen sich verflüchtigen lässt. Eine Abgrenzung nach den Regeln des Allgemeinen Teils des StGB erscheine unter Zugrundelegung der Definition der Rechtsprechung nicht möglich.[848] So sei weder eine klare Grenzziehung im Bereich von Täterschaft und Teilnahme,[849] noch eine Abgrenzung der verschiedenen Verwirklichungsstadien (Vorbereitung, Versuch, Vollendung) zu erreichen.[850] Die Grenzenlosigkeit in diesem Bereich führe zu einer nicht zu rechtfertigenden Vorverlagerung der Strafbarkeit in das (grundsätzlich) straffreie Vorbereitungsstadium.[851]

Ferner werde dem gem. § 29 II BtMG ausdrücklich vorgesehenen Versuchsstadium lediglich ein Anwendungsbereich zuerkannt, der weitgehend theoretischer Natur sein dürfte.[852] *Strate* fasst das Dilemma, in dem sich der handeltreibende Täter befindet, pointiert zusammen, wenn er formuliert: „Der Versuch ist

---

848 *Kreuzer* (FS Miyazawa, S. 177, 189) weist in diesem Zusammenhang mit Recht darauf hin, dass diese dogmatischen Unterscheidungen „nicht beliebig oder dogmatischem Glasperlenspiel und einer engen Begriffsjurisprudenz verhaftet sind, sondern rechtsstaatlichen Bedürfnissen nach unrechts- und schuldangemessenen Zuordnungen eines Verhaltens dienen“; so auch: *Hassemer*, JuS 1992, 352; ähnlich auch *Paul*, StV 623, 624; *ders.*, NStZ 1998, 222.

849 Hierauf kann an dieser Stelle allerdings nicht weiter eingegangen werden, vgl. dazu exemplarisch die im Rahmen der Kurierrechtsprechung bestehenden Unsicherheiten unten 3. Kapitel:G.II.

850 *Roxin*, StV 1992, 517, 518; *Strate*, ZRP 1987, 314, 316; *Paul*, StV 623, 624 f.; *ders.*, NStZ 1998, 222; *Paeffgen*, FS 50 Jahre BGH, S. 695, 722 f.; *Liemersdorf/Miebach*, MDR 1979, 981, 982; *Nestler*, Handbuch des Betäubungsmittelstrafrechts, § 11 Rn. 364; *Kreuzer*, FS Miyazawa, S. 177, 189; *Hecker*, NStZ 2000, 208; *Harzer*, StV 1996, 336; *Hassemer*, JuS 1992, 352; *Zaczyk*, JR 1998, 254, 257 Fn. 7; *Schütz-Scheifele*, Betäubungsmittelstrafrecht, S. 64; a.A. *Weber*, BtMG, § 29 Rn. 179 f., 181 f.

851 *Roxin* (StV 1992, 517, 518) übt im Rahmen seiner Urteilsanmerkung zwar insoweit Kritik, als dass er den Versuchsbereich als zu stark eingeschränkt kritisiert. Von bezeichnender Resignation geprägt sind allerdings seine Ausführungen zum Vorbereitungsstadium: „[…] auf den „Anwendungsbereich“ der straflosen Vorbereitung wird vorsichtshalber nicht näher eingegangen“.

852 Vgl. *Eberth/Müller/Schütrumpf*, Verteidigung in BtM-Sachen, Rn.79: „[…] Anwendungsbereich für versuchtes Handeltreiben denkbar gering.“; *Paeffgen*, FS 50 Jahre BGH, S. 695, 723: „[…] bleiben […] nur noch künstliche Fälle.“; *Endriß/Kinzig*, NJW 2001, 3217, 3218: „[…] dass es den Versuch […] faktisch nicht gibt.“; vgl. auch *Seelmann*, ZStW 95 (1983), 797, 807, der angesichts ihrer praktischen Bedeutung über die vom Gesetzgeber vorgesehene Möglichkeit der Versuchsstrafbarkeit „rätselt“.

immer schon Vollendung, ehe der Täter überhaupt seine Vorbereitungen abgeschlossen hat."[853]

Eng verbunden mit der oben geäußerten Kritik ist ein weiterer Gesichtspunkt: Die enorme Einengung des Versuchsbereichs führt unweigerlich zur Zurückdrängung des Rücktritts gem. § 24 I StGB und der damit einhergehenden Möglichkeit der Erlangung von Straffreiheit.[854] Dem „Täter" sei damit, sofern die „Falle des Handeltreibens" zugeschnappt hat, der Weg zurück in die Legalität versperrt.[855] Der großflächige Verzicht auf einen straflosen Bereich der Vorbereitung bzw. das Abschneiden der Rücktrittsmöglichkeiten führe dazu, dass dem Schwankenden oder dem leichtsinnig in ein Drogengeschäft Hineingeratenen jegliche Möglichkeit zur Rückkehr in die Legalität genommen wird. Vielmehr werde er „auf der Bahn der Delinquenz bis zum bitteren Ende"[856] vorangetrieben. Auch diese Konsequenz sei, abgesehen von der kriminalpolitisch wünschenswerten Wirkung des Rücktritts, insbesondere im Hinblick auf die sachgerechte Beurteilung des Schuldgehalts der Tat, problematisch.[857] Wieder müsse eine Möglichkeit der differenzierten Beurteilung zugunsten der unscharfen Kategorien des eingefahrenen[858] Begriffs Handeltreiben weichen.

Ebenfalls im engen Zusammenhang mit der verfehlten Handhabung der Grenzen zwischen den einzelnen Deliktsstadien, ist ein weiterer Aspekt zu beachten: Die Rechtsnatur des Delikts. Die Rechtsprechung geht davon aus, dass sich das Handeltreiben mit Betäubungsmitteln als unechtes Unternehmensdelikt darstellt. Auch insofern ist ihr die Literatur berechtigterweise vielstimmig entgegengetreten.[859]

---

853 *Strate*, ZRP 1987, 314, 316.

854 *Paul*, StV 1998, 623, 625.

855 *Strate*, ZRP 1987, 314, 316; vgl. hierzu auch ein Zitat *Schillers* (Wallenstein, S. 206), das, bezieht man es auf die Situation, in der sich ein mit Betäubungsmitteln Handeltreibender heute befindet, insofern frappierende Aktualität aufweist: „Wär's möglich? Könnt' ich nicht mehr, wie ich wollte? Nicht mehr zurück, wie mir's beliebt? Ich müßte die That vollbringen, weil ich sie gedacht, nicht die Versuchung von mir wies […]".

856 *Roxin*, StV 1992, 517, 519; ergänzend weist *Leipold* später noch darauf hin, dass vielfach nicht nur die Rücktrittsmöglichkeit abgeschnitten wird, sondern dem Täter ebenso der Anreiz, durch einen Rücktritt, Straffreiheit zu erlangen, verloren gehe (NJW-Spezial 2006, 40, 41).

857 *Kreuzer*, FS Miyazawa, S. 177, 189.

858 *Harzer*, StV 1996, 336.

859 Vgl. zu diesem Problemkreis die Darstellung oben 3. Kapitel:B.III.2 und außerdem: *Paul*, StV 1998, 623, 624; *ders.*, NStZ 1998, 222 f.; *Harzer*, StV 1996, 336, 337; *Neuhaus*, NStZ 2001, 39, 41; *Endriß/Kinzig*, NJW 2001, 3217, 3218.

Ferner wird der Rechtsprechung vorgeworfen, dass die durch den Begriff des Handeltreibens erfassten Sachverhaltskonstellationen den Wortlaut des § 29 I 1 Nr. 1 BtMG bis an die Grenzen des Zulässigen strapazieren bzw. sogar verletzen.[860] Die jeweiligen Auslegungsergebnisse überschreiten damit (teilweise) den, stets die Grenze der Auslegung bildenden, in Art. 103 II GG und § 1 StGB normierten Nulla-Poena-Grundsatz.[861]

Zudem wird vorgebracht, dass die durch die Rechtsprechung geprägten Auslegungsprämissen, auch vor dem Hintergrund einer historischen Betrachtung, verfehlt sind.[862] So findet der Tatbestand des Handeltreibens erst 1929 Eingang in die gesetzliche Regelung.[863] Er wurde insbesondere zur Lückenschließung benötigt. Bis zur Einführung des Handeltreibens war die erlaubnislose Vermittlung der Betäubungsmittel straffrei. Allein diesem Umstand sollte abgeholfen werden. Ziel war es dagegen nicht, einen Oberbegriff für alle Bemühungen zu schaffen, aus eigennützigen Gesichtspunkten, den Umsatz von Betäubungsmitteln zu fördern. Die durch die Rechtsprechung propagierte weiteste[864] Auslegung steht der ursprünglichen Intention des Gesetzgebers damit diametral entgegen.[865]

Vielfach wird durch die Rechtsprechung auf die kriminalpolitischen Belange verwiesen, die es rechtfertigten, den Begriff des Handeltreibens derart extensiv auszulegen.[866] Eine solche Auslegung ermögliche es, „den Besonderheiten des Rauschgifthandels Rechnung zu tragen, der auch durch Arbeitsteilung und Tarnung gekennzeichnet ist."[867] Es dürfe nicht sein, „dass durch eine besonders perfekte Organisation und strenge Spezialisierung auch die strafrechtliche Verantwortlichkeit von vornherein ausgeschaltet werden kann."[868] Zudem geht es der

---

860 *Endriß/Kinzig*, NJW 2001, 3217, 3218; *Harzer*, StV 1996, 336, 337; wohl auch: *Topf*, NJW 1954, 1898; a.A.: *Weber*, BtMG § 29 Rn. 193.

861 *Krack*, JuS 1995, 585, 586 f.

862 *Liemersdorf/Miebach*, MDR 1979, 981, 983 f.; *Strate*, ZRP 1987, 314, 316; *Roxin*, StV 1992, 517, 518; *Paul*, StV 1998, 623; *Endriß/Kinzig*, NJW 2001, 3217, 3218.

863 Vgl. oben 1. Kapitel:C.IV.

864 RG, Urt. v. 25.04.1932 – III StR 234/32 = DJZ 1932, Sp. 808.

865 Zuzustimmen ist dem Fazit von *Endriß/Kinzig*, NJW 2001, 3217, 3219: „Aus dem beabsichtigten Füllen einer Lücke ist eine Grube geworden, in die unterschiedslos alle fallen können, ohne Rücksicht darauf, wie sehr sie in Betäubungsmittelgeschäfte verstrickt sind".

866 *Paeffgen* (FS 50 Jahre BGH, S. 695) bescheinigt der Rechtsprechung in diesem Zusammenhang eine „kriminalpolitisch motivierte Diffusität".

867 BGH, Urt. v. 04.10.1978 – 3 StR 232/78 = NJW 1979, 1259.

868 So, insofern der Rechtsprechung beipflichtend: *Schoreit*, NStZ 1992, 496; zustimmend auch *Weber*, BtMG, § 29 Rn. 172 ff.

Rechtsprechung offensichtlich darum, jeden sich mit Betäubungsmitteln Um- und Abgebenden, so früh wie möglich mit der vollen Härte des Strafgesetzes zu erfassen.[869] Neben der Aufrechterhaltung vollständiger Prohibition[870] steht nach der Rechtsprechung die Intention flächendeckender Intervention im Vordergrund.[871] Selbst wenn man die Einschätzung von *v. Liszt*, dass „das Strafrecht die unübersteigbare Schranke der Kriminalpolitik“[872] ist, heutzutage durch die Praxis als in Frage gestellt betrachtet, so müsse man doch anerkennen, dass jedenfalls die Verfassung und sämtliche rechtsstaatlichen Grundsätze als solche Schranken fungieren müssen.[873] Dies gelte auch und umso mehr, sofern die Einhaltung dieser rechtsstaatlichen Grenzen mit etwaigen Beweisschwierigkeiten oder sonstigen unliebsamen Folgen einhergeht[874] oder kriminalpolitischen Erwägungen zuwiderläuft.[875]

Zudem böten, wenn man den Begriff des Handeltreibens auf ein praktikables und in sich geschlossenes Maß zurückschneiden würde, die verbleibenden Tatbestandsalternativen (insbesondere Herstellung, Ein- und Ausfuhr, Veräußerung, Abgabe und Besitz) ausreichenden Schutz um den unbestreitbar existierenden und durchaus gravierenden Gefahren der Drogenkriminalität angemessen gegenübertreten zu können.[876]

---

869 *Roxin*, StV 1992, 517, 519; *Paul*, StV 1998, 623; vgl. hierzu auch BGH, Urt. v. 14.04.1999 – 3 StR 22/99 = NJW 1999, 2683, 2685: „Tendenz der strafrechtlichen Betäubungsmittelvorschriften ist es zudem, den unerlaubten Umgang mit Betäubungsmitteln möglichst lückenlos zu erfassen und den strafrechtlichen Rechtsgüterschutz wegen des hohen Rangs des geschützten Rechtsguts der Volksgesundheit insbesondere im Bereich des Rauschgifthandels vorzuverlagern“.

870 Vgl. hierzu *Hassemer*, KJ 1992, 64 f.; *Paul*, NStZ 1998, 222, 223; vgl. auch *Paeffgen* (FS 50 Jahre BGH, S. 695), der dem Bundesgerichtshof vorhält, „sich gleichsam in der Rolle eines zweiten Erzengels Michael währnend, […] alle Sünder aus dem Paradies zu vertreiben […]“ suche. Ausgenommen werden muss insofern jedoch der nicht inkriminierte Konsum. Es dürfte in der Realität allerdings nur äußerst selten vorkommen, dass Betäubungsmittel bloß konsumiert werden. Vielmehr wird mit dem Konsum faktisch auch die Verwirklichung einer oder mehrerer, der den Konsum umgebenden Tatbestandsalternativen des § 29 BtMG, verwirklicht werden. *Lüdersen* (StV 1994, 508, 509) spricht in diesem Zusammenhang treffend von der „Umzingelung des an sich straffreien Konsums“.

871 *Hassemer*, JuS 1987, 257, 258 f.; *Paul*, NStZ 1998, 222, 223.

872 *Liszt*, Strafrechtliche Aufsätze und Vorträge, S. 80.

873 *Roxin*, StV 1992, 517, 519; *ders.*, StV 2003, 619, 620.

874 Vgl. oben 3. Kapitel:C.II.1.a)bb).

875 So auch: *Neuhaus*, NStZ 2001, 39, 41; *Paul*, StV 1998, 623, 625.

876 *Neuhaus*, NStZ 2001, 39, 41.

Schließlich wird der Rechtsprechung vorgeworfen, auch grundlegende, rechtsstaatliche Prinzipien zu missachten. So wird kritisiert, dass sie das Gewaltenteilungsprinzip (Art. 20 II GG) verletze. Denn: „Die Korrektur „missglückter“[877] Strafrechtsnormen durch Erweiterung auf nicht erfasste […] Fälle muß […] der gesetzgebenden Gewalt vorbehalten bleiben.“[878] Letztlich gipfelt die Kritik in dem klar formulierten Vorwurf, dass die durch die Rechtsprechung geformte Auslegungspraxis insgesamt mit den „Erfordernissen eines rechtsstaatlichen Tatstrafrechts“[879] nicht vereinbar bzw. „den Maßstäben rechtsstaatlicher Strafrechtsdogmatik nicht mehr genügend“[880] ist.

II. Lösungsvorschläge

Über die geäußerte Kritik hinaus hat die Literatur alternative Lösungsvorschläge entwickelt.[881] Überwiegend führen sie zu einer Neudefinition des Begriffs Handeltreiben. Zudem formulieren sie sämtlich einen restriktiveren Standpunkt.

1. Handeltreiben als lückenschließender Auffangtatbestand

Nach *Liemersdorf/Miebach*[882] soll „die Begehungsform des Handeltreibens nur Taten erfassen, […] die unter keine andere Alternative [des § 29 I 1 BtMG[883]] fallen, ihr also nur die Funktion eines lückenschließenden Auffangtatbestandes

---

877 Vgl. insoweit nur die Bewertung der Drogengesetzgebung (auch im Zusammenhang mit der Drogenpolitik) durch *Kreuzer*, ZRP 1975, 206 ff. und *Kniesel*, ZRP 1994, 352 ff.

878 *Paul*, StV 1998, 623, 625; *ders.* ähnlich in NStZ 1998, 222, 223.

879 *Roxin*, StV 1992, 517, 519; so auch *Gaede*, HRRS 2005, 250, 253 Fn. 21, der fordert, dass sich die Befürworter dieser „täterstrafrechtlich anmutenden“ Auslegung offen dazu bekennen sollten, dass sie „ein Straf“recht“ auch über den Rechtsstaat hinaus für denkbar erachten“.

880 *Paul*, StV 1998, 623; *ders.* NStZ 1998, 222; so auch *Kreuzer*, FS Miyazawa, S. 177, 189; etwas zurückhaltender: *Hassemer*, JuS 1992, 352: „rechtsstaatlich bedenklich“.

881 Der Übersichtlichkeit halber ist hierbei auch der Ansatz von *Niehaus*, JR 2005, 192, 197 berücksichtigt, obwohl er nicht vor dem Anfragebeschluss des 3. Strafsenats vom 10.07.2003 (BGH, Anfrageb. v. 10.07.2003 – 3 StR 61/02 und 3 StR 243/02 = NStZ 2004, 106) entwickelt wurde.

882 *Liemersdorf/Miebach*, MDR 1979, 981 ff.

883 Die Ausführungen von *Liemersdorf/Miebach* bezogen sich allerdings noch auf § 11 I BtMG 1972 (vgl. oben 1. Kapitel:C.V.). Insofern ergeben sich allerdings keine relevanten Änderungen, sodass sie auch heute noch ungemindert Gültigkeit besitzen.

und hier insbesondere für das Vermitteln zukommen."[884] Die Autoren streben also keine grundsätzliche Neudefinition des Handeltreibens an, sondern nehmen („lediglich") eine entstehungsgeschichtliche und gesetzessystematische Auslegung des Begriffs vor. Sie begründen ihr Ergebnis wie folgt: Zunächst müsse die Gesetzgebungsgeschichte berücksichtigt werden. Insofern sei das Handeltreiben zur Schließung von (insbesondere bei der erlaubnislosen Vermittlung von Betäubungsmitteln) auftretenden Strafbarkeitslücken eingeführt worden.[885] Die von ihnen vorgeschlagene Auslegung stehe damit im Einklang mit der ursprünglich vorgesehenen Funktion des Handeltreibens. Ferner müsse der Gleichwertigkeit der Alternativen, die durch ihre Aufzählung zum Ausdruck gebracht wird, Rechnung getragen werden: Soweit sich aus einer, der gegenüber dem Handeltreiben spezielleren Alternative, bereits eine Strafbarkeit ergibt, solle diese das Handeltreiben verdrängen.

Es ist festzustellen, dass der durch *Liemersdorf/Miebach* entwickelte Lösungsansatz in einem Großteil der in der Praxis vorkommenden Fälle die mit dem Handeltreiben zusammenhängenden Probleme umgehen würde. Die auf eine Neudefinition verzichtenden Autoren können allerdings das Problemfeld des Handeltreibens keiner grundsätzlichen Lösung zuführen. Dies ist ihrer Vorgehensweise geschuldet. So existieren die Auslegungsschwierigkeiten in ungeminderter Form weiter, sobald keine andere Alternative des § 29 I 1 BtMG einschlägig ist, also auf den Tatbestand des Handeltreibens zurückgegriffen werden muss. Dies ist insbesondere im Rahmen der Qualifikationen des § 29 BtMG der Fall: So sind neben dem Handeltreiben in § 30 I Nr.1 BtMG nur noch zwei, in § 29a I Nr. 2 BtMG und § 30a II Nr. 2 BtMG jeweils drei, in § 30a I BtMG und § 30a II Nr. 1 BtMG jeweils lediglich vier weitere relevante[886] Verwirklichungsalternativen aufgezählt.

2. Eigennützige Handlung, die objektiv umsatzbezogen erscheint

Eberts Lösungsvorschlag fußt auf dem Grundgedanken, dass der Ansatzpunkt für die Bestrafung des Täters die von ihm vorgenommene Handlung und nicht seine Gesinnung sein muss. Insofern versucht auch *Ebert*, dem Begriff des Handeltreibens durch eine Objektivierung seiner Auslegung Konturen zu verleihen. Obwohl er betont, dass es sich bei der von ihm vorgeschlagenen Auslegung

---

884 *Liemersdorf/Miebach*, MDR 1979, 981, 984.

885 *Liemersdorf/Miebach*, MDR 1979, 981, 983 f.

886 Das Veräußern i.S.d. § 30a II Nr. 1 BtMG bleibt insofern außer Betracht, da die beim Handeltreiben zwingend zu fordernde Eigennützigkeit beim Veräußern gerade nicht vorliegen darf (vgl. *Weber*, BtMG, § 29 Rn. 929; MK-BtMG/*Rahlf*, § 29 Rn. 620).

„eindeutig um eine objektive"[887] handelt, berücksichtigt *Ebert* auch die dem objektiven Merkmal Handeltreiben innewohnende, subjektive Komponente: den eigennützigen Umsatzwillen.

In der weiteren Entwicklung seines Ansatzes verknüpft *Ebert* den objektiven und den subjektiven Gesichtspunkt miteinander: „Das äußere Erscheinungsbild dieser [Tat-]Handlung muß eindeutig eine Beziehung zum Umsatz aufweisen. Die Handlung ist als Umsatzhandlung zu bezeichnen. Handeltreiben [...] könnte demnach als *jede eigennützige Handlung, die objektiv umsatzbezogen erscheint*, bezeichnet werden."[888] Von dem Erfordernis der Realisierung des Umsatzwillens sieht *Ebert* ab. Ausreichend ist vielmehr, „dass der Täter seinen Umsatzwillen nach außen hin deutlich macht."[889] Die Manifestation des eigennützigen Umsatzwillens soll die Umsatzhandlung darstellen. Vollendetes Handeltreiben liegt demnach vor, „wenn ein alle Umstände des Falles kennender, objektiver Beobachter auch ohne Berücksichtigung des (eventuell) bestehenden Umsatzwillens aus dem Täterverhalten eindeutig auf einen (eventuell) bestehenden Umsatzwillen schließen kann."[890] Raum für einen Versuch nach § 29 II BtMG soll bei objektiv mehrdeutigen oder neutralen Verhaltensweisen gegeben sein, oder wenn sich die (zwar bestehenden) umsatzbezogenen Motive im objektiven Bereich nicht widerspiegeln.

Zwar lassen sich, sofern man die entwickelte Definition im Sinne des Autors handhabt, mit ihr durchaus zustimmungswürdige Ergebnisse erzielen.[891] Trotzdem bestehen auch gegen diesen Ansatz Bedenken. So ist zunächst äußerst fragwürdig, ob die Rechtsprechung, sofern sie die Definition *Eberts* übernehmen würde, auch seiner Auslegung Folge leistete. Ein Blick in die Rechtsprechungspraxis zur Unterschlagung (§ 246 StGB) lässt anderes vermuten.[892] So besteht zwar auch im Rahmen des § 246 StGB Einigkeit darüber, dass sich der Zueignungswille objektiv manifestieren muss. Zur Bestimmung dieser objektiven Manifestation wird seitens der Rechtsprechung letztlich allerdings wiederum nur auf das Vorliegen des Zueignungswillens bzw. den Vorsatz abgestellt.[893] Überträgt man dieses Vorgehen auf den Bereich des Handeltreibens, würde kein

887 *Ebert*, Das Handeltreiben mit Betäubungsmitteln, S. 174.
888 *Ebert*, Das Handeltreiben mit Betäubungsmitteln, S. 172 f.
889 *Ebert*, Das Handeltreiben mit Betäubungsmitteln, S. 173.
890 *Ebert*, Das Handeltreiben mit Betäubungsmitteln, S. 174.
891 Vgl. *Ebert*, Das Handeltreiben mit Betäubungsmitteln, S. 183 ff.
892 Vgl. hierzu knapp SSW-StGB/*Kudlich*, § 246 Rn. 10.
893 Vgl. MK-StGB/*Hohmann*, § 246 Rn. 17: Dieser mahnt zu Recht, dass es zu fatalen Folgen führte, wenn „allein der Vorsatz des Täters, mithin ein subjektives Merkmal, über die Frage entscheidet, ob ein [...] strafbares Verhalten vorliegt".

Fortschritt erzielt. Auch weiterhin (also auch auf Grundlage der Neudefinition *Eberts*) würde die heute platzgreifende Subjektivierung maßgebend sein.

Ferner steht der beschriebene Lösungsansatz auch der enormen Vorverlagerung der Strafbarkeit bzw. der Einebnung des Versuchsbereichs nicht zwingend entgegen.[894] *Ebert* kann nicht erklären, warum eine Handlung, die zwar objektiv umsatzbezogen erscheinen mag, ihrer Natur nach jedoch dem Stadium des Versuchs zuzurechnen ist, also lediglich ein unmittelbares Ansetzen darstellt, trotzdem als Vollendung erfasst werden soll. Andererseits erscheint die vorgeschlagene Auslegung zu eng, wenn eine tatsächlich rechtsgutsgefährdende Handlung, die sich aber (vielleicht nur zufälligerweise) nicht als nach außen objektiv umsatzbezogen erweist, gerade nicht durch § 29 I 1 Nr. 1 BtMG erfasst werden kann.

3. Kontakt mit anderen Personen

Zaczyk äußert seinen Restriktionsversuch im Rahmen einer Urteilsanmerkung.[895] Er möchte vom Handeltreiben nur solche Situationen erfasst wissen, „in denen es zu einem Kontakt mit anderen Personen kommt."[896] Gegenstand des von ihm besprochenen Urteils ist § 30a II Nr. 2 BtMG.[897] *Zaczyk* geht insofern zu Recht davon aus, dass eine Freiheitsstrafe von nicht unter fünf Jahren in einem rechtsstaatlich verstandenem Strafrecht nur gerechtfertigt sein kann, „wenn ein innerer Zusammenhang zwischen dem Handeltreiben und der Gefahrenkomponente [des § 30a II Nr. 2 BtMG] besteht."[898] Vor diesem Hintergrund sieht er die Restriktion des Grundtatbestands (Handeltreiben im Sinne des § 29 I 1 Nr. 1 BtMG) als gangbaren Weg an. Mit seinem Vorschlag möchte *Zaczyk* allerdings auch (unabhängig von der Qualifikation des § 30a II Nr. 2 BtMG) die Abgrenzung von Vorbereitung, Versuch und Vollendung ermöglichen.

Dass sich die im Zusammenhang mit dem Grundtatbestand bestehenden Probleme bei den Qualifikationen fortsetzen oder sich, z.B. im Hinblick auf den Strafrahmen, gar in zugespitzter Form präsentieren, soll nicht bestritten werden. Auch mag die vorgeschlagene Begrenzung des Begriffs des Handeltreibens im Rahmen des § 30a II Nr. 2 BtMG überzeugen. Im Rahmen einer, von *Zaczyk*

---

894 Vgl. zur folgenden Kritik *Gaede*, StraFo 2003, 392, 395 Fn. 26.

895 *Zaczyk*, JR 1998, 256 ff.

896 *Zaczyk*, JR 1998, 256, 259.

897 Vgl. zu diesem Problemkreis auch die dem von *Zaczyk* besprochenen Urteil zustimmende Anmerkung von *Lenckner*, NStZ 1998, 257 ff.

898 *Zaczyk*, JR 1998, 256, 259.

allerdings ausdrücklich auch erwähnten, von dem Qualifikationstatbestand unabhängigen Betrachtung gilt dies jedoch nicht.

Würde man stets den tatsächlichen, körperlichen[899] Kontakt mit anderen Personen voraussetzen, um den Begriff des Handeltreibens als verwirklicht anzusehen, entstünden beachtliche Strafbarkeitslücken. So kommt doch gerade der Großdealer im Hintergrund[900] oftmals ohne einen tatsächlichen Kontakt mit Personen aus. Auch der strafwürdige Vermittler der Drogengeschäfte kann seine Tätigkeit problemlos über – den tatsächlichen Kontakt mit Menschen nicht voraussetzende – Telekommunikationsmittel abwickeln.

Andererseits würde in anderen problematischen Bereichen der Rechtsprechung des Bundesgerichtshofs auch kein befriedigendes Ergebnis erzielt: So kann bei dem Diebstahl von Betäubungsmitteln durchaus ein körperlicher Kontakt zwischen den involvierten Personen bestehen. Trotzdem sollte diese Konstellation nicht durch § 29 I 1 Nr. 1 BtMG erfasst werden.[901]

4. Das Näherbringen des Betäubungsmittels auf dem Weg zum Abnehmer

Gleich eine Reihe von Autoren versuchen den Begriff des Handeltreibens zu objektivieren, indem sie auf einen Erfolg[902], nämlich den Umsatz des Betäubungsmittels abstellen.

Zuerst wurde dieser Gedanke von *Roxin*[903] geäußert. Er geht davon aus, dass der Umsatz des Betäubungsmittels in der übertragenden Handlung selbst liege und formulierte schon 1992, dass nur Handlungen, „die ein Bestandteil des Übertragungsaktes „von einer Person auf eine andere““[904] seien, vollendetes Handeltreiben darstellen können. Ein Versuch hingegen sei anzunehmen, wenn der Täter „nach seiner Vorstellung an einen der Übertragung nahe vorgelagerten Punkt gekommen war.“[905]

---

899 Ein solcher muss vorliegend gemeint sein. Dies ergibt sich zum einen aus der Intention, die im Rahmen des § 30a II Nr. 2 BtMG bestehenden Probleme zu überwinden. Außerdem käme es, würde man auf den bloßen geistigen Kontakt zwischen Personen abstellen, zu keinen Einschränkungen gegenüber der bestehenden Rechtsprechung.

900 Vgl. auch *Nestler,* Handbuch Betäubungsmittelstrafrecht, § 11 Rn. 361, der darauf hinweist, dass Handeltreiben im Gesetzgebungsverfahren als das Verhalten der Drahtzieher und skrupellosen Geschäftemacher beschrieben wird.

901 Vgl. die Stellungnahme hierzu oben im 3. Kapitel:C.II.5.b)dd).

902 Gemeint ist der Erfolg im weiteren Sinne (vgl. hierzu oben 3. Kapitel:B.I.1.).

903 *Roxin*, StV 1992, 517 ff.

904 *Roxin*, StV 1992, 517, 519.

905 *Roxin*, StV 1992, 517, 519.

Insgesamt wurde dieser Vorschlag in der Literatur mehrfach aufgegriffen.[906]

In weitgehender[907] inhaltlicher[908] Übereinstimmung mit *Roxin* setzte auch *Harzer*[909] zur Restriktion des Begriffs Handeltreiben an. Für *Harzer* ist ein vollendetes Handeltreiben zu bejahen, wenn „der Täter in einem auf Entäußerung gerichteten Tun die Sache dem Erwerber näherbringt."[910] Der einzige, im Verhältnis zur zuvor geschilderten Auffassung bestehende Unterschied ergibt sich aus der Inbezugnahme der Entäußerung seitens *Harzer*. Sie kann also die ab-

---

906 Wegen der inhaltlichen Übereinstimmung wird auf eine jeweils gesonderte Darstellung verzichtet. Trotzdem sollen die Autoren und ihre Formulierungsvorschläge benannt werden: *Paul* schließt sich *Roxin* und *Harzer* an, wenn er schreibt: Erfolg des Handeltreibens als auf Betäubungsmittelumsatz gerichtete Tätigkeit ist [...] der Umsatz des Betäubungsmittels oder – anders formuliert – das Näherbringen desselben bezogen auf den Abnehmer (StV 1998, 623, 625). So ist wohl auch *Paeffgen* zu verstehen, der unter Bezugnahme auf eine Formulierung eines Generalbundesanwaltes schreibt, dass für die Vollendung eine Tätigkeit zu fordern sei, „die zur Verbreitung des BtM führt" (FS 50 Jahre BGH, S. 695, 723 Fn. 128); *Seelmann* tritt schon 1983 (allerdings im Rahmen der Besprechung der Problematik des V-Mannes) dafür ein, dass die Strafbarkeit eines Dealers zu verneinen ist, „der nichts auf dem Weg zum Konsumenten weiterbefördert" (ZStW 95 (1983), 797, 807); auch *Nestler,* Handbuch Betäubungsmittelstrafrecht, § 11 Rn. 365 fordert, dass „der tatbestandliche Erfolg der Handlung objektiv definiert werden" müsse. Diesen Erfolg sieht auch er im Umsatz „der vom Bundesgerichtshof als „Übertragung von Betäubungsmitteln von einer Person auf eine andere" gekennzeichnet wird." *Nestler* erkennt allerdings die Probleme, die ein solcher Ansatz in der Praxis aufwerfen würde: „Eine Begrenzung des Tatbestandes auf ein konkret beschreibbares Verhalten widerspricht aber der zentralen Intention des BTM-Strafrechts, den illegalen Markt zu bekämpfen und die Leute, die ihn auf der Angebotsseite aufrechterhalten, umfassend dem Strafrecht zu unterwerfen".

907 So auch *Roxin* selbst in StV 2003, 619, 620; vgl. auch *Paul*, StV 1998, 623, 625 der sich beiden anschließt.

908 Mittlerweile haben beide Ansätze auch eine sprachliche Angleichung erfahren. In seinen neuerlichen Ausführungen in StV 2003, 619, 620 fordert *Roxin* nunmehr einen Vorgang, „der das Rauschgift auf dem Weg zum Konsumenten weiterbringt".

909 *Harzer*, StV 1996, 336, 337.

910 *Harzer*, StV 1996, 336, 337; auch darin, dass *Roxin* auf den Konsumenten und *Harzer* im Gegensatz hierzu auf den Erwerber abstellt, resultiert kein inhaltlicher Unterschied zwischen beiden Auffassungen: Sofern das Betäubungsmittel dem „Konsumenten" nähergebracht wird, ist der „Konsument" gleichzeitig der Erwerber. Findet dagegen eine tatsächliche Übertragung des Betäubungsmittels auf einen „Erwerber" statt, der nicht gleichzeitig auch der „Konsument" ist, sondern z.B. ein Zwischenhändler, so wird das Betäubungsmittel letztlich zugleich auch wieder dem Konsumenten nähergebracht. In diesem Fall allerdings über den Umweg des Zwischenhändlers. Neutraler insofern *Paul*, StV 1998, 623, 625, der von „Abnehmern" spricht.

satzorientierte Beschaffung der Ware begrifflich nicht erfassen.[911] Damit bietet dieser Ansatz eine noch umfassendere Restriktion.[912]

Die Beschränkung des vollendeten Handeltreibens auf den eigentlichen Übertragungsvorgang führt unzweifelhaft zu einer, auch in der Praxis handhabbaren Restriktion. Zudem wäre auch die Abgrenzung der verschiedenen Deliktsstadien - mit größerer Sicherheit[913] - gewährleistet. Diesem Ansatz wird allerdings entgegengehalten, dass er den strafrechtlichen Schutz zu weit zurücknimmt.[914] Es entstünden nicht tolerable Strafbarkeitslücken.[915] Die Lösung widerspreche der Struktur des Betäubungsmittelhandels sowie der Intention des Gesetzgebers. So würde beispielsweise der Zwischenhändler, der im Hintergrund fungiert und selbst nicht am Übertragungsakt teilnimmt, nicht erfasst werden.[916] Gleiches gelte für den Vermittler, der typischerweise nicht an dem Übertragungsakt beteiligt ist, sondern vielmehr Vereinbarungen auf schuldrechtlicher Ebene tätigt und damit die eigentliche Lieferung nur vorbereitet.[917] Letztendlich würden damit die eingefahrenen Machtstrukturen des Betäubungsmittelhandels verfestigt: Die im Hintergrund agierenden, sich aus den konkreten Umsatzgeschäften heraushaltenden Großdealer fielen durch das insofern zu weitma-

---

911 *Ebert*, Das Handeltreiben mit Betäubungsmitteln, S. 170; *Bensch*, Der Begriff des Handeltreibens, S. 150.

912 Diese erscheint allerdings zu weitgehend. So kann schon hier festgestellt werden, dass auch die absatzorientierte Beschaffung der Betäubungsmittel zum Handel mit Betäubungsmitteln gehört.

913 Allerdings verbleiben auch insoweit noch geringe Unsicherheiten: So soll nach *Roxin* (StV 1992, 517, 519) ein Versuch gegeben sein, wenn der Täter „nach seiner Vorstellung an einen der Übertragung nahe vorgelagerten Punkt gekommen war." Wann letztlich die Nähe zur Übertragung ausreichend Intensität besitzt, um einen Versuch zu begründen, bietet abermals einen Auslegungsspielraum. Diese Unsicherheit ist allerdings kaum größer, als sie dem Mittel der abstrakten Definition ohnehin stets immanent ist.

914 *Gaede*, StraFo 2003, 392, 396; *Niehaus*, JR 2005, 192, 196; *Weber*, JR 2006, 139, 145. Letzterer weist auch auf eine Konsequenz im hier nicht näher behandelten Bereich der Abgrenzung von Täterschaft und Teilnahme hin. Nach *Weber* müssten die festeren Konturen des Begriffs Handeltreiben bei der Abgrenzung von Täterschaft und Teilnahme konsequenterweise dazu führen, dass derjenige, der den Tatbestand eigenhändig erfüllt, immer als Täter betrachtet werden müsse und für eine Abgrenzung nach den allgemeinen Kriterien demnach kein Raum mehr bestände.

915 BGH, Anfrageb. v. 10.07.2003 – 3 StR 61/02 und 3 StR 243/02 = NStZ 2004, 108; *Weber*, NStZ 2004, 66, 68.

916 *Ebert*, Das Handeltreiben mit Betäubungsmitteln, S. 170; *Bensch*, Der Begriff des Handeltreibens, S. 150 f.

917 *Ebert*, Das Handeltreiben mit Betäubungsmitteln, S. 170; *Bensch*, Der Begriff des Handeltreibens, S. 149 f., 151.

schige Netz der Strafbarkeit, während sich die ohnehin beliebig austauschbaren, die konkreten Geschäfte aber abwickelnden Kleindealer eben in diesem Netz verfingen. Zudem widerspreche es zwar der gesetzgeberischen Intention, aus dem weiten Tatbestand des Handeltreibens einen uferlosen Tatbestand zu machen. Ebenso stehe es dieser Intention aber entgegen, wenn der Vermittler von Betäubungsmittelgeschäften nicht durch § 29 I 1 Nr. 1 BtMG erfasst werde.[918]

Bedenken ergeben sich auch im Verhältnis zu dem Rahmenbeschluss der Europäischen Union vom 25.10.2004.[919] In Art. 2 I des Beschlusses werden Handlungen, die von den Mitgliedsstaaten als „Straftaten in Verbindung mit illegalem Handel mit Drogen und Grundstoffen" unter Strafe gestellt werden müssen, katalogartig aufgezählt. Auch umfasst von dieser Aufzählung ist das Vermitteln. Eben dieses würde aber, sofern sich der Vermittler nicht an dem Übertragungsakt selbst beteiligt, nach dem oben dargestellten Ansatz nicht mit Strafe belegt werden können.

Durch die zu starke Betonung des Übertragungsaktes könnte sonach zwar dogmatische Klarheit gewonnen werden, diese ließe sich aber nur auf Kosten größerer Strafbarkeitslücken realisieren. Ein Tätigwerden des Gesetzgebers wäre nötig.

5. Objektive Gefahr eines Betäubungsmittelumsatzes

Ferner versucht auch *Gaede*,[920] die Objektivierung des Begriffs Handeltreiben über das Einfügen eines Erfolgs[921] zu erreichen. Entgegen dem soeben dargestellten Ansatz[922] möchte *Gaede* allerdings nicht auf den tatsächlichen Umsatz des Betäubungsmittels abstellen. Vielmehr möchte er ein von ihm als „Handlungserfolg" bezeichnetes Erfolgsmoment etablieren. Dieses soll allein die Tathandlung qualitativ kennzeichnen und ihr damit ein Eignungsmoment hinzufügen. *Gaede* möchte letztlich die Abgrenzung der verschiedenen Deliktsstadien mit Hilfe eines Gefährdungserfolgs gewährleisten. Dieser soll vorliegen und damit die Bestrafung wegen vollendeten Handeltreibens gem. § 29 I 1 Nr. 1 BtMG legitimieren, wenn der „Täter über die im Versuch aus Tätersicht abstrakt liegende Möglichkeit der Rechtsgutsverletzung hinaus objektiv (tatsächlich) ei-

---

918 *Gaede*, StraFo 2003, 392, 396.

919 Vgl. oben 1. Kapitel:C.IV. und *Weber*, Handeltreiben, S. 463.

920 *Gaede*, StraFo 2003, 392, 395 f.; *ders.*, HRRS 2004, 165, 171; *ders.*, HRRS 2005, 250, 252 f.

921 Gemeint ist wiederum der Erfolg im weiteren Sinne (vgl. 3. Kapitel:B.I.1.).

922 Vgl. den soeben dargestellten Ansatz im 3. Kapitel:D.II.4.

ne qualifizierte Gefährdung bewirkt."[923] Ferner versucht *Gaede*, den soeben dargestellten Vollendungszeitpunkt über das Merkmal des Drogenumsatzes zu konkretisieren. Danach muss sich „ein Umsatz im Sinne eines konkreten Umsatzgeschäftes tatsächlich angebahnt"[924] haben, also nach dem Handlungskontext zu erwarten sein. Insgesamt sei danach ein vollendetes Handeltreiben „jedes tatherrschaftliche Verhalten, mit dem der Täter eigennützig die Gefahr schafft, dass ein nach dem Handlungskontext erwartbarer konkreter Betäubungsmittelumsatz erfolgt."[925]

In ähnlicher, allerdings weniger präziser Art hinsichtlich des geforderten Grades der Gefahr bemüht sich auch *Schwarzburg*[926] um eine Restriktion des Handeltreibens. Er fordert, dass die Bestrafung wegen vollendeten Handeltreibens auf diejenigen Rauschgiftgeschäfte zu beschränken ist, „die objektiv die Gefahr eines BtM-Umsatzes bieten."[927]

Durch den soeben dargestellten Ansatz lassen sich einige, ohnehin nicht vom Wortlaut des Handeltreibens gedeckte Konstellationen problemlos dem Bereich der Strafbarkeit entziehen und einer sachgerechten Lösung zuführen. So würden beispielsweise die Fälle des Handeltreibens mit Scheindrogen[928] oder die des Handeltreibens mit bereits sichergestellten Betäubungsmitteln[929] richtigerweise als untauglicher Versuch behandelt werden. Andererseits kann z.B. die

---

923 *Gaede*, StraFo 2003, 392, 396; vgl. insoweit auch *Strate*, ZRP 1987, 314, 316 der eine „beginnende Konkretisierung einer Gefahr für das Rechtsgut" fordert. Er bleibt damit zwar deutlich hinter den von *Gaede* angestellten Konkretisierungsbemühungen zurück und kann insofern inhaltlich nichts Weiterführendes beitragen. Es sei allerdings ausdrücklich betont, dass es nicht *Strates* Absicht war, eine Neudefinition des Begriffs Handeltreiben zu liefern. Sein soeben geschilderter „Ansatz" war lediglich Teil einer ebenso umfassenden wie berechtigten Kritik an der Praxis der Rechtsprechung unter besonderer Berücksichtigung der Perspektive der Strafverteidigung.

924 *Gaede*, StraFo 2003, 392, 396; inhaltlich identisch, *ders.* auch in HRRS 2005, 250, 253.

925 *Gaede*, StraFo 2003, 392, 396; nur in der Formulierung abweichend, *ders.* (HRRS 2004, 165, 171): „Ein vollendetes Handeltreiben ist jede eigennützige auf Umsatz gerichtete Tätigkeit, welche die Gefahr eines nach den Umständen erwartbaren konkreten Betäubungsmittelumsatzes herbeiführt".

926 Tatbestandsmäßigkeit und Rechtswidrigkeit polizeilicher Tatprovokation, S. 59; im Anschluss an *Schünemann*, StV 1985, 424, 429 („[...] daß ex ante absolut ungefährliche Verhaltensweisen im Wege einer teleologischen Reduktion generell aus dem Anwendungsbereich der abstrakten Gefährdungsdelikte auszuscheiden sind.").

927 *Schwarzburg*, Tatbestandsmäßigkeit und Rechtswidrigkeit polizeilicher Tatprovokation, S. 59.

928 Vgl. oben 3. Kapitel:G.III.4.

929 Vgl. oben 3. Kapitel:C.II.3.

Problematik bzgl. des Diebstahls von Betäubungsmitteln[930] nicht befriedigend gelöst werden: So wird man doch sagen müssen, dass auch die unerlaubte Inbesitznahme des Betäubungsmittels in Weiterveräußerungsabsicht durchaus die (auch objektive) Gefahr eines Betäubungsmittelumsatzes in sich trägt.[931] Eine Beurteilung dieser Konstellation als Handeltreiben ist allerdings abzulehnen.[932]

Abgesehen davon, dass die vorgeschlagenen Lösungswege im Einzelfall zu begrüßenswerten Ergebnissen führen können, verbleiben jedoch im Bereich der abstrakten Definition größere Zweifel. Eine einheitliche, vor allem dem Willen der Autoren entsprechende Anwendung ihrer Vorschläge, erscheint aufgrund der Unbestimmtheit der vorgeschlagenen Restriktionen nicht gesichert.

Insbesondere *Schwarzburg* lässt völlig offen, welche Intensität die von ihm geforderte Gefahr erreichen muss, um eine Vollendungsstrafbarkeit auszulösen. Damit lassen sich zwar die oben geschilderten (insofern eindeutigen) Konstellationen bewältigen, jedoch kann sein Ansatz im Rahmen der trennscharfen Abgrenzung der verschiedenen Deliktsstadien nicht fruchtbar gemacht werden.

Ähnlichen Bedenken begegnen, wenn auch in abgeschwächter Form, den von *Gaede* vorgeschlagenen Restriktionen. *Gaede* stellt zwar klar, dass die Gefahrenintensität diejenige eines Versuchs überschreiten soll. Insofern besteht allerdings schon der Einwand, dass ein Versuch im Rahmen des Handeltreibens quasi nicht stattfindet und damit der Bezugspunkt, nämlich „der Versuch des Handeltreibens“, mangels ausreichender Erfahrungswerte schwierig zu bestimmen ist.

Zudem müssen die von *Gaede* zur Konkretisierung der erforderlichen Gefahrenintensität herangezogenen Formulierungen näher untersucht werden. Zur Erreichung der erforderlichen Gefahrenintensität muss sich danach ein Umsatz im Sinne eines konkreten Umsatzgeschäfts tatsächlich angebahnt haben. Der Begriff des Anbahnens ist jedoch von immenser Weite.[933] Nach dem natürlichen Wortlautverständnis können hierunter einerseits Tätigkeiten, die selbst von der Rechtsprechung noch als Vorbereitungshandlung begriffen würden,[934] verstanden werden.[935] Andererseits wäre auch eine engere Auslegung denkbar, die ein

---

930 Vgl. oben 0.

931 *Bensch*, Der Begriff des Handeltreibens, S. 153 f.

932 Vgl. oben 3. Kapitel:C.II.5.b)dd).

933 *Bensch*, Der Begriff des Handeltreibens, S. 153.

934 Vgl. oben 3. Kapitel:C.II.1.a)ee).

935 Vgl. hierzu auch *Weber*, BtMG, § 29 Rn. 361 der sein „weites“ Verständnis des Begriffs „Anbahnen“ durch den Verweis auf eine waffenrechtliche Entscheidung des Bundesgerichtshofs (BGHSt 40, 94) darlegt. Siehe zur Möglichkeit der weiten Interpretation der „Anbahnung“ im Zivilrecht BeckOK-BGB/*Gehrlein/Sutschet*, § 311 Rn.

Anbahnen erst bei einer tatsächlichen Konkretisierung der Umsatzgefahr bejaht. Keine der Alternativen ist allerdings zwingend oder dem Wortverständnis nach auch nur näherliegend. Eine zuverlässige Abgrenzung von Vorbereitung und Versuch scheint auf diesem Wege nur schwer erreichbar.

Auch der weitere Präzisierungsversuch von *Gaede*, dahingehend, dass der Betäubungsmittelumsatz erwartbar sein muss, kann die dargestellten Bedenken nicht zerstreuen. Im Gegenteil: Diese Formulierung begegnet weiteren Einwänden. Zum einen bietet sich ein Einfallstor für eine neuerliche Subjektivierung (diesmal) der Gefahrenbewertung. Überdies müssten Gesichtspunkte, die nach dem klar erkennbaren Willen des Gesetzgebers[936] erst auf Qualifikationsebene zu berücksichtigen sind, schon im Rahmen der Beurteilung der Tathandlung des Grundtatbestands (§ 29 I 1 Nr. 1 BtMG) in Rechnung gestellt werden. *Gaede* selbst geht nämlich davon aus, dass die Erwartbarkeit eines Betäubungsmittelumsatzes im Rahmen organisierter Betäubungsmittelbanden zu einem früheren Zeitpunkt gegeben sei.[937] Es ist aber nicht einzusehen, warum eine Bandenmitgliedschaft darüber den Ausschlag geben sollte, ob die Tathandlung als vollendetes Handeltreiben zu bewerten ist,[938] noch, warum sie generell schon auf Grundtatbestandsebene Beachtung finden sollte. Zudem entstünden auf diese Weise weitere Unsicherheiten bzgl. der Anforderungen, die an die Festigkeit der Struktur der kriminellen Organisation, der Bande, zu stellen sind.

Insgesamt kann durch das Abstellen auf den Eintritt einer objektiven Gefahr des Betäubungsmittelumsatzes zwar im Einzelfall durchaus ein sachgerechtes Ergebnis gewonnen werden, jedoch wiegen die mit den dargestellten Lösungsansätzen einhergehenden Unsicher- und Unbestimmtheiten[939] schwer.

46: „Der Begriff ist weit auszulegen […] vielmehr genügen auch unverbindliche Gespräche […] oder auch ein bloßer Informationsbesuch, bei dem es zu einem persönlichen Kontakt zwischen den möglichen Vertragsparteien noch gar nicht gekommen ist."; MK-BGB/*Emmerich*, § 311 Rn. 73: „Für die Annahme einer Vertragsanbahnung reichen ferner die Aufnahme von Vorgesprächen, durch die die Möglichkeit späterer vertraglicher Beziehungen ausgelotet werden soll […], überhaupt Gespräche im Vorfeld vertraglicher Verhandlungen".

936 Vgl. § 30 I Nr. 1 BtMG: „[…] und dabei als Mitglied einer Bande handelt […]".

937 *Gaede*, StraFo 2003, 392, 396.

938 Letztlich könnte dieselbe Tätigkeit, je nachdem ob sie von einem Alleintäter oder von einem Bandenmitglied ausgeführt wird, als vollendetes, oder gerade nicht vollendetes Handeltreiben bewertet werden.

939 So, trotz seines ähnlichen Ansatzes (vgl. unten 3. Kapitel:D.II.6.), auch knapp: *Niehaus*, JR 2005, 192, 196.

6. Den Marktkreislauf in Gang setzen; die Nachfrage steigern

Einen ähnlichen Ansatzpunkt wie *Gaede* verfolgt auch *Niehaus*.[940] Nach ihm wird derjenige, der mit Betäubungsmitteln unerlaubt Handel treibt, bestraft, „weil er dadurch Gefahren schafft, dass er den Wirtschaftskreislauf mit gesundheitsgefährdenden Stoffen in Gang setzt und hält, indem er Angebot oder Nachfrage schafft bzw. befriedigt."[941] Fraglich erscheint also abermals, wann die Gefahrschaffung so weit gediehen ist, dass sie als vollendetes Delikt angesehen werden kann. *Niehaus* möchte die Bestimmung dieses Zeitpunkts, mangels näherer Konkretisierung durch den Gesetzgeber,[942] grundsätzlich der wertenden Betrachtung der Rechtsprechung überlassen.[943] Trotzdem versucht auch er, sich diesem Zeitpunkt anzunähern. Wiederum soll der Warenumsatz im Zentrum des Begriffs des Handeltreibens stehen. Ferner hält es *Niehaus* für entscheidend, dass „der Marktkreislauf in Gang gesetzt und die Nachfrage nach Betäubungsmitteln gesteigert wird."[944] Insgesamt soll als vollendetes Handeltreiben „die eigennützige Übereignung von Betäubungsmitteln, die Erzielung einer auf einen solchen Umsatz gerichteten Willensübereinkunft oder die Vermittlung eines solchen Geschäfts"[945] verstanden werden.

Sofern *Niehaus* feststellt, dass die eigentliche Übereignung des Betäubungsmittels, der hierauf gerichtete Vertragsschluss bzw. die Vermittlung eines solchen Geschäfts als vollendetes Handeltreiben zu bewerten sind, verdient er weitgehend Zustimmung. Kritikwürdig erscheint allerdings sowohl die grundsätzliche Methodik des Ansatzes als auch die teilweise bestehende Inkonsistenz hinsichtlich seiner Begründung.

Wie *Niehaus* an anderer Stelle selbst feststellt, widerspricht es der Offenheit des Begriffs Handeltreiben, „einen Katalog von Verhaltensweisen zu formulieren, die ohne Verstoß gegen die Wortlautgrenze unter das Gesetz zu subsumieren sind."[946] Warum er allerdings im Anschluss an diese, gegenüber dem Vorschlag des 3. Strafsenats[947] zutreffend geäußerte Kritik selbst einen (reduzierten) „Katalog" formuliert, bleibt unklar. Gegen die Auswahl der in den Katalog auf-

---

940 *Niehaus*, JR 2005, 192 ff.

941 *Niehaus*, JR 2005, 192, 196.

942 *Niehaus*, JR 2005, 192, 196: „Wenn der Gesetzgeber diesen Zeitpunkt nicht näher präzisiert, sondern einen für die Einbeziehung von Vorbereitungshandlungen offenen Begriff wie den des Handeltreibens verwendet […]".

943 Hiergegen zu Recht: *Gaede*, HRRS 2005, 250, 252 Fn. 15.

944 *Niehaus*, JR 2005, 192, 196 f.

945 *Niehaus*, JR 2005, 192, 197.

946 *Niehaus*, JR 2005, 192, 196.

947 Vgl. unten 3. Kapitel:E.I.2.

genommenen Verhaltensweisen wendet sich zudem *Weber*.[948] Unter Berufung auf den Wortlaut des § 29 I 1 Nr. 1 BtMG führt er aus, dass die Formulierung „ohne Handel zu treiben" zum Ausdruck bringe, dass die nach diesem Einschub aufgeführten Tätigkeiten (etwa die Einfuhr, oder die Ausfuhr) im Handeltreiben aufgehen und deshalb auch als Einzelakte des Handeltreibens auftreten können.

Überdies scheinen sich *Niehaus'* Schlussfolgerungen nicht zwingend aus der Begründung seines Restriktionsvorschlags zu ergeben. Soweit *Niehaus* die Einbeziehung des Vertragsschlusses damit begründet, dass dieser eine faktische[949] Bindungswirkung entfalte, dadurch der Marktkreislauf in Gang gesetzt werde und deshalb die Vollendungsstrafbarkeit angezeigt sei, ist dem zuzustimmen. Sofern allerdings gerade auf die faktische Bindungswirkung abgestellt wird, erscheint es inkonsequent, nicht bereits das einseitige, aber ernsthafte Angebot ebenfalls als vollendetes Handeltreiben zu bewerten.[950] So lässt sich schwerlich bestreiten, dass auch das Angebot (zumindest für den Anbietenden) faktische Bindungswirkung entfaltet. Dies gilt umso mehr, als die Transaktionen im Bereich der organisierten Kriminalität weitestgehend ohne eine geregelte Buchführung[951] auskommen müssen und deshalb dem gesprochenen Wort bzw. dem hiermit erzeugten Vertrauen eine, wenn auch gegenüber dem tatsächlichen Vertragsschluss leicht abgeschwächte, dennoch enorme Bindungswirkung zukommt.[952] Eine solche Schlussfolgerung wäre aber im Ergebnis zu weitgehend.

---

948 *Weber*, JR 2006, 139, 145 Fn. 97.

949 *Niehaus* (JR 2005, 192, 196 Fn. 81 und 82) weist insofern explizit darauf hin, dass der Gesetzesverstoß zur Nichtigkeit des Rechtsgeschäfts führt (§ 134 BGB), allerdings im Hinblick auf drohende „Sanktionen" für den Fall der Nichteinhaltung eine faktische Bindungswirkung besteht.

950 Insofern vermögen die hierzu gemachten Ausführungen von *Niehaus* (JR 2005, 192, 197) nicht zu überzeugen. Er stellt darauf ab, dass, sofern niemand auf das Angebot reagiert, es „im Ergebnis" zu keiner Steigerung der Nachfrage gekommen ist. Dem ließe sich entgegenhalten, dass auch ein bereits abgeschlossener Vertrag, dessen Durchführung die Parteien einverständlich aufgeben, „im Ergebnis" zu keiner Steigerung der Nachfrage führt.

951 Ein solches Vorgehen dient der schwereren Nachvollziehbarkeit der Geschäfte. Damit verbunden ist eine erschwerte Beweisführung in einem etwaig stattfindenden Strafverfahren.

952 So erscheint es nicht lebensfremd anzunehmen, dass auch derjenige, der zunächst eine Betäubungsmittellieferung anbietet, dieses Angebot aber, nachdem sein Handelspartner (der eventuell schon Vorkehrungen hinsichtlich der zu erwartenden Lieferung und deren Absatz getroffen hat) letztendlich zusagen möchte, wieder zurückzieht, ebenso „Sanktionen" zu fürchten hat.

Weiterhin dürfte der Vertragsschluss nach den von *Niehaus* gestellten Anforderungen nicht in der dargelegten Pauschalität mit einer Vollendungsstrafbarkeit belegt werden: Es soll einerseits entscheidend sein, dass der Marktkreislauf in Gang gesetzt wird. Andererseits soll es nicht erheblich sein, ob der Verkäufer tatsächlich über die Betäubungsmittel verfügt oder diese beschaffen kann. Sofern sich die Liefervereinbarung allerdings auf Betäubungsmittel bezieht, die, ohne dass der Verkäufer davon wusste, beispielsweise auf dem Weg vom Produzenten zu ihm bereits sichergestellt wurden, ist ein Umsatz dieser Betäubungsmittel unmöglich. Der Marktkreislauf kann insofern nicht mehr in Gang gesetzt werden. Vielmehr müsste diese Konstellation dem Rahmen der Vollendungsstrafbarkeit entnommen und als untauglicher Versuch behandelt werden.[953] Dieselben Einwände betreffen Vertragsvereinbarungen mit einem V-Mann oder einem verdeckten Ermittler. Auch insoweit wird der Marktkreislauf nicht in Gang gesetzt.

Nach der den Lösungsansatz von *Niehaus* tragenden Logik sollen Handlungen, die den Marktkreislauf nicht in Gang setzen, also zu keiner Steigerung der Nachfrage führen, sämtlich dem Vorbereitungs- bzw. Versuchsstadium zuzuordnen sein. Allerdings ermöglicht dieses Kriterium keine sichere Abgrenzung der Deliktsstadien. Dies zeigt sich am Beispiel der durch den Verkäufer durchgeführten Werbung (sofern sie sich nicht an einen bestimmten Personenkreis richtet)[954]. Diese führt zwar idealerweise zu einer Steigerung der Nachfrage und setzt dadurch den Marktkreislauf in Gang. Andererseits ist sie anerkanntermaßen[955] und zutreffender Weise als bloße Vorbereitungshandlung anzusehen. *Niehaus* müsste konsequenterweise auch noch weit im Vorfeld des eigentlichen Umsatzes liegende Werbemaßnahmen, aufgrund der erzielten Steigerung der Nachfrage, als vollendetes Handeltreiben bewerten. Dies ist nicht sachgerecht.

Insgesamt lassen sich mit der von *Niehaus* vorgeschlagenen Definition des Handeltreibens zwar oftmals begrüßenswerte Ergebnisse erzielen.[956] Allerdings erscheint der gedankliche Unterbau, also die Begründung selbst, nicht schlüssig.

7. Transfer der waffenrechtlichen Begriffsbestimmung

Schwitters[957] kreiert den Begriff des Betäubungsmittelhandels. Dies gelingt ihm durch den Transfer der entsprechenden waffenrechtlichen Begriffsbestimmung,

---

953 Vgl. oben 3. Kapitel:C.II.3.

954 Vgl. *Weber*, BtMG § 29 Rn 1412; *ders.*, NStZ 2004, 66, 71.

955 Vgl. nur *Weber*, BtMG, § 29 Rn. 352 f.; *Körner*, BtMG, § 29 Rn. 286 f.

956 Dies gilt jedoch beispielsweise nicht für die schon oben aufgeführten Fälle, in denen sich der Vertragsschluss auf bereits sichergestellte Betäubungsmittel bezieht.

also des Waffenhandels.[958] Die inhaltliche Übertragung der Begrifflichkeit vollzieht *Schwitters* weitgehend vollständig. Auf das Merkmal des gewerbsmäßigen oder selbstständig im Rahmen einer wirtschaftlichen Unternehmung erfolgenden Verhaltens, wird allerdings verzichtet. Nach *Schwitters* soll derjenige wegen Betäubungsmittelhandels bestraft werden, der „sie ankauft, vertreibt (feilhält, Bestellungen aufsucht oder entgegennimmt), anderen überlässt oder den Erwerb, den Vertrieb oder das Überlassen vermittelt."[959]

Diesem Ansatz stehen zunächst methodische Bedenken gegenüber. Der Austausch von Begrifflichkeiten innerhalb eines Gesetzes oder gar zwischen verschiedenen Gesetzen ist nicht problemlos möglich. Ihm steht die sog. „Relativität der Rechtsbegriffe" entgegen.[960] Dies bedeutet, dass der gleichbleibenden äußeren Form des Wortes (der Wort-Hülle) durch verschiedene Sprechzusammenhänge neue Wortideen, neue Ziele, neue Deutungsrichtungen zufallen können.[961] Es wird also ohne Änderung der Wortgestalt durch verschiedene Textzusammenhänge ein jeweils anderer Sinn und Inhalt vermittelt.[962] Zusammenfassend und bezogen auf die hier vorliegende Situation lässt sich damit festhalten: „Kommt […] ein Wort in mehreren Rechtssätzen vor, welche aber in ganz unterschiedlicher Weise auf das soziale Leben einwirken wollen und ganz verschiedenen Entfaltungstendenzen unterstehen [sowie im vorliegenden Fall: Vgl. nur die präventiv polizeiliche Ausrichtung des Waffenrechts gegenüber der repressiven Orientierung des Betäubungsmittelrechts] [963], so wird auch dem einzelnen Wort […] ein jeweils anderer, konkret-normbezogener, eben normspezifischer Inhalt zu Teil werden müssen."[964]

Ferner wird durch den Verzicht *Schwitters* auf das dem Waffenrecht bekannte Merkmal der Gewerbsmäßigkeit des Verhaltens abermals eine sehr weit-

---

957 *Schwitters*, Die Vorverlagerung beim Handeltreiben, S. 162 ff.

958 Vgl. oben 2. Kapitel:B.II.9.

959 *Schwitters*, Die Vorverlagerung beim Handeltreiben, S. 163.

960 *Gaede*, StraFo 2003, 392, 395 Fn. 21.

961 *Demko*, Relativität der Rechtsbegriffe, S. 20.

962 Vgl. *Zimmermann*, NJW 1956, 1262 der insofern kurz aber treffend von der „Bedeutungsverschiedenheit ein und desselben Wortes" spricht. *Batholomeyczik*, (Die Kunst der Gesetzesauslegung, S. 45) beschreibt auf einer noch abstrakteren Ebene die Möglichkeit der Inhaltsänderung von, ihrer äußeren Form nach unveränderten Gesetzen durch einen Wandel des sozialen Lebens.

963 Vgl. BGH, Anfrageb. 10.07.2003 – 3 StR 243/02 und 3 StR 61/02 = StV 2003, 501, 504; *Niehaus*, JR 2005, 192, 195.

964 *Demko*, Relativität der Rechtsbegriffe, S. 18.

gehende Auslegung des Begriffs Handeltreiben herbeigeführt.[965] So kann beispielsweise die durch die dargestellte Auffassung erfasste schenkweise Überlassung der Betäubungsmittel, kaum noch als vom Wortlaut des Begriffs „Handel“ gedeckt angesehen werden.

Überdies zeigt sich an der Überprüfung des Lösungsansatzes anhand von Beispielen durch *Schwitters* selbst,[966] dass auch nach der Übernahme der waffenrechtlichen Begriffsbestimmung durch den Betäubungsmittelhandel weitere, nicht sachgerechte Sachverhaltskonstellationen erfasst würden: So würde auch das Anbieten von Scheindrogen als vollendetes Handeltreiben erfasst werden.[967]

Insgesamt ist damit auch die Übernahme der waffenrechtlichen Begriffsdefinition abzulehnen.[968]

8. Zusammenfassung

Die dargestellten Lösungsansätze des Schrifttums versuchen sämtlich eine Restriktion des Begriffs Handeltreiben herbeizuführen. Überwiegend wird als Mittel einer solchen Verengung des Handeltreibens seine Objektivierung genutzt. Besondere Prominenz erlangt insoweit das Merkmal des Umsatzes der Betäubungsmittel. Sowohl der Umsatz an sich als auch verschiedene, auf den Umsatz abzielende oder ihn umgebende Verhaltensweisen bzw. das Bestehen einer Umsatzgefahr sollen jeweils eine sichere Abgrenzung der verschiedenen Deliktsstadien ermöglichen, sollen also die Unmittelbarkeitsgrenze des § 22 StGB sichtbar machen.

So begrüßenswert dieser Ansatzpunkt auch ist, muss konstatiert werden, dass auch die dargestellten Alternativvorschläge durchweg mit (mehr oder minder großen) Schwächen behaftet sind. Teilweise führen die Restriktionsbemühungen zu weit, sodass der Anwendungsbereich des vollendeten Handeltreibens über Gebühr beschränkt würde. Andererseits bleiben die Lösungsvorschläge, insbesondere was ihre Bestimmtheit betrifft, hinter den (eigenen) Erwartungen zurück. Letztlich ermöglichen auch sie trotz der fallweise sachgerechten Ergeb-

---

965 *Niehaus*, JR 2005, 192, 195 f.; an einer solchen Übernahme wäre *Schwitters* allerdings auch durch § 29 III 2 Nr. 1 BtMG gehindert gewesen: Wenn § 29 III 2 Nr. 1 BtMG die Gewerbsmäßigkeit zum Regelbeispiel für einen besonders schweren Fall des Handeltreibens erklärt, dann kann diese nicht schon Voraussetzung des Grundtatbestands sein (*Niehaus*, JR 2005, 192, 195 Fn. 72). Auch insofern zeigen sich die bei einer schlichten Begriffsübernahme bestehenden konstruktiven Schwierigkeiten.

966 *Schwitters*, Die Vorverlagerung beim Handeltreiben, S. 164 ff.

967 So *Schwitters*, Die Vorverlagerung beim Handeltreiben, S. 164; vgl. oben 3. Kapitel:C.II.4.

968 Vgl. hierzu auch noch näher im 3. Kapitel:E.I.2.c).

nisse keine sichere und allgemeingültige Abgrenzung der verschiedenen Deliktsstadien im Rahmen des Handeltreibens.

Ferner können auch die nicht den Umsatz ins Zentrum stellenden Auffassungen nicht vorbehaltlos überzeugen. Neben den teilweise dargelegten methodischen Schwächen wird entweder das Problem an sich nicht gelöst, dafür aber in Randbereiche verlagert, sodass immerhin eine quantitative Erleichterung eintreten würde oder die Anwendung an konkreten Fallbeispielen zeigt, dass auch unter Zugrundelegung des jeweiligen einschränkenden Ansatzes die Weite des Begriffs Handeltreiben nicht befriedigend eingeschränkt werden konnte.

Keiner der dargestellten Lösungswege kann mithin für sich in Anspruch nehmen, die Problematik des Begriffs Handeltreiben einer vollständigen Lösung zugeführt zu haben. Zwar ist dem Verfasser dieser Arbeit bewusst, dass dies nicht durchweg der Anspruch der Autoren war, trotzdem müssen sich die Ansätze, sofern man sie einer ebenfalls, im Hinblick auf die Vorverlagerung der Strafbarkeit, ganzheitlich betrachteten und bewerteten Rechtsprechung gegenüberstellt, an diesem Maßstab messen lassen. Dessen ungeachtet darf der Wert aller dargestellten Restriktionsbemühungen für das Voranschreiten der wissenschaftlichen Diskussion und (ebenso) für die Entwicklung der Rechtsprechung nicht unterschätzt werden. So muss stark bezweifelt werden, ob sich der 3. Strafsenat – ohne die dogmatische Bearbeitung des Begriffs des Handeltreibens durch die Literatur – mit einem Anfragebeschluss an die anderen Strafsenate gewandt hätte.

E. Entwicklung der Entscheidung des Großen Senats für Strafsachen vom 26.10.2005

Am 26.10.2005 entschied der Große Senat für Strafsachen über die Auslegung des Begriffs Handeltreiben. Diese Entscheidung bildet den vorläufigen Höhepunkt bzgl. der insoweit bestehenden Meinungsverschiedenheiten in Rechtsprechung und Literatur. Ihr vorausgegangen sind ein Anfrage-[969] sowie ein Vorlagebeschluss des 3. Strafsenats. Bevor letztendlich auf die Entscheidung des Großen Senats für Strafsachen eingegangen werden kann, sollen zunächst die zu dieser Entscheidung führenden Schritte der Rechtsprechung beleuchtet werden.[970] Die Darstellung wird auch die jeweils durch die Literatur begleitend geäußerte Kritik berücksichtigen.

---

969 Sowie die hiermit zusammenhängenden Stellungnahmen der übrigen Strafsenate.

970 Vgl. hierzu auch knapp: *Winkler*, NStZ 2004, 376.

I. Anfragebeschluss des 3. Strafsenats vom 10.07.2003

1. Ausgangsverfahren

Beim 3. Strafsenat waren Revisionsverfahren gegen zwei Urteile anhängig. Durch diese Urteile wurden Fälle erfolgloser Bemühungen um den Erwerb von zum gewinnbringenden Weiterverkauf bestimmter Betäubungsmittel als vollendetes Handeltreiben abgeurteilt.[971]

a) *Urteil des Landgerichts Mönchengladbach vom 08.11.2001[972] (BGH – 3 StR 61/02)*

Das Landgericht Mönchengladbach hat den Angeklagten u.a. wegen unerlaubten Handeltreibens mit Betäubungsmitteln in nicht geringer Menge in acht Fällen zu einer Jugendstrafe von drei Jahren und sechs Monaten verurteilt. Vollendetes Handeltreiben wurde auch bei folgenden Sachverhaltsfeststellungen angenommen:[973]

In einem Fall wurde der Angeklagte von einem Freund angerufen, der ihm anbot, 10000 Ecstasy-Tabletten zum Preis von 9000 DM zu besorgen. Der Angeklagte erklärte ihm, er solle die Tabletten beschaffen. Dabei hatte der Angeklagte aber Zweifel, ob dieser hierzu in der Lage sein würde. Zu einer Lieferung von Tabletten kam es nicht.

In einem anderen Fall telefonierte der Angeklagte mit einem Freund und beauftragte ihn, die Telefonnummer von einem „A" herauszufinden. Der Angeklagte wollte feststellen, ob er von „A" 10000 Ecstasy-Tabletten erwerben könne.

b) *Urteil des Landgerichts Mönchengladbach vom 15.02.2002[974] (BGH – 3 StR 243/02)*

In einem weiteren Verfahren hat das Landgericht Mönchengladbach den Angeklagten u.a. wegen unerlaubten Handeltreibens mit Betäubungsmitteln in nicht geringer Menge in fünf Fällen zu einer Gesamtfreiheitsstrafe von vier Jahren

---

971 Sachverhaltsschilderungen sämtlich nach BGH, Anfrageb. v. 10.07.2003 – 3 StR 61/02 und 3 StR 243/02 = NStZ 2004, 106.

972 Az: 702 Js 334/01 – 12 KLs 57/01 (unveröffentlicht).

973 Vgl. BGH, Urt. v. 15.12.2005 – 3 StR 61/02 (unveröffentlicht).

974 Az: 702 Js 503/01 – 12 KLs 33/01 (unveröffentlicht).

verurteilt. Vollendetes Handeltreiben hat es auch bei folgenden Sachverhaltsfeststellungen angenommen:[975]

In einem Fall wollte der Angeklagte 50 g Kokain erwerben, um es teilweise gewinnbringend weiterzuverkaufen. Er telefonierte deshalb mit mehreren Betäubungsmittelhändlern in Holland und besuchte auch einige von ihnen, konnte jedoch nirgends Kokain kaufen.

In einem anderen Fall wollte der Angeklagte erneut 50 g Kokain erwerben und fuhr deshalb nach Holland. Das Geschäft kam nicht zustande, weil der Angeklagte mit dem Betäubungsmittelhändler nicht handelseinig wurde.

In einem weiteren Fall wollte der Angeklagte 70 g Kokain mit hohem Wirkstoffgehalt erwerben und fuhr deshalb nach Holland. Weil die Qualität des Angebots nicht ausreichend war, kaufte der Angeklagte stattdessen 40 g Amphetamin mit einem Wirkstoffanteil von weniger als 10 g Amphetaminbase, das er nach Deutschland verbrachte und weiterverkaufte. Obgleich das erworbene Amphetamin die Grenze zur nicht geringen Menge nicht überschritt, hat das Landgericht den Angeklagten wegen vollendeten Handeltreibens mit einer nicht geringen Menge verurteilt, weil er Bemühungen entfaltet hatte, eine nicht geringe Menge von Kokain zu erwerben.

2. Anfragebeschluss

Der 3. Strafsenat verband die oben[976] beschriebenen Revisionsverfahren zur Durchführung eines Anfrageverfahrens. Die zu beurteilenden Fälle stehen exemplarisch[977] für die sich aus der weiten Auslegung ergebende „Versuchsproblematik“. Der 3. Strafsenat teilte den anderen Senaten daher mit, dass er Folgendes zu entscheiden beabsichtige: „Für die Annahme vollendeten Handeltreibens reichen auch ernsthafte Verhandlungen über den Erwerb von zum gewinnbringenden Weiterverkauf bestimmten Betäubungsmitteln nicht aus, solange über den Ankauf keine Einigung mit dem Lieferanten erzielt wird.“[978] Zwar fragte er bei den anderen Senaten an, ob diese an ihrer entgegenstehenden Rechtsprechung[979] festhalten wollten. Allerdings kündigte er gleichzeitig an, selbst sofern die restlichen Senate ihm bei der Vorlagefrage Folge leisten wür-

975 Vgl. BGH, Urt. v. 15.12.2005 – 3 StR 243/02 (unveröffentlicht).

976 Vgl. oben 3. Kapitel:E.I.1.

977 *Rahlf*, FS BRAK, S. 243, 251.

978 BGH, Anfrageb. v. 10.07.2003 – 3 StR 61/02 und 3 StR 243/02 = NStZ 2004, 106.

979 Vgl. hierzu die Nachweise bei BGH, Anfrageb. v. 10.07.2003 – 3 StR 61/02 und 3 StR 243/02 = StV 2003, 501, 502.

den, den Großen Senat für Strafsachen anrufen zu wollen.[980] Betrachtet man diese Tatsache vor dem Hintergrund der vom 3. Strafsenat in seinem Anfragebeschluss an der bisherigen Rechtsprechungspraxis geleisteten Fundamentalkritik,[981] zeigt sich, dass er über die eigentliche Anfrage hinaus eine generelle Neudefinition des Begriffs Handeltreiben beabsichtigte. Zu diesem Zwecke steuerte er selbst den Vorschlag einer Neubestimmung bei.[982]

a) Kritik an der bestehenden Rechtsprechung

Generell wendet sich der 3. Strafsenat gegen die weite Auslegung des Handeltreibens, die dazu führt, dass auch Handlungsweisen erfasst werden, „die weit im Vorfeld der eigentlichen Umsatzgeschäfte liegen, diese nur als Hilfstätigkeiten begleiten oder"[983] den Umsatzgeschäften bloß nachfolgen.[984]

Im Konkreten schloss sich der 3. Strafsenat größtenteils den durch die Literatur vorgebrachten Bedenken[985] an. Die insofern gemachten Ausführungen des 3. Strafsenats seien folgend im Überblick skizziert:

Zunächst lege schon der Wortlaut eine engere Auslegung nahe. Die bisherige Definition sei zwar nicht mit dem Wortlaut von vornherein unvereinbar, trotzdem würde diesem besser gerecht werden, wenn nur handelsspezifische Tätigkeiten erfasst würden.[986]

Ferner könne die Versuchsstrafbarkeit durch die ausschließliche Konturierung des Begriffs im subjektiven Bereich (durch die Merkmale „eigennützig" und „auf Umsatz gerichtet") keine nennenswerte Bedeutung erlangen. Dies widerspreche nicht nur der gesetzlichen Regelung des § 29 II BtMG, sondern sei auch im Hinblick auf die hiermit zwingend einhergehende Absorption jeglicher Rücktrittsmöglichkeit problematisch. Insgesamt könne dadurch dem Schuld-

---

980 *Weber* (NStZ 2004, 66 Fn. 8) weist in diesem Zusammenhang darauf hin, dass sofern die anderen Senate in der konkreten Anfrage zustimmen würden, sich Fragen bzgl. der Vorlagevoraussetzungen, „etwa zur Erheblichkeit" stellen würden. Vgl. zu den Voraussetzungen des § 132 GVG unten 4. Kapitel:B.I.

981 Vgl. hierzu sogleich unten 3. Kapitel:E.I.2.a).

982 Vgl. hierzu sogleich unten 3. Kapitel:E.I.2.b).

983 BGH, Anfrageb. v. 10.07.2003 – 3 StR 61/02 und 3 StR 243/02 = StV 2003, 501, 502.

984 Vgl. hierzu die Nachweise bei BGH, Anfrageb. v. 10.07.2003 – 3 StR 61/02 und 3 StR 243/02 = StV 2003, 501, 502.

985 Vgl. oben 3. Kapitel:D.I.

986 Vgl. hierzu bereits die Entscheidung des Senats vom 04.12.1981 (BGH, B. v. 04.12.1981 – 3 StR 408/81 = BGHSt 30, 277) samt ihrer Kritik oben 3. Kapitel:C.II.5.b)aa) und 3. Kapitel:C.II.5.b)dd).

grundsatz nicht ausreichend Rechnung getragen werden.[987] „Gemessen an der Idee der Gerechtigkeit“[988] sei Tatbestand und Rechtsfolge sachgerecht aufeinander abzustimmen. Dafür müssten aber die verschiedenen Möglichkeiten einer abgestuften Strafdrohung nach den §§ 23 II, 24, 30 StGB zur Verfügung stehen bzw. genutzt werden.[989]

Überdies entspreche die bisherige Auslegung auch dem Bestimmtheitsgrundsatz (Art. 103 II GG) nur unzureichend. Bei der aktuellen Auslegungspraxis des Handeltreibens könne der Normadressat nicht mit der nötigen Klarheit erkennen, welches Verhalten verboten und mit Strafe bedroht sei. „Dieses Anliegen ist nach Möglichkeit[990] auch bei der obergerichtlichen Auslegung von Straftatbeständen zu berücksichtigen.“[991] Insofern seien auch die im Einzelfall vorgenommenen Abgrenzungsbemühungen der Rechtsprechung nicht weiterführend. Gerade die im Einzelfall stattfindende, allerdings beliebig erscheinende,

---

987 In seinem Anfragebeschluss formulierte der 3. Strafsenat insofern noch sehr vorsichtig („wird eine engere Auslegung besser gerecht“, BGH, Anfrageb. v. 10.07.2003 – 3 StR 61/02 und 3 StR 243/02 = StV 2003, 501, 503). In diesem Punkt viel klarer ist dann aber die Formulierung im Vorlagebeschluss („nur eine Auslegung gerecht“; BGH, Vorlageb. v. 13.01.2005 – 3 StR 61/02 und 3 StR 243/02 = NJW 2005, 1589, 1590).

988 BGH, Anfrageb. v. 10.07.2003 – 3 StR 61/02 und 3 StR 243/02 = StV 2003, 501, 503. Unter Bezugnahme auf BVerfGE 50, 205, 214 ff. möchte der 3. Strafsenat letztlich ausdrücken, dass auch hinsichtlich des Maßes der für eine konkrete Bestrafung erforderlichen Schuld der Verhältnismäßigkeitsgrundsatz gilt (so *Gaede*, StraFo 2003, 392, 392).

989 In dem Vorlagebeschluss ergänzt der 3. Strafsenat: „Ebenso wird der Anreiz, durch einen freiwilligen Rücktritt vom Versuch Strafbefreiung zu erlangen, vereitelt“ (BGH, Vorlageb. v. 13.01.2005 – 3 StR 61/02 und 3 StR 243/02 = NJW 2005, 1589, 1590).

990 Zwar richtet sich Art. 103 II GG bei isolierter Betrachtung seines Wortlauts ausschließlich an den Gesetzgeber. Eine derart formalistische Betrachtungsweise hätte allerdings nicht tolerable Konsequenzen und würde sich zudem in Widerspruch zur gängigen Verfassungsauslegung setzen (*Gaede*, StraFo 2003, 392, 393). Folgte man diesem Gedanken, würde Art. 103 II GG also nur den Erlass eines „bestimmten“ Gesetzes fordern. Die Grenzen praktischer Anwendung des Gesetzes durch die Gerichte hingegen wären verfassungsrechtlich nicht weiter verbürgt. Wenn im Rahmen des Art. 103 II GG allerdings gerade in der Auslegung ein taugliches Mittel zur Herstellung einer angemessenen Vorhersehbarkeit gesehen wird (BVerfG, NJW 2001, 1848, 1849 f.; Sachs/*Degenhart*, Art. 103 GG Rn. 67), muss diese auch ihrerseits durch Art. 103 II GG erfasst sein. Um den Anforderungen des Art. 103 II GG zu genügen, muss also nicht nur der Gesetzgeber eine taugliche Grundlage schaffen, vielmehr sind auch die Gerichte gehalten (und zwar nicht nur „nach Möglichkeit“), eine vorhersehbare Auslegung zu praktizieren (Sachs/*Degenhart*, Art. 103 GG Rn. 69; Dreier/*Schulze-Fielitz*, Art. 103 II GG Rn. 12).

991 BGH, Anfrageb. v. 10.07.2003 – 3 StR 61/02 und 3 StR 243/02 = StV 2003, 501, 503.

nur eingeschränkte Anwendung der Definition erschwere die Kalkulierbarkeit für den Normadressaten.

b) *Vorschlag einer Neudefinition*

aa) Neudefinition

Der 3. Senat möchte das von ihm erkannte und benannte Dilemma[992] einer grundsätzlichen Lösung zuführen. Er schlägt eine Neudefinition des Begriffs Handeltreiben vor. Diese beinhaltet einen Katalog[993] handelstypischer Tätigkeiten. Bei der näheren Bestimmung derselben greift der 3. Strafsenat auf die Einzeltätigkeiten des den Begriff des Waffenhandels bestimmenden Katalogs[994] zurück und verbindet diese mit den subjektiven Voraussetzungen der bisherigen Definition zum Handeltreiben mit Betäubungsmitteln (eigennützig und in der Absicht, ihren Umsatz zu ermöglichen oder zu fördern). Ferner sollen auch die schon aktuell in § 29 I 1 Nr. 1 BtMG aufgezählten Tätigkeiten, die sich an die Worte „ohne Handel zu treiben" anschließen (einführt, ausführt, veräußert, abgibt, sonst in den Verkehr bringt, erwirbt oder sich in sonstiger Weise verschafft) in der Neudefinition berücksichtigt werden. Die Formulierung des Gesetzgebers zeige, dass diese Begehungsformen „im Handeltreiben aufgehen können, daneben aber eine selbstständige Bedeutung"[995] innehaben. Dies wiederum könnte dafür sprechen, dass diese Begehungsformen für den Gesetzgeber typische Einzelakte des Handeltreibens darstellen. Insgesamt soll die Neudefinition des Handeltreibens damit wie folgt lauten: „Mit Betäubungsmitteln treibt Handel, wer diese eigennützig und in der Absicht, ihren Umsatz zu ermöglichen oder zu fördern, ankauft, erwirbt, sich in sonstiger Weise verschafft, einführt, ausführt, feilhält, Bestellungen entgegennimmt oder aufsucht, veräußert, anderen überlässt, sonst in den Verkehr bringt oder den Erwerb, den Vertrieb oder das Überlassen vermittelt."[996]

---

992 *Gaede*, StraFo 2003, 392, 394.

993 Vgl. zu dieser gängigen Methode *Wohlers*, Deliktstypen des Präventionsstrafrechts, S. 185, der herausstellt, dass die „katalogartige Aufzählung strafrechtlich relevanter Verhaltensweisen [...] im Nebenstrafrecht seinen Schwerpunkt" hat.

994 Vgl. oben 2. Kapitel:B.II.9.

995 BGH, Anfrageb. v. 10.07.2003 – 3 StR 61/02 und 3 StR 243/02 = StV 2003, 501, 504.

996 BGH, Anfrageb. v. 10.07.2003 – 3 StR 61/02 und 3 StR 243/02 = StV 2003, 501, 504.

bb) Vorteile der Neudefinition aus Sicht des 3. Strafsenats

Mit der vorgeschlagenen Neudefinition des Handeltreibens sieht der 3. Strafsenat sämtliche durch ihn geäußerte Kritikpunkte einer, auch unter Berücksichtigung kriminalpolitischer Aspekte, befriedigenden Lösung zugeführt:

Die nötige Bestimmtheit erhalte der Tatbestand dadurch, dass schon auf Ebene des objektiven Tatbestands auf einzelne Tätigkeiten zurückgegriffen werde. Diese seien zudem bereits in langjähriger Auslegung durch Rechtsprechung und Literatur konkretisiert worden.

Ferner sei nunmehr eine sachgerechte Abgrenzung der verschiedenen Deliktsstadien nach den allgemeinen Regeln möglich, sodass auch Versuch und Rücktritt einen relevanten Anwendungsbereich erhalten.

Entsprechendes gelte für die Abgrenzung von Täterschaft und Teilnahme: Dadurch, dass der Katalog auf die Erfassung typischer Hilfstätigkeiten verzichte, ließe sich auch auf diesem Gebiet eine sachgerechte Abgrenzung herbeiführen.

Überdies entspreche die „asymmetrische Differenzierung der Tatvollendung in Fällen des Ankaufs einerseits und des Verkaufs andererseits“[997] dem Schutzzweck des BtMG: Während für den weniger gefährlichen Ankauf von Betäubungsmitteln eine (immer beidseitige) Handelseinigkeit vorausgesetzt wird, können auf der Verkäuferseite auch einseitige Verhaltensweisen (Feilhalten, Bestellungen entgegennehmen und aufsuchen) erfasst werden. Die Verfolgbarkeit der Drahtzieher und Hintermänner des Drogenhandels werde mithin nicht beeinträchtigt.

c) Leistungsfähigkeit der Definition

Das Streben des 3. Strafsenats nach Verbesserung der bestehenden Definition stieß in der Literatur durchweg auf ein positives Echo.[998] Der Anfragebeschluss wurde als „bahnbrechende Entscheidung von wissenschaftlichem Rang“ gewürdigt.[999] Die breite Zustimmung zum Vorhaben des 3. Strafsenats an sich kann jedoch nicht über die inhaltlich geäußerte Kritik hinwegtäuschen.

Ob der Vorstoß nur wegen seines (zweifellos zu unterstützenden) grundsätzlichen Anliegens oder ebenfalls aufgrund seiner inhaltlichen Qualitäten Beifall verdient, soll folgend untersucht werden. Um die Leistungsfähigkeit des Neuan-

---

997 BGH, Anfrageb. v. 10.07.2003 – 3 StR 61/02 und 3 StR 243/02 = StV 2003, 501, 505.

998 Vgl. *Schmidt*, NJW 2005, 3250.

999 So *Roxin*, StV 2003, 619; etwas weniger euphorisch spricht *Weber* (JR 2006, 139, 140, 146) von einem „Paukenschlag“.

satzes zur Lösung der oben[1000] aufgezeigten Probleme beurteilen zu können, soll zunächst die grundsätzliche Idee der Katalogisierung handelstypischer Tätigkeiten bzw. der asymmetrischen Differenzierung zwischen der Verkäufer- und der Erwerberseite beleuchtet werden. Sodann ist auf die einzelnen Bestandteile des Tätigkeitskatalogs einzugehen.

aa) Kataloglösung[1001]

Die katalogartige Aufzählung verschiedener Handlungen soll dem Tatbestand des Handeltreibens eine größere Bestimmtheit und damit auch Vorhersehbarkeit verleihen. Ferner sollen weit im Vorfeld liegende Tätigkeiten, typische Hilfstätigkeiten und solche, die sich an die Übergabe der Betäubungsmittel anschließen, nicht mehr erfasst werden.[1002] Trotzdem erscheint es zweifelhaft, ob die Formulierung eines Kataloges an Handlungsweisen grundsätzlich einen tauglichen Ansatz zur Lösung des „Problemfeldes Handeltreiben" sein kann. So ging es dem 3. Strafsenat doch auch darum, die sich mit Restriktionen im Einzelfall behelfende Rechtsprechung zu überwinden. Das bisher bestehende „Stückwerk" sollte durch eine in sich konsistente Lösung ersetzt werden. Durch die Neubestimmung des Begriffs im Wege eines Katalogs kann die durch den 3. Senat insofern geäußerte Kritik jedoch nicht als überwunden angesehen werden. Vielmehr würde eine neue Typisierungskasuistik geschaffen.[1003] Weiterhin würden einzelne zweckgerichtete Handlungen als Handeltreiben behauptet, ohne dass sich eine allgemeingültige Konturierung des Begriffs ergeben würde. Warum die einzelnen Handlungen insgesamt den Begriff des Handeltreibens bilden sollen, begründet der 3. Strafsenat nicht.[1004] Zwar weisen diese allesamt, nach Meinung des Senats, eine gewisse Handelstypik auf, dieses Kriterium ist aber zu unbestimmt[1005], um präzise Rückschlüsse zuzulassen. Vor diesem Hintergrund kann eine Analyse der Kataloghandlungen keine allgemeingültige, abstrakte Definition des Handeltreibens ergeben. Letztlich muss man sich wiederum auf einzelne (anerkannte) Handlungsweisen zurückziehen. Es entstünde damit keine qualitative Lösung des Problems, vielmehr bliebe es bei einer quantitativen Zurückdrängung.

1000 Vgl. oben 3. Kapitel:D.I.

1001 Zu den sich aus der Übernahme von Begriffsdefinitionen eines anderen Rechtsgebiets ergebenden Problemen vgl. bereits oben die Ausführungen zur Relativität der Rechtsbegriffe (3. Kapitel:D.II.7.).

1002 BGH, Anfrageb. v. 10.07.2003 – 3 StR 61/02 und 3 StR 243/02 = StV 2003, 501, 502.

1003 *Gaede*, StraFo 2003, 392, 395.

1004 *Gaede*, StraFo 2003, 392, 395.

1005 Vgl. hierzu sogleich unten 3. Kapitel:E.I.2.c)bb).

bb) Tätigkeiten eines Händlers

Es ist zuzugeben, dass es dem Wortlaut entspricht, wenn der Begriff des Handeltreibens nur „Tätigkeiten eines Händlers“[1006] erfasst. Die schon an anderer Stelle[1007] bemängelte Unbestimmtheit dieser Formulierung wird durch die katalogartige Aufzählung möglicher Handlungsweisen grundsätzlich abgemildert. Dieser eine größere Bestimmtheit suggerierende Ansatz wird allerdings durch die Aufnahme des „sonstigen sich Verschaffens“ unterlaufen. Wiederum wäre allein die „Handelstypik“ der Tätigkeit entscheidend, ohne dass eine konkrete Tätigkeitsbeschreibung ein Mehr an Bestimmtheit liefern könnte. Erfasst würden schließlich abermals alle handelstypischen Verhaltensweisen durch die sich der Täter das Betäubungsmittel (auf sonstigem Wege) verschafft. Welche Spielräume sich auf diese Weise ergeben, hat der 3. Strafsenat in der Vergangenheit selbst unter Beweis gestellt, indem er die Erlangung des Betäubungsmittels im Wege des Diebstahls als vollendetes Handeltreiben bewertete und vor allem hierin die (typische) Tätigkeit eines Händlers erblickte: „Es entspricht durchaus dem Bild der Tätigkeit eines Händlers, sich die zu veräußernde Ware zu verschaffen. Daran ändert nichts, wenn er sie sich durch eine strafbare Handlung verschafft.“[1008] Die Beibehaltung einer solchen Sichtweise wäre auch unter Zugrundelegung der Neudefinition des 3. Strafsenats möglich. Zumindest insofern ist kein Fortschritt zu erkennen.

Abgesehen von der Unbestimmtheit des untersuchten Ansatzpunktes ist fraglich, inwiefern durch das Abstellen auf handelstypische Tätigkeiten eine trennscharfe Abgrenzung der Deliktsstadien bewirkt werden kann. Zwar bieten die katalogisierten Tätigkeiten, sofern über ihre Definition Einigkeit besteht, eine Idee, welche Handlungen dem Begriff des Handeltreibens unterfallen sollen. Allerdings muss auch eine „handelstypische Tätigkeit“ alle Tatstadien durchlaufen. Wann diese Tätigkeit nun aber schon (oder noch) einen Versuch darstellt bleibt, wie bisher, ungeklärt.[1009]

cc) Asymmetrische Differenzierung

Der 3. Strafsenat möchte im Hinblick auf den Zeitpunkt der Tatvollendung zwischen dem Verkauf und dem Ankauf von Betäubungsmitteln differenzieren. So soll der Ankauf erst einer Vollendungsstrafbarkeit unterliegen, sofern eine Han-

---

1006 BGH, Anfrageb. v. 10.07.2003 – 3 StR 61/02 und 3 StR 243/02 = StV 2003, 501, 503.

1007 Vgl. oben 3. Kapitel:C.II.5.b)cc).

1008 BGH, Urt. v. 23.09.1992 – 3 StR 275/92 = NStZ 1993, 44, 45.

1009 Vgl. *Niehaus*, JR 2005, 192, 195; *Gaede*, StraFo 2003, 392, 395; vgl. auch *Roxin*, StV 2003, 619, 620: „keine Abschichtungskraft“.

delseinigkeit, also der Vertragsschluss, vorliegt. Auf Verkäuferseite hingegen sollen Tätigkeiten in weiterem Umfang erfasst werden. „Insbesondere auch einseitige Verhaltensweisen wie Feilhalten, Bestellungen entgegennehmen und aufsuchen [werden] einbezogen."[1010] Diese Vorgehensweise entspreche dem Schutzzweck des BtMG. Überdies seien Verkaufshandlungen für das Rechtsgut prinzipiell gefährlicher als Ankaufshandlungen. Es müsse deswegen gewährleistet werden, dass „die Verfolgbarkeit der Drahtzieher und Hintermänner des Drogenhandels nicht beeinträchtigt"[1011] wird.

Es ist begrüßenswert, dass der 3. Strafsenat versucht, den Rahmen der Vollendungsstrafbarkeit enger zu ziehen.[1012] Warum er dabei allerdings in der oben dargestellten Weise zwischen dem Erwerber und dem Verkäufer von Betäubungsmitteln differenziert, ist unklar. Eine solche Differenzierung ist dem Wortsinn des Begriffs Handeltreiben nicht zu entnehmen.[1013] Sofern ernsthafte Verhandlungen des verkaufenden Händlers als vollendetes Handeltreiben erfasst werden, muss dies auch für diejenigen des erwerbenden Händlers gelten.

Fraglich erscheint damit, ob die Überlegungen des 3. Strafsenats durch die von ihm vorgebrachten kriminalpolitischen Gesichtspunkte an Plausibilität gewinnen. Diese stützt der Senat auf die Annahme, dass der Ankauf von Betäubungsmitteln für das geschützte Rechtsgut[1014] weniger gefährlich sei als der Verkauf derselben. Einer solchen Annahme muss aufgrund ihrer Pauschalität entgegengetreten werden. Richtig ist sicherlich, dass der Erwerb von Betäubungsmitteln zum Eigenkonsum eine niedrigere Gefahr für das geschützte Rechtsgut schafft.[1015] Den Eigenkonsum scheint der 3. Strafsenat hier allerdings

1010 BGH, Anfrageb. v. 10.07.2003 – 3 StR 61/02 und 3 StR 243/02 = StV 2003, 501, 505.

1011 BGH, Anfrageb. v. 10.07.2003 – 3 StR 61/02 und 3 StR 243/02 = StV 2003, 501, 505.

1012 Und dies auch unabhängig davon, ob man den Vertragsschluss hierfür als taugliches Kriterium ansieht oder nicht. Vgl. insoweit *Schmidt*, NJW 2005, 3250, 3251 der insofern auf „Beweisschwierigkeiten" und mögliche „Schutzbehauptungen" hinweist und zudem im Bereich „versteckter Einigungsmängel" weiteres Problempotential erkennt.

1013 *Roxin*, StV 2003, 619, 620.

1014 Vom 3. Strafsenat in Bezug genommen wird insofern die „Volksgesundheit"; vgl. oben 3. Kapitel:B.II.2.

1015 *Roxin*, StV 2003, 619, 621; vgl. zudem die überaus kontrovers geführte Diskussion über die Legalisierung bzw. das Gefährdungspotential des Cannabis-Konsums: Hierzu einerseits *Patzak/Marcus/Goldhausen*, NStZ 2006, 259 ff. und andererseits *Krumdiek* (NStZ 2008, 437 ff.), die ersteren auf S. 444 ein Verfälschen der Diskussionsgrundlagen vorwirft. Diese Kritik weisen *Patzak/Goldhausen* (NStZ 2011, 76 Fn. 4) wiederum entschieden als unsachlich zurück. Vgl. zudem jüngst die Pressemitteilung Nr. 9 vom 17.08.2010 der Drogenbeauftragten der Bundesregierung (*Mechthild Dyckmans*) zur besseren Versorgung schwerstkranker Menschen mit betäubungsmittelhaltigen

nicht im Blick zu haben. Vielmehr beschäftigen sich die dem Anfragebeschluss zugrundeliegenden Ausgangsverfahren[1016] sämtlich mit dem Ankauf von Betäubungsmitteln zum Weiterverkauf. Inwieweit sich allerdings der Erwerb von Betäubungsmitteln zum Weiterverkauf hinsichtlich seiner Gefährlichkeit für das Rechtsgut von dem Verkauf eben dieser Betäubungsmittel unterscheidet, ist nicht einsichtig.[1017] Vielmehr erscheinen beide Handlungsweisen als sich ergänzende Tätigkeiten.[1018] Ohne das fein verästelte Netz der vielen kleinen „Erwerber“ könnte der Verkäufer nicht existieren. Aufgrund dieser engen Verknüpfung des Ver- und des Ankaufs mutet es befremdlich an, ein einheitliches „Tatgeschehen in zwei rechtlich unterschiedlich zu bewertende Vorgänge (einerseits Versuch, andererseits Vollendung)“[1019] aufzuspalten.

Roxin wendet weiter zutreffend ein, dass „der erwerbende Zwischenhändler [...] das Rauschgift sogar weiter an den Konsumenten heran“[1020] bringt und damit der Rechtsgutsbeeinträchtigung näher steht als der (eventuell auch als Großhändler fungierende) Erstverkäufer.[1021]

Überdies merkt *Schmidt*, wenn auch mit anderer Intention,[1022] berechtigterweise an, dass überwachte und aufgezeichnete Telefonate zeigen würden, dass oftmals „erst eine – bisweilen bohrende – Nachfrage des Interessenten Anstren-

---

Schmerzmitteln: In dieser wird bekanntgegeben, dass sich die Koalitionsfraktionen auf eine Änderung des Betäubungsmittelrechts geeinigt haben und so cannabishaltige Fertigarzneimittel zugelassen und auf Betäubungsmittelrezept verschrieben werden können. Berufen wird sich u.a. auf den insofern „gewandelten wissenschaftlichen Erkenntnisstand“.

1016 Vgl. oben 3. Kapitel:E.I.1.

1017 *Bensch*, Der Begriff des Handeltreibens, S. 158.

1018 Ähnlich insoweit auch der 2. Strafsenat in seinem Antwortbeschluss auf den Anfragebeschluss des 3. Strafsenats (BGH, B. v. 06.02.2004 – 2 Ars 276/03 = NStZ-RR 2004, 183, 184): „Der Einkauf ist die Voraussetzung für den Verkauf und von daher für das geschützte Rechtsgut, die Volksgesundheit, nicht weniger gefährlich“.

1019 So der 4. Strafsenat in seinem Antwortbeschluss (BGH, B. v. 27.02.2004 – 4 Ars 23/03 (unveröffentlicht)). Überdies weist er auf die mit einer solchen Aufspaltung einhergehende Folgeproblematik im Falle der Beteiligung Dritter an einem solchen „Geschäft“ hin („Beteiligung am versuchten oder vollendeten Handeltreiben?“).

1020 *Roxin*, StV 2003, 619, 621.

1021 Auch diesen Gedanken bejaht der die asymmetrische Differenzierung insgesamt ablehnende (vgl. oben Fn. 1019) 4. Strafsenat (BGH, B. v. 27.02.2004 – 4 Ars 23/03 (unveröffentlicht)).

1022 *Schmidt* (NJW 2005, 3250, 3251) will als Konsequenz seiner Kritik bei beiden Handlungsweisen auf das einschränkende Merkmal des Vertragsschlusses verzichten und insofern von jeglicher Restriktion Abstand nehmen.

gungen des Lieferanten auslöst“[1023] und es erst auf diesem Wege zur Unterbreitung eines Angebots kommt. Damit erscheint eine Besserstellung des erwerbenden Händlers auch unter Strafwürdigkeitsgesichtspunkten unangebracht.

Insgesamt muss deswegen die vorgeschlagene Differenzierung abgelehnt werden.

dd) Einzelne Definitionsmerkmale

Die Methodik und die die Überlegungen des 3. Strafsenats auszeichnenden Grundgedanken wurden bereits einer Bewertung unterzogen. Nunmehr verbleibt zu prüfen, ob auch den einzelnen Definitionsmerkmalen Einwände begegnen. Die Darstellung beschränkt sich insoweit auf die kommentierungsbedürftigen Tatmodalitäten. Die Teile der Begriffsdefinition, denen zugestimmt werden kann, erfahren keine weitere Diskussion.

(1) „Sich in sonstiger Weise verschafft“[1024]

Es wurde bereits dargestellt, dass das Merkmal des „Sichverschaffens in sonstiger Weise“ Probleme aufwirft. [1025] Dieses Merkmal unterläuft die Bemühungen des 3. Strafsenats, den Begriff des Handeltreibens durch eine katalogartige Aufzählung größerer Bestimmtheit zuzuführen. Die zu betrachtende Tatmodalität ist schon heute in § 29 I 1 Nr. 1 BtMG enthalten.[1026] Ein Sichverschaffen (in sonstiger Weise) ist gegeben, wenn der Täter die eigene, tatsächliche Verfügungsgewalt erlangt, ohne dass ein vom Vorbesitzer abgeleiteter Erwerb vorliegt oder nachweisbar ist.[1027]

Die Vorschrift ist als Auffangtatbestand konzipiert.[1028] Sie soll es ermöglichen, den illegalen Betäubungsmittelverkehr möglichst lückenlos zu erfassen.[1029] Nach tradierter Auffassung soll ein Sichverschaffen und damit, falls der

---

1023 *Schmidt*, NJW 2005, 3250, 3251.

1024 Die hier sogleich geäußerten Bedenken ergeben sich ebenso im Hinblick auf das Merkmal „sonst in den Verkehr bringt“. Zur Vermeidung unnötiger Wiederholungen soll auf eine gesonderte Darstellung dieser Tatmodalität verzichtet werden. Letztlich ist auch die Übernahme des Merkmals „sonst in den Verkehr bringt“ abzulehnen.

1025 Vgl. oben 3. Kapitel:E.I.2.c)bb).

1026 Vgl. auch *Hügel/Junge/Lander/Winkler*, Deutsches Betäubungsmittelrecht, § 29 BtMG Rn. 11.1 (m.w.N.) zu den schon bei der Einführung bestehenden Meinungsverschiedenheiten zwischen Bundesrat und Bundesregierung.

1027 BGH, B. v. 18.06.1993 – 4 StR 318/93 = BGHR BtMG § 29 Abs 1 Nr 1 Sichverschaffen 1; *Weber*, BtMG, § 29 Rn. 1110.

1028 *Weber*, NStZ 2004, 66, 68.

1029 *Weber*, BtMG, § 29 Rn. 1110.

Täter nur eigennützig und in Umsatzermöglichungsabsicht handelt, nach dem Vorschlag des 3. Strafsenats auch ein Handeltreiben vorliegen, sofern der Täter die Verfügungsgewalt über die Betäubungsmittel durch Straftaten erwirbt,[1030] Betäubungsmittel an sich nimmt, um sie dem Zugriff der Polizei zu entziehen,[1031] an gefundenen Betäubungsmitteln Besitz begründet[1032] oder diese Kraft Gesetzes[1033] erbt[1034]. Würde man sich also auf die bisherige Auslegung des Merkmals stützen, könnten überdies auch Tätigkeiten, die gerade nicht dem typischen Verhaltensmuster eines Händlers entsprechen, erfasst werden. Damit würde einerseits auch die zweite, die Argumentation des Senats tragende Säule in Frage gestellt, andererseits müssten die Restriktionsbemühungen als gescheitert betrachtet werden.

Damit ist die Aufnahme der soeben bewerteten Tatmodalität in den, den Begriff des Handeltreibens definierenden, Katalog abzulehnen.

(2) „Feilhält“

Die Verwirklichungsalternative des Feilhaltens wurde der waffenrechtlichen Begriffsdefinition entnommen.[1035] Feilhalten[1036] bedeutet, dass bestimmte zum Verkauf bereitgestellte Schusswaffen oder Munition, sei es auch nur durch Auslegen, zum Mitnehmen angeboten werden.[1037]

Die beschriebenen Tätigkeiten können zwar durchaus als für einen Händler typisch bezeichnet werden.[1038] Trotzdem begegnet auch die Aufnahme des Feilhaltens in den, das Handeltreiben beschreibenden, Katalog Einwänden. Wiederum stellt der 3. Strafsenat nicht auf die Qualität der Handlung ab, sondern

---

1030 Vgl. zu der sich hieraus ergebenden Problematik mit dem Wortlaut der Norm bereits oben (3. Kapitel:E.I.2.c)bb)).

1031 *Weber*, BtMG, § 29 Rn. 1111.

1032 *Körner*, StV 1984, 527, 530; *Hügel/Junge/Lander/Winkler*, Deutsches Betäubungsmittelrecht, § 29 BtMG Rn. 11.3; ebenso ist ein Sichverschaffen zu bejahen, wenn ein Bote Betäubungsmittel von der Post abholt und an diesen (lediglich) weisungswidrig Eigenbesitz begründet (*Weber*, BtMG, § 29 Rn. 1116).

1033 Beruht die Erbschaft auf letztwilliger Verfügung, ist dagegen, den entsprechenden Vorsatz des Erben unterstellt, von unerlaubtem Erwerb auszugehen.

1034 MK-BtMG/*Rahlf*, § 29 Rn. 844.

1035 Vgl. Anlage 1 Abschnitt 2 Nr. 9 WaffG; *Heller/Soschinka*, WaffR, Rn. 2350.

1036 Im Gegensatz zu dem Begriff des Feilbietens setzt das Feilhalten unstreitig keine ausdrückliche Aufforderung zum Kauf voraus (*Apel/Bushart*, WaffG, § 21 Rn. 29; *Steindorf/Heinrich/Papsthart/Heinrich*, WaffR, § 1 WaffG Rn. 63).

1037 *Apel/Bushart*, WaffG, § 21 Rn. 29; *Heller/Soschinka*, WaffR, Rn. 2353.

1038 So auch *Roxin*, StV 2003, 619, 621; *Niehaus*, JR 2005, 192, 195.

unterwirft vielmehr das Feilbieten per se der Vollendungsstrafbarkeit.[1039] Eine sachgerechte und vorhersehbare Abschichtung der Tatstadien kann auf diesem Wege nicht gewährleistet werden.[1040]

Die Anordnung der Vollendungsstrafbarkeit erscheint zudem den strafbaren Bereich des Handeltreibens, insbesondere für das letztlich nicht von einem Umsatzerfolg gekrönte Feilbieten, unangemessen weit in das Vorfeld der Tat zu verlagern.[1041] Dies stellt sich unter Beachtung der Tatsache, dass sich die in § 29 II BtMG weiterhin normierte Versuchsstrafbarkeit selbstverständlich auch auf das Feilhalten beziehen würde, als umso problematischer dar.[1042] Entweder würde dieser wieder ein bestenfalls theoretischer Bereich zugewiesen oder es würde eine untragbare, noch weitergehende Vorverlagerung der Strafbarkeit erreicht.

Ferner scheint sich der Gesetzgeber bis heute in einer bewussten Entscheidung gegen die Pönalisierung des Feilhaltens von Betäubungsmitteln ausgesprochen zu haben: War das Feilhalten noch Bestandteil der Opiumgesetze von 1920[1043] und 1929[1044], so verzichtete er auf eine Übernahme dieser Begrifflichkeit in das Betäubungsmittelgesetz von 1972.[1045] Diese gesetzgeberische Entscheidung ist nachvollziehbar: Mag früher ein plausibler Anwendungsbereich für diese Verwirklichungsalternative insofern bestanden haben, als dass die Betäubungsmittel in nennenswertem Rahmen institutionalisiert, d.h. in Apotheken abgegeben wurden, so muss dies heute, wo der Betäubungsmittelhandel größtenteils illegal abgewickelt wird, anders beurteilt werden.[1046]

Letztlich erscheint es auch unter kriminalpolitischen Gesichtspunkten vertretbar, auf eine Pönalisierung des Feilhaltens im Betäubungsmittelstrafrecht zu verzichten. Je nach dem, wie sich der Feilhaltende verhält, ergeben sich Schnittmengen zu anderen Tatmodalitäten des § 29 I BtMG. Sofern der Handelnde die Möglichkeit eines Erwerbs offeriert, kann § 29 I 1 Nr. 10 BtMG (Mitteilung einer Gelegenheit zum Erwerb) einschlägig sein. Verweist er zudem

1039 Vgl. *Gaede*, StraFo 2003, 392, 395.

1040 So auch der 4. Strafsenat in seinem Antwortbeschluss (BGH, B. v. 27.02.2004 – 4 Ars 23/03 (unveröffentlicht)).

1041 Vgl. *Roxin*, StV 2003, 619, 621.

1042 Vgl. *Roxin*, StV 2003, 619, 621: „Denn wie soll man sich ein versuchtes Feilhalten [...] realiter vorstellen".

1043 Vgl. zu diesem Gesetz oben 1. Kapitel:C.II.

1044 Vgl. zu diesem Gesetz oben 1. Kapitel:C.IV.

1045 Vgl. zu diesem Gesetz oben 1. Kapitel:C.V.

1046 *Bensch*, Der Begriff des Handeltreibens, S. 168. Im Gegensatz hierzu bestehen für den legalen Waffenhandel mehrere (legale) Vertriebswege (Katalogversand, Waffenmessen). Deshalb hat die Alternative des Feilhaltens im Rahmen der waffenrechtlichen Begriffsbestimmung durchaus ihre Berechtigung.

auf die eigene Liefermöglichkeit, kann der Anwendungsbereich des § 29 I 1 Nr. 8 BtMG (Werben) eröffnet sein.[1047] Sind über die bloße Auslage der Betäubungsmittel hinaus keinerlei weitere Bemühungen des potentiellen Verkäufers zu beobachten (eine Situation, in der der Verkäufer quasi stumm seine Betäubungsmittel auslegt, scheint freilich einen geringen praktischen Bezug aufzuweisen), käme indes trotzdem eine Strafbarkeit wegen unerlaubten Besitzes (§ 29 I 1 Nr. 3 BtMG) in Betracht.

Die aufgezeigten Einwände wiegen schwer. Damit muss auch die Übernahme der Modalität „Feilhalten" im Ergebnis abgelehnt werden.

(3) „Bestellungen aufsucht"

Die Tathandlung des „Bestellungen aufsuchen" entstammt ebenfalls der waffenrechtlichen Begriffsdefinition. Unter dem „Aufsuchen von Bestellungen" wird jede Tätigkeit verstanden, die darauf abzielt, von einem Anderen einen festen Auftrag zur künftigen Lieferung bestimmter Schusswaffen oder Munition zu erhalten, wozu bereits die Bestellung anbahnende Tätigkeiten gehören.[1048]

Diese Definition weist frappierende Ähnlichkeit mit der geltenden Definition des Handeltreibens mit Betäubungsmitteln auf. Nicht nur, dass beide Begriffsbestimmungen grundsätzlich jede Tätigkeit als Tathandlung ausreichen lassen. Vielmehr gleichen sich die Definitionen auch in ihrer Subjektivierungstendenz. Soll es beim Handeltreiben mit Betäubungsmitteln ausreichen, dass auf den Umsatz der Betäubungsmittel abgezielt wird,[1049] so ist auch im Rahmen des Waffenhandels lediglich das Abzielen auf einen festen Auftrag[1050] zur künftigen Lieferung vonnöten. Mit dieser Definition wäre deshalb aber letztlich nur wenig gewonnen. Nicht nur, dass im Bereich der zu vermeidenden Vorfeldbestrafung

1047 *Körner*, BtMG, § 29 Rn. 1703; *Weber*, BtMG, § 14 Rn. 14.

1048 BGH, Urt. v. 09.03.1994 – 3 StR 723/93 = BGHSt 40, 94, 95; *Steindorf/Heinrich/-Papsthart/Heinrich,* WaffR, § 1 WaffG Rn. 63a.

1049 Vgl. oben 3. Kapitel:C.II.4; BGH, Urt. v. 20.08.1991 – 1 StR 273/91 = NJW 1992, 380, 381.

1050 Zwar erfordert der „feste Auftrag" im Rahmen der waffenrechtlichen Begriffsauslegung, dass die zu übertragende Ware näher bestimmt wird und die Bemühungen zumindest insofern auf ein teilweise konkretisiertes Geschäft abzielen. Ob sich diese Auslegung allerdings im Betäubungsmittelrecht durchsetzen könnte, muss bezweifelt werden. So geht der 4. Strafsenat in seinem Antwortbeschluss (BGH, B. v. 27.02.2004 – 4 Ars 23/03 (unveröffentlicht)) davon aus, dass derjenige das Aufsuchen von Bestellungen bereits verwirklicht, der „[...] – ohne Rauschgift mit sich zu führen – einem anderen die Lieferung von Drogen anbietet." Ein wie auch immer geartetes Konkretisierungserfordernis wäre danach nicht mehr vonnöten.

kein Fortschritt erzielt werden könnte, sondern im Gegenteil eine noch weitere Auslegung möglich erscheint, da nunmehr nur noch auf den, dem Betäubungsmittelumsatz regelmäßig vorausgehenden, festen Auftrag abgezielt werden muss. Überdies wäre auch eine Abgrenzung der Deliktsstadien mangels objektiver Anhaltspunkte (weiterhin) unmöglich bzw. erhielte der in § 29 II BtMG geregelte Versuch weiterhin keinen ausreichenden praktischen Anwendungsbereich.[1051]

Der Integration des Merkmals „Aufsuchen von Bestellungen" in den Katalog der das Handeltreiben darstellenden Tätigkeiten stehen die geschilderten, bedeutsamen Einwände entgegen. Sie ist somit abzulehnen.[1052]

ee) Die entgegengesetzten Bedenken *Webers*

Zu einer dem hier vertretenen Standpunkt diametral entgegenstehenden Beurteilung gelangt *Weber*.[1053] Er geht davon aus, dass die, von ihm zwar eingestandenen Probleme im „Bereich des Versuchs [...] eigentlich im Rahmen des herkömmlichen Begriffs des Handeltreibens [zu] lösen"[1054] sind. „Gleichwohl wird niemand behaupten, dass die derzeitige Interpretation des Handeltreibens einer Verbesserung nicht zugänglich ist."[1055] Eine solche Verbesserung lässt sich für *Weber* jedoch nicht in der durch den 3. Strafsenat vorgeschlagenen Neudefinition erblicken. *Weber* bemängelt allerdings nicht die zumindest teilweise bestehen bleibende Weite und Unbestimmtheit der vorgeschlagenen Begriffsbestimmung.[1056] Vielmehr sieht er die Gefahr von Strafbarkeitslücken (auch und gerade auf Qualifikationsebene). Er weist auf die Auswirkungen hin, die eine Neuinterpretation des Begriffs Handeltreiben im Betäubungsmittelstrafrecht auf anderen Rechtsgebieten haben kann, und meldet im Prozessualen („Verlust erfolg-

---

1051 So auch der 4. Strafsenat in seinem Antwortbeschluss (BGH, B. v. 27.02.2004 – 4 Ars 23/03 (unveröffentlicht)): „Für eine Versuchsstrafbarkeit bliebe in diesen Fällen nur wenig oder überhaupt kein Raum".

1052 Krit. auch *Roxin*, StV 2003, 619, 621: „[...] wenn er Bestellungen „aufsucht", aber niemand etwas bestellt, wird er nicht sagen, dass er Handel getrieben habe, sondern, dass seine darauf gerichteten Bemühungen gescheitert seien. In Wirklichkeit handelt es sich [...] bei der Suche nach Bestellungen um ein Sich-Erbieten, also eine Vorbereitung des geplanten Umsatzgeschäftes."; i.E. ebenso: *Niehaus*, JR 2005, 192, 195.

1053 *Körner* (BtMG, § 29 Rn. 224) bezeichnet den insoweit zentralen Aufsatz *Webers* (NStZ 2004, 66) als „imponierend und unvergesslich".

1054 *Weber*, NStZ 2004, 66, 72.

1055 *Weber*, NStZ 2004, 66, 72.

1056 Vgl. oben 3. Kapitel:E.I.2.c).

versprechender Ermittlungsansätze“[1057]) wurzelnde Bedenken an. Ferner ergeben sich für *Weber* im Bereich der Verfahren mit Auslandsberührung inakzeptable Einbußen an Verfolgungsmöglichkeiten.[1058]

Insbesondere die Verkehrsformen des Anbauens, Herstellens, Besitzens und Durchführens müssten, nach *Weber*, zusätzlich in den Katalog aufgenommen werden.[1059]

Hiergegen lässt sich zunächst anführen, dass sämtliche Tatmodalitäten bereits eine ausdrückliche Pönalisierung in § 29 I 1 BtMG[1060] erfahren haben. Einer Entflechtung, Verschlankung und damit auch, dem Bestreben eine größere Bestimmtheit des Tatbestands herbeizuführen, würde entgegengewirkt. Zudem könnten etwaige Strafbarkeitslücken lediglich auf Qualifikationsebene auftreten. Allerdings muss insofern die bewusste Entscheidung des Gesetzgebers, der die genannten Varianten gerade autonom regelte[1061] und im Qualifikationsbereich nicht erfasst wissen wollte, berücksichtigt werden.[1062] Außerdem bestünde anderenfalls die Gefahr einer Überkriminalisierung.[1063] Schließlich stünde es dem Gesetzgeber frei, diese sich auftuenden Lücken, mit der Einführung eines neuen Begriffs des Handeltreibens in einem legislatorischen Akt zu schließen. Ferner würde insbesondere die Aufnahme des Auffangtatbestands[1064] des Besitzes in die Definition des Handeltreibens zur Problematik der bestehenden Definition zurückführen. Weder kann der bloße Besitz von Betäubungsmitteln einem natürlichen Wortverständnis nach als „handelstypische Tätigkeit“ bzw. als Handeltreiben bezeichnet werden,[1065] noch ist in diesem Fall das für eine Strafbarkeit zu fordernde rechtsguts- also umsatzbezogene Unrecht verwirklicht.[1066]

1057 *Weber*, Handeltreiben, S. 489.

1058 *Weber*, Handeltreiben, S. 489 f.

1059 *Weber*, NStZ 2004, 66, 68 ff.

1060 Für das Anbauen und Herstellen vgl. § 29 I 1 Nr. 1 BtMG; für das Besitzen § 29 I 1 Nr. 3 BtMG; für das Durchführen § 29 I 1 Nr. 5 BtMG.

1061 Sie also gerade nicht als Bestandteil des Begriffs Handeltreiben ansah.

1062 Vgl. hierzu beispielsweise § 29a I Nr. 2 BtMG, der den Anbau von Betäubungsmitteln in nicht geringer Menge gerade nicht erfasst. Vgl. hierzu auch die restriktive, aber richtige Entscheidung des OLG Düsseldorf (B. v. 30.09.1998 – 2 Ss 298–98 - 56–98 II = NStZ 1999, 88).

1063 So zu Recht: *Niehaus*, JR 2005, 192, 195.

1064 So *Weber* selbst in NStZ 2004, 66, 69.

1065 Vgl. *Niehaus*, JR 2005, 192, 195.

1066 *Gaede*, HRRS 2004, 165, 170.

Überdies können die Bedenken bzgl. der Wechselwirkungen[1067] zu anderen Gesetzen, die den Begriff des Handeltreibens verwenden, nicht verfangen. Zunächst kann die „Vervielfältigung" eines sogar verfassungsrechtlich höchst sensiblen Begriffs[1068] nichts zu seiner Legitimation beitragen: Allein die quantitative „Überzeugungskraft" vermag nicht über qualitative Mängel hinwegzuheben. Zudem könnte die Auslegung des Begriffs Handeltreiben im Betäubungsmittelstrafrecht ohne zwingende Konsequenzen für die anderen, auf diesen Begriff rekurrierenden Rechtsgebiete, stattfinden. Grund dafür ist auch hier wieder die „Relativität der Rechtsbegriffe", die es ermöglicht bzw. gebietet, dass der äußerlich zwar gleiche Begriff hinsichtlich seines Inhalts autark und kontextrelativ[1069] ausgelegt wird.[1070]

Weber beklagt zudem den Verlust strafprozessualer Ermittlungsmöglichkeiten.[1071] Zwar ist es richtig, dass auf der Grundlage des heutigen Verständnisses des Handeltreibens ein sehr weitgehender Anwendungsbereich strafprozessualer Normen möglich ist. Andererseits kann hieraus kein Argument für die Beibehaltung einer zumindest zweifelhaften Auslegungspraxis abgeleitet werden. Im Gegenteil sollen die strafprozessualen Vorschriften „insoweit akzessorisch der Durchsetzung legitimer, also auch gesetzlich bestimmter und verhältnismäßig abgestufter Strafansprüche dienen."[1072] Sofern diese Voraussetzungen allerdings nicht zweifelsfrei erfüllt sind, ist eine weitreichende Anwendung der strafprozessualen Normen gerade nicht wünschenswert.

Die den Vorschlag des 3. Strafsenats wegen seiner zu starken Restriktionstendenzen angreifenden Argumente *Webers* vermögen nicht zu überzeugen. Vielmehr bleibt die vorgeschlagene Neudefinition hinter dem rechtsstaatlich begrüßenswerten Maß der Einschränkung der Strafbarkeit zurück.

1067 *Weber* (NStZ 2004, 66, 72) sieht hier vor allem das TPG betroffen. Dazu, dass sowohl Literatur als auch Rechtsprechung um eine Restriktion des als zu weit empfundenen Begriffs bemüht sind, vgl. nur oben 2. Kapitel:B.II.7.

1068 Dies scheint auch *Weber* grundsätzlich anzuerkennen, wenn er schreibt, dass der Lösungsvorschlag des 3. Strafsenats „rechtsstaatlichen Überlegungen entgegenkommt" (NStZ 2004, 66); *ders.* allerdings anders in: Handeltreiben, S. 466: „Obwohl an sich weder verfassungsrechtliche Prinzipien […] eine einengende Auslegung des Begriffs des Handeltreibens im Betäubungsmittelrecht nahelegen […]".

1069 *Gaede*, HRRS 2004, 165, 170.

1070 Vgl. oben 3. Kapitel:D.II.7.

1071 Vgl. z.B. zur Telefonüberwachung: *Weber*, NStZ 2004, 66, 70, 72.

1072 *Gaede*, HRRS 2004, 165, 170.

ff) Modifikation durch *Bensch*

Bensch möchte den „Begriff des Handeltreibens nach seinem natürlichen Wortsinn“[1073] auslegen. Danach soll er eigennützige (handelstypische) Tätigkeiten erfassen, mit denen ein Umsatz von Betäubungsmitteln beabsichtigt wird. Handlungsweisen im Vorfeld (Anbau, Herstellung, Beschaffung von Laborgeräten) sollen ebenso wie ausgesprochene Hilfstätigkeiten (Bote) und Handlungen im Nachfeld (Geldtransaktionen) ausgespart werden.[1074] Zur Erreichung dieses Ziels nimmt *Bensch* an der durch den 3. Strafsenat vorgeschlagenen Definition weitreichende Modifikationen vor: Im Ergebnis soll derjenige mit Betäubungsmitteln Handeltreiben, der „diese eigennützig und in der Absicht, ihren Umsatz zu ermöglichen oder zu fördern, ankauft, erwirbt, verkauft, veräußert, abgibt, oder die einverständliche Übertragung der Sachherrschaft vermittelt.“[1075]

Trotz der vielen, zustimmungswürdigen Ergebnisse, die sich mit der Anwendung dieser Definition erzielen lassen,[1076] bleiben einige Kritikpunkte bestehen. Zunächst sind auch gegenüber der modifizierten Kataloglösung von *Bensch* die, bezüglich einer Kataloglösung an sich generell bestehenden Bedenken, zu erheben.[1077]

Ferner erscheint der größte Fortschritt, also die größten erzielten Einschränkungen weniger mit der Definition an sich, als vielmehr mit der Auslegung dieser zusammenzuhängen. So möchte *Bensch* beispielsweise die Merkmale „Verkauf“ und „Ankauf“ erst mit einer erzielten Einigung[1078] als verwirklicht ansehen. An das Merkmal der Einigung werden nunmehr weitreichende Einschränkungen geknüpft: Wenn der Verkäufer bei dieser Einigung nicht im Besitz der

---

1073 *Bensch*, Der Begriff des Handeltreibens, S. 198.

1074 *Bensch*, Der Begriff des Handeltreibens, S. 185.

1075 *Bensch*, Der Begriff des Handeltreibens, S. 183.

1076 Vgl. *Bensch*, Der Begriff des Handeltreibens, S. 190 ff. Die Zustimmung besteht nicht, sofern sich der Ansatz von *Bensch* in Widerspruch zu einer, nach der Entscheidung des Großen Senats für Strafsachen vom 26.10.2005 (GSSt 1/05 = BGHSt 50, 252) ergangenen Rechtsprechungsänderung setzt: Durch die Aufnahme des Merkmals des „Erwerbens“ in seine Definition begreift *Bensch* (Der Begriff des Handeltreibens, S. 162, 196) den selbstständigen Betäubungsmittelkurier als Täter des Handeltreibens. Die neue Rechtsprechung würde eine solche Handlungsweise allerdings grundsätzlich als Beihilfe bewerten (vgl. unten 3. Kapitel:G.II.3).

1077 Vgl. oben 3. Kapitel:E.I.2.c)aa).

1078 Der Begriff der „Einigung“ wird von *Bensch* hier nicht im technischen Sinne einer dinglichen Willensübereinkunft im Rahmen der Eigentumsübertragung verwendet. Vielmehr soll er den um betäubungsmittelspezifische Gesichtspunkte erweiterten (schuldrechtlichen) Vertragsschluss kennzeichnen (vgl. *Bensch*, Der Begriff des Handeltreibens, S. 178).

Betäubungsmittel ist, soll eine Einigung im Sinne seiner Definition nur zu bejahen sein, sofern immerhin eine gesicherte Lieferquelle vorliegt;[1079] wenn die Bemühungen des Käufers um den Erwerb von Betäubungsmitteln letztendlich vergeblich sind, soll nach *Bensch* ebenfalls keine Einigung gegeben sein;[1080] selbiges gilt, sofern (wohl[1081]) das Erreichen eines Betäubungsmittelumsatzes von vornherein (subjektiv oder objektiv) unmöglich ist.[1082] All den vorgeschlagenen Einschränkungen kann zugestimmt werden. Dennoch ist nicht ersichtlich, warum es (z.B.) im Falle einer nach gängigen Beurteilungskriterien (Angebot und Annahme) wirksamen Einigung, an einer „Einigung im Sinne des Betäubungsmittelrechts" (also nach *Benschs* Definition) fehlen soll, nur weil der Verkäufer bei dieser nicht im Besitz der Betäubungsmittel war und keine gesicherte Lieferquelle hatte, bzw. nur weil die Herbeiführung des Betäubungsmittelumsatzes von vornherein unmöglich war. Eine solche Einschränkung vermag weder der Begriff der Einigung, noch der des An- bzw. Verkaufs zu leisten.

Auch im Bereich des Vermittelns wird der Ausschluss problematischer Konstellationen mit ebenso weitreichenden, aus dem Vermitteln an sich aber nicht ableitbaren, Implikationen (das Umsatzobjekt muss tatsächlich existieren, der Gebende muss unmittelbaren Zugriff darauf haben)[1083] erreicht.

Insgesamt fühlt man sich nach der Lektüre des dargestellten Vorschlags unweigerlich an die von *Bensch* selbst, gegenüber einem anderen Lösungsvorschlag, erhobene Kritik erinnert: „Wenn *Ebert* auch bei der Überprüfung seiner Begriffsbestimmung zu inhaltlich akzeptablen Ergebnissen kommt, erscheint das Ersetzen einer Begriffsbestimmung durch eine andere, ähnlich gelagerte als wenig praktikabel."[1084] Und weiter unten: „Die dabei vorzunehmende Auslegung, die *Ebert* vorgibt, ist zudem keineswegs aus der Begriffsbestimmung zwingend, so dass die Rechtsprechung bei ihrer Anwendung durchaus zu anderen Ergebnissen kommen könnte. Eine Definition, die aber erst nach eingehender Kommentierungshilfe verstanden werden kann und nach der Intention des Autors angewendet werden müsste, bietet vermutlich keine Lösung, auf die sich die Rechtsprechung einlassen würde."[1085]

1079 *Bensch*, Der Begriff des Handeltreibens, S. 178.
1080 *Bensch*, Der Begriff des Handeltreibens, S. 179.
1081 *Bensch* (Der Begriff des Handeltreibens, S. 179) schreibt insofern etwas unklar von Fällen anfänglicher Unmöglichkeit.
1082 *Bensch*, Der Begriff des Handeltreibens, S. 179.
1083 *Bensch*, Der Begriff des Handeltreibens, S. 183.
1084 *Bensch*, Der Begriff des Handeltreibens, S. 154.
1085 *Bensch*, Der Begriff des Handeltreibens, S. 154.

Deswegen scheint die Überwindung der schon jetzt bestehenden, ausufernden, stets mit Unsicherheiten verbundenen Kasuistik, auf der Grundlage der Definition von *Bensch*, insgesamt nicht erreichbar.

gg) Zusammenfassung

Die Methodik (Kataloglösung) und die, die Überlegungen des 3. Strafsenats auszeichnenden Grundgedanken (handelstypische Tätigkeit, asymmetrische Differenzierung) konnten bei genauerer Betrachtung nicht überzeugen.1086 Auch die, in die Definition aufgenommenen, einzelnen Tatmodalitäten stoßen teilweise auf berechtigte Kritik. Die insofern aufgezeigten Bedenken führen dazu, dass eine Aufnahme dieser Verhaltensweisen in einen, den Begriff des Handeltreibens beschreibenden Katalog abzulehnen ist. Insgesamt muss sich die Neudefinition durch den 3. Strafsenat eine zu große Weite und Unbestimmtheit vorwerfen lassen. Trotz der zu unterstützenden Intention des Strafsenats muss die konkrete Art der Umsetzung derselben als verbesserungswürdig angesehen werden. Trotzdem dürfen weder die Bemühungen noch die von dem Vorstoß ausgehende Signalwirkung für die weitere Diskussion des Begriffs unterschätzt werden. Die auf dem Vorschlag des 3. Strafsenats aufbauenden Änderungen bzw. Ergänzungen von Weber und Bensch konnten hingegen nicht bzw. nicht restlos überzeugen.

d) Antworten der anderen Strafsenate

Die Antworten der anderen Strafsenate ergeben ein uneinheitliches Bild und erforderten die Befassung des Großen Senats für Strafsachen mit der Problematik.[1087] Einigkeit besteht unter den Strafsenaten allerdings in der Ablehnung der vorgeschlagenen Kataloglösung des 3. Senats. Sowohl in der Beantwortung der konkreten Vorlagefrage als auch in der jeweiligen darüber hinausgehenden Argumentation bestehen jedoch Unterschiede. Innerhalb der Senate kam es teilweise zu Mehrheitsentscheidungen.[1088]

1086 Vgl. oben 3. Kapitel:E.I.2.c).

1087 So *Winkler*, NStZ 2004, 376.

1088 Dies betonen der 2. und der 5. Strafsenat in ihren Antwortbeschlüssen.

aa) Antwort des 1. Strafsenats[1089]

Der 1. Strafsenat möchte „trotz der im Anfragebeschluß aufgeführten gewichtigen Argumente“[1090] weder seine Rechtsprechung bzgl. des Handeltreibens ändern noch sich von der tradierten Definition des Handeltreibens verabschieden.

Er weist auf die Rezeption des Begriffs Handeltreiben in anderen Gebieten des Nebenstrafrechts hin. Dies sei wegen der Einheit der Rechtsordnung bei einer etwaigen Änderung der seit langem gefestigten Rechtsprechung zum Handeltreiben mit Betäubungsmitteln zu beachten. Außerdem entspreche die weite Auslegung auch dem gesetzgeberischen Willen. Dieser habe mit der Normierung des § 29 I Nr. 10 BtMG gezeigt, dass er auch Taten schon im Vorfeld des Handeltreibens „für ebenso strafwürdig hält wie das Handeltreiben selbst.“[1091] Die in der Literatur vorgebrachten Lösungsvorschläge hingegen „erscheinen teilweise theoretisch stringent, können aber die Vielfalt der Fallgestaltungen nicht erfassen und damit der Rechtswirklichkeit nicht gerecht werden.“[1092] Deswegen seien durch deren Anwendung „gerechtere Urteile als bisher“[1093] nicht zu erwarten.

bb) Antwort des 2. Strafsenats[1094]

Der 2. Strafsenat bescheidet die Anfrage des 3. Strafsenats, in seiner Mehrheit, negativ. Er möchte an der tradierten Definition des Begriffs Handeltreiben sowie seiner bisherigen Rechtsprechung festhalten.

Er führt aus, dass eine Neuorientierung von Verfassungs wegen nicht geboten sei und beruft sich hierbei auf eine Kammerentscheidung des BVerfG[1095]. Zwar räumt er ein, „dass die unterschiedslose Anwendung des Strafrahmens für das vollendete Delikt dem unterschiedlichen Unrechtsgehalt der verschiedenen […] Begehungsweisen nicht immer gerecht wird“ und insofern insbesondere „die vom Gesetzgeber gewollte Abgrenzung zwischen Vollendung / Versuch / Vorbereitungshandlung problematisch“ ist.[1096] Zur Überwindung dieser Problematik hält er allerdings die Kataloglösung für nicht geeignet. Diese würde zu

1089 BGH, B. v. 25.03.2004 – 1 ARs 21/03 (unveröffentlicht).
1090 BGH, B. v. 25.03.2004 – 1 ARs 21/03 (unveröffentlicht).
1091 BGH, B. v. 25.03.2004 – 1 ARs 21/03 (unveröffentlicht).
1092 BGH, B. v. 25.03.2004 – 1 ARs 21/03 (unveröffentlicht).
1093 BGH, B. v. 25.03.2004 – 1 ARs 21/03 (unveröffentlicht).
1094 BGH, B. v. 06.02.2004 – 2 ARs 276/03 = NStZ-RR 2004, 183 f.
1095 BVerfG (2. Kammer des 2. Senats), B. v. 24.10.1993 – 2 BvR 1906/99 (unveröffentlicht).
1096 BGH, B. v. 06.02.2004 – 2 ARs 276/03 = NStZ-RR 2004, 183, 184.

einer neuen Typisierungskasuistik führen.[1097] Ebenfalls nicht überzeugen könne die vom 3. Strafsenat vorgeschlagene asymmetrische Differenzierung. Die unterschiedliche Gefährlichkeit von Verkaufs- bzw. Ankaufshandlungen vermag der 2. Strafsenat nicht zu erkennen.[1098] Schließlich übt er auch an den aufgezählten Tathandlungen Kritik. Vor dem Hintergrund der geschichtlichen Entwicklung und dem gesetzgeberischen Willen sei demnach eine Rechtsprechungsänderung insgesamt nicht geboten. Der Problematik könne vielmehr „durch eine restriktive Handhabung bei der Anwendung des Begriffs in Grenzfällen Rechnung getragen werden."[1099]

cc) Antwort des 4. Strafsenats[1100]

In der aufgeworfenen Divergenzfrage signalisiert der 4. Strafsenat Zustimmung. Er ist insoweit bereit, unter Aufgabe seiner bisherigen Rechtsprechung, der Auffassung des 3. Strafsenats zu folgen. Eine Auslegungsänderung erscheint ihm „namentlich im Hinblick auf den Bestimmtheitsgrundsatz und die im Gesetz vorgesehene Versuchsstrafbarkeit [...] erforderlich."[1101]

Allerdings lehnt auch der 4. Strafsenat die vorgeschlagene asymmetrische Differenzierung unter Hinweis auf die enge Verbindung zwischen den Handlungsweisen des Verkäufers und des Käufers („spiegelbildliches Verhalten")[1102] und wegen der Folgen einer künstlichen Aufspaltung dieser zusammenhängenden Verhaltensweisen, insbesondere im Bereich der Teilnahme („Beteiligung am versuchten oder vollendeten Handeltreiben?")[1103], ab. Auch die vom 3. Strafsenat unterbreitete katalogartige Aufzählung handelstypischer Tätigkeiten findet keine Zustimmung. Speziell im Hinblick auf die Tätigkeiten des „Feilhaltens" und des „Aufsuchens von Bestellungen" erscheint es dem 4. Strafsenat „zweifelhaft, ob [...] die angestrebte sachgerechte Abgrenzung von Vorbereitung, Versuch und Vollendung"[1104] auf diese Weise erreicht würde. Überdies könnte nach allgemeinem Verständnis die Tätigkeit desjenigen, der Betäubungsmittel gegen einen Kurierlohn in das Inland einführt bzw. den Erwerb dieser nur vermittelt, nicht als handelstypisch bezeichnet werden. Im ersten Fall liege begrifflich eher eine „Transporteur-" und im zweiten Fall eine „Mak-

1097 Vgl. oben 3. Kapitel:E.I.2.c)aa).
1098 Vgl. oben 3. Kapitel:E.I.2.c)cc).
1099 BGH, B. v. 06.02.2004 – 2 ARs 276/03 = NStZ-RR 2004, 183, 184.
1100 BGH, B. v. 27.01.2004 – 4 ARs 23/03 (unveröffentlicht).
1101 BGH, B. v. 27.01.2004 – 4 ARs 23/03 (unveröffentlicht).
1102 BGH, B. v. 27.01.2004 – 4 ARs 23/03 (unveröffentlicht).
1103 BGH, B. v. 27.01.2004 – 4 ARs 23/03 (unveröffentlicht).
1104 BGH, B. v. 27.01.2004 – 4 ARs 23/03 (unveröffentlicht).

lertätigkeit“ vor. Ähnlich verhalte es sich in den Fällen des „Verschaffens“ bzw. des „Inverkehrbringens in sonstiger Weise“.

dd) Antwort des 5. Strafsenats[1105]

Der 5. Strafsenat möchte mehrheitlich[1106] an seiner Rechtsprechung festhalten. Eine Neudefinition des Begriffs Handeltreiben hält er nicht für geboten.

„Für die tradierte Auslegung des Begriffs des Handeltreibens sprechen gute kriminalpolitische Gründe.“[1107] Die Betäubungsmittelkriminalität unterscheide sich strukturell von der allgemeinen Kriminalität (Tarnung, Konspiration, organisiertes hierarchisches System).[1108] Deshalb habe der Gesetzgeber einen Tatbestand geschaffen, der die Vollendungsschwelle niedrig ansetzt. „Notwendigerweise bleibt bei solcher Tatbestandsgestaltung für die Annahme von Vorbereitung, Versuch oder gar[1109] Rücktritt vom Versuch kaum Raum.“[1110] Ferner lege auch der Wortsinn des Begriffs Handeltreiben eine weite Auslegung nahe, da Handeltreiben gerade nicht mit dem schlichten Handel gleichgesetzt werden dürfe. Überdies sei der Kontinuität der Rechtsprechung ein eigener Wert beizumessen. Die Lösung der vom 3. Strafsenat angesprochenen Probleme sei eher auf der Ebene der Abgrenzung von Täterschaft und Teilnahme, denn im Bereich der Bestimmung der Untergrenze des Handelstreibens zu suchen. Etwaig auftretende unangemessene Ergebnisse ließen sich zudem, zumindest im Rahmen der Qualifikationen, mit Hilfe des minder schweren Falls lösen.

Schließlich würde der Lösungsvorschlag des 3. Strafsenats (angesichts der Rücktrittsregelungen in § 24 StGB und § 31 StGB) viele Fälle in die Straflosigkeit entlassen. Zudem würde er Wertungswidersprüche zeitigen und sei deswegen „eher als eine an den Gesetzgeber zu richtende Anregung“[1111] zu verstehen.

1105 BGH, B. v. 22.01.2004 – 5 ARs 46/03 (unveröffentlicht).

1106 Einem Teil des 5. Strafsenats erschien eine Ausweitung der Versuchsstrafbarkeit zu Lasten des vollendeten Handeltreibens vorzugswürdig.

1107 BGH, B. v. 22.01.2004 – 5 ARs 46/03 Nr. 6 (unveröffentlicht).

1108 Vgl. BGH, B. v. 26.10.2005 – GSSt 1/05 = BGHSt 50, 252, 261; ähnlich schon BGH, Urt. 04.10.1978 – 3 StR 232/78 = NJW 1979, 1259: „durch Arbeitsteilung und Tarnung gekennzeichnet“.

1109 Die Wortwahl des 5. Strafsenats löst Befremden aus. Es wirkt ganz so, als sei die Vorstellung eines strafbefreienden Rücktritts ein unter allen Umständen zu vermeidendes Schreckgespenst. Dass der Rücktritt ein gesetzlich verbrieftes Instrument des Allgemeinen Teils des StGB ist, dessen Anwendung gerade nicht im Belieben der Gerichte stehen darf, tritt nach dieser Sichtweise wohl in den Hintergrund.

1110 BGH, B. v. 22.01.2004 – 5 ARs 46/03 Nr. 8 (unveröffentlicht).

1111 BGH, B. v. 22.01.2004 – 5 ARs 46/03 Nr. 15 (unveröffentlicht).

II. Vorlagebeschluss des 3. Strafsenats vom 13.01.2005[1112]

Entgegen seiner ursprünglichen Ankündigung[1113] sieht der 3. Strafsenat letztlich davon ab, die Frage einer umfassenden Neudefinition des Begriffs Handeltreiben dem Großen Senat für Strafsachen vorzulegen.[1114] Der 3. Senat hat sich dazu durchgerungen[1115] dieses Ziel aufzugeben, da „er es im Hinblick auf das Ergebnis des Anfrageverfahrens für aussichtslos [hält], eine Mehrheit für eine Neubestimmung des Begriffes zu gewinnen."[1116] Trotz alledem ist er nach wie vor der Auffassung, dass die bisherige Begriffsbestimmung zu weit gefasst ist[1117] und erneuert auch im Vorlagebeschluss seine Kritik.[1118]

Obwohl bzw. gerade weil der 3. Strafsenat von seiner Kataloglösung Abstand nehmen musste, macht er einen neuerlichen Vorschlag, wie die Abgrenzung von Vorbereitung, Versuch und Vollendung vonstattengehen könnte. Danach sind „im Vorfeld liegende Handlungen, die noch keine Nähe zum beabsichtigten Umsatzgeschäft aufweisen und bei wertender Betrachtung mit Blick auf das zu schützende Rechtsgut von noch geringem Gefährdungspotential sind, dem Vorbereitungsstadium zuzuweisen."[1119] Entscheidend soll danach sein, dass „im Hinblick auf den beabsichtigten Güterumsatz ein Gefährdungspotential erreicht [wird], das es rechtfertigt, von vollendetem Handeltreiben auszugehen."[1120] Im Rahmen der Ankaufsbemühungen erblickt der Senat dieses weiterhin erst mit der Einigung zwischen Verkäufer und Käufer.

Letztendlich legte der 3. Strafsenat, unter grundsätzlicher aber notgedrungener[1121] Anerkennung der tradierten Definition des Handeltreibens, dem Großen

---

1112 BGH, Vorlageb. v. 13.01.2005 – 3 StR 61/02 und 3 StR 243/02 = NJW 2005, 1589; dem Beschluss wohlwollend gegenüberstehend *Gaede*, HRRS 2005, 250, 250: „Der Vorlage ist zuzustimmen"; knapp auch *Leipold*, NJW-Spezial, 2005, 282.

1113 BGH, Anfrageb. v. 10.07.2003 – 3 StR 61/02 und 3 StR 243/02 = StV 2003, 502, 505.

1114 *Rahlf*, FS BRAK, S. 243, 253.

1115 *Winkler*, NStZ 2005, 315; diese Einschätzung ist insbesondere deswegen interessant, da *Winkler* zum Veröffentlichungszeitpunkt selbst Mitglied des 3. Strafsenats war.

1116 BGH, Vorlageb. v. 13.01.2005 – 3 StR 61/02 und 3 StR 243/02 = NJW 2005, 1589.

1117 Vgl. *Weber*, JR 2006, 139, 140.

1118 Vgl. hierfür oben 3. Kapitel:E.II. Nicht mehr explizit geht der 3. Strafsenat allerdings auf die hinsichtlich des Bestimmtheitsgebotes bestehende Problematik ein.

1119 BGH, Vorlageb. v. 13.01.2005 – 3 StR 61/02 und 3 StR 243/02 = NJW 2005, 1589, 1590.

1120 BGH, Vorlageb. v. 13.01.2005 – 3 StR 61/02 und 3 StR 243/02 = NJW 2005, 1589, 1591.

1121 Vgl. *Rahlf*, FS BRAK, S. 243, 254.

Senat folgende Rechtsfrage zur Entscheidung vor: „Reicht es für die Annahme vollendeten Handeltreibens aus, wenn der Täter bei einem beabsichtigten Ankauf von zum gewinnbringenden Weiterverkauf bestimmten Betäubungsmitteln in ernsthafte Verhandlungen eintritt, aber keine Einigung mit dem Lieferanten erzielt?“.[1122]

III. Entscheidung des Großen Senats für Strafsachen vom 26.10.2005

Der Große Senat für Strafsachen antwortete auf die Vorlagefrage wie folgt: „Für die Annahme vollendeten Handeltreibens reicht es aus, dass der Täter bei einem beabsichtigten Ankauf von zum Gewinn bringenden Weiterverkauf bestimmten Betäubungsmitteln in ernsthafte Verhandlungen mit dem potenziellen Verkäufer eintritt.“[1123]

Zwar wäre der Große Senat einzig zur Beantwortung der Vorlagefrage verpflichtet gewesen,[1124] aber auf diesem Wege wäre die durch den 3. Strafsenat in seinem Anfrage- und Vorlagebeschluss geäußerte Fundamentalkritik[1125] weitgehend unberücksichtigt geblieben. Der Große Senat hat deshalb die Gelegenheit genutzt und sich mit den vorgebrachten Argumenten auch inhaltlich auseinandergesetzt. Trotz der Kritik bestätigte der Große Strafsenat die bisherige Rechtsprechung zum Handeltreiben vollumfänglich. Unter Handeltreiben ist weiterhin jede eigennützige, auf den Umsatz von Betäubungsmitteln gerichtete Tätigkeit zu verstehen.

Seine Argumentationsstruktur lässt sich hierbei folgendermaßen gliedern: Zunächst gründet der Große Senat seine Ansicht auf eine Betrachtung der Entwicklung der Definition des Handeltreibens. Ferner benennt er kriminalpolitische Gründe für das Festhalten an der überkommenen Definition und verwirft überdies die für eine einschränkende Auslegung vorgebrachten Argumente des 3. Strafsenats bzw. der Literatur. Abschließend benennt er noch zwei Gesichtspunkte, „die in der Praxis zu einer deutlichen Einschränkung des Anwendungsbereichs dieses Merkmals [des Handeltreibens] führen.“[1126]

Die die Entscheidung des Senats tragenden Gründe sollen nunmehr dargestellt und im Hinblick auf ihre Überzeugungskraft bewertet werden.

1122 BGH, Vorlageb. v. 13.01.2005 – 3 StR 61/02 und 3 StR 243/02 = NJW 2005, 1589.

1123 BGH, B. v. 26.10.2005 – GSSt 1/05 = BGHSt 50, 252.

1124 Vgl. § 132 II GVG.

1125 So *Rahlf*, FS BRAK, S. 243, 254.

1126 BGH, B. v. 26.10.2005 – GSSt 1/05 = BGHSt 50, 252, 265 f.

1. Entwicklung der Definition des Handeltreibens

a) *Kontinuität der Rechtsprechung*

Der Große Senat für Strafsachen misst der im Betäubungsmittelrecht[1127] seit 1932[1128] bestehenden Kontinuität der Rechtsprechung einen eigenen Wert bei.[1129] Er sieht den Begriff des Handeltreibens „im Laufe der Jahrzehnte in einer Rechtsprechung von besonderem Umfang gefestigt."[1130]

Zwar ist dem Großen Senat insofern zuzustimmen, als dass er davon ausgeht, dass die grundsätzliche Definition des Begriffs Handeltreiben seit Beginn der betäubungsmittelrechtlichen Rechtsprechung Anerkennung findet. Damit kann allerdings ein auch inhaltlich stringent gleichbleibendes Verständnis dieses Begriffs nicht gleichgesetzt werden.[1131] Vielmehr zeigen die schon oben[1132] dargestellten Restriktionsbemühungen innerhalb der Rechtsprechung, dass immer wieder versucht wurde, das Handeltreiben in seiner Weite einzuschränken. Ferner weist die, wenn auch gefestigte Rechtsprechung innere Widersprüche auf. Überdies lässt sich allein aus der Menge der zu einem Bereich ergangenen Entscheidungen kein Rückschluss auf deren Qualität ziehen.

Letztlich führt die Weite und Widersprüchlichkeit der Rechtsprechungspraxis weiterhin dazu, dass dem Normadressaten nicht die Möglichkeit eröffnet wird zu erkennen, welches Verhalten durch die Strafnorm[1133] verboten ist. Es fragt sich mithin, welcher Wert der Kontinuität einer solchen Rechtsprechung zukommen soll.

b) *Die BtMG Kommentatoren*

Der Große Senat weist ferner darauf hin, dass die tradierte Definition des Begriffs Handeltreiben nicht nur im Rahmen der Rechtsprechung anerkannt und

1127 Vgl. zur Definition des Begriffs Handeltreiben durch das Reichsgericht in anderen Rechtsgebieten bereits oben 2. Kapitel:A.

1128 Vgl. hierzu RG, Urt. v. 25.04.1932 – III StR 234/32 = DJZ 1932, Sp. 808.

1129 So auch schon die Antwortbeschlüsse des 1. und des 5. Strafsenats (vgl. BGH, B. v. 25.03.2004 – 1 ARs 21/03 bzw. BGH, B. v. 22.01.2004 – 5 Ars 46/03 (beide unveröffentlicht).

1130 BGH, B. v. 26.10.2005 – GSSt 1/05 = BGHSt 50, 252, 259.

1131 Noch weitergehend *Krumdiek/Wesemann*, StV 2006, 634, 636, die davon ausgehen, dass „die vom Großen Strafsenat proklamierte jahrzehntelange Rechtsprechung von besonderem Umfang [...] vielmehr als eine Sammlung von Einzelentscheidungen, die von der Bildung einer allgemeingültigen Definition weit entfernt ist", erscheint.

1132 Vgl. oben 3. Kapitel:C.II.6.

1133 Hier § 29 I 1 Nr. 1 BtMG.

gefestigt sei, sondern darüber hinaus „auch alle Kommentatoren des Betäubungsmittelgesetzes“[1134] von dieser ausgingen.

Inwiefern hieraus allerdings ein Argument für die Beibehaltung dieser Definition abzuleiten ist, bleibt unklar: Die an den vom Großen Senat jeweils zitierten Stellen zu findenden Definitionen verweisen nämlich sämtlich auf die Rechtsprechung.[1135] Es ist nicht zu erkennen, dass die Kommentatoren hierdurch ihre Zustimmung zu dem Wiedergegebenen ausdrücken wollen. Vielmehr gipfelt die Argumentation des Großen Senats in einer Art Zirkelschluss, in dem die Rechtsprechung zur Rechtfertigung der Rechtsprechung auf die (in Kommentaren zitierte) Rechtsprechung verweist. Überdies ist die Definition des Handeltreibens unter den Kommentatoren durchaus nicht unumstritten. So setzen sich nicht nur die vom Großen Senat in diesem Zusammenhang genannten *Endriß/Malek*[1136] kritisch mit der Definition auseinander.[1137] Vielmehr üben auch weitere Kommentatoren berechtigte Kritik.[1138]

Damit vermag auch die Heranziehung der BMG-Kommentatoren nicht zu überzeugen.

c) *Der betäubungsmittelrechtliche Gesetzgeber*

Bei seinem Tun habe der Gesetzgeber stets den überkommenen Begriff des Handeltreibens vor Augen gehabt und dennoch keine Veranlassung gesehen, ihn „in seiner durch die Rechtsprechung erlangten Gestalt in Frage zu stellen.“[1139] Vielmehr, so der Große Senat, der damit einen im Antwortbeschluss des 1. Strafsenats geäußerten Gedanken wiedergibt,[1140] spreche das Verhalten des Gesetzgebers explizit für die vorgenommene weite Interpretation der Rechtsprechung. So habe der Gesetzgeber mit § 29 I 1 Nr. 10 BtMG[1141] eine Vorschrift geschaffen, die Handlungen, die im Vorfeld des Handeltreibens liegen,

---

1134 BGH, B. v. 26.10.2005 – GSSt 1/05 = BGHSt 50, 252, 256.

1135 *Krumdiek/Wesemann*, StV 2006, 634 f.

1136 Betäubungsmittelstrafrecht, Kap. 2 Rn. 190 Fn. 430.

1137 Ferner ist das Zitat des Großen Senats insofern unvollständig. *Endriß/Malek* (Betäubungsmittelstrafrecht) weichen auch in den Rn. 188 – 190 mehrfach von der Meinung der Rechtsprechung ab und üben damit weitere, vom Großen Senat nicht berücksichtigte, Kritik (vgl. *Krumdiek/Wesemann*, StV 2006, 634, 635 Fn. 12).

1138 Vgl. die Nachweise bei *Krumdiek/Wesemann*, StV 2006, 634, 635 Fn. 11.

1139 BGH, B. v. 26.10.2005 – GSSt 1/05 = BGHSt 50, 252, 259.

1140 Vgl. BGH, B. v. 25.03.2004 – 1 ARs 21/03 (unveröffentlicht).

1141 Entsprechend schon § 11 I Nr. 8 BtMG 1972. Eine inhaltliche Änderung wurde nicht vorgenommen (so *Kreuzer*, NStZ 1987, 268; a.A. *Hoffmann-Riem*, NStZ 1998, 7, 8 der von einen Irrtum des Gesetzgebers ausgeht).

zu selbstständigen Tatbeständen aufwertet und damit ausdrücklich pönalisiert. Zudem halte der Gesetzgeber auch in einem so frühen Tatstadium den Strafrahmen des Handeltreibens für angemessen.

Die vom Großen Senat gezogenen Rückschlüsse erscheinen nicht zwingend. Es ist bereits fraglich, ob § 29 I 1 Nr. 10 BtMG tatsächlich Handlungen im Vorfeld des Handeltreibens erfassen soll. Hierbei ist zu beachten, dass das Handeltreiben stets eine Eigennützigkeit voraussetzt. Würden die in § 29 I 1 Nr. 10 BtMG genannten Tatbestandsalternativen allerdings von vornherein dem gewinnbringenden Umsatz dienen, so gingen sie als unselbstständige Teilakte im Handeltreiben auf.[1142] Damit erscheint es naheliegender anzunehmen, dass mit § 29 I 1 Nr. 10 BtMG solche Handlungen erfasst werden sollen, die im Vorfeld bzw. Versuchsstadium der Abgabe, des Erwerbs sowie des straflosen Konsums liegen.[1143]

Schließlich kann auch die von einer durch den Gesetzgeber ausdrücklich normierten Bestrafung von Vorfeldaktivitäten ausgehende Signalwirkung entgegen der Ansicht des Großen Senats gedeutet werden: Es lässt sich ebenso überzeugend vertreten, dass der Gesetzgeber hiermit deutlich gezeigt hat, dass er eine weite Auslegung im Betäubungsmittelstrafrecht zwar grundsätzlich nicht ablehnt, die Strafbarkeit von Vorfeldaktivitäten allerdings unter dem Vorbehalt der ausdrücklichen und bestimmten gesetzlichen Normierung stehen soll – etwa ganz so wie im Falle des § 29 I 1 Nr. 10 BtMG geschehen.[1144]

Demnach kann sich der Große Senat auch nicht auf eine Bestätigung der bisherigen Rechtsprechung durch den Gesetzgeber stützen.

d) Die Übernahme des Begriffs in andere Gebiete des Nebenstrafrechts

Der Große Senat für Strafsachen greift ferner wiederum einen schon im Antwortbeschluss des 1. Strafsenats vorgebrachten Gedanken auf und führt aus, dass die „Rezeption des Begriffes Handeltreiben, die in anderen Materien des Nebenstrafrechts stattgefunden hat, für ein Festhalten an der bisherigen Rechtsprechung“[1145] spricht. Er bezieht sich damit namentlich auf das KWKG,[1146] das AMG[1147] und das TPG[1148]. Alle drei Gesetzeswerke enthalten den Begriff des

---

1142 *Weber*, BtMG, § 29 Rn. 1520; *Franke/Wienroeder/Franke*, BtMG, § 29 Rn. 202.

1143 So auch *Krumdiek/Wesemann*, StV 2006, 634, 636.

1144 Vgl. *Krumdiek/Wesemann*, StV 2006, 634, 636.

1145 BGH, B. v. 26.10.2005 – GSSt 1/05 = BGHSt 50, 252, 258.

1146 Vgl. hierzu oben 2. Kapitel:B.II.4.

1147 Vgl. hierzu oben 2. Kapitel:B.II.1.

1148 Vgl. hierzu oben 2. Kapitel:B.II.7.

Handeltreibens. In allen genannten Rechtsgebieten soll der Begriff entweder nach der gesetzgeberischen Intention[1149] oder „zumindest" nach überwiegender Auffassung[1150] im Sinne des Betäubungsmittelrechts ausgelegt werden.

Welche Rückschlüsse diese Tatsache allerdings auf die Auslegung des Begriffs im Betäubungsmittelrecht zulässt, erscheint fraglich. Zunächst muss die Bindungswirkung, die aufgrund der Übernahme des Begriffs des Handeltreibens in andere Rechtsmaterien im Betäubungsmittelrecht entstehen soll, schon allein wegen des Grundsatzes der Relativität der Rechtsbegriffe[1151] in Zweifel gezogen werden.[1152] Dies gilt umso mehr unter Zugrundelegung der, im Vergleich zum Betäubungsmittelgesetz bestehenden, verschiedenen Schutzzwecke der genannten Gesetze.[1153] Dass, wie der Große Senat anführt, es in allen[1154] Gesetzeswerken „gleichermaßen gilt, Gefährdungen besonders hoher Rechtsgüter schon im frühen Gefahrenfeld mit wirksamen Strafvorschriften entgegenzutreten"[1155], vermag an der Unterschiedlichkeit der Regelungsmaterien nichts zu verändern. Vielmehr ist es gerade diesen Unterschieden bzgl. der Regelungsmaterien geschuldet, dass die Übernahme des betäubungsmittelrechtlichen Begriffs des Handeltreibens nur unvollkommen[1156] gelang. So kann die Übernahme der Begrifflichkeit weder im Rahmen des KWKG,[1157] des AMG[1158] noch des TPG[1159] überzeugen.

Insgesamt kann die (unvollkommene) „Übernahme des betäubungsmittelrechtlichen Begriffs des Handeltreibens in andere Gesetze […] daher einer grundlegenden Neubestimmung, wie sie etwa der 3. Strafsenat im Anfragebeschluss vom 10.07.2003 geplant hatte, jedenfalls im Betäubungsmittelrecht kaum entgegenstehen."[1160]

1149 So im Falle des KWKG und des TPG.

1150 So im Falle des AMG.

1151 Vgl. oben 3. Kapitel:D.II.7.

1152 *Gaede*, HRRS 2004, 165, 170 f.

1153 Vgl. hierzu insgesamt die Darstellungen der verschiedenen Gesetze (2. Kapitel:B.II.).

1154 KWKG, TPG, AMG.

1155 BGH, B. v. 26.10.2005 – GSSt 1/05 = BGHSt 50, 252, 259 f.

1156 So auch *Weber* (JR 2006, 139, 142), der der Entscheidung des Großen Senats sonst wohlwollend gegenübersteht.

1157 Vgl. oben 2. Kapitel:B.II.4.

1158 Vgl. oben 2. Kapitel:B.II.1.

1159 Vgl. oben 2. Kapitel:B.II.7.

1160 *Weber,* JR 2006, 139, 142; *ders.*, NStZ 2004, 66, 67.

e) *Der Rahmenbeschluss der Europäischen Union*

Der Große Senat für Strafsachen merkt in seinem Beschluss knapp an, dass die bisherige „Definition im Einklang mit dem Rahmenbeschluss […] des Rates der Europäischen Union[1161]"[1162] steht. Dies ist richtig. Allerdings kann aus dieser Tatsache kein Argument für die Verneinung der Vorlagefrage gewonnen werden. Art. 3 II des Rahmenbeschlusses sieht vor, dass jeder Mitgliedsstaat davon absehen kann, „den Versuch des Anbietens oder der Zubereitung von Drogen […] sowie der Versuch des Erwerbs von Drogen"[1163] zu pönalisieren. Damit würde auch eine Auslegung des Begriffs Handeltreiben im Sinne der Vorlagefrage den Voraussetzungen des europäischen Rahmenbeschlusses entsprechen.[1164]

2. Kriminalpolitische Gesichtspunkte

Ferner werden seitens des Großen Senats „gewichtige kriminalpolitische Gesichtspunkte"[1165] zur Rechtfertigung der weiten Auslegung herangezogen. In Anlehnung an den Antwortbeschluss des 5. Senats rekurriert der Große Senat auf die besondere Struktur des Betäubungsmittelrechts und die hiermit zusammenhängenden Beweisschwierigkeiten.[1166]

Dieses Argumentationsmuster wurde oben bereits deutlich zurückgewiesen.[1167] Ergänzend kann hier noch auf einen weiteren, von *Krumdiek/Wesemann*[1168] vorgebrachten Gesichtspunkt hingewiesen werden: Es sind durchaus auch praxisnahe Konstellationen denkbar, in denen die Rechtfertigung der weiten Auslegung mit Hilfe der besonderen Struktur des Betäubungsmittelrechts und den mit ihr verbundenen Beweisschwierigkeiten schon als im Ansatzpunkt verfehlt angesehen werden muss: Baut beispielsweise eine einzelne, mit Gewinnerzielungsabsicht handelnde Person eine nicht geringe Menge Cannabis in seinem privaten Bereich an (bzw. stellt sie her), so können die oben angeführten Gesichtspunkte nicht verfangen. Weder ist hier ein organisiertes, durch Arbeits-

---

1161 Vgl. hierzu oben 1. Kapitel:D.

1162 BGH, B. v. 26.10.2005 – GSSt 1/05 = BGHSt 50, 252, 256.

1163 Vgl. ABl. EU. L 335/8 v. 11.11.2004, S. 2, Art. 3 II.

1164 Im Ergebnis auch *Weber* (JR 2006, 139, 142), der allerdings davon ausgeht, dass die bisherige Auslegung des Handeltreibens besser den Zielen des Rahmenbeschlusses entspreche.

1165 BGH, B. v. 26.10.2005 – GSSt 1/05 = BGHSt 50, 252, 261.

1166 Vgl. oben 3. Kapitel:E.I.2.d)dd).

1167 Vgl. oben 3. Kapitel:C.II.1.a)bb) sowie 3. Kapitel:D.I.

1168 *Krumdiek/Wesemann*, StV 2006, 634, 637.

teilung geprägtes, hierarchisches System zu beobachten noch gingen mit einer solchen Fallgestaltung besondere Beweisschwierigkeiten einher. Auf die weite Auslegung würde trotzdem nicht verzichtet.

Ferner ist die von dem Großen Senat aufgestellte These, dass durch die weite Auslegung des Handeltreibens der Zugriff der Strafverfolgungsbehörden erleichtert und die Verfolgung der kriminalpolitischen Ziele damit besser ermöglicht wird,[1169] zu hinterfragen. Sie kann sich auf keine gesicherten Erkenntnisse stützen. Ebenso möglich wäre eine gegenteilige Konsequenz: Es ist mithin ebenfalls denkbar, dass sich die Handeltreibenden aufgrund der „breiten Bedrohung" durch die Strafverfolgungsbehörden ihrerseits weiter spezialisieren, ihr Vorgehen konspirativer ausgestalten und sich der seitens der Rechtsprechung durch die weite Auslegung erhoffte Vorteil letztlich nicht einstellt.[1170] Blickt man auf die betäubungsmittelstrafrechtliche Praxis, so scheint sich die soeben geäußerte Befürchtung zumindest im Hinblick auf die entscheidenden „höheren" Handelsebenen zu bestätigen: Zwar mag das auf kriminalpolitische Gesichtspunkte gestützte, extensive Vorgehen im Rahmen des Betäubungsmittelstrafrechts gegenüber den „unteren" (ausführenden) Ebenen des fein verästelten Handelsapparates der Großdealer teilweise funktionieren. Demgegenüber bleiben die, in der Rechtsprechung ausdrücklich eine hervorgehobene Stellung genießenden,[1171] die Geschäfte organisierenden Drahtzieher und Hintermänner oftmals unbehelligt – trotz aller, kriminalpolitisch angeblich wünschenswerten, weiten Auslegung.

3. Verwerfung der für eine einschränkende Auslegung vorgebrachten Argumente

Nach den vom Großen Senat ausdrücklich für eine weite Auslegung angeführten Gründen, folgt die Ablehnung, der von der Gegenmeinung für eine restriktive Auslegung vorgebrachten Gesichtspunkte.

a) Praktischer Anwendungsbereich des § 29 II BtMG

Zentrales Argument der Vorlage ist, dass nur durch eine restriktive Auslegung dem Versuch des Handeltreibens (§ 29 II BtMG) und damit auch dem Rücktritt vom Versuch, ein sinnvoller Anwendungsbereich eingeräumt wird.[1172]

1169 Vgl. hierzu auch *Weber*, JR 2006, 139, 143, der in diesem Zusammenhang von „der besonderen Leistungsfähigkeit" des Handeltreibens spricht.

1170 Dies vermuten *Krumdiek/Wesemann*, StV 2006, 634, 637.

1171 Vgl. BGH, Anfrageb. v. 10.07.2003 – 3 StR 61/02 und 3 StR 243/02 = StV 2003, 501, 505.

1172 Vgl. oben 3. Kapitel:D.I.

Hiergegen wendet sich der Große Senat. Die Anordnung der Versuchsstrafbarkeit in § 29 II BtMG sei lediglich eine „allein technische Regelung“[1173], die der in § 23 I StGB normierten, grundsätzlichen Straflosigkeit des Versuchs des Vergehens Rechnung trage. Hieraus könne jedoch nicht abgeleitet werden, dass „ein Kriminalitätsfeld von gewissem Umfang“[1174] bestehe, indem lediglich ein Versuch vorliege bzw. umso weniger, dass ein solches durch eine restriktive Auslegung erzeugt werden müsse. „Ein derartiges Argumentationsmuster findet sich im gesamten Strafrecht zu keinem Vergehen, dessen Versuch strafbar ist.“[1175]

Die überaus formal anmutende Argumentation des Großen Senats kann nicht überzeugen. Zunächst ist dem, sich nach der Lektüre der oben dargestellten Entscheidungspassage einstellenden Eindruck, dass der Versuch bzw. dessen Anordnung einer Art Selbstzweck folge, entgegenzutreten. Der Versuch besteht gerade nicht bloß um des Versuchs Willen. Vielmehr ermöglicht dieses gleichermaßen anerkannte wie unverzichtbare Institut des Allgemeinen Teils des StGB eine dem Schuldgrundsatz entsprechende Abschichtung der verschiedenen Unrechtsintensitäten.[1176]

Überdies ist nicht ersichtlich, warum sich der Gesetzgeber hätte genötigt sehen sollen, eine bloß „technische Regelung“ ohne praktischen Anwendungsbereich zu schaffen, um § 23 I StGB gerecht zu werden. So stand ihm (und steht es ihm weiterhin) frei auf eine Pönalisierung des Versuchsbereichs im Rahmen des Vergehens des Betäubungsmittelhandels zu verzichten. Daraus, dass der Gesetzgeber von dieser Möglichkeit keinen Gebrauch macht, lässt sich doch vielmehr ableiten, dass die Normierung der Strafbarkeit des Versuchs des Handeltreibens eine bewusste Entscheidung war und ist.[1177] Gründe, die dafür sprächen, in dieser konkreten Entscheidung ein „Versehen“ des Gesetzgebers zu erblicken, sind nicht ersichtlich. Ebenso kann aus dem „Untätigbleiben“ des Gesetzgebers keine konkludente Billigung der Rechtsprechungspraxis in diesem Bereich abgeleitet werden. Welche über die ausdrückliche Normierung der Versuchsstrafbarkeit (und das konsequente Festhalten an dieser) hinausgehende Möglichkeit bliebe dem Gesetzgeber sonst, um seinem Willen Ausdruck zu verleihen?

1173 BGH, B. v. 26.10.2005 – GSSt 1/05 = BGHSt 50, 252, 262.

1174 BGH, B. v. 26.10.2005 – GSSt 1/05 = BGHSt 50, 252, 262.

1175 BGH, B. v. 26.10.2005 – GSSt 1/05 = BGHSt 50, 252, 263.

1176 Vorstehendes gilt auch für den hier ebenfalls mit in Bezug genommenen Rücktritt vom Versuch gem. § 24 StGB.

1177 Bei einem Verbrechen ließe sich dieser Rückschluss aufgrund der generellen Versuchsstrafbarkeit (§ 23 I StGB) nicht ohne weiteres ziehen.

Schließlich lässt sich auch erklären, warum dem Großen Senat das Argumentationsmuster des Anfragebeschlusses fremd ist. Ein solches Begründungsmuster existierte bisher nicht, weil auch kein nur annähernd ähnlich praxisrelevantes Delikt[1178] derart der faktischen Bedeutung seiner ausdrücklich normierten Versuchsstrafbarkeit beraubt wurde.

Außerdem wendet der Große Senat gegen die § 29 II BtMG betreffende Argumentation des 3. Strafsenats ein, dass sich die Versuchsstrafbarkeit nicht ausschließlich auf die Handeltreibensalternative beziehe. Vielmehr erfasse § 29 II BtMG 13 weitere, in § 29 I 1 BtMG aufgezählte Handlungsalternativen, denen „durchaus die Möglichkeit der Begehung in Form des Versuchs eigen ist."[1179]

Es trifft zu, dass wohl keine der anderen in § 29 I 1 BtMG aufgezählten Verwirklichungsalternativen einen so eingeschränkten Versuchsbereich wie das Handeltreiben aufweist. Betrachtet man jedoch, wie der Große Senat fordert, die Gesamtregelung, so ergeben sich zwei bemerkenswerte Gesichtspunkte.

Zunächst müssen in diesem Zusammenhang die Folgen der weiten Auslegung des Handeltreibens für die anderen explizit aufgezählten Handlungsweisen beachtet werden. Sofern sich die Gewinnerzielungsabsicht nachweisen lässt, gehen die Tatbestandshandlungen des Besitzes, der Veräußerung sowie der Ein- und Ausfuhr im Handeltreiben auf.[1180] Damit sind diese Handlungsformen allerdings gleichzeitig von der weiten Auslegung des Handeltreibens betroffen und erfahren auf diesem Umweg ihrerseits wieder eine empfindliche Einschränkung der Relevanz ihrer Versuchsstrafbarkeit.[1181]

Ferner ist es nicht möglich zu erklären, warum der Gesetzgeber, gesetzt den Fall, dass sich § 29 II BtMG nur auf die anderen 13 Verwirklichungsalternativen des § 29 I 1 BtMG beziehen soll, die aktuelle Form der Regelung ergriffen hat. Dieses gesetzgeberische Vorgehen kann aus Sicht des Großen Senats nur als systematische Fehlentscheidung erscheinen. Dies gilt umso mehr, als dass der Große Senat selbst feststellt, dass das Handeltreiben „die in der Praxis bedeutsamste Handlungsform"[1182] ist und damit eine eigenständige (dann aber „versuchsfreie") Stellung dieser Tatalternative umso angebrachter erschiene.

Endlich stellt der Große Senat für diesen Themenbereich abschließend fest, dass für ein versuchtes Handeltreiben „freilich […] ein äußerst enges Anwendungsfeld"[1183] bestehe. Im direkten Anschluss versucht er, seine Aussage mit

1178 Vgl. oben: Einleitung.

1179 BGH, B. v. 26.10.2005 – GSSt 1/05 = BGHSt 50, 252, 263.

1180 Vgl. hierzu nur *Körner*, BtMG § 29 Rn. 845.

1181 Ähnlich auch: *Krumdiek/Wesemann*, StV 2006, 634, 638.

1182 BGH, B. v. 26.10.2005 – GSSt 1/05 = BGHSt 50, 252, 263.

1183 BGH, B. v. 26.10.2005 – GSSt 1/05 = BGHSt 50, 252, 263.

drei zitierten Entscheidungen[1184] zu belegen, in denen der Bundesgerichtshof „versuchtes Handeltreiben angenommen oder für möglich erachtet" hat. Tatsächlich allerdings hat der Bundesgerichtshof in keiner der zitierten Entscheidungen ein versuchtes Handeltreiben angenommen. Vielmehr hat er es in allen Entscheidungen „allenfalls"[1185] für möglich erachtet, dass sich der Angeklagte des versuchten Handeltreibens schuldig gemacht haben „könnte"[1186] bzw. beschlossen, dass letztlich „offen bleiben [kann], ob gegebenenfalls das Verhalten des Angeklagten schon vollendetes oder versuchtes eigenes Handeltreiben"[1187] darstellt. Es zeigt sich damit deutlich, dass das versuchte Handeltreiben in der Rechtsprechungspraxis des Bundesgerichtshofs nicht nur ein äußerst enges, sondern (jedenfalls bis zum Zeitpunkt der Entscheidung des Großen Senats)[1188] tatsächlich überhaupt kein Anwendungsfeld besitzt.

b) Der Schuldgrundsatz

Eng verbunden mit dem soeben behandelten Themenbereich ist die den Schuldgrundsatz betreffende Problematik. Der 3. Strafsenat hat vorgebracht, dass durch die Negierung des Versuchsbereichs dem Schuldgrundsatz, nachdem Tatbestand und Rechtsfolge sachgerecht aufeinander abzustimmen sind, nicht ausreichend Rechnung getragen werden kann.[1189]

Dem tritt der Große Senat entgegen. Das Regelungssystem der §§ 29 bis 30a BtMG ermögliche sehr wohl eine solch angemessene Abstimmung. Dies ergebe sich zum einen bereits aus der Weite der zur Verfügung stehenden Strafrahmen, die die Verhängung einer schuldangemessenen Sanktion ermöglichen. Ferner könne, insbesondere im Bereich der Qualifikationen, im Einzelfall eine schuld-

---

1184 BGH, Urt. v. 18.06.1986 – 2 StR 201/86 = BGHR BtMG § 29 Abs 1 Nr 1 Handeltreiben 1; BGH, B. v. 09.07.1996 – 1 StR 728/95 = BGHR BtMG § 29 Beihilfe 2; BGH, Urt. v 01.08.1990 – 2 StR 147/90 = BGHR BtMG § 29 Abs 1 Nr 1 Handeltreiben 22.

1185 BGH, Urt. v. 18.06.1986 – 2 StR 201/86 = BGHR BtMG § 29 Abs 1 Nr 1 Handeltreiben 1.

1186 BGH, Urt. v 01.08.1990 – 2 StR 147/90 = BGHR BtMG § 29 Abs 1 Nr 1 Handeltreiben 22.

1187 BGH, B. v. 09.07.1996 – 1 StR 728/95 = BGHR BtMG § 29 Beihilfe 2.

1188 Vgl. zu der Entwicklung nach der Entscheidung des Großen Senats für Strafsachen unten 3. Kapitel:G.I.2 und 3. Kapitel:G.III.2.

1189 BGH, Anfrageb. v. 10.07.2003 – 3 StR 61/02 und 3 StR 243/02 = StV 2003, 501, 503.

angemessene Berücksichtigung jedweden Umstandes durch die Annahme eines minder schweren Falls herbeigeführt werden.[1190]

Dieser Begründung ist zu widersprechen. Zunächst muss schon bezweifelt werden, ob sich mit Hilfe der weiten Strafrahmen der §§ 29 ff. BtMG[1191] tatsächlich stets schuldangemessene Strafen auswerfen lassen. So stellt sich doch die Frage, inwiefern derjenige, der beispielsweise am Telefon in seiner Wohnung einem potentiellen Abnehmer ein ernsthaftes Verkaufsangebot über eine nicht geringe Menge an Betäubungsmitteln unterbreitet, einer Mindeststrafe von 5 Jahren Freiheitsstrafe unterworfen werden sollte, nur weil er dabei „Springerstiefel" trägt bzw. vor ihm ein zum Öffnen einer Konservendose benutztes „Schweizer Offiziersmesser" befindet.[1192] Das Bestehen dieses Problems scheint auch der Große Senat grundsätzlich anzuerkennen. Der von ihm aufgezeigte und in der Praxis überwiegend verfolgte „Lösungsweg" stößt allerdings auf weitere Bedenken. Zwar mag es zutreffen, dass generell, aber auch in Fällen, die zum hier gebildeten Beispiel ähnlich gelagert sind, durch die Bejahung eines minder schweren Falls ein schuldangemessenes Ergebnis erzielt werden kann. Allein der gesetzlichen Struktur entspricht dies nicht. Es kann und darf nicht Aufgabe der minderschweren Fälle sein, im Wege einer inflationären Anwendung zur Kompensation von durch die Missachtung der Regeln des Allgemeinen Teils des StGB selbst herbeigeführten Ungerechtigkeiten herzuhalten.

Zudem unterliegt der Beschuldigte auf diese Weise einer zweifachen Ungewissheit: Zunächst erscheint es angesichts der das Handeltreiben auszeichnenden Weite nahezu unmöglich, die Tatbestandsmäßigkeit des Verhaltens sicher zu beurteilen. Ferner kann er auch auf Strafzumessungsebene die Folgen seines

---

1190 BGH, B. v. 26.10.2005 – GSSt 1/05 = BGHSt 50, 252, 265; so auch schon der 5. Strafsenat in seinem Antwortbeschluss, vgl. BGH, B. v. 22.01.2004 – 5 Ars 46/03 (unveröffentlicht).

1191 Ohne zusätzliche Berücksichtigung des minder schweren Falls.

1192 In beiden hier gebildeten Beispielen wäre, eine subjektive Zweckbestimmung bzgl. des gefährlichen Einsatzes der Gegenstände vorausgesetzt (diese muss freilich nicht im Hinblick auf die konkret beabsichtigte Straftat getroffen worden sein; ausreichend ist vielmehr, wenn die Zweckbestimmung zu irgendeinem Zeitpunkt vor der Tatbegehung erfolgt ist; vgl. BGH, B. v. 09.10.1997 – StR 465/97 = BGHSt 43, 266, 270; BGH, B.v. 25.03.2010 – 1 StR 59/10 = StV 2010, 685, 686), letztendlich mit einer nicht geringen Menge an Betäubungsmitteln, unter Beisichführung eines sonstigen Gegenstandes, der seiner Art nach zur Verletzung von Personen geeignet und bestimmt ist, vollendet Handel getrieben worden, sodass der Strafrahmen § 30a II Nr. 2 BtMG zu entnehmen wäre (vgl. auch jüngst BGH, Urt. v. 14.10.2010 – 5 StR 299/10 (unveröffentlicht) der allerdings im Falle eines „nicht eingesetzten zeigefingerlangen Taschenmessers" auf § 30a III BtMG zurückgreift).

Handelns nicht mehr abschätzen: Es bleibt unklar, ob bzw. mit welcher Tendenz der Richter von seinem, ihm bei der Beurteilung eines minder schweren Falls eingeräumten, nicht näher konkretisierten Beurteilungsspielraum[1193] Gebrauch macht bzw. wie also die erforderliche Gesamtwürdigung von Tat und Täterpersönlichkeit[1194] ausfällt. Dieser Befund ist insbesondere im Hinblick auf den in Art. 103 II GG niedergelegten Bestimmtheitsgrundsatz bedenklich.[1195]

c) *Der Bestimmtheitsgrundsatz nach Art. 103 II GG*

Der Große Senat sieht die bisherige Auslegung des Handeltreibens im Einklang mit dem Bestimmtheitsgrundsatz gem. Art. 103 II GG.[1196] Er nimmt insoweit, wie schon der Antwortbeschluss des 2. Strafsenats,[1197] Bezug auf die schon oben dargestellten knappen Ausführungen des Bundesverfassungsgerichts.[1198] Eine selbstständige Begründung kann die Entscheidung nicht vorweisen. Vielmehr präsentiert sich der Bundesgerichtshof „allein als Vollstrecker früherer Auffassungen des Verfassungsgerichts."[1199] Dies ist umso bedauerlicher, als dass es dem Bundesgerichtshof als einem seinerseits an Art. 103 II GG gebundenen Fachgericht, auch unter Berücksichtigung von Art. 100 I GG[1200], unbenommen bliebe, eine von der Linie des Bundesverfassungsgerichts abweichende Auslegung zu vertreten.[1201] So hat das Bundesverfassungsgericht selbst betont, dass es den Fachgerichten obliege, im Rahmen der Anwendung des einfachen Rechts zu beachtende verfassungsrechtliche Garantien zu prüfen und Verstöße gegebenenfalls zu beseitigen.[1202] Hierzu würde auch die Feststellung der Unbestimmtheit einer Gesetzesauslegung zählen. Von dieser Gelegenheit macht der Große Senat jedoch keinen Gebrauch.

Ferner muss beachtet werden, dass den Kammerentscheidungen des Bundesverfassungsgerichts „nicht das Gewicht einer wohl überlegten und begründe-

---

1193 *Meier*, Strafrechtliche Sanktionen, S. 154.

1194 BGHSt 28, 318, 319.

1195 *Krumdiek/Wesemann*, StV 2006, 634, 638; Vgl. sogleich unten 3. Kapitel:E.III.3.c).

1196 Vgl. bzgl. der hiergegen bestehenden inhaltlichen Bedenken bereits oben 3. Kapitel:D.I.

1197 Vgl. BGH, B. v. 06.02.2004 – 2 Ars 276/03 = NStZ-RR 2004, 183 f.

1198 Vgl. oben 2. Kapitel:C.

1199 *Gaede*, HRRS 2004, 165, 168.

1200 Dieser bezieht sich allein auf die Verwerfung von Gesetzen und nicht auch auf deren Auslegung.

1201 *Gaede*, HRRS 2004, 165, 168.

1202 So das BVerfG (Plenumsbeschluss) im Hinblick auf Art. 103 I GG in BVerfGE 107, 395, 410, 413.

ten Senatsentscheidung"[1203] zukommen kann. Eine solche aber wäre wünschenswert.[1204]

d) Die Rechtsnatur

Nur in Form eines Hinweises geht der Große Senat auf die Rechtsnatur des Handeltreibens als unechtes Unternehmensdelikt ein. Dass eine solche Einordnung nicht überzeugen kann, wurde bereits oben dargelegt.[1205] Abgesehen davon muss *Weber* zugestimmt werden, wenn er klarstellt, dass die Einordnung als unechtes Unternehmensdelikt lediglich eine Folge der Auslegung ist, dagegen gerade kein eigenständiges Auslegungselement darstellt.[1206]

4. Einschränkende Gesichtspunkte

Am Ende des Beschlusses äußert der Große Senat zwei Gesichtspunkte, auf die „Bedacht zu nehmen"[1207] sei. Deren Beachtung solle nach Auffassung des Großen Senats zu einer deutlichen Einschränkung des Anwendungsbereichs des Handeltreibens in der Praxis führen.

a) Fehlende Konkretisierung der in Aussicht genommenen Tat

Richtigerweise geht der Große Senat zunächst davon aus, dass „Handlungen, die lediglich typische Vorbereitungen darstellen, weil sie weit im Vorfeld des beabsichtigten Güterumsatzes liegen, [...] noch nicht einmal die Voraussetzungen eines Versuchs des Handeltreibens"[1208] erfüllen. Gleichzeitig gesteht er allerdings ein, dass die „Grenzziehung zwischen strafloser Vorbereitung einerseits und strafbarem Versuch des Handeltreibens bzw. vollendetem Handeltreiben andererseits in der Rechtsprechung des BGH bislang nur kasuistisch erfolgt ist."[1209] Anscheinend um diese Kasuistik zu überwinden,[1210] präsentiert er ein

---

1203 *Gaede*, HRRS 2004, 165, 168.

1204 So auch *Krumdiek/Wesemann*, StV 2006, 634, 638; *Gaede*, HRRS 2004, 165, 168; ähnlich auch *Roxin*, StV 2003, 619, 622.

1205 Vgl. oben 3. Kapitel:B.III.2.

1206 *Weber*, BtMG, § 29 Rn. 257; *ders.*, JR 2006, 139, 145.

1207 BGH, B. v. 26.10.2005 – GSSt 1/05 = BGHSt 50, 252, 265.

1208 BGH, B. v. 26.10.2005 – GSSt 1/05 = BGHSt 50, 252, 265 f.

1209 BGH, B. v. 26.10.2005 – GSSt 1/05 = BGHSt 50, 252, 266.

1210 *Rahlf* (FS BRAK, S. 243, 255) geht insofern davon aus, dass es bei den Hinweisen des Großen Senats darum gehe, „wie man die schlimmsten Auswüchse einer unreflektierten Subsumtion jedweder Umsatzförderungsbemühung unter den Handeltreibensbegriff im geeigneten Einzelfall zurückschneiden könne." Die ist m.E. nach nicht zueinheitliches Abgrenzungskriterium: Den Fällen der Vorbereitung sei danach gemein, dass „noch jede Konkretisierung der in Aussicht genommenen Tat fehlt."[1211]

b) *Abgrenzung zwischen Beihilfe und Mittäterschaft*

Ferner führt der Große Senat aus: „Ein großer Teil derjenigen Fälle, die im vorliegenden Zusammenhang als problematisch diskutiert werden, findet seine Lösung eher an der Grenzlinie zwischen Beihilfe und (Mit-)Täterschaft als in der Differenzierung zwischen versuchtem und vollendetem Handeltreiben."[1212] Eine konsequente Anwendung dieser Regelungen führe zur „Herauslösung zahlreicher Fälle aus dem mit Skepsis betrachteten Feld täterschaftlichen vollendeten Handeltreibens."[1213]

5. Zusammenfassung und Ausblick

Insgesamt ist festzustellen, dass die den überkommenen Begriff des Handeltreibens verteidigende Argumentation des Großen Senats für Strafsachen nicht zu überzeugen vermag. Die soeben durchgeführte Analyse deckt ihre Schwächen auf. Deshalb kann dem Großen Senat auch im Ergebnis nicht gefolgt werden: Es erscheint verfehlt, an der tradierten Auslegung des Begriffs des Handeltreibens (trotz ihrer bekannten und eklatanten, teilweise sogar durch die Rechtsprechung selbst eingeräumten Mängel) festhalten zu wollen.

Die Entscheidung des Großen Senats wurde gelegentlich als Schlusspunkt[1214] der Diskussion um die Auslegung des Begriffs Handeltreiben angese-

---

treffend. Dem Großen Senat geht es gerade nicht darum, mit seinen Hinweisen ein Instrument zu schaffen, mit dessen Hilfe besondere Auswüchse im Einzelfall zurückgeschnitten werden können. Vielmehr zeigt sich an der Vielzahl der vom Bundesgerichtshof in Bezug genommenen Fälle (die er zudem auf ein einheitliches Kriterium hin untersucht), dass es ihm um einen Ansatzpunkt zur Entwicklung einer prinzipiellen Lösung des Problembereichs ging.

1211 BGH, B. v. 26.10.2005 – GSSt 1/05 = BGHSt 50, 252, 266.

1212 BGH, B. v. 26.10.2005 – GSSt 1/05 = BGHSt 50, 252, 266.

1213 BGH, B. v. 26.10.2005 – GSSt 1/05 = BGHSt 50, 252, 266.

1214 So z.B. *Rahlf*, FS BRAK, S. 243, 257: Er sieht die „Diskussion über die Auslegung des Handeltreibensbegriffs wohl ein für alle Mal beendet"; ähnlich auch *Leipold* (NJW-Spezial 2006, 40), der feststellt: „Die klare Diktion der Entscheidung des Großen Senats lässt allerdings eine alsbaldige Änderung der Rechtsprechung nicht vermuten"; auch *Schmidt* (NJW 2007, 3252) sieht den „jahrzehntelangen, zuletzt zunehmend heftiger geführten Streit jedenfalls im Grundsatz entschieden" und den althergebrachten Begriff des Handeltreibens als „geradezu zementiert" an; so auch *Malek*, Betäuhen. Sollte sich diese Annahme bewahrheiten, müsste sie aufgrund der ungelösten Schwierigkeiten mit Bedauern zur Kenntnis genommen werden. Ob dies der Fall ist, soll im weiteren Verlauf der Arbeit überprüft werden.[1215] Die vom Großen Senat zuletzt angeführten einschränkenden Gesichtspunkte verdienen eine genauere Betrachtung im Hinblick auf ihre theoretisch dogmatische und praktische Tauglichkeit. Schließlich ist die jüngste Rechtsprechung zu untersuchen. Etwaig bestehende neue Rechtsprechungstendenzen sollen aufgezeigt und bewertet werden.

F. Dogmatische Überprüfung und Auslegung der durch den Großen Senat aufgezeigten Restriktionsansätze

I. Fehlende Konkretisierung der in Aussicht genommenen Tat

Grundsätzlich[1216] erfolgt die Abgrenzung von Vorbereitung und Versuch, auch im Rahmen des unerlaubten Handeltreibens mit Betäubungsmitteln, nach den allgemeinen Regeln.[1217] Trotzdem umfasst der Tatbestand des § 29 I 1 Nr. 1 BtMG als Folge der bereits oben dargestellten Auslegung auch Verhaltensweisen, die nach herkömmlicher Betrachtung dem Bereich der Vorbereitung zugerechnet würden. In seiner Entscheidung versucht der Große Senat die fehlende „Konkretisierung der in Aussicht genommenen Tat“[1218] als einschränkendes Abgrenzungskriterium zwischen Vorbereitung und Versuch zu etablieren.

---

bungsmittelstrafrecht, Kap. 2. Rn. 88: „[…] dass die Entscheidung des Großen Senats die bisherige Rechtsprechung zum Merkmal des Handeltreibens auf viele Jahre hinaus zementiert haben dürfte“; diese Einschätzung teilt *Körner*, BtMG, § 29 Rn. 235; einen weiteren Veränderungsspielraum erkennt allerdings *Weber* (JR 2006, 139, 146), der nach den „Hinweisen“ des Großen Senats davon ausgeht, „dass es die Rechtsprechung an der Herausarbeitung weiterer Strukturelemente nicht fehlen lassen wird“.

1215 Vgl. unten: 4. Kapitel:B.III.

1216 Zumindest nach der unmissverständlich vorgegebenen gesetzlichen Konzeption muss insofern ausnahmslos auf die Regeln des Allgemeinen Teils des StGB zurückgegriffen werden.

1217 *Weber*, BtMG, § 29 Rn. 533; MK-BtMG/*Rahlf*, § 29 Rn. 362.

1218 BGH, B. v. 26.10.2005 – GSSt 1/05 = BGHSt 50, 252, 266.

1. Ursprung des Kriteriums

Vordergründig wird man dem Großen Senat insofern vorbehaltlos zustimmen können. Es erscheint angemessen, die auf eine noch nicht konkretisierte Tat gerichteten Bemühungen als bloße Vorbereitungshandlungen zu begreifen. Es darf hierbei allerdings nicht übersehen werden, dass nach der Konzeption des StGB allein die Trennlinie des § 22 StGB für die Abgrenzung von Vorbereitung und Versuch maßgeblich sein kann.[1219] Fraglich erscheint demnach, ob der Vorstoß des Großen Senats mit diesem Grundsatz zu vereinbaren ist. Der gesetzlichen Fassung des § 22 StGB selbst ist das Kriterium der bestehenden Konkretisierung nicht ausdrücklich zu entnehmen. Es lässt sich aus ihr jedoch in einem Umkehrschluss ableiten: Zu einer Tatbestandsverwirklichung kann nur unmittelbar i.S.d. § 22 StGB angesetzt werden, wenn diese durch den Tatentschluss eine hinreichende Konkretisierung erfahren hat.[1220] Fehlt eine solche Konkretisierung, kann durch ein etwaiges Handeln[1221] zwar zu irgendetwas, also zu etwas völlig Unbestimmten, jedoch nicht (wie § 22 StGB fordert) „zur Verwirklichung des [niedergeschriebenen und bestimmten] Tatbestandes" unmittelbar angesetzt werden. Das Kriterium der Konkretisierung der Tat ist damit immanenter Bestandteil der Unmittelbarkeitsgrenze des § 22 StGB. Seine Verwendung zur Separierung der Deliktsstadien Vorbereitung und Versuch ist damit legitimiert. Das Ausklammern dieses Kriteriums durch den Großen Senat aus dem Kanon der innerhalb des § 22 StGB insgesamt zu beachtenden Gesichtspunkte kann lediglich eine Kennzeichnungsfunktion besitzen. Durch diese Extraktion kommt dem beschriebenen Ansatzpunkt ein besonderes Gewicht zu. Gleichzeitig wird hierdurch ein prägnanter Orientierungspunkt für die Tatgerichte geschaffen.

Trotzdem muss man sich bewusst sein, dass auch weiterhin nicht auf die gewissenhafte Prüfung des unmittelbaren Ansetzens im Rahmen des Betäubungsmittelhandels verzichtet werden kann. So darf bei einer schon bis in alle Einzelheiten konkretisierten Tat nicht automatisch von der Überschreitung der Grenze des § 22 StGB ausgegangen werden, vielmehr muss man auch und gerade in dieser Situation dessen Unmittelbarkeitserfordernis Rechnung tragen.

1219 *Schönke/Schröder/Eser*, StGB, § 22 Rn. 25.

1220 Im Falle eines in der Praxis schwer vorstellbaren, völlig „gedankenlosen" Verhaltens würde sich in dem Moment des „unmittelbaren Ansetzens" i.S.d. § 22 StGB zudem eine Art faktische Konkretisierung der Tatumstände (z.B. Tatzeit, Tatopfer) einstellen; ähnlich wohl auch *Weber*, JR 2007, 400, 401.

1221 Ebenso denkbar ist selbstverständlich das unmittelbare Ansetzen i.S.d. § 22 StGB generell durch ein „Verhalten", also auch ein „Unterlassen"; vgl. MK-StGB/*Herzberg*, § 22 Rn. 115.

Letztlich ergibt sich auf theoretischer Ebene mithin eine Betonung des bereits geltenden niedergeschriebenen Rechts, namentlich von § 22 StGB. Das Potential und die Tragweite dieses Hinweises dürfen allerdings nicht allein deshalb unterschätzt werden. So wäre die konsequente Umsetzung der Regeln des Allgemeinen Teils im Bereich des Handeltreibens mit Betäubungsmitteln ein gleichermaßen wünschenswerter wie enormer Fortschritt.

2. Inhalt des Kriteriums

Der Inhalt des durch den Großen Senat genannten, in dieser Form noch sehr undeutlichen und daher kaum praktisch handhabbaren Kriteriums, muss einer weiteren Konkretisierung zugeführt werden.

a) Die „in Aussicht genommene Tat"

Maßgeblich soll die Konkretisierung der „in Aussicht genommenen Tat" sein. Es fragt sich, welche Gestalt die Verhaltensweisen angenommen haben müssen, um als „in Aussicht genommene Tat" in diesem Sinne zu gelten. Unklar ist dabei insbesondere (und unabhängig von dem sogleich zu untersuchenden erforderlichen Konkretisierungsgrad), was sich hinter dem Terminus der „Tat" verbirgt.

Namentlich *Weber* weist darauf hin, dass der Tatbestand des § 29 I 1 Nr. 1 BtMG „bereits mit dem ersten, auf einen Umsatz des Betäubungsmittels abzielenden Teilakt vollendet (!)"[1222] ist, selbst wenn dieser Teilakt noch weit im Vorfeld des beabsichtigten Güterumsatzes anzusiedeln sei. Für *Weber* kommt als „in Aussicht genommene Tat" nur „der Teilakt (z.B.: Kuriertätigkeit, Kaufgeschäft, Eintreiben des Kaufpreises), mit dem der jeweilige Beteiligte [...] den Tatbestand des Handeltreibens verwirklicht hätte"[1223], in Betracht.

Fraglich ist allerdings, ob eine solche Auslegung tatsächlich der Intention bzw. dem Verständnis des Großen Senats entspricht. Er könnte durch seine Formulierung ebenso bezweckt haben wollen, dass nicht die Konkretisierung eines jeweiligen Teilaktes des Handeltreibens maßgeblich sein soll, sondern vielmehr die des Güter-, also des Betäubungsmittelumsatzes insgesamt.

Hiergegen führt *Weber* an, dass der Große Senat bewusst nicht von der Konkretisierung des Güterumsatzes im Gesamten, sondern „genauer von der Konkretisierung der "in Aussicht genommenen Tat""[1224] gesprochen habe. Die

1222 *Weber*, BtMG, § 29 Rn. 535; *ders.*, JR 2007, 400, 401.
1223 *Weber*, BtMG, § 29 Rn. 535; *ders.*, JR 2007, 400, 401.
1224 *Weber*, JR 2007, 400, 401.

folgende Analyse wird jedoch zeigen, dass sich auch eine hiervon abweichende Interpretationsmöglichkeit ergibt.

Zunächst muss konstatiert werden, dass die zu untersuchende Formulierung gerade keine Eigenkreation des Großen Senats ist. Vielmehr wurde die Konkretisierung der in Aussicht genommenen Tat (soweit ersichtlich) zuerst in einem Urteil des 2. Strafsenats vom 01.08.1990[1225] gebraucht. Hier diente sie, ganz im Sinne des Großen Senats, als Begründung für die Verneinung der (Versuchs- bzw.) Vollendungsstrafbarkeit und zur Bejahung der Einordnung des Verhaltens des Angeklagten als bloße Vorbereitungshandlung. Im entschiedenen Fall überließ der Angeklagte einem Rauschgifthändler [Y.] 40 Mio. türkische Lira. Seitens des Rauschgifthändlers wurde dem Angeklagten versprochen, mit seinem „Darlehen" ein Rauschgiftgeschäft durchzuführen und ihm sodann das Doppelte des „geliehenen" Betrages (also 80 Mio. türkische Lira) zurückzuzahlen. Die fehlende „Konkretisierung der in Aussicht genommenen Tat" bezog sich hier eindeutig nicht auf den Teilakt der Geldhingabe des Angeklagten, der bereits vollständig konkretisiert war, sondern auf den Betäubungsmittelumsatz des Rauschgifthändlers. Insofern nämlich mangelte es an jeglicher Konkretisierung: So konnte weder „festgestellt werden, daß Y. das Geschäft tatsächlich durchführte"[1226], noch konnte ausgeschlossen werden, dass er von vornherein die Absicht besaß, den Angeklagten um sein Geld zu betrügen.

Ferner legt auch die Vorgehensweise des Großen Senats selbst eine der Auffassung *Webers* widersprechende Sichtweise nahe: Den Absatz, in dem der Große Senat das aktuell zu untersuchende Kriterium darlegt, leitet er mit folgender Bemerkung ein: „Handlungen, die lediglich typische Vorbereitungshandlungen darstellen, weil sie weit im Vorfeld des beabsichtigten Güterumsatzes liegen, erfüllen noch nicht einmal die Voraussetzungen eines Versuchs des Handeltreibens."[1227] Anschließend belegt er seine Behauptung mit diversen Zitaten. Wiederum im direkten Anschluss an die zitierten Entscheidungen extrahiert er aus eben diesen (seine ursprüngliche These belegenden Zitaten) schließlich das Kriterium der „fehlenden Konkretisierung der in Aussicht genommenen Tat". Insgesamt trägt damit ein einheitlicher Argumentationsstrang den beschriebenen Abschnitt der Entscheidung. Auch dieser bzw. die mit ihm einhergehende Verknüpfung beider Formulierungen („weit im Vorfeld des beabsichtigten Güterumsatzes" und „fehlende Konkretisierung der in Aussicht genommenen Tat")

1225 BGH, Urt. v. 01.08.1990 – 2 StR 147/80 = BGHR BtMG § 29 Abs 1 Nr 1 Handeltreiben 22.

1226 BGH, Urt. v. 01.08.1990 – 2 StR 147/80 = BGHR BtMG § 29 Abs 1 Nr 1 Handeltreiben 22.

1227 BGH, B. v. 26.10.2005 – GSSt 1/05 = BGHSt 50, 252, 265 f.

deutet darauf hin, dass der Große Senat die „Tat“ als den Güterumsatz, mithin den Betäubungsmittelumsatz begreift.[1228]

In diesem Zusammenhang müssen überdies die vom Großen Senat zitierten Urteile nähere Beachtung finden. Aus ihnen leitet der Große Senat das Kriterium der „fehlenden Konkretisierung der in Aussicht genommenen Tat“ ab, stützt also seine Argumentation auf sie. Auch diese Urteile beziehen die fehlende Konkretisierung stets auf den Betäubungsmittelumsatz als solchen und nicht auf den ersten, den Tatbestand des § 29 I 1 Nr. 1 BtMG erfüllenden Teilakt. Es sind keine Gründe ersichtlich, weshalb der Große Senat sich von dieser, das Umsatzgeschäft in den Mittelpunkt rückenden Betrachtungsweise gelöst haben sollte. Jüngere Entscheidungen des Bundesgerichtshofs bieten ebenfalls keinen Anlass insoweit von einer Abkehr auszugehen: So entschied der 2. Strafsenat des Bundesgerichtshofs, dass die im konkreten Fall in Aussicht gestellten Amphetaminlieferungen „noch weit im Vorfeld des beabsichtigten Güterumsatzes [lagen] und deshalb noch nicht einmal den Versuch des Handeltreibens“ erfüllten.[1229]

Ferner kann schon an dieser Stelle auf die im weiteren Verlauf der Arbeit noch näher zu erläuternde Rechtsprechungsänderung bzgl. der Kuriertätigkeit hingewiesen werden. Auch in diesem Bereich des Handeltreibens wird die Rolle des Kuriers nunmehr im Kontext des gesamten Güterumsatzes beurteilt.[1230]

Schließlich müssen in diesem Zusammenhang auch teleologische Gesichtspunkte berücksichtigt werden. Der Große Senat möchte ausdrücklich den Anwendungsbereich des Handeltreibens durch die Beachtung der von ihm aufgezeigten Kriterien eingeschränkt wissen. Würde man nun allerdings, wie *Weber* vorschlägt, das Erfordernis der Konkretisierung auf den einzelnen Teilakt beziehen, wäre eine Restriktion nur schwer zu erreichen. Bedacht werden muss nämlich, dass zwar die einzelne Ausführungshandlung bereits früh vollständig konkretisiert sein mag, der letztendliche Güterumsatz an sich allerdings noch jegliche Konturierung vermissen lassen kann.[1231] Ferner bliebe sonst vollends unbe-

---

1228 So wohl auch *Franke/Wienroeder/Wienroeder*, BtMG, § 29 Rn. 53, die den soeben näher beleuchteten Teil der Entscheidung des Großen Senats zusammenfassen, indem sie schreiben, dass „typische Vorbereitungen noch so weit im Vorfeld des beabsichtigten Umsatzes liegen, dass noch jede Konkretisierung der in Aussicht genommenen Tat fehlt“ und damit ebenfalls die Verknüpfung des „Güterumsatzes“ und der „in Aussicht genommenen Tat“ betonen.

1229 BGH, B. v. 07.07.2006 – 2 StR 184/06 = StV 2006, 639; vgl. hierzu auch knapp *Winkler*, NStZ 2007, 317, 318 der ausdrücklich auf den Güterumsatz als Orientierungspunkt für die Abgrenzung von Vorbereitung und Versuch hinweist.

1230 Vgl. unten 3. Kapitel:G.II.3.

1231 Dies scheint für *Weber*, der die besondere Leistungsfähigkeit des Handeltreibens unter anderem in seiner Weite begründet sieht (vgl. *Weber*, JR 2006, 139, 143), allerdings

rücksichtigt, wie nahe der zu beurteilende Teilakt an den Güterumsatz herangerückt ist bzw. welche Bedeutung der Teilakt für das Gelingen des Güterumsatzes hat.[1232]

Insgesamt ist der Große Senat demnach so zu verstehen, dass sich die Beurteilung der Konkretisierung der in Aussicht genommenen Tat stets auf den Betäubungsmittelumsatz beziehen soll.[1233]

b) Grad der erforderlichen Konkretisierung

Nachdem festgestellt wurde, auf welchen Abschnitt des Handeltreibens sich das Kriterium der fehlenden Konkretisierung der in Aussicht genommenen Tat bezieht (nämlich den Güter- bzw. Betäubungsmittelumsatz) muss nun, im Sinne einer weiteren Konturierung des Merkmals, der Grad der erforderlichen Konkretisierung näher beleuchtet werden.

Der Große Senat spricht in seiner Entscheidung davon, dass im Falle der Vorbereitung „noch jede Konkretisierung der in Aussicht genommenen Tat fehlt."[1234] Fraglich erscheint allerdings, ob diese Aussage in ihrer Absolutheit gelten kann, ob also tatsächlich eine jede, noch so vage Konkretisierung des Umsatzes ausgeschlossen sein muss. Insofern ist zu bedenken, dass eine, wenn auch nicht weitgehende, Konkretisierung des letztendlich beabsichtigten Güterumsatzes sehr früh z.B. durch die bloße Festlegung des Umsatzortes[1235] herbeigeführt wird. Würde man also bei dem Wortlaut der Entscheidung des Großen

---

kein Nachteil seines Vorgehens zu sein. Er bezeichnet das Abstellen auf den Güterumsatz dagegen als „zu eng" (*Weber*, JR 2007, 400, 401).

1232 Ähnlich auch MK-BtMG/*Rahlf*, § 29 Rn. 364. Schärfere Kritik äußert *ders.*, obwohl er zunächst von *Webers* Vorgehen insgesamt noch angetan schien (vgl. hierzu vorstehende Fundstelle) in FS BRAK, S. 243, 258: *Webers* Vorschlag führe „lediglich zu einer kasuistischen Behandlung von erst noch zu typisierenden Handlungsweisen".

1233 So auch BGH, Urt. v. 15.12.2005 – 3 StR 61/02 (unveröffentlicht); aus der Literatur wohl auch *Rahlf* (FS BRAK, S. 243, 259), der mit Blick auf die Lösung eines Falls des Ausgangsverfahrens allerdings nur knapp und ohne auf die hier diskutierte Problematik einzugehen, feststellt, dass insofern richtigerweise auf eine bloße Vorbereitungshandlung erkannt wurde, „denn die Tätigkeit (obgleich auf einen Betäubungsmittelumsatz gerichtet) war noch weit im Vorfeld des beabsichtigten, noch nicht näher konkretisierten Drogenumsatzes angesiedelt"; noch weiter wohl *Krack* (JR 2008, 342), der die nötige Konkretisierung auf das „Betäubungsmittelgeschäft" an sich bezieht.

1234 BGH, B. v. 26.10.2005 – GSSt 1/05 = BGHSt 50, 252, 266.

1235 Weitere Merkmale mit deren Hilfe das Umsatzgeschäft konkretisiert werden kann, stellen z.B. der Zeitpunkt des Umsatzes, die am Umsatz beteiligten Personen, die Beschaffenheit (Art, Qualität) bzw. Menge des umgesetzten Betäubungsmittels oder der verhandelte Preis bzw. aus dem Umsatz erzielte Gewinn dar.

Senats verharren, wäre das Restriktionspotential der aufgezeigten „Einschränkung“ äußerst gering. Die durch den Großen Senat in Aussicht gestellte bzw. von ihm beabsichtigte „deutliche Einschränkung des Anwendungsbereichs“[1236] des Handeltreibens wäre auf diesem Wege nicht zu erreichen.

Auch die vom Großen Senat insbesondere in dieser Beziehung zum Vergleich angeführten Fälle legen es nahe, von einer allzu starren, absoluten Betrachtung des Konkretisierungsgrades der in Aussicht genommenen Tat Abstand zu nehmen. So führt der Große Senat zum Beleg zwar auch Fälle an, in denen tatsächlich jede Konkretisierung des in Aussicht genommenen Güterumsatzes fehlt,[1237] in denen noch nicht einmal klar ist, ob ein solcher später überhaupt stattgefunden hat.[1238] Andererseits und überwiegend lässt sich aber bereits eine beginnende Konkretisierung der Umsatzgeschäfte erkennen: In einem der in Bezug genommenen Urteile[1239] steht beispielsweise fest, dass sich die Bemühungen des Angeklagten auf einen beabsichtigten Heroinumsatz bezogen. Damit ist jedenfalls die umzusetzende Ware bereits bestimmt gewesen. In einem weiteren Fall[1240] wusste der Angeklagte sogar, dass der von ihm transportierte Stoff als Streckmittel für eine größere Heroinmenge genutzt und das gestreckte Heroin letztendlich in Bremen verkauft (also umgesetzt) werden sollte. Mithin war der Betäubungsmittelumsatz schon insofern konkretisiert, als dass der Umsatzort (Bremen), die umzusetzende Ware (gestrecktes Heroin) sowie die nähere Beschaffenheit des Umsatzgutes (Heroin mit einem Wirkstoffgehalt von 5 – 15 %) fest standen. Trotzdem hat der Bundesgerichtshof in allen Entscheidungen gleichermaßen das Vorliegen eines in Gang befindlichen[1241] oder zumindest angebahnten[1242] konkreten Umsatzgeschäfts und damit insgesamt eine Strafbarkeit verneint.

1236 BGH, B. v. 26.10.2005 – GSSt 1/05 = BGHSt 50, 252, 265.

1237 BGH, Urt. v. 01.08.1990 – 2 StR 147/80 = BGHR BtMG § 29 Abs 1 Nr. 1 Handeltreiben 22 (vgl. die das Visum betreffende Konstellation).

1238 BGH, Urt. v. 01.08.1990 – 2 StR 147/90 = BGHR BtMG § 29 Abs 1 Nr 1 Handeltreiben 22 (vgl. die das Darlehen betreffende Konstellation).

1239 BGH, Urt. v. 30.01.2001 – 1 StR 423/00 = NStZ 2001, 323 f.

1240 BGH, Urt. v. 23.04.1993 – 3 StR 145/93 = BGHR BtMG § 29 Abs 1 Nr 1 Handeltreiben 37. Insgesamt ähnlich auch der durch den Großen Senat desgleichen angeführte Beschluss (BGH B. v. 15.06.1994 – 3 StR 54/94 = BGHR BtMG § 29 Abs 1 Nr 1 Handeltreiben 43), in dem es ebenfalls um den Transport eines Paracetamol-Coffein-Gemisches (Streckmittel) nach Bremen ging.

1241 So BGH, Urt. v. 23.04.1993 – 3 StR 145/93 = BGHR BtMG § 29 Abs 1 Nr 1 Handeltreiben 37.

1242 So BGH, B. v. 15.06.1994 – 3 StR 54/94 = BGHR BtMG § 29 Abs 1 Nr 1 Handeltreiben 43; BGH, Urt. v. 30.01.2001 – 1 StR 423/00 = NStZ 2001, 323, 324.

Die vorgenommene Analyse zeigt, dass eine allein am Wortlaut der durch den Großen Senat gewählten Formulierung orientierte Auslegung weder seinem Restriktionsvorhaben entspricht noch sich durchgehend auf die zitierten Entscheidungen stützen kann.

Treffender erscheint deshalb eine Formulierung des 3. Strafsenats. Auf die Einschränkung des Großen Senats Bezug nehmend beurteilte er das Verhalten eines Angeklagten als bloße Vorbereitungshandlung, da seine Tätigkeiten noch weit im Vorfeld eines „noch nicht näher konkretisierten Drogenumsatzes angesiedelt"[1243] waren. Damit ist nicht mehr das Fehlen jeglicher Konkretisierung zwingend vorausgesetzt. Vielmehr soll es, entsprechend dem Ergebnis der Analyse der durch den Großen Senat zitierten Entscheidungen, ausreichend sein, dass der Drogenumsatz noch nicht „näher" konkretisiert wurde.

II. Lösung an der Grenzlinie zwischen Beihilfe und (Mit-)Täterschaft

Zusätzlich zu dem soeben untersuchten Kriterium weist der Große Senat am Ende seiner Entscheidung darauf hin, dass ein großer Teil der als problematisch diskutierten Fälle „eher an der Grenzlinie zwischen Beihilfe und (Mit-)Täterschaft als in der Differenzierung zwischen versuchtem[1244] und vollendetem Handeltreiben" [1245] seine Lösung finde. Die Verfolgung dieses Gedankens könne „zur Herauslösung zahlreicher Fälle aus dem mit Skepsis betrachteten Feld täterschaftlichen vollendeten Handeltreibens"[1246] führen.

1. Ursprung und Inhalt des Kriteriums

Schon vor dem Beschluss des Großen Senats war in ständiger betäubungsmittelrechtlicher Rechtsprechung anerkannt, dass auch im Rahmen der Abgrenzung von Täterschaft und Teilnahme die allgemeinen Kriterien ausschlaggebend sein sollten.[1247] Mittäter ist danach, wer nicht nur fremdes Tun fördert, sondern einen

1243 BGH, Urt. v. 15.12.2005 – 3 StR 61/02 (unveröffentlicht); vgl. hierzu auch unten 3. Kapitel:G.I.1.

1244 Richtigerweise muss man insofern wohl den von der Rechtsprechung vielfach ebenfalls der Vollendung unterworfenen Bereich der Vorbereitung in die Überlegungen mit einbeziehen.

1245 BGH, B. v. 26.10.2005 – GSSt 1/05 = BGHSt 50, 252, 266.

1246 BGH, B. v. 26.10.2005 – GSSt 1/05 = BGHSt 50, 252, 266.

1247 BGH, B. v. 10.10.1988 – 2 StR 539/88 = BGHR BtMG § 29 Abs 1 Nr 1 Handeltreiben 14; BGH, B. v. 04.03.1993 – 4 StR 69/93 = BGHR BtMG § 29 Abs 1 Nr 1

eigenen Tatbeitrag derart in eine gemeinschaftliche Tat einfügt, dass sein Beitrag als Teil der Tätigkeit des anderen und umgekehrt dessen Tun als Ergänzung seines eigenen Tatanteils erscheint.[1248] Maßgebliche Anhaltspunkte sind insofern der Grad des eigenen Interesses am Erfolg, der Umfang der Tatbeteiligung und die Tatherrschaft oder wenigstens der Wille zur Tatherrschaft.[1249] Eine ganz untergeordnete Tätigkeit soll allerdings nicht zur Täterschaft führen.[1250]

Es erscheint fraglich, ob der Entscheidung des Großen Senats, neben der Bestätigung der schon bisher bekannten Kriterien, weitergehende, inhaltliche Regelungen zu entnehmen sind. Solche könnten aus einer Analyse der vom Großen Senat insofern zitierten Entscheidungen resultieren. Diese Beschlüsse und Urteile zeichnen sich allerdings eher durch die Vielgestaltigkeit der erfassten Sachverhaltskonstellationen,[1251] denn durch die Herausbildung einer einheit-

---

Handeltreiben 36; BGH, B. v. 29.11.1994 – 4 StR 637/94 = BGHR BtMG § 29 Abs 1 Nr 1 Handeltreiben 47; BGH, B. v. 20.12.2000 – 2 StR 468/00 = BGHR BtMG § 29 Abs 1 Nr 1 Handeltreiben 56; *Krumdiek*, StRR 2007, 244.

1248 *Körner*, BtMG, § 29 Rn. 483.

1249 BGH, B. v. 01.07.1988 – 2 StR 330/88 = BGHR BtMG § 29 Abs 1 Nr 1 Handeltreiben 9; BGH, B. v. 20.12.2000 – 2 StR 468/00 = BGHR BtMG § 29 Abs 1 Nr 1 Handeltreiben 56; BGH, B. v. 15.10.2002 – 3 StR 340/02 = BGHR BtMG § 29 Abs 1 Nr 1 Handeltreiben 58.

1250 Vgl. BGH, B. v. 01.07.1988 – 2 StR 330/88 = BGHR BtMG § 29 Abs 1 Nr 1 Handeltreiben 9; *Krumdiek*, StRR 2007, 244.

1251 Inhaltlich behandeln die Entscheidungen die Kuriertätigkeit (BGH, B. v. 12.03.2002 – 3 StR 404/01 = BGHR BtMG § 29 Abs 1 Nr 1 Handeltreiben 57; BGH, B. v. 04.03.1993 – 4 StR 69/93 = BGHR BtMG § 29 Abs 1 Nr 1 Handeltreiben 36; BGH, B. v. 30.10.1990 – 2 StR 477/90 = BGHR BtMG § 29 Abs 1 Nr 1 Handeltreiben 24), das Inaussichtstellen bzw. Versprechen der Kuriertätigkeit (BGH, B. v. 05.07.1984 – 1 StR 318/84 = StV 1985, 14), die Abholung eines Drogenkuriers (BGH, B. v. 15.10.2002 – 3 StR 340/02 = BGHR BtMG § 29 Abs 1 Nr 1 Handeltreiben 58), die Aufbewahrung von Betäubungsmitteln bzw. deren Bunkerhaltung (BGH, B. v. 25.05.1994 – 2 StR 203/94 = BGHR BtMG § 29 Abs 1 Nr 1 Handeltreiben 42; BGH, B. v. 04.06.2003 – 2 StR 139/03 = BGHR BtMG § 29 Abs 1 Nr 1 Handeltreiben 59; BGH, B. v. 15.07.2005 – 2 StR 226/05 = StV 2005, 555), auch in Verbindung mit weiteren Hilfstätigkeiten (Abwiegen der Betäubungsmittel) (BGH, B. v. 29.11.1994 – 4 StR 637/94 = BGHR BtMG § 29 Abs 1 Nr 1 Handeltreiben 47), die Beschaffung von Grundstoffen (BGH, B. v. 29.03.1990 – 1 StR 103/90 = BGHR BtMG § 29 Abs 1 Nr 1 Handeltreiben 21; BGH, Urt. v. 03.08.2005 – 2 StR 360/04 = BGHR BtMG § 29 Abs 1 Nr 1 Handeltreiben 62), die Einrichtung und Ausstattung eines Labors zur Betäubungsmittelherstellung (BGH, B. v. 21.07.1993 – 2 StR 331/93 = BGHR BtMG § 29 Abs 1 Nr 1 Handeltreiben 39), die Beschaffung von Betäubungsmittelimitaten (BGH, Urt. v. 20.08.1991 – 1 StR 321/91 = BGHSt 38, 58), die Vermittlung von Betäubungsmittellichen, das entscheidende Abgrenzungskriterium weiter konkretisierenden Anwendungslinie aus. Oftmals erfolgt der Hinweis, dass das zu beurteilende Verhalten zwar auch den Tatbestand des Handeltreibens in Form einer täterschaftlichen Begehungsweise erfüllen könne,[1252] im vorliegenden Fall jedoch aufgrund einer wertenden Gesamtwürdigung (und unter Anwendung der oben genannten Abgrenzungskriterien) lediglich auf eine Teilnahmestrafbarkeit (Beihilfe) zu entscheiden sei bzw. eine solche Entscheidung zumindest nahe liege.[1253]

Der Große Senat stellt insgesamt klar,[1254] dass die Tathandlung nicht lediglich an Hand der weit gefassten Definition des Handeltreibens zu prüfen ist, sondern dass vielmehr, auch im Bereich des Handeltreibens, zusätzlich die Abgrenzung zwischen Täterschaft und Beihilfe nach den allgemeinen gesetzlichen Regeln Beachtung finden muss.[1255]

---

geschäften sowie die Suche nach Abnehmern für das Rauschgift (BGH, B. 10.10.1988 – 2 StR 539/88 = BGHR BtMG § 29 Abs 1 Nr 1 Handeltreiben 14), die Begleitung eines Dealers zu Verhandlungen (BGH, Urt. v. 30.03.1988 – 2 StR 63/88 = BGHR BtMG § 29 Abs 1 Nr 1 Handeltreiben 6), die Anwesenheit bei der Geschäftsabwicklung (BGH, B. v. 20.12.2000 – 2 StR 468/00 = BGHR BtMG § 29 Abs 1 Nr 1 Handeltreiben 56) und Hilfstätigkeiten (Betäubungsmittelklumpen zerstoßen, Mehl zum Strecken des Betäubungsmittels holen usw.) während des Betäubungsmittelverkaufs (BGH, B. v. 01.07.1988 – 2 StR 330/88 = BGHR BtMG § 29 Abs 1 Nr 1 Handeltreiben 9).

1252 BGH, Urt. v. 03.08.2005 – 2 StR 360/04 = BGHR BtMG § 29 Abs 1 Nr 1 Handeltreiben 62; BGH, B. v. 29.11.1994 – 4 StR 637/94 = BGHR BtMG § 29 Abs 1 Nr 1 Handeltreiben 47; BGH, B. v. 15.07.2005 – 2 StR 226/05 = StV 2005, 555; BGH, B. v. 04.06.2003 – 2 StR 139/03 = BGHR BtMG § 29 Abs 1 Nr 1 Handeltreiben 59; BGH, B. v. 25.05.1994 – 2 StR 203/94 = BGHR BtMG § 29 Abs 1 Nr 1 Handeltreiben 42; BGH, B. v. 04.03.1993 – 4 StR 69/93 = BGHR BtMG § 29 Abs 1 Nr 1 Handeltreiben 36; BGH, B. v. 12.03.2002 – 3 StR 404/01 = BGHR BtMG § 29 Abs 1 Nr 1 Handeltreiben 57.

1253 BGH, B. v. 05.07.1984 – 1 StR 318/84 = StV 1985, 14; BGH, B. v. 15.10.2002 – 3 StR 340/02 = BGHR BtMG § 29 Abs 1 Nr 1 Handeltreiben 58; BGH, B. v. 04.06.2003 – 2 StR 139/03 = BGHR BtMG § 29 Abs 1 Nr 1 Handeltreiben 59; BGH, B. v. 12.03.2002 – 3 StR 404/01 = BGHR BtMG § 29 Abs 1 Nr 1 Handeltreiben 57; aus der jüngeren Rechtsprechung vgl. BGH, B. v. 25.04.2007 – 1 StR 156/07 = NStZ 2007, 531; vgl. auch *Weber*, JR 2007 400, 406.

1254 Die praktische Strahlkraft eines auch „lediglich“ klarstellenden, die Beachtung der bestehenden Rechtslage einfordernden Hinweises des Großen Senats, darf nicht unterschätzt werden.

1255 So deuten auch *Winkler* (NStZ 2006, 328) und im Anschluss an diesen *Rahlf* (FS BRAK, S. 243, 259) die entsprechende Textpassage.

2. Vereinbarkeit mit der Dogmatik des Allgemeinen Teils des StGB

Es fragt sich, inwiefern die Anwendung der allgemeinen Regeln des StGB im Bereich der Abgrenzung von Täterschaft und Teilnahme mit dem überkommenen Begriff des Handeltreibens harmoniert. Zu untersuchen ist, ob etwaige Unverträglichkeiten bestehen bzw. welchen Bereichen besondere Aufmerksamkeit gewidmet werden muss.

a) Teilnahme trotz eigenhändiger Verwirklichung des Tatbestands

Problematisch erscheint, dass aufgrund der weitgefassten Definition des Handeltreibens der Tatbestand des § 29 I 1 Nr. 1 BtMG enorm früh, und zwar eigenhändig, verwirklicht ist.[1256] Eine solche, eigenhändige Verwirklichung des Handeltreibens ist auch in den, durch den Großen Senat als Lösungsbeispiele angeführten Entscheidungen, zu konstatieren. Ob insofern das Erkennen auf eine Teilnahmestrafbarkeit (in Form der Beihilfe) mit der Dogmatik des Allgemeinen Teils, insbesondere mit § 25 I StGB zu vereinbaren ist und damit als taugliche Restriktionsmöglichkeit angesehen werden kann, bedarf der näheren Untersuchung.

Nach dem Wortlaut des § 25 I StGB ist derjenige, der einen Tatbestand selbst, also eigenhändig verwirklicht, stets Täter.[1257] Teilweise anders beurteilte

---

1256 Vgl. zu diesem Problemkreis auch knapp *Weber*, JR 2007, 400, 406.

1257 So auch *Krack*, JR 2008, 342, 343; *Cramer*, FS Bockelmann, S. 389, 393; *Herzberg*, JuS 1974, 238, 239; LK/*Schünemann*, StGB, § 25 Rn. 53; *Küpper*, GA 1986, 437, 438; *Wessels/Beulke*, Strafrecht AT, Rn. 515; *Kühl*, Strafrecht AT, § 20 Rn. 23 m.w.N.; a.A. allerdings *Schmidhäuser* (Strafrecht AT, 14 Rn. 168); seiner Argumentation, sowie dem Ergebnis, schließen sich *Maurach/Gössel/Zipf*, Strafrecht AT II, § 47 Rn. 64 und *Baumann/Weber/Mitsch*, Strafrecht AT, § 29 Rn. 43 Fn. 67 an; ähnlich auch *Baumann*, FS Jescheck, S. 105, 109 ff.) der davon ausgeht, dass der Gesetzgeber insofern schon „wegen der Natur der Sache“ keine eindeutige Regelung treffen könne. Sähe man dies anders, wäre „zwangsläufig die gesuchte Antwort auf die Frage im Einzelfall schon vorausgesetzt“, denn „auch § 25 I kann eben gar nicht sagen, *wann* jemand „eine Straftat selbst begeht“.“ Damit könne § 25 StGB lediglich den Unterschied zur mittelbaren Täterschaft betonen. Hierzu ist zunächst zu bemerken, dass i.R.d. § 25 I StGB die gesuchte Antwort nicht mehr oder weniger als bei jedem anderen mit abstrakten Begrifflichkeiten arbeitenden Tatbestand auch vorausgesetzt wird. Die von *Schmidhäuser* befürchtete Zirkularität ist nicht zu erkennen. Im Gegenteil kann § 25 I StGB für sich einen (besonders) klaren Wortlaut reklamieren: Warum mit Hilfe des Wortes „selbst“ nicht die komplette, eigenhändige Erfüllung eines Tatbestands beschrieben sein soll, ist aus dem Blickwinkel eines natürlichen Wortverständnisses heraus betrachtet, nicht einzusehen. Damit muss nach § 25 I StGB jedenfalls diese Situation stets als Täterdie Situation insbesondere die ältere Rechtsprechung. So wurden Personen, die den Tatbestand zwar eigenhändig erfüllten, trotzdem wegen ihres fehlenden Täterwillens ausnahmsweise nur als Gehilfen bestraft. Hierzu motiviert wurde die Rechtsprechung zunächst durch die von § 211 StGB unbedingt angedrohte Todes- bzw. später lebenslange Freiheitsstrafe.[1258] Die Entscheidungen betrafen also Fälle, in denen es den entscheidenden Richtern kriminalpolitisch angezeigt schien, eben diese absoluten Strafdrohungen unter Anwendung der sich nach der jeweiligen Beihilferegelung ergebenden Milderungsmöglichkeit zu umgehen.[1259]

Gegen diese Vorgehensweise spricht neben dem schon oben angeführten aktuellen Wortlaut des § 25 I StGB auch der nunmehr klar formulierte Wille des Gesetzgebers. So heißt es in der amtlichen Begründung zu § 25 StGB: „Diese begriffliche Bestimmung macht deutlich, daß, wer die Tat selbst begeht, stets selbst Täter ist, und nicht etwa wegen fehlenden Täterwillens Teilnehmer sein kann, wie in der Rechtsprechung früher bisweilen angenommen worden ist."[1260]

---

schaft begriffen werden (und dies unabhängig davon, ob man es im Ergebnis für sinnvoll hält, dass sich der Gesetzgeber wissenschaftlich lang umstrittenen Problemfeldern annimmt). *Schmidhäuser* selbst würde, freilich nur „soweit sie die richtigen Sachverhalte betrifft", eine Abkehr von der extrem subjektiven Theorie aber ebenfalls begrüßen (so auch i.E. die ihm folgenden Autoren).

1258 Vgl. hierzu den sog. „Badewannen-Fall" (RGSt 74, 84 ff.; zu den Hintergründen dieser Entscheidung vgl. die interessanten Einblicke des damals maßgeblich mitwirkenden Richters *Hartung*, in JZ 1954, 430 f.: „Das junge Mädchen aber dem Henker zu überantworten, das schien dem Senat nach Lage des Falles unerträglich zu sein. […]. Hätte es einen anderen Weg gegeben, hätte man die Lehre auf einen so extremen Fall vielleicht nicht angewendet.") sowie den sog. „Staschynskij-Fall" (BGHSt 18, 87; vgl. hierzu *Sax*, JZ 1963, 329: Auch in diesem Fall versuchte der Bundesgerichtshof den Angeklagten vor der „als ungerecht empfundenen absoluten Täterstrafe für Mord, lebenslanges Zuchthaus, zu bewahren").

1259 Vgl. MK-StGB/*Joecks*, § 25 Rn. 32; SK-StGB/*Hoyer*, § 25 Rn. 30; mittlerweile geht die Rechtsprechung insofern allerdings andere Wege. Bei außergewöhnlichen Umständen, aufgrund welcher die Verhängung lebenslanger Freiheitsstrafe als unverhältnismäßig erscheint, wird teilweise mit Hilfe der sog. „Rechtsfolgenlösung" eine Milderung nach § 49 I Nr. 1 StGB vorgenommen (BGHSt 30, 105 ff.; BGH, NStZ 1994, 581). Nach BGHSt 48, 207, 211 hingegen ist eine normativ orientierte tatbestandlich einschränkende Auslegung (Betonung des „Tücke-Elements") anzuwenden. Ob durch letztgenannte Entscheidung eine Abkehr von der Rechtsfolgenlösung eingeleitet wurde, bleibt abzuwarten; andere Strafsenate haben sich ihr bislang nicht angeschlossen (vgl. BGH, NStZ 2005, 688, 689; BGH, NStZ 2007, 523, 525 und insgesamt *Fischer*, StGB, § 211 Rn. 46 ff.).

1260 BT-Drs. IV/650, S. 149.

Diese Sichtweise entspricht auch dem Standpunkt der ganz überwiegenden Literatur.[1261]

Trotzdem weist auch die neuere Rechtsprechung in diesem Bereich nicht die wünschenswerte Klarheit auf.[1262] Zwar wurden oftmals auch diejenigen, die den Tatbestand zwar eigenhändig, aber dennoch unter dem Einfluss und in Gegenwart eines Dritten in dessen ausschließlichen Interesse sie handelten, erfüllten, als Täter bestraft[1263], dennoch referieren einige in diesem Bereich ergangene Entscheidungen eine irritierende Einschränkung. So soll die Möglichkeit bestehen, in „extremen Ausnahmefällen“[1264] von dem oben dargestellten Grundsatz (eigenhändige Tatbestandsverwirklichung = Täterschaft) abzuweichen. Zur Anwendung ließ der Bundesgerichtshof diese „Härtefallklausel“ bislang allerdings nicht ausdrücklich kommen. Ferner sind in der Rechtsprechung keine Anhaltspunkte zu erkennen, wie ein solcher extremer Ausnahmefall beschaffen sein

---

1261 Vgl. nur *Roxin*, FS 50 Jahre BGH, S. 177, 189; MK-StGB/*Joecks*, § 25 Rn. 32; SK-StGB/*Hoyer*, § 25 Rn.31; *Lackner/Kühl*, StGB, § 25 Rn. 1; *Schönke/Schröder/Heine*, StGB, Vor § 25 Rn. 75; *Herzberg*, JuS 1974, 238, 239; *Sax*, JZ 1963, 329 ff.; neben den schon oben (vgl. Fn. 1257) aufgeführten Autoren (die sich allerdings lediglich gegen die Deutung des Wortlauts wandten) ist hier *Geerds* zu nennen, der in Jura 1990, 173, 176 ausführt: „Der Umstand, daß ein Rechtsbrecher [...] u.U. sogar voll tatbestandsmäßig handelt, ist [...] lediglich ein Indiz für Täterschaft, das jedoch allein noch nicht viel besagt.“ Eine nähere Begründung bleibt *Geerds* allerdings schuldig.

1262 In der sich letztmalig mit diesem Problemkreis ausführlicher beschäftigenden Entscheidung des Bundesgerichtshofs enthält sich dieser einer eindeutigen Stellungnahme: „Der BGH hat diese strenge Auffassung so bisher nicht vertreten. Der Senat braucht sich hier nicht damit auseinanderzusetzen, ob sie richtig ist oder ob sich die Bedeutung der neuen Vorschrift [...] darauf beschränkt, dem Richter eine Bewertungsregel an die Hand zu geben, welche Abweichungen in extremen Ausnahmefällen nicht hindert“ (BGH, NStZ 1987, 224, 225).

1263 BGHSt 8, 393 bei eigenhändiger Tötung eines Anderen; vgl. auch BGH, NStZ 1987, 224 bei eigenhändiger Unterzeichnung falscher Steuererklärungen und Arbeitnehmeranmeldungen eines „Strohmanns“; BGHR StGB § 178 Abs 1 Mittäter 1 für den Bereich des fehlenden Täterwillens im Rahmen der sexuellen Nötigung. Ebenfalls anerkannt sind diese Grundsätze im Betäubungsmittelstrafrecht bei der unerlaubten Einfuhr von Betäubungsmitteln (BGH, Urt. v. 25.05.1994 – 3 StR 79/94 = BGHR BtMG § 29 Abs 1 Nr 1 Einfuhr 34; BGH, Urt. v. 12.08.1998 – 3 StR 160/98 = BtMG § 29 Abs 1 Nr. 1 Einfuhr 36; BGH, Urt. v. 03.02.1999 – 2 StR 506/98 = NStZ-RR 1999, 186; besonders klar OLG Stuttgart, NJW 1978, 715: „Wer alle objektiven und subjektiven Merkmale des Tatbestandes in eigener Person verwirklicht, ist nicht Gehilfe, sondern Täter“.

1264 BGH, NStZ 1987, 224, 225; BGH, Urt. v. 22.07.1992 – 3 StR 35/92 = BGHSt 38, 315, 316; BGH, Urt. v. 03.02.1999 – 2 StR 506/98 = NStZ-RR 1999, 186, 187.

müsste.[1265] Der Bundesgerichtshof entnimmt diese Einschränkung den Protokollen über die Beratungen des Sonderausschusses für die Strafrechtsreform.[1266] Tatsächlich sind in diesen Beratungen namentlich *Sturm* und *Dreher*[1267] für eine solche Einschränkung eingetreten.[1268] Neben den inhaltlich gegen einen solchen Vorbehalt sprechenden Gründen[1269] müssen die insofern in Bezug genommenen Diskussionsbemerkungen ohnehin als unverbindlich gelten, da über sie niemals abgestimmt worden ist.[1270] Vielmehr hat sich der Sonderausschuss in der „Endabstimmung" einstimmig dafür ausgesprochen, die heutige Definition der unmittelbaren Täterschaft – im Bewusstsein damit von der bisherigen Rechtsprechung abzuweichen – in das Gesetz aufzunehmen.[1271]

Abgesehen davon, dass die Anwendung einer solchen Ausnahme abzulehnen wäre, hat sich der Bundesgerichtshof in sämtlichen das Handeltreiben betreffenden Entscheidungen zu dieser Problematik ausgeschwiegen. Es erscheint mithin nicht so, als suchte er seine Rechtsprechungspraxis über die oben genannte Formulierung zu legitimieren. Lediglich die Annahme eines stillschwei-

---

1265 SK-StGB/*Hoyer*, § 25 Rn. 30; *Roxin*, FS 50 Jahre BGH, S. 177, 189.

1266 Vgl. *Sturm*, Beratungen des Sonderausschusses für die Strafrechtsreform, V. Wahlperiode, S. 1649; *ders*., Beratungen des Sonderausschusses für die Strafrechtsreform, V. Wahlperiode, S. 1823, 1825; *Dreher*, Beratungen des Sonderausschusses für die Strafrechtsreform, V. Wahlperiode, S.1826.

1267 *Dreher* selbst scheint diese Auffassung in der Folge allerdings wieder aufgegeben zu haben, so war schon in der 35. Auflage seines StGB-Kommentars (*Dreher*, StGB, 2 zu § 25) Folgendes zu lesen: „Täter ist, wer […] die Straftat, dh die tatbestandsmäßige und rechtswidrige, außerdem aber verschuldete Tat selbst begeht, dh allein sämtlich Tatbestandsmerkmale […] verwirklicht. Damit wird zugleich klargestellt, daß, wer solches tut, „stets Täter ist […]". Damit ist die subjektive Teilnahmetheorie des RG und des BGH mindestens insoweit abgelehnt […]".

1268 *Sturm* stimmt allerdings mit den übrigen Beratungsteilnehmern insofern überein, als dass auch seiner Meinung nach, in Fällen wie dem „Badewannen-" oder dem „Staschynskij-Fall", eine Bestrafung als Täter hätte erfolgen müssen (Beratungen des Sonderausschusses für die Strafrechtsreform, V. Wahlperiode, S. 1823, 1825).

1269 Neben dem Wortlaut des § 25 I StGB und der Begründung des Gesetzgebers (vgl. oben 3. Kapitel:F.II.2.a)) sprechen auch kriminalpolitische Argumente gegen eine solche Sichtweise. Als ein abweichend zu beurteilender Extremfall wurde von *Dreher* die Situation der auf Befehl handelnden Exekutoren eines Erschießungskommandos genannt. Allerdings lässt sich in einer solchen Sachverhaltskonstellation an die Anwendung von § 17 StGB bzw. § 35 II StGB denken. Hat sich der Handelnde bei seiner Tat aber nicht geirrt oder genötigt gefühlt, ist auch nicht einzusehen, warum er anders als andere Täter beurteilt werden sollte (vgl. LK/*Schünemann*, StGB, § 25 Rn. 57).

1270 *Roxin*, FS 50 Jahre BGH, S. 177, 189.

1271 LK/*Schünemann*, StGB, § 25 Rn. 54.

genden Gebrauchs der Ausnahmeregelung scheint demnach noch möglich.[1272] Diese Sichtweise ist allerdings nicht überzeugend: Wenn der Bundesgerichtshof schon in den Entscheidungen, in denen die Ausnahme nicht zum tragen kam, trotzdem ausdrücklich auf sie hinweist, wäre es widersprüchlich, wenn er die Ausnahme nunmehr zwar angewendet wissen wollte, sie aber gleichzeitig verschwiege. Überdies ist allgemein, also unabhängig davon, ob man die Einschränkung letztlich befürwortet oder nicht, die Anwendung einer extremen Ausnahme (auch und gerade vom Wortlaut einer Vorschrift) stets ausdrücklich begründungsbedürftig.

Der Vorschlag des Großen Senats, Fälle aus dem täterschaftlichen Bereich des Handeltreibens auf Grundlage der gebräuchlichen Definition auszuscheiden, indem man ihre Lösung im Bereich der Beihilfe sucht, ist mit dem hier untersuchten, nunmehr im Allgemeinen Teil des StGB niedergelegten Grundsätzen, nicht zu vereinbaren. Andererseits resultieren auch aus einer stringenten Anwendung der überkommenen Definition des Handeltreibens, unter gleichzeitiger Beachtung des soeben angemahnten Prinzips der Täterschaft bei eigenhändiger Tatbestandsverwirklichung, ebenfalls keine befriedigenden Ergebnisse. Aufgrund der schon mehrfach kritisierten Weite der Begriffsbestimmung nähert man sich zumindest bedenklich dem Prinzip der Einheitstäterschaft[1273] an.[1274] Allerdings liegt auch dieses dem Allgemeinen Teil des StGB ersichtlich nicht zugrunde.[1275]

1272 So *Weber*, JR 2007, 400, 407.

1273 Der Einheitstäterbegriff verzichtet auf die Unterscheidung von Täterschaft, Anstiftung und Beihilfe und lässt entweder alle für den Erfolg kausalen Beiträge in einer unterschiedslosen Täterschaft aufgehen („formales Einheitstätersystem“) oder unterscheidet zwar die unterschiedlichen Mitwirkungsformen, stellt diese dann aber mindestens in den Rechtsfolgen gleich (sog. „funktionales Einheitstätersystem“; Begrifflichkeit nach *Kienapfel* (Der Einheitstäter im Strafrecht, S. 22).

1274 Dies anerkennt nunmehr auch die Rechtsprechung selbst: „Zwar darf die Weite des Begriffs des Handeltreibens nicht dazu verleiten, eine mit den Grundsätzen der §§ 25 ff. StGB nicht mehr zu vereinbarende Einheitstäterschaft einzuführen, indem jede möglicherweise unter das Merkmal des Handeltreibens zu subsumierende Tätigkeit ohne Rücksicht auf ihr Gewicht für das Gesamtgeschehen und auf das Interesse des Beteiligten am Gelingen des Umsatzgeschäftes mit täterschaftlichem Handeltreiben gleichgesetzt wird.“ (BGH, B. v. 02.06.2010 – 5 StR 42/10 = NStZ-RR 2010, 319).

1275 So auch BGH, Urt. v. 28.02.2007 – 2 StR 516/06 = BGHSt 51, 219, 221. Gegen das Prinzip der Einheitstäterschaft lassen sich schwerwiegende Einwände erheben. Die wichtigsten seien hier kurz genannt (vgl. zum Folgenden nur LK/*Schünemann*, StGB, Vor. § 25 Rn. 5 ff.): Die Einheitstäterschaft widerspricht den Grundlagen des deutschen Tatbestandsstrafrechts. Die Tatbestandsmäßigkeit beruht nämlich gerade nicht auf einer (noch so entfernten) kausalen Rechtsgüterverletzung (bzw. Gefährdung),

Letztlich kann der Vorschlag des Großen Senats dogmatisch betrachtet nicht überzeugen. In Anbetracht der sich ergebenden Probleme fühlt man sich an die Wahl zwischen Skylla und Charybdis erinnert.[1276]

b) Vereinbarkeit mit dem herrschenden Strafgrund der Teilnahme

Der Restriktionsvorschlag des Großen Senats ruft, auf Basis der überkommenen Definition und Auslegung des Handeltreibens, ebenfalls Bedenken im Hinblick auf den Strafgrund der Teilnahme hervor.

Nach Ansicht der Rechtsprechung[1277] und dem überwiegenden Teil der Literatur[1278] lässt sich das Unrecht der Teilnahme vom Unrecht der Haupttat nicht entkoppeln. Danach ist jede Teilnahme eine akzessorische Verursachung, eine

---

sondern ist auf bestimmte, eben tatbestandliche Angriffsarten beschränkt. Diese rechtsstaatlich wünschenswerte Unterscheidung würde aufgelöst. Die unterschiedliche Strafwürdigkeit der verschiedenen Tatbeiträge würde sich damit fast gänzlich in den Bereich der Strafzumessung und damit auf den Richter verlagern. Zudem wäre eine Strafbarkeitserweiterung die Folge. Diese beträfe nicht nur die Tatbestände und Strafrahmen. Überdies käme es, noch über den Rahmen des § 30 StGB hinaus, zu einer allgemeinen Strafbarkeit der versuchten Anstiftung als versuchte Täterschaft. Eine solche Strafbarkeitserweiterung, die in zugespitzter Form bis hin zur Bestrafung von Gesinnungsbekundungen reichen würde, ist mit einem rechtsstaatlich fundierten Strafrecht nicht zu vereinbaren. Ferner kann auch der für die Einheitstäterschaft vorgebrachte Hauptgrund, insbesondere im Hinblick auf die soeben geäußerten Bedenken, nicht verfangen: Der angeführten Unmöglichkeit der befriedigenden Abgrenzung der verschiedenen Beteiligungsformen haben Lehre und auch Rechtsprechung in der Vergangenheit (größtenteils) erfolgreich entgegengewirkt, sodass auf der Grundlage des heutigen Standes von Rechtsprechung und Lehre auch in diesem Bereich (weitgehend) akzeptable Ergebnisse erzielt werden können. Schließlich ist auch mit der bei der Einheitstäterschaft im Vordergrund stehenden Vereinfachung keine Rechtfertigung dieses Instituts zu erzielen. Sofern man nämlich von der radikalsten Form der Einheitstäterschaft („formale Einheitstäterschaft“) Abstand nimmt und versucht, einen rechtsstaatlichen Lösungsweg zu beschreiten, also zwangsläufig weitere Ausnahmen und Differenzierungen einführt, ist die tatsächlich eintretende Vereinfachung gegenüber dem bestehenden System äußerst gering.

1276 Vgl. auch *Weber*, JR 2007, 400, 406, der den gegenwärtigen Weg des Bundesgerichtshofs treffend kennzeichnet, wenn er schreibt, dass sich die Rechtsprechung „in einer Art praktischer Konkordanz zwischen dem Grundsatz der Vermeidung der Einheitstäterschaft und dem Prinzip der Täterschaft bei eigenhändiger Tatbestandserfüllung“ bewege.

1277 So schon RGSt 15, 315, 316; BGHSt 4, 355, 358; OLG Frankfurt a. M., NJW 2004, 2028, 2032.

1278 *Wessels/Beulke*, Strafrecht AT, Rn. 551; *Roxin*, FS Stree – Wessels, S. 365, 369.

mittelbare, über den Täter laufende Herbeiführung einer tatbestandlichen Rechtsgutsverletzung.[1279] Strafgrund der Teilnahme ist also die Verursachung fremden Unrechts durch Mitwirkung an der Normverletzung durch den Täter.[1280] Es ist allgemein anerkannt, dass der Tatbeitrag des Teilnehmers im Ergebnis mindestens zu einer versuchten rechtswidrigen Haupttat des Täters geführt haben muss.[1281] Im Zusammenhang mit dem Wortlaut der §§ 26, 27 StGB[1282] zeigt sich demnach, dass nach Auffassung des Gesetzgebers die Verursachung einer vorsätzlichen, (auch versuchten) rechtswidrigen Haupttat ein höheres Unrecht bedeutet als die Verursachung irgendeines anderen Zwischenerfolgs auf dem Wege zur Rechtsgutsverletzung.[1283] An dieser Stelle jedoch führt die weite Auslegung des Merkmals Handeltreiben zu Unstimmigkeiten. Wie bereits oben[1284] dargestellt geht die Rechtsprechung davon aus, dass es sich beim Handeltreiben i.S.d. § 29 I 1 Nr. 1 BtMG um ein sog. unechtes Unternehmensdelikt handelt. Sie unterwirft deshalb zwar konsequenterweise materiell dem Versuchsbereich zuzuordnende Verhaltensweisen der Vollendungsstrafbarkeit. Darüber hinausgehend verfährt sie aber in ähnlicher Weise auch mit Vorbereitungshandlungen. Diese werden also ebenfalls vielfach bereits dem Bereich der Vollendungsstrafbarkeit zugeschlagen. Auf diesem Wege wird eine Teilnahmemöglichkeit für Verhaltensweisen konstruiert, die formal zwar mit dem Prädikat „Vollendung" belegt, materiell jedoch dem Vorbereitungsstadium zuzurechnen sind. Dies führt letztlich dazu, dass über eine verfehlte Auslegung die §§ 26 und 27 StGB unterminiert werden und somit der sie stützende Gedanke (Strafgrund) ausgehöhlt wird: Wenn der Täter selbst materiell schon keinen gesetzlich vorwerfbaren Normbruch begeht, fragt sich, inwiefern der Teilnehmer hieran teilgenommen haben kann bzw. umso mehr, wie dessen Bestrafung zu legitimeren ist.

1279 *Roxin*, FS Stree – Wessels, S. 365, 369.

1280 RGSt 15, 315, 316; BGHSt 4, 355, 358; MK-StGB/*Joecks*, Vor §§ 26, 27 Rn. 10; *Jescheck/Weigend*, Strafrecht AT, S. 685; *Schönke/Schröder/Heine*, StGB, Vor § 25 Rn 17; *Lackner/Kühl*, StGB, Vor §§ 25 ff. Rn. 8; vgl. zu den abweichenden Konzeptionen in der Literatur *Roxin*, FS Stree – Wessels, S. 365 ff.; SK-StGB/*Hoyer*, Vor § 26 Rn. 6.

1281 *Wessels/Beulke*, Strafrecht AT, Rn. 560; SK-StGB/*Hoyer*, Vor § 26 Rn. 22.

1282 Wobei vorliegend insbesondere die Beihilfestrafbarkeit nach § 27 StGB von Interesse ist.

1283 SK-StGB/*Hoyer*, Vor § 26 Rn. 18.

1284 Vgl. oben 3. Kapitel:B.III.2.

c) *Objektive Voraussetzungen der Beihilfe*

Ferner muss im Rahmen der stärkeren Betonung der Abgrenzung von Täterschaft und Teilnahme auch den objektiven Kriterien der Beihilfe teilweise besondere Beachtung geschenkt werden. Wiederum resultieren die Schwierigkeiten aus der überkommenen Auslegung des Handeltreibens. Dies erkennt nun auch der Bundesgerichtshof an, wenn er beschließt: „Die von der Rechtsprechung vertretene weite Auslegung des Begriffs des Handeltreibens mit Betäubungsmitteln lässt sich nicht ohne weiteres auch auf die Anforderungen an eine Strafbarkeit wegen Beihilfe übertragen, weil diese an eigenständige Voraussetzungen anknüpft.“[1285]

aa) Konkretisierung der Haupttat

Der frühe Vollendungszeitpunkt des Handeltreibens führt dazu, dass auch noch weitgehend konturlos erscheinende Verhaltensweisen einer Strafbarkeit nach § 29 I 1 Nr. 1 BtMG unterworfen werden. Trotzdem muss auch in diesem Bereich den dogmatischen Vorgaben der Beihilfestrafbarkeit Rechnung getragen werden: Die Haupttat muss auch in objektiver Hinsicht[1286] hinreichend bestimmt sein (Akzessorietät der Beihilfe).[1287]

bb) Fördernde Wirkung der Beihilfe

Die Frage nach dem Zusammenhang zwischen der Hilfeleistung und dem „Erfolg“ der vorsätzlich rechtswidrigen Haupttat, stellt eines der zentralen Probleme der Beihilfestrafbarkeit dar. Umstritten ist, ob insofern schon die bloße Gefahrerhöhung zur Gehilfenhaftung führt, es hierfür zumindest eines fördernden Beitrags bedarf, oder ob die Hilfeleistung gar kausal gewesen sein muss.[1288] Da im weiteren Verlauf der Arbeit die praktische Überprüfung der Rechtsprechung des Bundesgerichtshofs an Hand der vom Großen Senat gemachten Restriktionsvorschläge folgen soll, kann insofern (wiederum) nur der Auffassung der Rechtsprechung gefolgt werden. Danach ist für ein „Fördern“ nicht erforderlich, dass der Teilnehmer für die Handlung des Täters auch mittelbar kausal geworden ist.[1289] Ausreichend ist vielmehr, dass die Handlung die Tatbegehung irgendwie

---

1285 BGH, B. v. 30.10.2008 – 5 StR 345/08 = NStZ 2009, 392, 393.

1286 *Franke/Wienroeder/Wienroeder*, BtMG, § 29 Rn. 29; vgl. zu den subjektiven Anforderungen unten 3. Kapitel:F.II.2.d).

1287 Vgl. in diesem Zusammenhang auch schon oben 3. Kapitel:F.II.2.b).

1288 Vgl. zu diesem Streitstand SK-StGB/*Hoyer*, § 27 Rn. 3 ff.; MK-StGB/*Joecks*, § 27 Rn. 21 ff.

1289 Vgl. nur BGH, NJW 2007, 384, 388 (insoweit nicht abgedr. in BGHSt 51, 144).

gefördert,[1290] also erleichtert, die Erfolgschancen erhöht oder die Auswirkungen intensiviert hat.[1291] Trotz der durch die Rechtsprechung auch in diesem Bereich offenbarten Weite der Anforderungen, muss gerade im Zusammenhang mit der Unbestimmtheit der betäubungsmittelrechtlichen Begriffsbestimmung des Handeltreibens auf eine gewissenhafte Prüfung dieser Voraussetzung größter Wert gelegt werden.

d) Subjektive Voraussetzungen der Beihilfe

Wie auch im „Hauptstrafrecht" anerkannt, muss sich im Betäubungsmittelstrafrecht der Vorsatz des Teilnehmers auf die Vollendung der Haupttat erstrecken. Im Bereich der subjektiven Voraussetzungen der Beihilfe erscheint dabei jedoch (wiederum aufgrund der Weite der Definition des Handeltreibens) insbesondere der erforderliche Grad der Konkretisierung der Haupttat kritisch. Allgemein ist hierbei zunächst zu beachten, dass der Gehilfe, im Gegensatz zum Anstifter, die Konzeption der geplanten Tat bereits vorfindet. Daher sind die Anforderungen an den Konkretisierungsgrad jedenfalls geringer als im Rahmen der Anstiftung.[1292] Eine einheitliche positive Definition bestimmter Kriterien, deren Kenntnis zur Bejahung des Vorsatzes unabdingbar ist, besteht nicht. Vielmehr muss jeweils unter Einbeziehung der Umstände des konkreten Einzelfalls entschieden werden. Allgemein gilt jedoch: Einzelheiten der Tat muss der Gehilfe nicht kennen.[1293] Er braucht daher nicht wissen, wann, wo, gegenüber wem und unter welchen besonderen Umständen die Tat ausgeführt wird.[1294] Zudem ist es nicht vonnöten, dass er von der Person des Haupttäters genaue Kenntnis besitzt.[1295] Erforderlich ist dagegen, dass der Gehilfe über die Haupttat wenigstens in Umrissen Bescheid weiß.[1296] Dazu reicht es aus, wenn er den wesentlichen

---

1290 RGSt 67, 191, 193 m.w.N. zur reichsgerichtlichen Rechtsprechung; BGHSt 46, 107, 109 m.w.N. zur Rechtsprechung des Bundesgerichtshofs.

1291 *Weber*, BtMG, Vor §§ 29 ff. Rn. 235; SK-StGB/*Hoyer*, § 27 Rn. 4.

1292 H.M.: Vgl. BGHSt 42, 135, 138; MK-StGB/*Joecks*, § 27 Rn. 75; *Lackner/Kühl*, StGB, § 27 Rn. 7.

1293 *Franke/Wienroeder/Wienroeder*, BtMG, Einf. Rn. 29; BGH, B. v. 15.06. 1994 – 3 StR 54/94 = BGHR BtMG § 29 Abs 1 Nr 1 Handeltreiben 43; BGH, Urt. v. 25.10.2001 – 4 StR 208/01 = BGHSt 47, 134, 137.

1294 SK-StGB/*Hoyer*, § 27 Rn. 34; *Schönke/Schröder/Heine*, StGB, § 27 StGB Rn. 19; BayOblG, NJW 1991, 2582.

1295 BGHSt 3, 65; *Schönke/Schröder/Heine*, StGB, § 27 StGB Rn. 19; *Lackner/Kühl*, StGB, § 27 Rn. 7.

1296 BGH, B. v. 04.04.2006 – 3 StR 91/06 = BGHR BtMG § 29 Abs 1 Nr 1 Handeltreiben 66.

Unrechtsgehalt und die Angriffsrichtung der Haupttat in seine Vorstellung aufgenommen hat.[1297] Auch dieser Gesichtspunkt soll bei der Betrachtung und Bewertung der praktischen Rezeption des Restriktionsvorschlags des Großen Senats in der jüngeren Rechtsprechung besondere Beachtung erfahren.

III. Zusammenfassung

Der Große Senat nennt zwei Möglichkeiten, um den Anwendungsbereich des „Handeltreibens" einzuschränken.

Das Kriterium der fehlenden Konkretisierung der in Aussicht genommenen Tat ist, unter dogmatischen Gesichtspunkten betrachtet, unbedenklich. Es geht letztlich nicht über den schon durch § 22 StGB festgelegten Inhalt hinaus. Unter der in Aussicht genommenen Tat ist der Betäubungsmittelumsatz an sich zu verstehen. Bzgl. des geforderten Konkretisierungsgrades der in Aussicht genommenen Tat muss ein großzügigerer Maßstab gelten als es die Formulierung des Großen Senats vermuten ließe. Entscheidend ist damit nicht, ob keinerlei Konkretisierung der in Aussicht genommenen Tat vorliegt. Es sollte vielmehr mit dem 3. Strafsenat darauf abgestellt werden, ob die Tat noch nicht „näher" konkretisiert wurde.[1298]

Weitaus problemträchtiger ist der Vorschlag, die Lösung der im Bereich des täterschaftlichen Handeltreibens als problematisch geltenden Fälle vermehrt an der Grenzlinie zwischen Täterschaft und Teilnahme zu suchen. Schon dem nunmehr in § 25 I StGB niedergeschriebenen Grundsatz, dass derjenige, der den Tatbestand eigenhändig verwirklicht, zwingend als Täter (und nicht als Teilnehmer) zu begreifen ist, kann die Anregung des Großen Senats auf Basis der aktuellen Definition des Handeltreibens nicht gerecht werden. Ferner ergeben sich wegen der (teilweisen) Einbeziehung von Vorbereitungshandlungen in den Bereich der Vollendungsstrafbarkeit erhebliche Schwierigkeiten mit dem geltenden Strafgrund der Teilnahme. Schließlich bedürfen auch einige objektive Kriterien der Beihilfestrafbarkeit sowie der erforderliche Teilnahmevorsatz der besonderen Beachtung. In allen angesprochenen Bereichen stellt sich die Weite des Handeltreibens abermals als problemgenerierend dar.

1297 BGHSt 42, 135, 139; BGH, NJW 2007, 384, 389 (insoweit nicht abgedr. in BGHSt 51, 144); BGH, NStZ 1990, 501.

1298 Vgl. BGH, Urt. v. 15.12.2005 – 3 StR 61/02 (unveröffentlicht).

G. Praktische Handhabung der Restriktionsansätze in der Rechtsprechung

Trotz der teilweise bestehenden tiefgreifenden dogmatischen Vorbehalte gegen die Restriktionsanregungen des Großen Senats soll ihre Praxistauglichkeit im Folgenden untersucht werden. Insbesondere ist zu beleuchten, ob bzw. inwiefern die Restriktionsvorschläge des Großen Senats von der Rechtsprechung rezipiert und umgesetzt wurden. In diesem Zusammenhang sollen auch die sich tatsächlich in der jüngeren Rechtsprechungspraxis ergebenden Neuerungen dargestellt und bewertet werden.[1299] Insofern ist zu klären, ob es dem Großen Senat durch seine Entscheidung insgesamt gelungen ist, die Überwindung der im Einzelfall immer wiederkehrenden Heterogenität der bisherigen Rechtsprechung zum Handeltreiben herbeizuführen.

I. Anwendung auf die Ausgangsverfahren des Anfragebeschlusses des 3. Strafsenats

Im Rahmen der Entscheidung der Ausgangsverfahren hat der 3. Strafsenat teilweise von den durch den Großen Senat aufgezeigten Restriktionsmöglichkeiten Gebrauch gemacht.

1. Urteil des Bundesgerichtshofs im Verfahren 3 StR 61/02[1300]

Der 3. Strafsenat verwarf die Revision in dem Fall, in dem der Angeklagte einen Freund beauftragt hatte, ihm 10.000 Ecstasy-Tabletten zu einem Preis von 9.000 DM zu besorgen.[1301] Der Angeklagte habe damit bereits (ungeachtet seiner Zweifel bzgl. der Lieferfähigkeit seines Freundes) ernsthafte Ankaufsbemühungen entfaltet. Nochmals weist der Senat auf seine insofern bestehenden Bedenken hin, stellt aber klar, dass nach der Entscheidung des Großen Senats auch diese Sachverhaltskonstellation zwingend als vollendetes Handeltreiben zu bewerten ist.

Freigesprochen vom Vorwurf des vollendeten Handeltreibens mit Betäubungsmitteln (in nicht geringer Menge) wurde hingegen der Angeklagte in dem

---

1299 Diejenigen Bereiche, die im folgenden Abschnitt nicht mehr explizit angesprochen werden, haben keine Änderung der Rechtsprechungspraxis (im Verhältnis zu der schon oben dargestellten Rechtsprechung vgl. oben 2. Kapitel:B.) erfahren.

1300 BGH, Urt. v 15.12.2005 – 3 StR 61/02 (unveröffentlicht); vorhergehend: LG Mönchengladbach, Urt. v. 08.11.2001 – 702 Js 334/01 – 12 KLs 57/01 (unveröffentlicht).

1301 Vgl. oben 3. Kapitel:E.I.1.a).

Fall, in dem er einen Freund beauftragt hatte, die Telefonnummer eines A zu erkunden, um festzustellen, ob er von ihm 10.000 Ecstasy-Tabletten erwerben könne.[1302] Der 3. Strafsenat führte hierzu aus, dass der Angeklagte zwar eine auf den Umsatz von Betäubungsmitteln gerichtete Tätigkeit ausführte, diese aber „noch weit im Vorfeld des beabsichtigten, noch nicht näher konkretisierten Drogenumsatzes angesiedelt [sei] und [...] daher nach der Rechtsprechung des Bundesgerichtshofes dem Vorbereitungsstadium des Handeltreibens zugerechnet“[1303] werden müsse. Es folgt eine Bezugnahme auf die Entscheidung des Großen Senats.

Damit wurde einer der durch den Großen Senat aufgezeigten Restriktionsmöglichkeiten erstmalig zu praktischer Geltung verholfen: Obwohl zunächst eine, die weite Definition des vollendeten Handeltreibens (formal) erfüllende Tätigkeit festgestellt wurde, besann sich der erkennende 3. Strafsenats auf eine Abgrenzung der Deliktsstadien an Hand der durch § 22 StGB vorgegebenen Grenzlinie. Maßgeblich stützte er seine Entscheidung auf das dem § 22 StGB entnommene Kriterium der fehlenden Konkretisierung der in Aussicht genommenen Tat.[1304] Wie bereits oben herausgearbeitet, begreift dabei auch der 3. Strafsenat den Drogenumsatz selbst als „Tat“ in diesem Sinne. Bedauerlicherweise verzichtet der 3. Strafsenat allerdings auf greifbare Ausführungen bzgl. des letztendlich erforderlichen Grades der Konkretisierung des Drogenumsatzes. Zwar bestätigt er das oben[1305] gewonnene Ergebnis, dass nicht zwingend „jede“ Konkretisierung der in Aussicht genommenen Tat fehlen muss. Wann jedoch eine Tat in dem von ihm gebrauchten Sinne „näher“ konkretisiert ist, erläutert auch diese Entscheidung nicht. Damit setzen sich die schon im Rahmen der theoretischen Betrachtung aufgetretenen Unsicherheiten in der Praxis fort.

2. Urteil des Bundesgerichtshofs im Verfahren 3 StR 243/02[1306]

In den beiden oben im Rahmen dieses Verfahrens zuletzt geschilderten Sachverhaltskonstellationen[1307] bestätigte der 3. Strafsenat die Verurteilungen. Trotz seiner Bedenken sieht er sich durch die Entscheidung des Großen Senats an einer vom vollendeten Handeltreiben abweichenden Beurteilung gehindert. In

1302 Vgl. oben 3. Kapitel:E.I.1.a).

1303 BGH, Urt. v 15.12.2005 – 3 StR 61/02 (unveröffentlicht).

1304 Vgl. zu dem Ursprung dieses Kriteriums oben 3. Kapitel:F.I.1.

1305 Vgl.f oben 3. Kapitel:F.I.2.b).

1306 Vorhergehend: LG Mönchengladbach, Urt. v. 15.02.2002 – 702 Js 503/01 – 12 KLs 33/01 (unveröffentlicht).

1307 Vgl. oben 3. Kapitel:E.I.1.b).

beiden Fällen hatte der Angeklagte jeweils bereits ernsthafte Ankaufsbemühungen entfaltet.[1308]

Näher betrachtet werden muss allerdings der Fall, in dem der Angeklagte in der festen Absicht, 50 g Kokain zu erwerben, erst mit mehreren[1309] Betäubungsmittelhändlern in den Niederlanden telefonierte und später, zu diesem Zweck, auch einige[1310] von ihnen besuchte, ohne letztlich Kokain zu kaufen. Aus diesen Feststellungen ergebe sich nicht, „dass der Angeklagte bereits in ernsthafte Verkaufsverhandlungen eingetreten war, sondern an Dealer geraten ist, die ihm nichts verkaufen wollten oder konnten. Damit war auf der Grundlage der Entscheidung des Großen Senats das Vollendungsstadium noch nicht erreicht."[1311] Andererseits habe der Angeklagte durch sein von einer konkreten und ernsthaften Kaufabsicht getragenes Verhalten, „das als bloße Vorbereitung zu wertende Stadium weit im Vorfeld des beabsichtigten Güterumsatzes liegender Handlungen bereits verlassen. Bei dieser Sachlage liegt ein Versuch des Handeltreibens vor, da der Angeklagte zu ernsthaften Ankaufsverhandlungen unmittelbar angesetzt hatte."[1312]

Diese Entscheidung stellt damit ein Novum dar. Soweit ersichtlich hat der Bundesgerichtshof hier erstmalig einen Versuch des Handeltreibens angenommen. Der zwar stets zitierte, vormals allerdings nur theoretisch bestehende, „enge Anwendungsbereich" der Versuchsstrafbarkeit im Bereich des Handeltreibens wurde damit um einen (wenn auch noch ebenso engen) praktischen Anwendungsbereich ergänzt. Abgesehen davon, dass die hier zu erkennende restriktive Tendenz uneingeschränkt zu begrüßen ist, muss jedoch überprüft werden, ob sich die Entscheidung des 3. Strafsenats tatsächlich mit den durch den Großen Senat vorgegebenen Richtlinien vereinbaren lässt.[1313]

1308 Vgl. BGH, Urt. v. 15.12.2005 – 3 StR 243/02 (unveröffentlicht).

1309 So noch die Sachverhaltsschilderung im Anfragebeschluss (BGH, Anfrageb. v. 10.07.2003 – 3 StR 61/02 und 243/02 = NStZ 2004, 105), im Vorlagebeschluss (BGH, Vorlageb. v. 13.01.2005 – 3 StR 61/02 und 243/02 = NJW 2005, 1589) und im Beschluss des Großen Senats (BGH, B. v. 26.10.2005 – GSSt 1/05 = BGHSt 50, 252, 253). Insoweit allerdings abweichend BGH, Urt. v. 15.12.2005 – 3 StR 243/02 (unveröffentlicht): „mit einem Dealer".

1310 Auch insofern ist die schon in Fn. 1309 zu beobachtende Abweichung gegeben. Wieder spricht allein BGH, Urt. v. 15.12.2005 – 3 StR 243/02 (unveröffentlicht) von nur „einem anderen Dealer".

1311 BGH, Urt. v. 15.12.2005 – 3 StR 243/02 (unveröffentlicht).

1312 BGH, Urt. v. 15.12.2005 – 3 StR 243/02 (unveröffentlicht).

1313 Der 3. Strafsenat selbst geht hiervon offensichtlich aus; mehrfach nimmt er auf die Entscheidung des Großen Senats Bezug. Vgl. auch *Winkler*, NStZ 2006, 328.

Zunächst wendet sich der 3. Strafsenat gegen eine Beurteilung des Verhaltens des Angeklagten als bloße Vorbereitung. Hierzu greift er teilweise auf die restriktiven Gedanken des Großen Senats zurück. So führt er aus, dass das als bloße Vorbereitung zu wertende Stadium weit im Vorfeld liegender Handlungen bereits verlassen"[1314] wurde und bezieht sich hierbei auf den Großen Senat. Bedauerlicherweise geht er nicht weiter darauf ein, ob eine Anwendung des vom Großen Senat in diesem Zusammenhang als maßgeblich betrachteten Kriteriums, nämlich der fehlenden Konkretisierung der in Aussicht genommenen Tat, zu demselben Ergebnis führen würde. Vielmehr stellt der 3. Strafsenat weiterhin fest, dass der Angeklagte in ernsthafte Verkaufsverhandlungen noch nicht eingetreten war. Bisher war insofern maßgeblich, aber auch ausreichend, dass der Angeklagte „das Stadium allgemeiner Anfragen verläßt und ernsthafte Verkaufsverhandlungen"[1315] stattfanden. Hierbei wurde es als ausreichend betrachtet, wenn sich der Käufer mit dem ernsthaften Anerbieten, Rauschgift zu erwerben, an eine Person wendet, die nach seiner Vorstellung als Verkäufer oder Vermittler von Rauschgift in Betracht kommt.[1316] Subsumiert man den gegebenen Sachverhalt unter diese Anforderungen muss festgestellt werden, dass sich der Angeklagte hier (bei lebensnaher Sachverhaltsauslegung) sowohl durch seine telefonischen Bemühungen als auch durch seine persönlichen Besuche jeweils mit einem ernsthaften Anerbieten, Rauschgift zu erwerben, an, aus seiner Sicht geeignete, Betäubungsmittelhändler wandte. Hiernach ergäbe sich also eine Verurteilung wegen vollendeten Handeltreibens. Insofern weicht der 3. Strafsenat schon bei der Beurteilung der Ausgangsverfahren von der bisherigen Linie der Rechtsprechung ab.

Diese abweichende und ungewöhnlich restriktive Beurteilung des 3. Strafsenats im konkreten Fall könnte (zumindest teilweise) folgendermaßen zu erklären sein: Der Große Senat greift bei der Beantwortung der konkreten Vorlagefrage nicht mehr auf die oben dargestellte Formulierung („ernsthafte An- oder Verkaufsverhandlungen") zurück, sondern schreibt im Entscheidungstenor, dass in „ernsthafte Verhandlungen mit dem potentiellen Verkäufer"[1317] eingetreten worden sein muss. Dass der Große Senat damit aber den eben dargestellten hergebrachten Beurteilungsmaßstab dahingehend verschieben wollte, dass für „ernsthafte Verhandlungen mit dem potentiellen Verkäufer" neben dem „ernst-

1314 BGH, Urt. v. 15.12.2005 – 3 StR 243/02 (unveröffentlicht).

1315 BGH, Urt. v.15.01.1992 – 2 StR 267/91 = BGHR BtMG § 29 Abs 1 Nr 1 Handeltreiben 31; *Weber*, JR 2007, 400, 403.

1316 BGH, Urt. v. 12.08.1986 – 1 StR 360/86 = BGHR BtMG § 29 Abs 1 Nr 1 Handeltreiben 4.

1317 BGH, B. v. 26.10.2005 – GSSt 1/05 = BGHSt 50, 252.

haften Anerbieten“ auch ein möglicher Erfolg dieses Angebots, also ein ernsthaftes Mitverhandeln auch von Verkäuferseite tritt,[1318] ist nicht ersichtlich.[1319] Vielmehr ergibt sich der Tenor der Entscheidung des Großen Senats aus der Formulierung der Vorlagefrage.[1320] Es soll lediglich klargestellt werden, dass der Große Senat schon die bloße Verhandlung, im Gegensatz zur Einigung, als ausreichend, mithin als vollendetes Handeltreiben, betrachtet. Gegen das Erfordernis des ernsthaften Mitverhandelns des Verkäufers spricht überdies, dass der Große Senat die überkommene, auf einen Erfolg gerade verzichtende Definition des Handeltreibens gebilligt hat.

Irritierend erscheint zudem, dass der 3. Strafsenat selbst in den beiden anderen Fällen des Verfahrens vollendetes Handeltreiben mit der Begründung, dass bereits „ernsthafte Ankaufsbemühungen“ entfaltet wurden, bejaht. Auf das Erfordernis etwaiger Zweiseitigkeit der Verhandlungen bzw. einer insofern bestehenden Erfolgsmöglichkeit geht der 3. Senat dagegen mit keinem Wort ein.[1321] Damit verlässt der 3. Strafsenat in seinem Urteil insofern den Boden der Entscheidung des Großen Senats, auf dem er sich (wohl) wähnte.

Würde man die in dieser Entscheidung dargelegte Sichtweise des 3. Strafsenats generell auf die Rechtsprechung zum Handeltreiben übertragen, ergäben sich weitreichende Konsequenzen. Insbesondere im Bereich der verdeckten Ermittler müsste beachtet werden, dass, wenn ein fest entschlossener Kaufwilliger auf einen verdeckten Ermittler trifft, der ihm jedoch keine Betäubungsmittel verkaufen will, sondern die Festnahme des Täters beabsichtigt, kein vollendetes Handeltreiben mehr angenommen werden könnte.[1322]

Letztlich muss jedoch, aus aktueller Perspektive betrachtet, konstatiert werden, dass diese Konsequenzen in der Praxis nicht eingetreten sind. Es gab in der Rechtsprechung des Bundesgerichtshofs – soweit ersichtlich – keinen weiteren Fall eines tauglichen Versuchs des Handeltreibens. Die dargestellte Entscheidung bleibt damit eine, wohl auf einem Missverständnis beruhende, Einzelfallentscheidung, ohne dass sie zur Herausarbeitung neuer, einschränkender Rechtsprechungslinien beigetragen hat.

1318 So deutet wohl *Schmidt*, NJW 2007, 3252, 3253 die Entscheidung des Großen Senats. Er selbst spricht von nunmehr vorausgesetzten „zweiseitigen Verhandlungen“.

1319 *Weber*, JR 2007, 400, 403.

1320 So auch *Weber*, JR 2007, 400, 403.

1321 Vgl. BGH, Urt. v. 15.12.2005 – 3 StR 243 (unveröffentlicht).

1322 Vgl. *Rahlf*, FS BRAK, S. 243, 259; *Weber*, JR 2007, 400, 403.

II. Anwendung auf Betäubungsmittelkuriere

Am nachhaltigsten wirkte sich die Entscheidung des Großen Senats auf dem Gebiet der Kurierrechtsprechung aus.[1323,1324] Insoweit führte insbesondere der Hinweis, dass die Lösung vieler problematischer Fälle auch an der Grenzlinie zwischen Beihilfe und (Mit-)Täterschaft zu suchen sei, zu einer Rechtsprechungsänderung. Allerdings gehen mit dieser neuerliche schwerwiegende Probleme einher.[1325]

1. Kurierrechtsprechung bis zur Entscheidung des Großen Senats vom 26.10.2005

Schon vor der Entscheidung des Großen Senats war es allgemein anerkannt, dass es auch im Rahmen der Kuriertätigkeit einer Abgrenzung von Täterschaft und Teilnahme nach den allgemeinen Grundsätzen bedarf,[1326] sodass auch in diesem Bereich letztlich wiederum eine wertende Betrachtung ausschlaggebend war.[1327] Unter Zugrundelegung dieser gedanklichen Basis wurde die Tätigkeit der Rauschgiftkuriere überwiegend als (mit-)täterschaftliches Handeltreiben aufgefasst.[1328] Die Kuriere wurden, auch wenn ihre Tätigkeit bei Betrachtung des Gesamtgefüges des Betäubungsmittelgeschäfts nur als nachrangig erschien, regelmäßig schon wegen ihrer während des Transports bestehenden faktischen

---

1323 So auch *Schmidt*, NJW 2007, 3252, 3254 und jüngst *ders.*, NJW 2009, 2999.

1324 Vgl. zur Strafbarkeitsgrenze bei Betäubungsmittelkurieren oben 3. Kapitel:C.II.2.

1325 Vgl. oben 3. Kapitel:F.II.

1326 BGH, B. v. 04.03.1993 – 4 StR 69/93 = BGHR BtMG § 29 Abs 1 Nr 1 Handeltreiben 36; BGH, B. v. 02.07.1998 – 1 StR 280/98 = StV 1998, 596; *Franke/Wienroeder/-Wienroeder*, BtMG, § 29 Rn. 62; *Krumdiek*, StRR 2007, 110; dieser Grundsatz gilt auch aktuell fort, vgl. BGH, B. v. 02.02.2010 – 3 StR 4/10 = NStZ-RR 2010, 318.

1327 BGH, Urt. v. 28.11.1990 – 3 StR 395/90 = BGHR BtMG § 29 Abs 1 Nr 1 Handeltreiben 25.

1328 BGH, Urt. v. 24.11.1983 – 3 StR 382/82 = NStZ 1983, 123; BGH, Urt. v. 28.11.1990 – 3 StR 395/90 = BGHR BtMG § 29 Abs 1 Nr 1 Handeltreiben 25; BGH, Urt. v. 04.10.1978 – 3 StR 232/78 = NJW 1979, 1259; BGH, B. v. 27.08.1998 – 1 StR 438/98 = NStZ-RR 1999, 24; BGH, Urt. v. 26.04.2000 – 3 StR 573/99 = BGHR BtMG § 29 Abs 1 Nr 1 Handeltreiben 54; BGH, Urt. v. 10.05.2000 – 3 StR 21/00 = NStZ 2000, 482; BGH, B. v. 16.02.2000 – 3 StR 541/99 (unveröffentlicht); BGH, Urt. v. 28.02.2007 – 2 StR 516/06 = BGHSt 51, 219; BGH, Urt. v. 23.06.2004 – 2 StR 161/04 = NStZ 2004, 696.

Zugriffsmöglichkeit auf die Betäubungsmittel als Täter angesehen.[1329] Anders wurde die Situation beurteilt, wenn die Rolle des Kuriers von „ganz untergeordneter Bedeutung" war.[1330] Eine bloße Beihilfe wurde danach jedenfalls dann angenommen, wenn der Kurier keinen Einfluss auf die Bestimmung von Art und Menge des zu transportierenden Rauschgifts hatte, weder Zeit und Ort der Übernahme des Rauschgifts noch die Gestaltung des Transports mitbestimmen konnte und auch sonst mit dem An- und Verkauf des Rauschgifts nichts zu tun hatte.[1331] Damit verblieb für die Teilnahme in Form der Beihilfe lediglich ein sehr schmaler Anwendungsbereich.[1332]

1329 BGH, Urt. v. 28.02.2007 – 2 StR 516/06 = BGHSt 51, 219, 222 mit. Anm. *Puppe*, JR 2007, 299; *Franke/Wienroeder/Wienroeder*, BtMG, § 29 Rn. 62; *Krumdiek*, StRR 2007, 244, 247.

1330 *Krumdiek*, StRR 2007, 110, 111. Insoweit besteht allerdings keine einheitliche Sprachregelung der Senate: So wie hier: BGH, Urt. v. 28.02.2007 – 2 StR 516/06 = BGHSt 51, 219, 221; vgl. aber auch: BGH, B. v. 04.03.1993 – 4 StR 69/93 = BGHR BtMG § 29 Abs 1 Nr 1 Handeltreiben 36 und BGH, B. v. 02.07.1998 – 1 StR 280/98 = StV 1998, 596: „untergeordnete Rolle"; BGH, B. v. 25.10.2006 – 2 StR 359/06 = NStZ-RR 2007, 88 und BGH, B. v. 26.01.2007 – 2 StR 591/06 (unveröffentlicht): „sehr untergeordnete Rolle"; BGH, B. v. 27.08.1998 – 1 StR 438/98 = NStZ-RR 1999, 24: „Rolle insoweit nur ganz untergeordnet"; BGH, Urt. v. 12.03.2002 – 3 StR 404/01= BGHR BtMG § 29 Abs 1 Nr 1 Handeltreiben 57 und (generell zur Abgrenzung von Täterschaft und Teilnahme auch) BGH, B. v. 01.07.1988 – 2 StR 330/88 = BGHR BtMG § 29 Abs 1 Nr 1 Handeltreiben 9: „ganz untergeordnete Tätigkeit"; BGH, B. v. 03.05.2006 – 2 StR 85/06 und BGH, B. v. 27.06.2006 – 3 StR 177/06 (beide unveröffentlicht): „untergeordnete Hilfstätigkeit"; BGH, B. v. 14.12.2006 – 4 StR 421/06 = NStZ 2007, 288, 289: „untergeordnete Hilfsdienste"; BGH, Urt. v. 28.11.1990 – 3 StR 395/90 = BGHR BtMG § 29 Abs 1 Nr 1 Handeltreiben 25: „nicht ganz untergeordneten, die Tatbestandsverwirklichung fördernden Beitrag"; BGH, B. v. 06.04.2006 – 3 StR 87/06 = NStZ 2006, 454 und BGH, B. v. 05.12.2006 – 3 StR 456/06 (unveröffentlicht): „untergeordnete Position"; BGH, B. v. 09.05.2006 – 3 StR 105/06 (unveröffentlicht): „untergeordnete Stellung"; vgl. insgesamt näher hierzu und weiteren bei der Abgrenzung von Täterschaft und Teilnahme im Falle der Kuriertätigkeit herangezogenen Kriterien *Bensch*, Der Begriff des Handeltreibens, S. 134 ff.

1331 BGH, Urt. v. 28.02.2007 – 2 StR 516/06 = BGHST 51, 219, 221 m.w.N. bzgl. ähnlicher Formulierungen aus der neueren Rechtsprechung.

1332 Beihilfe wurde aber z.B. angenommen von: BGH, B. v. 02.07.1998 – 1 StR 280/98 = StV 1998, 596; BGH, B. v. 30.10.1990 – 2 StR 477/90 = BGHR BtMG § 29 Abs 1 Nr 1 Handeltreiben 24; BGH, B. v. 04.03.1993 – 4 StR 69/93 = BGHR BtMG § 29 Abs 1 Nr 1 Handeltreiben 36.

2. Kurierrechtsprechung von der Entscheidung des Großen Senats vom 26.10.2005 bis zur Entscheidung des 2. Strafsenats vom 28.02.2007

Die vor der Entscheidung des Großen Senats bzgl. der Einstufung der Kuriere als (Mit-)Täter bzw. Teilnehmer noch als „uneinheitlich"[1333] zu bezeichnende Rechtsprechung gewann in dem nunmehr in Bezug genommenen Zeitraum[1334] an Homogenität. Annähernd alle in diesem Zeitraum ergangenen Entscheidungen des Bundesgerichtshofs begreifen den bloßen Kurier nunmehr als (Beihilfe leistenden) Teilnehmer am unerlaubten Handeltreiben mit Betäubungsmitteln.[1335] Trotzdem nehmen einige dieser Entscheidungen keinen Bezug auf die in dem Beschluss des Großen Senats gegebenen Restriktionsvorschläge, obwohl sie im Ergebnis diesen vollends entsprechen.[1336] Vielmehr wird (wenn auch nur teilweise) wiederholt, dass sich die Abgrenzung auch in diesem Bereich nach den allgemeinen Kriterien richtet, und im Anschluss eine hierauf basierende,

---

1333 *Winkler*, NStZ 2005, 315.

1334 26.10.2005 bis 28.02.2007.

1335 Vgl. insofern die Übersicht bei *Weber*, JR 2007, 400, 406 Fn. 97 und 99; ergänzend seien insofern noch angeführt: BGH, B. v. 15.11.2006 – 2 StR 458/06 (unveröffentlicht); BGH, B. v. 31.10.2006 – 2 StR 396/06 (unveröffentlicht); BGH, B. v. 15.08.2006 – 4 StR 284/06 = NStZ-RR 2006, 350; BGH, B. v. 04.04.2006 – 3 StR 64/06 = NStZ 2006, 408; BGH, B. v. 26.01.2007 – 2 StR 591/06 (unveröffentlicht); BGH, B. v. 31.01.2007 – 2 StR 546/06 (unveröffentlicht); BGH, B. v. 31.01.2007 – 2 StR 506/06 (unveröffentlicht); BGH, B. v. 27.02.2007 – 4 StR 50/07 (unveröffentlicht); offengelassen allerdings von: BGH, B. v. 20.12.2006 – 2 StR 535/06 (unveröffentlicht); a.A. einzig (im Falle eines „Körperkuriers"): OLG München, B. v. 01.12.2005 – 4 St RR 234/05 = NStZ-RR 2006, 55, 56; insoweit ohne nähere Begründung zustimmend: *Kotz*, NStZ 2006, 456, 457.

1336 Vgl. BGH, Urt. v. 14.12.2005 – 2 StR 466/05 = NStZ-RR 2006, 88; BGH, B. v. 21.12.2005 – 2 StR 539/05 = NStZ 2006, 455 verweist nur insoweit auf die Entscheidung des Großen Senats, als er referiert, dass der Tatbestand des Handeltreibens zwar weit auszulegen sei, aber trotzdem nicht jede eigennützige Förderung fremder Umsatzgeschäfte als täterschaftliches Handeltreiben zu bewerten ist; sowohl BGH, B. v. 06.04.2006 – 3 StR 93/06 = StraFo 2006, 342 als auch BGH, B. v. 13.07.2006 – 2 StR 199/06 (unveröffentlicht) entnehmen der Entscheidung des Großen Senats nur, dass die allgemeinen Grundsätze über die Abgrenzung von Täterschaft und Teilnahme Geltung beanspruchen; BGH, B. v. 03.05.2006 – 2 StR 85/06 (unveröffentlicht); BGH, B. v. 02.06. 2006 – 2 StR 150/06 (unveröffentlicht); BGH, B. v. 25.10.2006 – 2 StR 359/06 = NStZ-RR 2007, 88; BGH, B. v. 31.01.2007 – 2 StR 546/06 (unveröffentlicht).

wertende Gesamtbetrachtung angestellt.[1337] Andererseits wird teilweise auch auf eine ausdrückliche Gesamtwürdigung verzichtet bzw. diese durch den Hinweis ersetzt, dass es „nicht der neueren Rechtsprechung des Bundesgerichtshofs zur Abgrenzung von Täterschaft und Beihilfe bei Kurierfällen“ entspreche, jemanden „der weder in den Erwerb noch in den späteren Absatz der Betäubungsmittel eingebunden, sondern “lediglich“ als Kurier gegen Honorar eingesetzt“ wurde, als Täter des Handeltreibens zu begreifen.[1338] Insoweit kann mit *Weber* attestiert

---

1337 Zu den innerhalb dieser Gesamtbetrachtung angestellten Erwägungen vgl.: BGH, Urt. v. 14.12.2005 – 2 StR 466/05 = NStZ-RR 2006, 88 („ständiger Kontakt zwischen dem Auftraggeber und dem Angekl.; relativ niedrige[r] Kurierlohn“); BGH, B. v. 21.12.2005 – 2 StR 539/05 = NStZ 2006, 455 („Angekl. hatte mit An- und Verkauf [...] nichts zu tun; keinen Einfluss auf deren Menge sowie Transportweg und -ziel; nicht eigenverantwortlich sondern unter der ständigen Aufsicht und Anleitung; wusste nicht, an wen [...] das Rauschgift am Zielort abgegeben werden sollte; Entlohnung gering“); BGH, B. v. 04.04.2006 – 3 StR 64/06 = NStZ 2006, 408, 409 („ohne dass er an der Planung der Tat [...] beteiligt war, dass er über die exakte Menge und den exakten Wirkstoffgehalt [...] nicht informiert war“); BGH, B. v. 06.04.2006 – 3 StR 93/06 = StraFo 2006, 342 („erheblicher Kurierlohn reicht zur Begründung von Täterschaft nicht aus, da eine solche Belohnung regelmäßig auch einem Gehilfen gewährt oder in Aussicht gestellt wird“); BGH, B. v. 03.05.2006 – 2 StR 85/06 (unveröffentlicht) (Dass der Angeklagte „das von ihm eingeführte Kokain „über eine lange Strecke“ transportiert, ist ohne Aussagekraft (insofern abweichend von: BGH, Urt. v. 28.11.1990 – 3 StR 395/90 = BGHR BtMG § 29 Abs 1 Nr 1 Handeltreiben 25, wonach der Transport über eine lange Strecke für Täterschaft spricht); keinen Einfluss auf Herkunft, Menge, Qualität, Reiseweg und Annahme des Kokains“); BGH, B. v. 02.06.2006 – 2 StR 150/06 = NStZ 2006, 577 („Mit An- und Verkauf des Rauschgifts nichts zu tun; keinen Einfluss auf die Bestimmung von Art und Menge des [...] Rauschgifts; Transport und die Umstände der Übergabe wurden [...] vorgegeben“); BGH, B. v. 13.07.2006 – 2 StR 199/06 (unveröffentlicht) (Der Angeklagte handelte „nicht als wirtschaftlicher Geschäftsherr“; er befand „sich im Unklaren darüber [...] ob er Heroin oder Kokain transportierte“); BGH, B. v. 25.10.2006 – 2 StR 359/06 = NStZ-RR 2007, 88 („mit An- und Verkauf des Rauschgifts nichts zu tun; keinen Einfluss auf die Bestimmung von Art und Menge des zu transportierenden Rauschgifts; Gestaltung des Transports [...] genau vorgegeben; Beladung [...] erfolgte nicht durch ihn; auf Ort und Umstände der geplanten Weitergabe [...] keinen Einfluss; Entlohnung eher gering“); BGH, B. v. 05.12.2006 – 3 StR 456/06 (unveröffentlicht) (keinen „Einfluss auf die Beschaffung oder den weiteren Umsatz der Betäubungsmittel“); BGH, Urt. v. 14.12.2006 – 4 StR 421/06 = NStZ 2007, 288, 289 („ohne allerdings Verfügungsmacht [...] zu haben; lediglich bei einem der Transporte beteiligt; eher geringe Entlohnung“).

1338 So insbesondere der 3. Strafsenat: BGH, B. v. 09.05.2006 – 3 StR 105/06 (unveröffentlicht); BGH, B. v. 23.05.2006 – 3 StR 119/06 (unveröffentlicht); BGH, B. v.

werden, dass der Weg „in eine gefestigte Rechtsprechung“[1339], zumindest was das Ergebnis der Beurteilung der Kurierfälle anbetrifft, beschritten wurde. Bis zu diesem Zeitpunkt war es der Rechtsprechung jedoch noch nicht gelungen, diese Entwicklung auf der Basis gleichbleibender und allgemeingültiger Abgrenzungskriterien zu vollführen. Vielmehr stand entweder noch eine, nicht weiter systematisierte, wertende Gesamtwürdigung (wobei die Gewichtung trotz unterschiedlicher Kriterien stets so ausfiel, dass Beihilfe anzunehmen war) oder das bloße Feststellen einer neuen Rechtsprechungslinie unter gleichzeitiger, nicht weiter begründeter Berufung auf diese im Vordergrund.

3. Kurierrechtsprechung ab der Entscheidung 2. Strafsenats vom 28.02.2007

a) Die Entscheidung des 2. Strafsenats vom 28.02.2007

Diese „eher kasuistische“[1340] Rechtsprechung wurde mit der Entscheidung des 2. Strafsenats vom 28.02.2007 überwunden. In der Literatur wird sie teilweise als „Wendepunkt in der Rechtsprechung zum Drogenkurierdienst“[1341] bezeichnet bzw. ihr immerhin ein „innovativer Charakter“[1342] attestiert. Ihr lag folgender Sachverhalt zugrunde:

30.05.2006 – 3 StR 126/06 (unveröffentlicht); sehr ähnlich auch BGH, B. v. 27.06.2006 – 3 StR 177/06 (unveröffentlicht) (hier ging es allerdings um bandenmäßiges Handeltreiben). Mehrere Entscheidungen beinhalten zudem einen Verweis bzgl. der „neueren Rechtsprechung in solchen [gemeint sind die „Kurierfälle“] Fällen“; so z.B.: BGH, B. v. 06.04.2006 – 3 StR 87/06 = NStZ 2006, 454, 455; BGH, B. v. 05.12.2006 – 3 StR 456/06 (unveröffentlicht); BGH, B. v. 17.01.2007 – 2 StR 568/06 (unveröffentlicht); BGH, Urt. v. 07.09.2006 – 3 StR 277/06 (insoweit nicht abgedr. in NStZ 2007, 112); BGH, B. v. 15.11.2006 – 2 StR 458/06 (unveröffentlicht); vgl. auch BGH, B. v. 15.08.2006 – 4 StR 284/06 = NStZ-RR 2006, 350, wobei hier nach dem Hinweis auf die neue Rechtsprechung noch eine (knappe) Gesamtwürdigung folgt, so auch bei BGH, B. v. 31.01.2007 – 2 StR 506/06 (unveröffentlicht); explizit auf die Entscheidung des Großen Senats Bezug nehmen insoweit aber: BGH, Urt. v. 14.12.2006 – 4 StR 421/06 = NStZ 288, 289; BGH, B. v. 27.02.2007 – 4 StR 50/07 (unveröffentlicht).

1339 *Weber*, JR 2007, 400, 407.

1340 *Weber*, JR 2007, 400, 407.

1341 *Puppe*, JR 2007, 299.

1342 *Krumdiek*, StRR 2007, 110.

Der Angeklagte sollte Kokain als Körperkurier[1343] von Ghana nach Irland transportieren. Ihm wurden 5000 € Kurierlohn je 1 kg Kokain in Aussicht gestellt. Er wurde in einem Hotel in Accra untergebracht, um dort die Kokainbehältnisse zu schlucken. Als ihm die hiermit verbundene Lebensgefahr bewusst wurde, versuchte er, von dem Vorhaben Abstand zu nehmen. Seine Auftraggeber aber bedeuteten ihm – allerdings ohne Gewaltandrohung –, dass dies nicht möglich sei. Daraufhin schluckte der Angeklagte die Kokainbehältnisse[1344] und trat den Flug nach Irland an. Bei einem Zwischenstopp in Frankfurt am Main wurde das Rauschgift im Rahmen einer zollrechtlichen Kontrolle entdeckt.[1345]

Das Landgericht wertete die beschriebene Tätigkeit des Angeklagten als vollendetes (täterschaftliches) Handeltreiben. Es stellte unter anderem auf die alleinige Gewalt des Kuriers über das Kokain während des Transports und den ihm versprochenen erheblichen Kurierlohn ab. Zudem führte es aus, dass die Transportleistung Voraussetzung für den gewinnbringenden Weiterverkauf des Kokains in Irland war, und der Angeklagte bei der Abwicklung des Transports insofern frei war, als er in Frankfurt am Main das Kokain auf eigene Rechnung hätte verkaufen können. Dem trat der 2. Strafsenat entgegen. Der Angeklagte sei lediglich wegen Beihilfe zum Handeltreiben zu verurteilen.

Zugleich unternahm er es, unter Rückgriff auf einen vom 3. Strafsenat schon im Anfragebeschluss geäußerten Gedanken,[1346] für die Abgrenzung von Täterschaft und Teilnahme im Bereich der Kuriertätigkeit allgemeingültige Abgrenzungsmöglichkeiten zu benennen.[1347] Da nach § 29 I 1 Nr. 1 BtMG das

---

1343 Der sog. „Körperkurier“ zeichnet sich dadurch aus, dass er mit Betäubungsmitteln gefüllte Behältnisse (z.B. Präservative, Operationsfingerlinge) verschluckt, sie in seinem Magen-Darmtrakt transportiert und am Zielort wieder ausscheidet. Vgl. hierzu insgesamt näher: *Körner*, StV 1988, 448 ff.; *Oğlakcıoğlu/Henne-Bruns/Wittau*, NStZ 2011, 73 ff. und zu dem in diesem Zusammenhang virulent werdenden Problem des zwangsweisen Verabreichens von Brechmitteln: EGMR, NJW 2006, 3117 ff.

1344 Der Angeklagte sollte ursprünglich 80 Behältnisse schlucken. Ihm war es jedoch unmöglich, mehr als 53 Behältnisse in sich aufzunehmen.

1345 BGH, Urt. v. 28.02.2007 – 2 StR 516/06 = BGHSt 51, 219.

1346 Vgl. BGH, Anfrageb. v. 10.07.2003 – 3 StR 61/02 und 3 StR 243/02 = StV 2003, 501, 505: „[…] bei der Beurteilung, ob eine untergeordnete Tätigkeit vorliegt, [ist] auf den Rauschgiftumsatz der fraglichen Drogenmenge insgesamt und nicht allein auf den einzelnen Teilakt, etwa den bloßen Transport, abzustellen.“ In der öffentlichen Wahrnehmung wird dieser Gedanke allerdings, wohl weil der 2. Strafsenat an der entscheidenden Stelle nicht auf den Anfragebeschluss des 3. Strafsenats rekurrierte, durchweg allein dem 2. Strafsenat zugeschrieben.

1347 *Leipold*, NJW-Spezial 2007, 234 bezeichnet diese Entscheidung als „Grundkurs bei der Bewertung der Strafbarkeit eines Drogenkuriers“.

Handeltreiben mit Betäubungsmitteln und nicht isoliert der Transport von Betäubungsmitteln strafbar ist, muss „für eine zutreffende Einordnung der Beteiligung des Kuriers der jeweils konkrete Tatbeitrag für das Umsatzgeschäft insgesamt und nicht allein für den Teilbereich des Transports [...] bewertet werden."[1348] Nicht entscheidend ist mithin, „welches Maß an Selbstständigkeit und Tatherrschaft der Beteiligte hinsichtlich eines isolierten Teilakts des Umsatzgeschäftes innehat."[1349] Vielmehr ist maßgeblich, „welche Bedeutung der konkreten Beteiligungshandlung im Rahmen des Gesamtgeschäfts zukommt."[1350] Der Kurier, dessen Tätigkeit sich im Transport der Betäubungsmittel erschöpft, der also nicht in der Lage ist, das Geschäft insgesamt mitzugestalten,[1351] ist nur wegen Beihilfe zum Handeltreiben zu bestrafen. Ihm geht es in erster Linie nicht um den Umsatz des Betäubungsmittels, sondern um seine Dienstleistung und die dafür versprochene Bezahlung. Dabei sei weder die Höhe der Entlohnung[1352] noch die „zeitweise faktische Verfügungsgewalt[1353] über das [...] transportierte Rauschgift"[1354] entscheidend. Denn die als Beihilfe zu wertende Kuriertätigkeit zeichne sich dadurch aus, „dass der Kurier in die hierarchische Organisation des Rauschgift-Umsatzes an unterer Stelle einzuordnen ist"[1355] und deshalb auch ein möglicher faktischer Handlungsspielraum während des Transports der Betäubungsmittel aufgrund „seiner finanziellen und meist auch persönlichen Abhängigkeit von den Hintermännern nicht zu eigener täterschaftlicher Einflussnahme ausgenutzt werden"[1356] könne.[1357] Die Kuriertätigkeit sei hingegen als mittäter-

---

1348 BGH, Urt. v. 28.02.2007 – 2 StR 516/06 = BGHSt 51, 219, 222.

1349 BGH, Urt. v. 28.02.2007 – 2 StR 516/06 = BGHSt 51, 219, 222.

1350 BGH, Urt. v. 28.02.2007 – 2 StR 516/06 = BGHSt 51, 219, 223.

1351 Dies soll insbesondere der Fall sein, wenn der Transport zwischen selbstständig handelnden Lieferanten und Abnehmern oder innerhalb der Sphäre von Lieferanten- oder Abnehmerorganisationen stattfindet.

1352 So schon BGH, B. v. 06.04.2006 – 3 StR 93/06 = StraFo 2006, 342.

1353 So schon BGH, Urt. v. 14.12.2006 – 4 StR 421/06 = NStZ 2007, 288 f.

1354 BGH, Urt. v. 28.02.2007 – 2 StR 516/06 = BGHSt 51, 219, 223.

1355 BGH, Urt. v. 28.02.2007 – 2 StR 516/06 = BGHSt 51, 219, 223.

1356 BGH, Urt. v. 28.02.2007 – 2 StR 516/06 = BGHSt 51, 219, 223.

1357 Ferner verabschiedet sich der Senat von seiner früheren Rechtsprechung, sofern er in Einzelfällen in der Inkorporation von Rauschgift durch Kuriere die Begründung einer besonderen, zur Tatherrschaft führenden Verfügungsmacht gesehen hat; zust. *Puppe*, JR 2007, 299, 300, die hier auf den „Repetitorenspruch, in sich bringen ist nicht an sich bringen" verweist (ursprünglicher Bezugspunkt war § 259 StGB a.F., der bis zum 31.12.1974 die Formulierung „an sich bringt", nunmehr ersetzt durch „sich verschafft" (vgl. *Schönke/Schröder/Stree/Hecker*, StGB, § 259 Rn. 16), enthielt; mit Hilfe des Merksatzes sollte klargestellt werden, dass der bloße Mitverzehr gestohlener Sachen

schaftliches Handeltreiben zu bewerten, „wenn der Beteiligte erhebliche über den reinen Transport hinausgehende Tätigkeiten entfaltet[1358] […] oder sonst ein eigenes Interesse am weiteren Schicksal des Gesamtgeschäfts hat.“[1359] Dies gelte insbesondere für denjenigen, dem im Rahmen einer mittäterschaftlichen Verbindung mehrerer Beteiligter im Wege der Arbeitsteilung die Aufgabe des Transports der Betäubungsmittel zugewiesen ist.[1360]

b) *Die weitere Kurierrechtsprechung*

Schon in einem am 18.04.2007 ergangenen Urteil[1361] wich der 5. Strafsenat von den Beurteilungsrichtlinien des 2. Strafsenats ab. In dem zu beurteilenden Fall wurden dem Angeklagten 1000 € „gegen das Versprechen [übergeben], aus der Wohnung eine Tüte voller Betäubungsmittel zu holen und diese in den Kofferraum eines in der Nähe geparkten Pkw zu verbringen.“[1362] Als er im Begriff war, die Wohnung mit dem Schlüssel zu öffnen, wurde der Angeklagte festgenommen.

Das Landgericht hat ihn wegen eines (untauglichen) Versuchs[1363] des (mittäterschaftlichen) Handeltreibens verurteilt. Der Bundesgerichtshof schloss sich dieser Sichtweise an und führte aus, dass „auf Grund einer wertenden Betrachtung aller Tatumstände angesichts des Gewinnstrebens des R [Angeklag-

---

keine Hehlerei darstellt (vgl. zu diesem Problemkreis insgesamt MK-StGB/*Lauer*, § 259 Rn. 73 f.).

1358 So z.B., wenn er am An- und Verkauf des Betäubungsmittels unmittelbar beteiligt ist. Als weiteres Beispiel diente eine Entscheidung des 4. Strafsenats vom 14.12.2006 (4 StR 421/06 = NStZ 2007, 288): Im Fall II. 2 der Urteilsgründe hatte der Angeklagte für den Transport von großen Mengen an Betäubungsmitteln Import- und Exportfirmen gegründet, eine Lagerhalle angemietet und für die Lagerung, die Tarnung und den Weitertransport der Ware gesorgt.

1359 BGH, Urt. v. 28.02.2007 – 2 StR 516/06 = BGHSt 51, 219, 223, 224.

1360 Im Einzelfall könne zudem für eine über das übliche Maß reiner Kuriertätigkeit hinausgehende Beteiligung am Gesamtgeschäft „auch eine weit gehende Einflussmöglichkeit des Transporteurs auf Art und Menge der zu transportierenden Drogen sowie auf die Gestaltung des Transports“ sprechen (BGH, Urt. v. 28.02.2007 – 2 StR 516/06 = BGHSt 51, 219, 224).

1361 BGH, Urt. v. 18.04.2007 – 5 StR 546/06 = BGHSt 51, 285.

1362 BGH, Urt. v. 18.04.2007 – 5 StR 546/06 = NJW 2007, 2269 (insoweit nicht abgedr. in BGHSt 51, 285).

1363 Vgl. zu diesem Aspekt der Entscheidung noch unten 3. Kapitel:G.III.2.

ter], seiner Tatinitiative und seines vorgesehenen vorübergehenden Besitzes des Rauschgifts von einem mittäterschaftlichen Mitwirken"[1364] auszugehen sei.

Eine Bezugnahme auf die Entscheidung des 2. Strafsenats bzw. eine Einordnung des Tatbeitrags des Angeklagten in den Gesamtkontext des Umsatzgeschäfts erfolgte nicht. Ferner kann den mitgeteilten Feststellungen nicht entnommen werden, dass der Angeklagte irgendeine Form der Tatinitiative entfaltete. Es ist vielmehr anzunehmen, dass er von dem Mitangeklagten sowohl den Schlüssel für die Wohnung, als auch den Kurierauftrag erhielt.[1365] Überdies kann nach den Ausführungen des 2. Strafsenats vom 28.02.2007 auch den weiteren Erwägungen nicht gefolgt werden. Hiernach kann weder das alleinige Gewinnstreben, das gerade auch der nur Beteiligte entfaltet, sofern er eine Entlohnung erwartet, noch der für jede Art der Kuriere typischerweise vorgesehene vorübergehende Besitz eine Beurteilung des Sachverhalts als mittäterschaftliches Handeltreiben rechtfertigen. Vielmehr wollte der Angeklagte lediglich eine reine Kuriertätigkeit entfalten. Sein Verhalten hätte damit (im Sinne obiger Erwägungen) als Teilnahme bewertet werden müssen. Zu erklären ist diese Entscheidung allerdings nach Betrachtung des alternativen Ergebnisses: Wäre man von einer Beihilfestrafbarkeit ausgegangen, wäre der Angeklagte letztlich freizusprechen gewesen, denn die bloß versuchte Beihilfe ist nicht strafbar.

Ferner erscheint ein Beschluss des 1. Strafsenats[1366] mit den durch die Entscheidung des 2. Strafsenats vorgegebenen Richtlinien nicht kompatibel. Der Senat bestätigte sowohl die Verurteilung durch das Landgericht wegen täterschaftlichen Handeltreibens als auch dessen rechtliche Würdigung. Dieses stellte fest, dass der Angeklagte das Kokain (mit Hilfe einer weiteren Person (P)) „an seinen Auftraggeber oder aber in dessen Auftrag an nicht ermittelte Personen zum Zwecke des Weiterverkaufs übergeben"[1367] wollte. Zudem ist es davon überzeugt, „dass der Angekl. im Auftrag einer oder mehrerer nicht identifizierter Personen nach Stuttgart geflogen ist und in das Hotelzimmer von M kam, um dieses Kokain dort abzuholen und es anschließend, auf welche Weise auch immer, zum Zwecke des Weiterverkaufs an unbekannte Abnehmer zuzufüh-

---

1364 BGH, Urt. v. 18.04.2007 – 5 StR 546/06 = NJW 2007, 2269, 2273 f. (insoweit nicht abgedr. in BGHSt 51, 285).

1365 So auch *Weber*, JR 2007, 400, 409 Fn. 141.

1366 BGH, B. v. 25.04.2007 – 1 StR 124/07 = NStZ 2007, 530; zu einem weiteren Aspekt dieser Entscheidung vgl. auch unten 3. Kapitel:G.II.3.c)bb).

1367 BGH, B. v. 25.04.2007 – 1 StR 124/07 = NStZ 2007, 530.

ren.“[1368] Sein Wille sei demnach darauf gerichtet, die Betäubungsmittel dem Verkäufer zum Zwecke des Absatzes zuzuführen. Dem Angeklagten gehe es gerade nicht in erster Linie um den Kurierlohn. Deshalb sei es zutreffend vom Interesse am Taterfolg und dem Willen zur Tatherrschaft des Angeklagten auszugehen und ihn damit wegen vollendeten täterschaftlichen Handeltreibens zu verurteilen.

Diese Argumentation vermag jedoch nicht zu überzeugen. Es wird grundsätzlich allen Kurieren darum gehen, die transportierten Betäubungsmittel (auf die verabredete Art und Weise) dem Abnehmer zuzuführen. Ohne diese letztendliche „Zuführung“ würde der dem Kurier erteilte Auftrag seitens des Auftraggebers als nicht erfüllt angesehen. Folglich würde der Kurier, zumindest eines Großteils, seines Lohns verlustig gehen. Mithin ist es lediglich eine logische Konsequenz, dass der Wille des Kuriers auf die erfolgreiche „Zuführung“ gerichtet ist. Die weitere Schlussfolgerung, dass deswegen dem Kurier, über sein Interesse an der Erlangung des Kurierlohns hinaus, ein Interesse am Taterfolg (oder gar ein Wille zur Tatherrschaft) zu unterstellen ist, kann mithin nicht gezogen werden. Ferner ist es nicht maßgeblich, ob der Abnehmer die Betäubungsmittel weiterverkaufen will oder nicht: Ohne weitere Anhaltspunkte kann auch aus der Zuführung der Betäubungsmittel an einen diese weiterverkaufenden Abnehmer keine, ein täterschaftliches Handeltreiben auslösende, unmittelbare Beteiligung am An- und Verkauf der Betäubungsmittel angenommen werden. Der 1. Senat[1369] wähnt sich zwar im Einklang mit der Entscheidung des 2. Senats[1370], tatsächlich verzichtet er aber gerade darauf, die vorgegebenen Kriterien anzuwenden. So sieht er beispielsweise vollkommen davon ab, den Tatbeitrag des Angeklagten im Hinblick auf seine Bedeutung für das Gesamtgeschäft zu würdigen. Bedenklich ist auch eine das Urteil abschließende Bemerkung des Senats. Als Beleg für die richtige Anwendung der vom 2. Strafsenat angeführten Abgrenzungskriterien durch das Landgericht wird von ihm vorgebracht, dass der ebenfalls Angeklagte P durch die Kammer des Landgerichts nur wegen Beihilfe verurteilt wurde. Dies zeige, „dass ihr [der Landgerichtskammer] die Abgrenzungskriterien zwischen Täterschaft und Beihilfe sehr wohl bewusst waren.“[1371]

1368 BGH, B. v. 25.04.2007 – 1 StR 124/07 = NStZ 2007, 530; zur eigentlichen Übergabe der Betäubungsmittel kam es nach den Feststellungen nicht, weil der Angeklagte im Hotelzimmer festgenommen wurde.

1369 BGH, B. v. 25.04.2007 – 1 StR 124/07 = NStZ 2007, 530.

1370 BGH, Urt. v. 28.02.2007 – 2 StR 516/06 = BGHSt 51, 219.

1371 BGH, B. v. 25.04.2007 – 1 StR 124/07 = NStZ 2007, 530.

Letztendlich wandte sich der Angeklagte im konkreten Fall an das Bundesverfassungsgericht.[1372] Er erhob eine Verfassungsbeschwerde wegen der Verletzung seines Rechts auf den gesetzlichen Richter (Art. 101 I 2 GG). Diese Verletzung resultiere daraus, dass der 1. Strafsenat, trotz seiner von der Rechtsprechung des 2. Strafsenats abweichenden Beurteilung des Sachverhalts von einer Vorlage gemäß § 132 II GVG absah. Das Bundesverfassungsgericht nahm die Beschwerde nicht zur Entscheidung an. Zwar sei die Verletzung des gerügten Rechts generell im Falle einer durch das Revisionsgericht verweigerten, rechtlich aber zwingend nötigen Vorlage nach § 132 II GVG durchaus möglich. Dies sei aber nur der Fall, wenn die Entscheidung des Gerichts „von willkürlichen Erwägungen bestimmt ist."[1373] Eine solche Willkür aber vermochte das Bundesverfassungsgericht im vorliegenden Fall nicht zu erkennen. Ohne auf die kritisierten Erwägungen bzw. die Argumentation des 1. Strafsenats einzugehen, trug es zunächst ergänzende Sachverhaltsfeststellungen vor: Der Angeklagte habe nicht als Kurier zwischen selbstständig handelnden Lieferanten und Abnehmern fungiert, sondern habe das Rauschgift von einem Kurier entgegen genommen und habe die „weitere Verwendung zu verantworten"[1374] gehabt. Ferner sei der Angeklagte in Begleitung eines Gehilfen aufgetreten (dem er jedoch nicht übergeordnet gewesen sei). Schließlich habe er Gestaltungsmöglichkeiten insofern gehabt und auch wahrgenommen, als dass er „dem Kurier Anweisungen gab, wie er sich zu verhalten habe, und indem er Ort und Zeitpunkt der Übergabe des Rauschgifts bestimmte."[1375] Danach habe der 1. Strafsenat die Tathandlung als Mittäterschaft werten können, ohne von der Rechtsprechung des 2. Strafsenats abzuweichen. Auch die ergänzenden Ausführungen des Bundesverfassungsgerichts vermögen das gefundene Ergebnis nicht überzeugend zu begründen. Zunächst bleibt unklar, inwiefern der Angeklagte nach der Übernahme der Betäubungsmittel ihre weitere Verwendung zu verantworten hatte. Zu bedenken ist insbesondere, dass ein jeder Kurier die weitere Verwendung, also zunächst den Transport der Betäubungsmittel, zu verantworten hat. Zudem war dem Angeklagten der letztendliche Absatz der Betäubungsmittel jedenfalls

---

1372 BVerfG (1. Kammer des 2. Senats), B. v. 17.07.2007 – 2 BvR 1255/07 = NStZ 2008, 39.

1373 BVerfG (1. Kammer des 2. Senats), B. v. 17.07.2007 – 2 BvR 1255/07 = NStZ 2008, 39.

1374 BVerfG (1. Kammer des 2. Senats), B. v. 17.07.2007 – 2 BvR 1255/07 = NStZ 2008, 39.

1375 BVerfG (1. Kammer des 2. Senats), B. v. 17.07.2007 – 2 BvR 1255/07 = NStZ 2008, 39.

nicht überantwortet.[1376] Ferner kann auch die Anwesenheit eines weiteren Gehilfen, dem der Angeklagte ausdrücklich nicht übergeordnet war, eine herausgehobene Stellung des Angeklagten nicht begründen: Auch der schlichte Kurier, der von einem ihm gleichgeordneten Gehilfen begleitet wird, bleibt ein schlichter Kurier. Als über den bloßen Transport hinausgehende, die Täterschaft begründende Tätigkeit kommt demnach nur noch die „Anweisung an den Kurier" bzw. die „Festlegung von Übergabeort- und Zeitpunkt" in Betracht. Welche Anweisungen der Angeklagte dem Kurier gab, welche Qualität bzw. welche Intensität diese aufwiesen, bleibt unklar. Zudem soll nach der Rechtsprechung des 2. Strafsenats nicht jede beliebige, über den Transport hinausgehende Tätigkeit die Täterschaft begründen können.[1377] Insofern sollten (begründeterweise) hohe Anforderungen gestellt werden.[1378] Ob diese im vorliegenden Fall tatsächlich als erfüllt zu betrachten sind, bleibt auch nach den Ausführungen des Bundesverfassungsgerichts weiterhin zweifelhaft.

Abgesehen von den soeben dargestellten Entscheidungen folgte die Rechtsprechung aber der Systematisierung der Abschichtung von Täterschaft und Teilnahme bei Kurieren durch den 2. Strafsenat. Dadurch, dass der Fokus nun vom Teilakt des Transports genommen und auf die hiermit verbundene Stellung des Kuriers im Rahmen des Gesamtgeschäfts gelegt wurde, ergibt sich für den bloßen Kurier stets eine Strafbarkeit wegen Beihilfe. Durchaus anders werden allerdings solche Sachverhaltskonstellationen bewertet, in denen der Kurier weitere, über den Transport hinausgehende Tätigkeiten entfaltet.[1379]

1376 Diesen sollte vielmehr der Empfänger der Betäubungsmittel organisieren und abwickeln.

1377 Vgl. *Winkler*, NStZ 2008, 444, 445.

1378 Vgl. *Schmidt*, NJW 2009, 2999, 3000.

1379 Vgl. hierzu nach dem Urteil des 2. Strafsenats vom 28.02.2007 ergangene Entscheidungen zur Kuriertätigkeit: Beihilfe wurde angenommen von BGH, B. v. 23.05.2007 – 2 StR 138/07 (unveröffentlicht); BGH, B. v. 20.06.2007 – 2 StR 223/07 = StRR 2007, 203; BGH, B. v. 04.07.2007 – 2 StR 267/07 = NStZ-RR 2007, 320; BGH, B. v. 06.09.2007 – 2 StR 331/07 (unveröffentlicht); BGH, B. v. 04.10.2007 – 2 StR 401/07 = StRR 2007, 323; BGH, B. v. 10.10.2007 – 2 StR 392/07 (unveröffentlicht); BGH, B. v 17.10.2007 – 2 StR 369/07 = BGH, NStZ-RR 2008, 54; BGH, B. v. 21.11.2007 – 2 StR 468/07 = NStZ 2008, 285; BGH, B. v. 09.01.2008 – 2 StR 527/07 (unveröffentlicht); BGH, Urt. v. 07.02.2008 – 5 StR 242/07 = NStZ 2008, 465; BGH, B. v. 27.02.2008 – 2 StR 593/07 = StraFo 2008, 254; BGH, B. v. 10.06.2008 – 5 StR 191/08 = NStZ-RR 2008, 319; BGH, B. v. 30.10.2008 – 3 StR 397/08 = NStZ-RR 2009, 93; BGH, B. v. 10.03.2009 – 3 StR 36/09 = NStZ 2009, 394 f.; BGH, B. v. 19.03.2009 – 4 StR 20/09 = NStZ-RR 2009, 254 f.; BGH, B. v. 23.09.2009 – 5 StR 314/09 (unveröffentlicht); BGH, B. v. 26.01.2010 – 5 StR 209/09 (unveröffentlicht); BGH, B. v.

Insgesamt hat der 2. Strafsenat mit seinem auf Basis der Entscheidung des Großen Senats ergangenen Urteil eine neue, mittlerweile ständige Rechtsprechungslinie etabliert bzw. eine schon zuvor bestehende Tendenz systematisiert.

c) Kritik

Trotz der, zumindest im Ergebnis zu begrüßenden,[1380] nunmehr auf einer geordneten Basis wurzelnden und praktisch überwiegenden Annahme von Beihilfe im Falle der Kuriertätigkeit ergeben sich im Zusammenhang mit dieser Neuerung auch problematische Fragestellungen. Auf diese wird im Folgenden näher eingegangen.

aa) Unterbewertung des Tatbeitrags

Insbesondere *Weber* geht davon aus, dass die Klassifikation der bloßen Kuriertätigkeit als Beihilfehandlung zu einer Unterbewertung des Tatbeitrags des Kuriers führe,[1381] sofern dieser in der Gestaltung des Transports frei sei.[1382] Die Transporttätigkeit sei für den internationalen Rauschgifthandel insgesamt[1383] und damit auch für jedes einzelne Gesamtgeschäft jeweils von größter Bedeutung. Habe der Kurier die Tatherrschaft über den Transport inne, so falle ihm aufgrund dessen Wichtigkeit für das Gesamtgeschäft auch die Tatherrschaft über letzteres zu.[1384] Allein die untergeordnete Position des Rauschgiftkuriers im Gefüge einer Rauschgifthändlerorganisation könne das oben dargestellte Ergebnis

---

02.02.2010 – 3 StR 4/10 = NStZ-RR 2010, 318; BGH, Urt. v. 04.02.2010 – 4 StR 487/09 (unveröffentlicht); BGH, B. v. 04.03.2010 – 3 StR 559/09 (unveröffentlicht); BGH, B. v. 10.03.2010 – 2 StR 578/09 (unveröffentlicht); tendenziell auch BGH, B. v. 07.12.2010 – 5 StR 527/10 (unveröffentlicht); Täterschaft hingegen von: BGH, B. v. 25.04.2007 – 1 StR 159/07 = BGHSt 51, 324; BGH, B. v. 10.05. 2007 – 5 StR 74/07 = NStZ 2007, 529.

1380 Auf die dogmatischen Probleme in diesem Zusammenhang wurde bereits oben (3. Kapitel:F.II.2.a)) hingewiesen.

1381 *Franke/Wienroeder/Wienroeder*, BtMG, § 29 Rn. 65 messen diesem Problemkreis „nur noch" wissenschaftliche Bedeutung zu. Einen etwaigen Einfluss auf die Rechtspraxis negieren sie.

1382 Handelt es sich hingegen um einen vor, während und nach dem Transport lückenlos überwachten Kurier, möchte auch *Weber* diesem keine Tatherrschaft zuschreiben (vgl. NStZ 2008, 467, 468).

1383 Vgl. *Weber*, JR 2007, 400, 408 m.w.N. in Fn. 131, sowie *ders.*, NStZ 2008, 467, 468; *ders.*, Handeltreiben, S. 544.

1384 *Weber*, JR 2007, 400, 408; *ders.*, NStZ 2008, 467, 468.

nicht beeinflussen.[1385] Vielmehr ginge man den Organisatoren des in hohem Maße arbeitsteilig organisierten Rauschgifthandels „geradezu auf den Leim“[1386], würde man die Aufgliederung des komplexen Tatgeschehens in verschiedene Teilakte im Rahmen der Strafbarkeit nachvollziehen und den Kurier deshalb nur wegen Beihilfe verurteilen. Schließlich sei „es eine mit den tatsächlichen Verhältnissen vielfach nicht übereinstimmende Verallgemeinerung, wenn in der neueren Rechtsprechung gesagt wird, dem Kurier gehe es in erster Linie nicht um den Erfolg des Gesamtgeschäfts, sondern um die Entlohnung für die von ihm erbrachte Dienstleistung.“[1387]

Weber rückt damit die Wichtigkeit der Kurierfahrt für das Gelingen des Gesamtgeschäfts in den Mittelpunkt. Dies ist zwar sicherlich ein zu beachtender Gesichtspunkt, durch die von *Weber* vorgenommene Fokussierung erfährt er jedoch eine Überbewertung und versperrt mithin den Blick auf weitere, ebenfalls im Rahmen der Abgrenzung von Täterschaft und Teilnahme relevante Faktoren (unabhängig davon, ob man nun dem eher subjektiv geprägten Ansatz der Rechtsprechung oder der in der Literatur vorwiegend vertretenen Tatherrschaftslehre folgen mag)[1388].

Zwar mag das konkrete Umsatzgeschäft in seiner einzelfallbezogenen Gestalt nicht mehr zustande kommen, sofern der bzw. einer der Kuriere kurzfristig ausfällt. Dieser Umstand allein kann allerdings nicht zur Mittäterschaft des jeweiligen Kuriers führen. In einer solchen Situation mag der Kurier (immerhin zeitweilig) das „Ob“[1389] der Tat beeinflussen können. Über die Art und Weise der Tatbestandsverwirklichung, also die die Tat betreffenden Ausführungsmodalitäten ist insofern dagegen noch nichts gesagt. Dieser ebenfalls im Rahmen der Abgrenzung von Täterschaft und Teilnahme ausschlaggebende Gesichtspunkt bliebe unbeachtet. Wenn man die Argumentation *Webers* in diesem Bereich auf das insbesondere im Zusammenhang mit der nötigen bzw. nicht nötigen Kausalität der Beihilfehandlung[1390] bekannte „Leiterbeispiel“ projiziert, wird deren

---

1385 *Weber*, NStZ 2008, 467, 468: „Dass die untergeordnete Stellung eines Beteiligten in der Hierarchie nicht notwendig zur Beihilfe führen muss, zeigt aber bereits die Rechtsprechung zum „Täter hinter dem Täter“ (und nicht hinter dem Gehilfen)“.

1386 *Weber*, NStZ 2008, 467, 468.

1387 *Weber*, NStZ 2008, 467, 468; in JR, 2007, 400, 408 scheint er der Annahme der Rechtsprechung in dieser Beziehung noch offener gegenüberzustehen und nimmt an, dass „nicht selten nur noch das (relativ geringe) Interesse des Kuriers am Umsatz des Rauschgifts für die Annahme von Beihilfe zum Handeltreiben“ spricht.

1388 Vgl. zu den verschiedenen Ansätzen nur: MK-StGB/*Joecks*, § 25 Rn. 4 ff.

1389 Vgl. zum Begriffspaar des „Ob“ und „Wie“ der Tatbestandsverwirklichung *Schönke/-Schröder/Heine*, StGB, Vor. §§ 25 Rn. 62.

1390 Vgl. hierzu MK-StGB/*Joecks*, § 27 Rn. 21 ff.

Einseitigkeit verdeutlicht: Kann also der zum Einbruch entschlossene Täter die große, ihm den Zugang zum Fenster der ausgespähten Dachwohnung ermöglichende Leiter nicht alleine tragen, und hilft ihm nunmehr ein Dritter beim Transport der Leiter zum Tatort, so würde dieser wiederum (also vergleichbar mit dem schlichten Kurier) das „Ob" der Tat beherrschen: Versagte er kurzfristig (aus welchen Gründen auch immer) seine Hilfe, könnte der Einbruch nicht in geplanter Weise stattfinden. Trotzdem kann auch in diesem Beispiel die Abgrenzung zwischen Täterschaft und Teilnahme nicht auf diesen einzelnen Gesichtspunkt beschränkt werden. Letztlich ist der „Leiterträger" (im Hinblick auf seinen Tatbeitrag) ebenso als Teilnehmer der Tat anzusehen wie der Betäubungsmittelkurier.

Darüber hinaus ist *Weber* zuzustimmen, wenn er davon ausgeht, dass allein die untergeordnete Stellung der Kuriere in der Rauschgifthändlerorganisation und ihre damit einhergehende Austauschbarkeit nicht notwendig zu einer Beurteilung ihres Handelns als Beihilfe führen muss. Trotzdem sind beide Aspekte von Bedeutung: Die untergeordnete Stellung des Rauschgiftkuriers in der Hierarchie des Betäubungsmittelhandels (die auch *Weber* anerkennt) geht mit seinen geringen Einflussnahmemöglichkeiten bzgl. des „Wie" der Tat[1391] einher und hängt ferner mit der starken sozialen und wirtschaftlichen Abhängigkeit des Kuriers von den ihm übergeordneten Hierarchieebenen zusammen. Nach *Weber* dürfe es auch keine Rolle spielen, „dass der Organisator möglicherweise einen anderen Kurier hätte einsetzen können, da es sich dabei um einen hypothetischen Verlauf handeln würde."[1392] Dass diese Überlegung hypothetischer Natur ist, soll hier nicht bestritten werden. Dass sie für die Beurteilung des etwaigen Vorliegens von Tatherrschaft keine Relevanz besitzt, dagegen schon. Der Bundesgerichtshof selbst führte hierzu aus, dass es nötig sei, „bei der Frage, ob der Beteiligte das Tatgeschehen (mit) beherrschte, den Umstand seiner Austauschbarkeit in die Betrachtung einzubeziehen."[1393]

Auch die Befürchtung *Webers*, dass man den Organisatoren des Rauschgiftgeschäfts und deren arbeitsteiligem Vorgehen auf den Leim gehe, in dem man nur denjenigen, der insgesamt Tatherrschaft habe als Täter betrachtet, vermag nicht zu überzeugen. Richtig ist wiederum, dass der organisierte Betäubungsmittelhandel nur aufgrund einer weitgehenden Arbeitsteilung stattfinden kann. Trotzdem scheint dieser Ansatzpunkt nicht geeignet, um hieraus den Schluss ziehen zu können, dass die Prüfung des Vorliegens von Tatherrschaft letztlich wiederum nur auf den Teilbereich des Transports zu beschränken ist. Wenn *We-*

1391 Vgl. hierzu oben in diesem Abschnitt (3. Kapitel:G.II.3.c)aa)).

1392 *Weber*, NStZ 2008, 467, 468.

1393 BGH, NJW 1992, 3114, 3115.

ber in diesem Zusammenhang die Befürchtung äußert, dass der Betäubungsmittelhandel irgendwann nur noch von Teilnehmern betrieben werde,[1394] muss dem entgegengetreten werden. So beweisen aktuell doch auch andere, durch strenge Arbeitsteilung geprägte Zusammenschlüsse (z.B. Banden), dass es durchaus möglich ist, innerhalb dieser Strukturen, auch unter Beachtung der allgemeinen Abgrenzungsgrundsätze, Täter auszumachen und diese von Teilnehmern zu unterscheiden.[1395] Warum dies im Betäubungsmittelrecht, insbesondere unter Zugrundelegung der immer noch herrschenden weiten Auslegung anders sein sollte, ist nicht ersichtlich.[1396]

Letztlich kann es auch nicht weiterführend sein, darüber zu spekulieren, ob bei der Mehrzahl der Kuriere das Interesse an der Entlohnung für ihre Dienstleistung (den Transport) oder doch das Interesse am Gelingen des Gesamtgeschäfts im Vordergrund steht. Vielmehr muss *Weber* in diesem Punkt zugestimmt werden: Die Ermittlung des tatsächlichen Interesses des Kuriers kann nicht durch eine pauschale Annahme ersetzt werden, sondern muss stets im Einzelfall stattfinden. Eben dies propagiert allerdings auch der 2. Strafsenat in seiner Grundsatzentscheidung. Zwar geht er von der grundsätzlichen Annahme des bloßen Interesses des Kuriers an seiner Entlohnung aus, führt aber für die Möglichkeit des Vorliegens einer mittäterschaftlichen Kuriertätigkeit doch gerade den Fall an, dass der Kurier „sonst ein eigenes Interesse am weiteren Schicksal des Gesamtgeschäfts hat."[1397] Damit muss, auch nach der Logik der Rechtsprechung, zwingend eine einzelfallbezogene Interessenermittlung stattfinden.

Es bleibt damit festzuhalten, dass die Bewertung der (schlichten) Kuriertätigkeit als Teilnahme an der Tat nicht zur Unterbewertung der Handlungen des Kuriers führt. Es darf insofern nicht einseitig auf die Wichtigkeit des Transports der Betäubungsmittel für das Gelingen des Gesamtgeschehens abgestellt werden. Auch aus dem arbeitsteiligen Vorgehen lassen sich keine der obigen Beurteilung zuwiderlaufenden Erkenntnisse ziehen. Vielmehr müssen insbesondere die unterlegene Stellung des Kuriers in den Rauschgifthändlerorganisationen, ihre damit einhergehende Austauschbarkeit sowie ihre (zumeist) fehlende Einflussnahmemöglichkeit auf die Art und Weise des konkreten Tatgeschehens (ebenso) Beachtung finden.

1394 *Weber*, Handeltreiben, S. 545.

1395 Vgl. *Krumdiek*, StRR 2007, 244, 248.

1396 Vgl. BGH, Urt. v. 14.12.2006 – 4 StR 421/06 = NStZ 2007, 288 f. (Beihilfe zum bandenmäßigen Handeltreiben mit Betäubungsmitteln).

1397 BGH, Urt. v. 28.02.2007 – 2 StR 516/06 = BGHSt 51, 219, 223 f.

bb) Beweiswürdigung

Namentlich *Puppe*[1398] sieht das Problem der Abgrenzung von Täterschaft und Teilnahme nunmehr vom materiellen Recht auf die Ebene der Beweiswürdigung verlagert. Ihre insofern geübte Kritik bezieht sich vorwiegend auf zwei Beschlüsse des Bundesgerichtshofs.[1399] In diesen Entscheidungen reagiert der 1. Strafsenat auf die sich durch die Entscheidung des 2. Strafsenats[1400] neu ergebenden Verteidigungs- bzw. Einlassungsmöglichkeiten für den Angeklagten:[1401] So kommt es in der Praxis häufig vor, dass sich die Beschuldigten als bloße Kuriere und damit als Gehilfen darstellen. In einem der Leitsätze des 1. Strafsenats heißt es insofern: „Behauptet der Transporteur von Betäubungsmitteln, sein Tatbeitrag habe sich darin erschöpft, die Betäubungsmittel im Auftrag eines Dritten zu transportieren, und individualisiert er seinen Auftraggeber nicht, so ist der Tatrichter nicht aufgrund des Zweifelssatzes gehalten, diese, auf eine Beihilfe zum Handeltreiben abzielende Einlassung, zugrunde zu legen, wenn keine zuverlässigen Anhaltspunkte für den Auftrag und Person des Auftraggebers vorliegen."[1402] *Puppe* folgert hieraus, dass letztlich ein mittelbarer, mit dem Schweigerecht des Beschuldigten nicht zu vereinbarender Zwang bestehe, den Auftraggeber namhaft zu machen: „Nicht der Angeklagte hat Anhaltspunkte dafür zu liefern, dass er nur Kurier war, sondern es ist ihm zu beweisen, dass er mehr getan hat oder tun durfte."[1403] Dem ist zwar zuzustimmen. Gleichzeitig muss allerdings beachtet werden, dass die Entscheidungen des 1. Strafsenats weder darauf hinauslaufen, dass zwingend die Auftraggeber namhaft gemacht werden müssen, um die Einlassung des Angeklagten zu bestätigen, noch ist die aufgezeigte Rechtsprechungslinie neu bzw. bewegt sie sich außerhalb der rechtlichen Grenzen. Zwar kann auch (und vielleicht gerade) die Benennung der Auftraggeber verdeutlichen, dass der Beschuldigte tatsächlich nur als schlichter Kurier fungierte, dies aber vermögen auch (mannigfaltig denkbare) vom 1. Strafsenat ausdrücklich in Bezug genommene, andere „zuverlässige Anhaltspunkte". Die Benennung des Auftraggebers ist mithin keine zwingende Konsequenz, sondern lediglich eine Möglichkeit.

1398 *Puppe*, JR 2007, 299, 300.

1399 BGH, B. v. 25.04.2007 – 1 StR 124/07 = NStZ 2007, 530 f. und BGH, B. v. 25.04.2007 – 1 StR 159/07 = BGHSt 51, 324.

1400 BGH, Urt. v. 28.02.2007 – 2 StR 516/06 = BGHSt 51, 219.

1401 Auf diese geht auch schon *Leipold*, NJW-Spezial 2007, 234 in seinem Praxishinweis knapp ein: „Für die Verteidigung bietet sie zahlreiche Ansätze".

1402 BGH, B. v. 25.04.2007 – 1 StR 159/07 = BGHSt 51, 324.

1403 *Puppe*, JR 2007, 299, 300.

Ferner ist es anerkannt, dass sich der Tatrichter auch bzgl. der für den Angeklagten entlastenden Angaben, eine Überzeugung von deren Richtigkeit oder Unrichtigkeit aufgrund des Ergebnisses der Beweisaufnahme zu bilden hat.[1404] „Erst recht darf der Tatrichter entlastende Sachverhaltsgestaltungen des schweigenden Angeklagten nicht als unwiderlegt hinnehmen [...], nur weil es für das Gegenteil keine unmittelbaren Tatsachen gibt."[1405] „Wenn es [...] für das Gegenteil der Einlassung eine Fülle gewichtiger Beweisanzeichen gibt, ist er nicht gehindert, sich davon zu überzeugen, selbst wenn die Widerlegung der entlastenden Angaben nicht zwingend[1406] ist und auch ein anderer Schluss möglich wäre."[1407] Letztlich führt dieses Vorgehen (auch hinsichtlich des schweigenden Angeklagten) nicht zu einer gegen das Schuldprinzip verstoßenden Beweislastumkehr, „sondern ist notwendige Folge der Verpflichtung des Gerichts, gemäß § 261 StPO seine Überzeugung aus dem Inbegriff der Hauptverhandlung zu schöpfen."[1408]

Schließlich sind damit im Rahmen der neuen betäubungsmitterechtlichen Kurierrechtsprechung keine über die sonstigen (auch im allgemeinen Strafrecht bestehenden) mit der Beweiswürdigung zusammenhängenden Schwierigkeiten hinausgehenden Probleme verbunden.

cc) Aufrechterhaltung des Strafausspruchs

Selbst wenn der Sachverhaltsdarstellung des Angeklagten, in der er sich als bloßer Kurier darstellt, Glauben geschenkt wird und es demnach zu einer Verurteilung wegen Beihilfe zum Handeltreiben kommt, könnte sich dieser „Erfolg" in der Praxis als Pyrrhussieg erweisen.[1409]

Hat die Kuriertätigkeit einen Auslandsbezug, beinhaltet sie also einen Grenzübertritt,[1410] so ist stets auch tateinheitlich die (vollendete täterschaftliche) „Einfuhr" von Betäubungsmitteln zu bejahen. Diese unterliegt in der mehrheitli-

---

1404 BGHSt 34, 29, 34; BGHR StPO § 261 Einlassung 6; BGH, B. v. 22.04.1997 – 4 StR 133/97 = BGHR StPO § 261 Überzeugungsbildung 29; BGH, NStZ 2002, 48.

1405 BVerfG (1. Kammer des 2. Senats), B. v. 18.11.2006 – 2 BvR 1378/06 = BVerfGK 9, 420, 424.

1406 Vgl. hierzu auch *Winkler*, NStZ 2007, 317, 321.

1407 BGH, Urt. v. 21.12.2006 – 3 StR 427/06 (unveröffentlicht).

1408 BGH, B. v. 25.04.2007 – 1 StR 159/07 = BGHSt 51, 324, 325; ähnlich auch BVerfG (1. Kammer des 2. Senats), B. v. 18.11.2006 – 2 BvR 1378/06 = BVerfGK 9, 420, 424.

1409 Vgl. *Puppe*, JR 2007, 299.

1410 Zu der jeweils maßgeblichen Grenze vgl. *Weber*, BtMG, § 2 Rn. 46 ff. Grundsätzlich maßgeblich ist allerdings die deutsche Hoheitsgrenze (BGH, Urt. v. 22.07.1998 – 3 StR 35/ 92 = BGHR BtMG § 29 Abs 1 Nr 1 Einfuhr 27).

chen Anzahl der Fälle derselben gesetzlichen Strafdrohung wie das Handeltreiben.[1411] Deshalb sieht der Bundesgerichtshof im Hinblick auf § 52 II StGB letztlich weit überwiegend von einer Änderung des Strafausspruchs vollständig ab.

Selbiges Phänomen lässt sich auch bei einer innerdeutschen Kuriertätigkeit beobachten. Zwar ist in diesen Fällen die tateinheitliche Verurteilung wegen Einfuhr des Betäubungsmittels ausgeschlossen. Allerdings erlangt dadurch, dass die bloße Kuriertätigkeit nunmehr nur noch als Teilnahme am Handeltreiben bewertet wird, die mit der Kuriertätigkeit ebenfalls tateinheitlich verwirklichte Strafbarkeit wegen „Besitzes" eigenständige Bedeutung.[1412] Auch in diesen Fällen unterliegen beide Strafbarkeiten teilweise derselben gesetzlichen Strafdrohung: §§ 29 I, 29a I BtMG.

Letztlich führte der jeweilige „Rückgriff" auf die Einfuhr bzw. den Besitz in der Praxis dazu, dass zwar der Schuldspruch durch das Revisionsgericht geändert wurde, der Strafausspruch jedoch keine Aufhebung erfuhr.[1413] Dieses Vorgehen (Aufrechterhaltung des Strafausspruchs trotz des Wegfalls der täterschaftlichen Verwirklichung der, den größten Unrechtsgehalt aufweisenden Handlungsalternative) erscheint nicht nur in strafzumessungsrechtlicher Hinsicht problematisch. Darüber hinaus hat es für den jeweiligen Verurteilten weitreichende Konsequenzen. Für ihn ergeben sich – trotz der restriktiveren Interpretation des Handeltreibens, die in diesem Bereich der ständigen Rechtsprechung entspricht – keine gravierenden Vorteile. Damit ist der praktische Wert der neuen Kurierrechtsprechung, trotz ihrer zu begrüßenden Intention, insgesamt anzuzweifeln.[1414]

1411 Vgl. §§ 29 I, 30 I, 30a BtMG.

1412 Vgl. BGH, B. v 17.10.2007 – 2 StR 369/07 = BGH, NStZ-RR 2008, 54, 55. Im Verhältnis zum täterschaftlichen Handeltreiben ist der Besitz von Betäubungsmitteln ein unselbstständiger, im Handeltreiben aufgehender Teilakt (vgl. BGH, Urt. v. 14.12.2005 – 2 StR 466/05 = NStZ-RR 2006, 88, 89).

1413 Vgl. nur: BGH, Urt. v. 28.02.2007 – 2 StR 516/06 = JR 2007, 298, 299 (insoweit nicht abgedr. in BGHSt 51, 219); BGH, B. v. 21.12.2005 – 2 StR 539/05 = NStZ 2006, 455; BGH, B. v. 23.05.2006 – 3 StR 119/06 (unveröffentlicht); BGH, B. v. 13.07.2006 – 2 StR 199/06 (unveröffentlicht); BGH, B. v. 06.04.2006 – 3 StR 87/06 = NStZ 2006, 454; BGH, B. v. 06.04. 2006 – 3 StR 93/06 = StraFo 2006, 342; B. v. 10.03.2010 – 2 StR 578/09 (unveröffentlicht); anders insoweit allerdings BGH, Urt. v. 14.12.2005 – 2 StR 466/05 = NStZ-RR 2006, 88, 89 wobei es im konkreten Fall zudem an einer an den Zwecken des Jugendstrafrechts orientierten Begründung fehlte.

1414 Vgl. *Puppe*, JR 2007, 299: „praktische Bedeutung [...] gering".

dd) Verhältnis zum Grundstoffüberwachungsgesetz

Durch die Beurteilung der Tätigkeit eines schlichten Betäubungsmittelkuriers als bloße Beihilfehandlung ergeben sich Spannungen zum Grundstoffüberwachungsgesetz [GÜG].[1415] Namentlich im Verhältnis zu § 19 I Nr. 1 und II GÜG entstehen schwer nachvollziehbare Differenzierungen, obwohl sich § 19 I Nr. 1 GÜG weitgehend an § 29 I Nr. 1, 3 und 5 BtMG orientieren soll.[1416]

Zunächst wird von § 19 I Nr. 1 GÜG (unter anderem) derjenige mit Strafe bedroht, der verbotenerweise Grundstoffe[1417] durch den oder im Geltungsbereich des GÜG befördert. Danach stellt sich das bloße uneigennützige Befördern von zur Betäubungsmittelherstellung benötigten Grundstoffen als täterschaftliches Vergehen gem. § 19 I Nr. 1 GÜG dar. Die schlichte Beförderung von Betäubungsmitteln selbst dagegen wird als Teilnahme am unerlaubten Handeltreiben (§ 29 I 1 Nr. 1 BtMG) eines anderen bewertet. Diese Differenzierung erscheint insbesondere vor dem Hintergrund des jeweils einschlägigen Strafrahmens unverständlich. So enthält sowohl § 19 I Nr. 1 GÜG als auch § 29 I 1 Nr. 1 BtMG eine Strafdrohung, die von Geldstrafe bis hin zur fünfjährigen Freiheitsstrafe reicht. Im konkreten Einzelfall ist allerdings die nur im Rahmen der Beförderung von Betäubungsmitteln nach den §§ 27 II 2, 49 I Nr. 2 StGB vorgesehene obligatorische Milderung zu beachten. Letztlich stünde also zur Bestrafung des „Grundstoffkuriers", zumindest theoretisch,[1418] ein weitergehender Strafrahmen als zur Bestrafung des „Betäubungsmittelkuriers" zur Verfügung.

1415 Vgl. knapp *Weber*, BtMG, § 29 Rn. 625.

1416 BT-Drs. 16/7414, S. 21; *Erbs/Kohlhaas/Anders*, GÜG, § 19 Rn. 2; *Hügel/Junge/-Lander/Winkler*, Deutsches Betäubungsmittelrecht, § 19 GÜG Rn. 3.1.2.

1417 Vgl. hierzu die Begriffsbestimmung in § 1 Nr. 1 GÜG.

1418 Die praktischen Auswirkungen des hier aufgezeigten Wertungswiderspruchs dürften allerdings weitaus weniger gravierend ausfallen. Es muss beachtet werden, dass die betäubungsmittelrechtliche Rechtsprechung, im Fall der aus der bloßen Kuriertätigkeit resultierenden Beihilfestrafbarkeit, auf die, allerdings täterschaftlich verwirklichte Strafbarkeit, wegen des Besitzes von Betäubungsmitteln zurückgreift. Über die Besitzstrafbarkeit ist dann, zumindest im Rahmen von §§ 29 I, 29a BtMG, derselbe Strafrahmen wie für das (täterschaftliche) Handeltreiben eröffnet (vgl. oben 3. Kapitel:G.II.3.c)cc)). Ferner ist darauf hinzuweisen, dass die Vorschriften des Grundstoffüberwachungsgesetzes hinter die Strafvorschriften des Betäubungsmittelgesetzes zurücktreten, sofern der Unrechtsgehalt der Tat bereits von dessen Strafvorschriften hinreichend erfasst wird (BGH, Urt. v. 03.08.2005 – 2 StR 360/04 = StV 2005, 668). Insofern ist zu beachten, dass auch der Umgang mit Grundstoffen, die selbst keine Betäubungsmittelqualität aufweisen, u.U. als Handeltreiben mit Betäubungsmitteln geahndet werden kann (vgl. oben 2. Kapitel:B.I.2.a)aa)(2); BGH, Urt. v. 03.08.2005 – 2 StR 360/04 = StV 2005, 666 ff.; *Körner*, BtMG, § 29 Rn. 2012).

Der Eindruck einer ungerechtfertigten Ungleichbehandlung verstärkt sich durch die in § 19 II GÜG angeordnete Versuchsstrafbarkeit: Der Versuch des Beförderns von Grundstoffen wäre strafbar. Der Versuch des Beförderns von Betäubungsmitteln, der sich als straflose „versuchte Beihilfe" darstellen würde, dagegen nicht.

ee) Vereinbarkeit mit dem EU-Rahmenbeschluss

Zu überprüfen ist weiterhin, ob die neue Kurierrechtsprechung mit dem EU-Rahmenbeschluss vom 25.10.2004[1419] zu vereinbaren ist.[1420] Gem. Art. 2 I a des Beschlusses sind die Mitgliedsstaaten (unter anderem) verpflichtet, das ohne eine entsprechende Berechtigung vorgenommene „Befördern" von Betäubungsmitteln unter Strafe zu stellen. Bisher wurde diesen Anforderungen durch die weite Auslegung des Handeltreibens genügt:[1421] Hiernach wurde auch in der Beförderung von Betäubungsmitteln ein täterschaftliches Handeln erblickt. Wie bereits dargestellt hat die Rechtsprechung insofern allerdings eine Änderung erfahren. Es fragt sich nunmehr, ob auch die Beurteilung des Beförderns der Betäubungsmittel als bloße Beihilfe den Anforderungen des Art. 2 I a des Rahmenbeschlusses entspricht.

Zwar ist dem Wortlaut des Art. 2 I a selbst nicht zu entnehmen, dass die Strafbewehrung zwingend in täterschaftlicher Form zu erfolgen hat, dies ergibt sich jedoch aus der Systematik des Rahmenbeschlusses. So muss in diesem Zusammenhang insbesondere Art. 3 des Rahmenbeschlusses beachtet werden. Dieser legt in Abs. 1 zunächst fest, dass jeder Mitgliedstaat die erforderlichen Maßnahmen zu ergreifen hat, um die Anstiftung und Beihilfe zu einer der in Art. 2 genannten Straftaten unter Strafe zu stellen. Hieraus wird deutlich, dass der EU-Rahmenbeschluss bewusst zwischen der täterschaftlichen Verwirklichungsmöglichkeit einer Straftat und der Teilnahme (Anstiftung bzw. Beihilfe) an einer solchen differenziert. Ferner enthält Art. 3 I des Rahmenbeschlusses auch die Vorgabe, den jeweiligen Versuch der in Art. 2 genannten Straftaten (hier also des „Beförderns") unter Strafe zu stellen. Dies ist jedoch, zumindest im Hinblick auf das Befördern im Rahmen der Kuriertätigkeit, nicht möglich:[1422] Begreift man dieses als Beihilfe (zum Handeltreiben), so muss der Versuch zwingend straflos

1419 Vgl. oben 1. Kapitel:D.

1420 Insofern äußert *Weber* (NStZ 2008, 467 f.) erhebliche Bedenken.

1421 Vgl. MK-BtMG/*Rahlf*, Vorbm. zu den §§ 1 ff. Rn. 32, der davon ausgeht, dass Deutschland „mit seinem Betäubungsmittelrecht weit über die im Rahmenbeschluss festgelegten Mindestbedingungen" hinausgeht.

1422 So auch *Weber*, NStZ 2008, 467, 468.

sein, denn das Inkriminieren einer versuchten Beihilfe ist dem deutschen Strafrecht fremd. Dieser Mangel könnte allerdings dadurch geheilt werden, dass man die Strafbewehrung des „Beförderns“ durch die Erfassung der (mit dem Befördern fraglos verbundenen) Einfuhr, Durchfuhr und Ausfuhr durch das deutsche Betäubungsmittelgesetz als gewährleistet ansieht. Hiergegen aber spricht schon die Systematik des Art. 2 I a selbst. Dieser nämlich begreift die Ein- und Ausfuhr von Betäubungsmitteln als eigenständige Strafbarkeiten.[1423] Ferner könnten durch das alleinige Abstellen auf die Ein-, Durch- bzw. Ausfuhr allein innerdeutsche Sachverhaltsgestaltungen nicht erfasst werden.

Auch die Rechtsprechung hat mittlerweile zur Vereinbarkeit der neuen Kurierrechtsprechung mit dem EU-Rahmenbeschluss Stellung genommen. Danach soll die im Rahmenbeschluss verlangte Strafbarkeit des Beförderns von Betäubungsmitteln bereits dadurch gewährleistet werden, „dass die Beförderung regelmäßig mit dem Besitz an den Betäubungsmitteln verbunden ist und der Besitz von Betäubungsmitteln eine eigenständige Strafbarkeit auslöst (§§ 29 I Nr.3, 29a I Nr. 2 BtMG).“[1424] Allerdings kann auch das „Ausweichen“ auf die Strafbarkeit des Besitzes nicht restlos überzeugen. Es ist zwar zuzugeben, dass mit dem Befördern der Betäubungsmittel regelmäßig auch der Besitz hieran verbunden sein wird, zwingend ist dieser Schluss allerdings nicht. So wird insbesondere beim Transport von Betäubungsmitteln über kurze Strecken von der Rechtsprechung angenommen, dass es sich nur um eine „kurze Hilfstätigkeit“[1425] handele und in derartigen Fällen eine Beschränkung, also Verneinung des Besitztatbestands zu erfolgen habe.[1426] Ferner muss beachtet werden, dass eine Verneinung der Strafbarkeit auch in einem Mangel im subjektiven Bereich (z.B. fehlender Besitzwille)[1427] begründet liegen kann. Überdies spricht wiederum die Systematik des Rahmenbeschlusses gegen die Argumentation der Rechtsprechung.[1428] Es ist zu beachten, dass auch der Rahmenbeschluss nicht von einer eigenständigen Sanktionierung des Besitzes absieht. Vielmehr wird die Strafbarkeit des Besitzes, unabhängig von der Strafbarkeit des Beförderns in Art. 2 I c normiert. Mithin wird deutlich, dass der EU-Rahmenbeschluss zwischen dem Befördern der Betäubungsmittel und dem Besitzen dieser zum Zwe-

---

1423 Vgl. *Weber*, NStZ 2008, 467.

1424 BGH, B. v. 30.10.2008 – 5 StR 345/08 = NStZ 2009, 392, 393.

1425 BGH, Urt. v. 16.04.1975 – 2 StR 60/75 = BGHSt 26, 117.

1426 BGH, Urt. v. 16.04.1975 – 2 StR 60/75 = BGHSt 26, 117 f.; BGH, B v. 25.02.1983 – 3 StR 345/82(S) = StV 1983, 200; vgl. auch BGH, B. v. 02.09.1994 – 2 StR 429/94 = BGHR BtMG § 29 Abs 1 Nr 3 Besitz 2.

1427 Vgl. hierzu jüngst BGH, B. v. 10.06.2010 – 2 StR 246/10 = StV 2010, 683.

1428 Vgl. *Weber*, BtMG, § 29 Rn. 626.

cke der Beförderung differenziert. Schließlich muss der die Versuchsstrafbarkeit einfordernde Art. 3 I des Rahmenbeschlusses beachtet werden. Da der versuchte Besitz in seiner Grundform (§ 29 I Nr. 3 BtMG) nicht mit Strafe bewehrt ist (anders nur in der qualifizierten Form des Besitzes, § 29a I Nr. 2 BtMG), würde den Vorgaben des Rahmenbeschlusses auch insofern nur unzureichend genügt.[1429]

Insgesamt kann daher nicht von einer Vereinbarkeit der neuen Kurierrechtsprechung mit den Anforderungen des EU-Rahmenbeschlusses ausgegangen werden. Täte man dies, käme man nicht umhin, eine nur teilweise Umsetzung des Rahmenbeschlusses zu akzeptieren bzw. würde man dem Rahmenbeschluss, wie gezeigt, systematische Inkonsistenz unterstellen müssen.

4. Zusammenfassung

Schon vor der Entscheidung des Großen Senats war es allgemein anerkannt, dass es auch im Rahmen der Kuriertätigkeit einer Abgrenzung von Täterschaft und Teilnahme nach den allgemeinen Grundsätzen bedarf.[1430] Unter Zugrundelegung dieser gedanklichen Basis wurde die Tätigkeit der Rauschgiftkuriere überwiegend als (mit-)täterschaftliches Handeltreiben aufgefasst.[1431] Die nach der Entscheidung des Großen Senats ergangene Kurierrechtsprechung wies eine gegenläufige Tendenz auf. Zwar wurden weiterhin die allgemeinen Abgrenzungskriterien als maßgeblich erachtet,[1432] allerdings fand eine andere Gesamtbewertung der Tatbeiträge statt: So wurde, weitgehend ohne eine dogmatische Fundierung, der bloße Kurier als Teilnehmer angesehen.

Diesen Begründungsmangel suchte der 2. Strafsenat in seiner Entscheidung vom 28.02.2007[1433] zu beheben, indem er allgemeingültige Beurteilungskriterien für die Kurierfälle formulierte: Da nach § 29 I 1 Nr. 1 BtMG das Handeltreiben mit und nicht – isoliert – der Transport von Betäubungsmitteln strafbar ist, muss „für eine zutreffende Einordnung der Beteiligung des Kuriers der jeweils konkrete Tatbeitrag für das Umsatzgeschäft insgesamt und nicht allein für den Teilbereich des Transports [...] bewertet werden.“[1434] Nicht entscheidend ist mithin, „welches Maß an Selbstständigkeit und Tatherrschaft der Beteiligte hinsichtlich

---

1429 Vgl. *Weber*, BtMG, § 29 Rn. 626.

1430 BGH, B. v. 04.03.1993 – 4 StR 69/93 = BGHR BtMG § 29 Abs 1 Nr 1 Handeltreiben 36; BGH, B. v. 02.07.1998 – 1 StR 280/98 = StV 1998, 596; *Franke/Wienroeder/-Wienroeder*, BtMG, § 29 Rn. 62; *Krumdiek*, StRR 2007, 110.

1431 Vgl. oben 3. Kapitel:G.II.1.

1432 *Klaws*, StRR 2009, 390, 391.

1433 BGH, Urt. v. 28.02.2007 – 2 StR 516/06 = BGHSt 51, 219.

1434 BGH, Urt. v. 28.02.2007 – 2 StR 516/06 = BGHSt 51, 219, 222.

eines isolierten Teilakts des Umsatzgeschäftes innehat."[1435] Vielmehr ist maßgeblich, „welche Bedeutung der konkreten Beteiligungshandlung im Rahmen des Gesamtgeschäfts zukommt."[1436] Danach ist der schlichte Kurier als Teilnehmer, genauer als Gehilfe zu bestrafen. Abgesehen von vereinzelten Entscheidungen folgte die Rechtsprechung der durch den 2. Strafsenat vorgegebenen Systematisierung der Abschichtung von Täterschaft und Teilnahme bei den Kurieren.[1437]

Trotz des zu begrüßenden Ergebnisses ergeben sich im Zusammenhang mit der dargestellten Neuerung auch problematische Fragestellungen. Entgegen *Weber* ist zwar nicht davon auszugehen, dass der Tatbeitrag des Kuriers neuerdings unterbewertet würde. Noch sind mit der neuen betäubungsmittelrechtlichen Kurierrechtsprechung Schwierigkeiten, die über die sonstigen (auch im allgemeinen Strafrecht) mit der Beweiswürdigung zusammenhängenden Probleme hinausgehen, verbunden. Bedauerlicherweise ist aber der praktische Wert der neuen Kurierrechtsprechung, trotz ihrer zu begrüßenden Intention, anzuzweifeln: Durch die Aufrechterhaltung des Strafausspruchs im Rechtsmittelverfahren, zeigt sich, dass die Rechtsprechungsänderung im Strafausspruch wohl ohne Bedeutung bleiben wird. Sie erweist sich damit in der überwiegenden Anzahl der Fälle als Pyrrhussieg. Ferner ergeben sich Spannungen im Verhältnis zu § 19 I Nr. 1 GÜG der denjenigen als Täter inkriminiert, der verbotenerweise Grundstoffe durch den oder im Geltungsbereich des GÜG befördert. Schließlich kann nicht von einer Vereinbarkeit der neuen Kurierrechtsprechung mit den Anforderungen des EU-Rahmenbeschlusses ausgegangen werden.

Insgesamt muss damit konstatiert werden, dass die Intention, eine praktische Restriktion der Täterschaft zu Gunsten der Teilnahme herbeizuführen, uneingeschränkt zu begrüßen ist, der konkrete Weg der Umsetzung im Rahmen der Kurierrechtsprechung allerdings neuerliche Probleme sowohl dogmatischer als auch praktischer Natur mit sich bringt.

1435 BGH, Urt. v. 28.02.2007 – 2 StR 516/06 = BGHSt 51, 219, 222.

1436 BGH, Urt. v. 28.02.2007 – 2 StR 516/06 = BGHSt 51, 219, 223.

1437 Vgl. oben 3. Kapitel:G.II.3.b).

5. Exkurs: Übertragung der vom 2. Strafsenat für Kuriere aufgestellten Beurteilungskriterien auf weitere Sachverhaltskonstellationen

Der 3. Strafsenat hat es jüngst unternommen, die vom 2. Strafsenat im Rahmen seiner Entscheidung vom 28.02.2007[1438] aufgezeigten Beurteilungskriterien auf andere, außerhalb der Kurierfälle liegende Sachverhaltskonstellationen zu übertragen. Insbesondere stehen hierbei die Vergleichbarkeit der jeweiligen Tätigkeit mit der eines Kuriers und die Frage im Vordergrund, welche Bedeutung der konkreten Beteiligungshandlung im Rahmen des Gesamtgeschäfts zukommt.

a) Aufbewahren von Rauschgift für einen Dritten

Das Aufbewahren des, zur gewinnbringenden Veräußerung bestimmten Rauschgifts, für einen Dritten,[1439] kann zwar ein Tatbeitrag sein, der die Annahme täterschaftlichen Handeltreibens rechtfertigt.[1440] Trotzdem müssen auch hier die allgemeinen, zur Abgrenzung von Teilnahme und Täterschaft entwickelten Kriterien Anwendung finden.[1441]

Die rechtliche Bewertung dieser Situation durch den Bundesgerichtshof weist Parallelen zur Entwicklung der Beurteilung im Rahmen der Kurierrechtsprechung auf: Nach früher teilweise uneinheitlichen Entscheidungen[1442] setzte sich die Überzeugung, den Bunkerhalter als Teilnehmer (und damit als Gehilfen) aufzufassen, zunehmend durch.[1443] Jüngst stellte der 3. Strafsenat heraus, dass die Stellung des Bunkerhalters, der eines reinen Kuriers gleichkommt.[1444]

1438 BGH, Urt. v. 28.02.2007 – 2 StR 516/06 = BGHSt 51, 219; vgl. oben 3. Kapitel:G.II.3.a).

1439 Auch „bunkern" genannt (vgl. BGH, Urt. v. 13.08.2009 – 3 StR 224/09 = BGHR BtMG § 30a Abs 2 Sichverschaffen 2).

1440 BGH, B. v. 25.05.1994 – 2 StR 203/94 = BGHR BtMG § 29 Abs 1 Nr 1 Handeltreiben 42.

1441 BGH, B. v. 15.07.2005 – 2 StR 226/05 = StV 2005, 555.

1442 Vgl. BGH, Urt. v. 25.01.1996 – 5 StR 402/95 = NJW 1996, 2316 einerseits und BGH, B. v. 25.05.1994 – 2 StR 203/94 = BGHR BtMG § 29 Abs 1 Nr 1 Handeltreiben 42 andererseits.

1443 Vgl. zur voranschreitenden Verfestigung knapp einen schon kurz vor der Entscheidung des Großen Senats vom 26.10.2005 ergangenen Beschluss: BGH, B. v. 15.07.2005 – 2 StR 226/05 = StV 2005, 555, sowie zwei nach der Entscheidung des Großen Senats vom 26.10.2005 ergangene Beschlüsse: BGH, B. v. 04.04.2006 – 3 StR 91/06 = NStZ 2007, 102 und BGH, B. v. 24.10.2006 – 3 StR 388/06 = NStZ-RR 2007, 58.

1444 BGH, Urt. v. 13.08.2009 – 3 StR 224/09 = BGHR BtMG § 30a Abs 2 Sichverschaffen 2.

Danach ist es konsequent, die im Rahmen der Kurierrechtsprechung erarbeiteten Beurteilungskriterien auf den Bunkerhalter zu übertragen. Mithin ist im Rahmen der Abgrenzung von Täterschaft und Teilnahme auch beim Bunkerhalter nicht mehr allein der Teilakt des Bunkerns zu betrachten. Vielmehr kommt es, wie bei Beurteilung der Kuriere,[1445] darauf an, „welche Bedeutung der konkreten Beteiligungshandlung im Rahmen des Gesamtgeschäfts zukommt.“[1446]

b) *Organisation des Betäubungsmitteltransports*

Der Angeklagte trug zur Organisation eines Betäubungsmitteltransports bei, indem er sein Büro für vorbereitende Gespräche zur Verfügung stellte, an diesen Gesprächen – allerdings überwiegend nur passiv – teilnahm und schließlich ein Fax (Buchungsbestätigung für eine Fähre) entgegennahm und weiterleitete.[1447]

Das Landgericht hat diesen Sachverhalt als mittäterschaftlich begangenes Handeltreiben gewürdigt. Dem trat der 3. Strafsenat entgegen.

Er führte, unter Rückgriff auf die vom 2. Strafsenat am 28.02.2007[1448] geprägten Formulierungen aus, dass die Tätigkeiten des Angeklagten „insgesamt nur dem Transport des Rauschgifts [...] dienen sollten und damit lediglich einen Teilbereich des geplanten Geschäfts [...] betrafen. Den [...] Tatbeiträgen [...] kam mit Blick auf ihre Bedeutung für das Gesamtgeschäft eine lediglich untergeordnete Bedeutung zu.“[1449] Damit sei das Handeln des Angeklagten lediglich als Beihilfe zum Handeltreiben zu werten.

c) *Mitwirkung bei der Betäubungsmittelübergabe*

Der Angeklagte wirkte in vier Fällen bei der Betäubungsmittelübergabe mit. Entweder führte er zu diesem Zwecke den Kurier seines Lieferanten und die Abnehmer der Betäubungsmittel an einem sicheren Ort zusammen oder übernahm die Betäubungsmittel selbst direkt vom Kurier, lagerte sie für kurze Zeit in einer Bunkerwohnung und übergab die Drogen schließlich eigenhändig den Abnehmern. Nach der Übergabe an die Abnehmer oblag es dem Angeklagten in

---

1445 Vgl. oben 3. Kapitel:G.II.3.a).

1446 BGH, Urt. v. 13.08.2009 – 3 StR 224/09 = BGHR BtMG § 30a Abs 2 Sichverschaffen 2.

1447 Vgl. BGH, B. v. 21.04.2009 – 3 StR 107/09 = StraFo 2009, 344; vgl. zu dieser Entscheidung auch den Kurzbericht von *Klaws*, StRR 2009, 390, der auf den hier interessierenden Gesichtspunkt allerdings nicht weiter eingeht.

1448 BGH, Urt. v. 28.02.2007 – 2 StR 516/06 = BGHSt 51, 219; vgl. oben 3. Kapitel:G.II.3.a).

1449 BGH, B. v. 21.04.2009 – 3 StR 107/09 = StraFo 2009, 344, 345.

allen Fällen, von diesen das Geld entgegenzunehmen und sodann zu seinem Lieferanten in die Niederlande zu transportieren.[1450]

Der 3. Strafsenat bewertete die Handlungen des Angeklagten in allen Fällen nur als Beihilfe zum unerlaubten Handeltreiben.

Dem Angeklagten komme „im Wesentlichen die Rolle eines Kuriers zu."[1451] Es müsse berücksichtigt werden, dass er in das eigentliche Umsatzgeschäft nicht eingebunden war und insoweit keinerlei täterschaftliche Gestaltungsmöglichkeiten besaß. Unter Bezugnahme auf die Entscheidung des 2. Strafsenats vom 28.02.2007[1452] formulierte der 3. Strafsenat, dass die Tatbeiträge des Angeklagten sich in untergeordneten Tätigkeiten erschöpften, die nur von geringem „Gewicht für das Gesamtgeschehen"[1453] waren.

In einem ähnlich gelagerten Fall[1454] wurden dem Angeklagten jeweils Betäubungsmittel in seine Wohnung geliefert. Diese wurden von ihm an unbekannt gebliebene Personen verkauft. Den für die Betäubungsmittel an ihn ausgezahlten Kaufpreis übergab er seinem Lieferanten.

Der 3. Strafsenat führte aus: „Die *Kammer* konnte nicht ausschließen, dass der Angekl. lediglich als „Kurier" tätig war. [...] Die Tätigkeit eines Kuriers, die sich in dem Transport des Rauschgifts erschöpft und ohne weiteren Einfluss auf die Abwicklung des eigentlichen Umsatzgeschäftes bleibt"[1455], sei aber nach der neueren Rechtsprechung des Bundesgerichtshofs, als Beihilfe zu werten.

d) Stellungnahme

Wieder ist es der 3. Strafsenat, der sich mit der Weite des Handeltreibens nicht abfinden möchte und weitreichende Restriktionen herbeiführt. Hierfür wendet er die vom 2. Strafsenat im Rahmen der Kurierrechtsprechung aufgezeigten Kriterien auf andere Sachverhaltskonstellationen an.

In den unter a) und b) dargestellten Konstellationen erscheint die erfolgte Übernahme der Beurteilungskriterien überzeugend. Die geschilderten Tätigkeiten lassen sich, insbesondere was ihre Relevanz für das Gesamtgeschäft betrifft, mit dem Kurierdienst vergleichen. In diesen Konstellationen bekleidet der An-

---

1450 Vgl. BGH, B. v. 02.02.2010 – 3 StR 4/10 = NStZ-RR 2010, 318.

1451 BGH, B. v. 02.02.2010 – 3 StR 4/10 = NStZ-RR 2010, 318.

1452 BGH, Urt. v. 28.02.2007 – 2 StR 516/06 = BGHSt 51, 219; vgl. oben 3. Kapitel:G.II.3.a).

1453 BGH, B. v. 02.02.2010 – 3 StR 4/10 = NStZ-RR 2010, 318.

1454 BGH, B. v. 10.03.2009 – 3 StR 36/09 = NStZ 2009, 394.

1455 BGH, B. v. 10.03.2009 – 3 StR 36/09 = NStZ 2009, 394, 395.

geklagte jeweils nur eine untergeordnete Rolle und hat keinen weiteren Einfluss auf die Abwicklung des eigentlichen Umsatzgeschäfts.

Eben dieser Einfluss wird auch den Angeklagten in den unter c) erörterten Fällen vom 3. Strafsenat abgesprochen. Dies erscheint jedoch fraglich. So muss beachtet werden, dass die beschriebenen Tätigkeiten nicht mehr nur isoliert einen einzelnen Teilakt des Betäubungsmittelgeschäfts (wie z.B. den Betäubungsmitteltransport) betreffen. Zwar kann aufgrund der jeweils knappen Sachverhaltsschilderungen nicht beurteilt werden, inwiefern die Angeklagten einen Handlungsspielraum genossen bzw. genaue Anweisungen hatten oder gar kontrolliert und überwacht wurden. Trotzdem muss berücksichtigt werden, dass sie das eigentliche Umsatzgeschäft – auf welches sie nach den Ausführungen des 3. Senats gerade keinen Einfluss gehabt haben sollen – vollständig allein abwickelten. So oblag ihnen sowohl die Übergabe der Betäubungsmittel als auch die Entgegennahme und Übermittlung des Kaufpreises.[1456] Mithin lassen sich zwar die den eigentlichen Verkauf flankierenden Handlungsweisen (das Bunkern der Betäubungsmittel und der Transport des Erlöses zum Lieferanten) durchaus als untergeordnete Hilfstätigkeiten, also Beihilfehandlungen, charakterisieren.[1457] Im Rahmen der stets anzustellenden alle Tätigkeiten mit einbeziehenden Gesamtwürdigung erscheint die Bewertung des kompletten Verhaltens der Angeklagten als bloße Beihilfe allerdings enorm weitgehend – auch wenn der eigentliche Hintermann des Geschäfts jeweils der Lieferant ist. Ob sich die anderen Strafsenate des Bundesgerichtshofs einer solchen Rechtsprechung anschließen, bleibt zwar abzuwarten, ist jedoch zu bezweifeln: So werden die vom 3. Strafsenat gezogenen Schlüsse, mangels Vergleichbarkeit der jeweiligen Sachverhaltskonstellationen, weder von dem durch den 2. Strafsenat im Rahmen der Kurierrechtsprechung extrahierten Beurteilungskriterium getragen noch können sie sich auf das weite Begriffsverständnis der bisherigen Rechtsprechung stützen.

1456 Anders insofern noch BGH, Urt. v. 23.04.1993 – 3 StR 145/93 = BGHR BtMG § 29 Abs 1 Nr 1 Handeltreiben 37: „[…] oder, wie etwa bei dem Einsammeln oder der Übermittlung des Geldbetrages für das Betäubungsmittel an den Lieferanten, unmittelbar in das Rauschgiftgeschäft eingebunden ist"; ähnlich in der rechtlichen Würdigung auch BGH, Urt. v. 20.08.1991 – 1 StR 273/91 = NJW 1992, 380.

1457 Anders allerdings in vergleichbarer Situation z.B. BGH, Urt. v. 20.08.1991 – 1 StR 273/91 = NJW 1992, 380.

III. Weitere Entscheidungen mit restriktiven Tendenzen

Zu beleuchten ist, ob die Strafsenate des Bundesgerichtshofs auch in anderen Bereichen des Handeltreibens versuchen, die bisherige weite Auslegung zu korrigieren, und inwiefern sich hierbei die Restriktionsversuche des Großen Senats auswirken.

1. Beihilfe

Durch den Hinweis des Großen Senats für Strafsachen, dass für einen Großteil der im Rahmen des Handeltreibens als problematisch angesehenen Fälle eine Lösung an der Grenze zwischen Beihilfe und Mittäterschaft zu suchen sei,[1458] ist der die Abgrenzung von Täterschaft und Teilnahme betreffende Problemkreis in den Mittelpunkt der Rechtsprechungspraxis gerückt.[1459]

a) Das Problem der „versuchten Beihilfe" zum Handeltreiben mit Betäubungsmitteln

Ein spezielles, auch über den soeben vertieft dargestellten Themenbereich der neueren Kurierrechtsprechung hinausgehendes Problem stellt dabei die Beurteilung von Unterstützungshandlungen insbesondere in Bezug auf bereits sichergestellte Betäubungsmittel dar.[1460] Fraglich erscheint insofern, ob auch in diesen Sachverhaltskonstellationen eine vollendete Beihilfe bejaht werden kann oder ob lediglich das Vorliegen einer versuchten (straflosen) Beihilfe anzunehmen ist. Insofern besteht aktuell eine zwischen den verschiedenen Strafsenaten des Bundesgerichtshofs divergierende Rechtsprechung.[1461] Diese soll zunächst anhand der hierfür zentralen Entscheidungen dargestellt und sodann bewertet werden.

1458 Vgl. oben 3. Kapitel:E.III.4.b).

1459 Ähnlich auch: *Krumdiek*, StRR 2007, 244 („erheblich an Bedeutung gewonnen"); *Apfel/Strittmatter/Strittmatter*, Praxiswissen Strafverteidigung, Rn. 117 („an praktischer Bedeutung gewonnen"). Hiermit zusammenhängend ergibt sich auch ein gesteigertes „wissenschaftliches" Interesse bzgl. dieser Thematik (vgl. hierzu z.B. jüngst *Krumdiek*, StV 2009, 385 ff.; *Weber*, NStZ 2008, 467ff; *Krack*, JR 2008, 342 ff.; aus Sicht der Strafverteidigung auch knapp *Bédé*, StRR 2008, 192 f.).

1460 Vgl. hierzu auch knapp zusammenfassend *Winkler*, NStZ 2010, 685.

1461 *Winkler* (jurisPR-StrafR 10/2008 Anm. 3) weist zwar zu Recht darauf hin, dass die beteiligten Senate die Entscheidungen ersichtlich unabhängig voneinander getroffen hätten und deshalb nicht beurteilt werden könne, ob sie den jeweils anderen Fall in gleicher Weise gelöst hätten. Nach der Lektüre beider Entscheidungen erscheint die Möglichkeit einer übereinstimmenden Deutungsweise jedoch kaum denkbar. Ähnlich

aa) Die Entscheidung des 5. Strafsenats des Bundesgerichtshofs vom 07.02.2008

Der in Kolumbien lebende A lieferte Betäubungsmittel an M. Diese konnten während des Transports in Antwerpen sichergestellt werden. Zudem wurde M festgenommen. Daraufhin setzte das Bundeskriminalamt einen verdeckten Ermittler ein. Dieser nahm zunächst über die Emailadresse des M mit A Kontakt auf (A wusste weder von der Beschlagnahme der Betäubungsmittel noch von der Festnahme des M) und berichtete ihm, dass die Betäubungsmittel weitgehend verkauft seien und der gesamte Erlös 150.000 € betrage. Der Erlös sollte A zukommen. Zur Abwicklung beauftragte A den Angeklagten. Dieser sollte sich gegen eine Bezahlung i.H.v. 4 % des Verkaufserlöses mit Ax (= verdeckter Ermittler) in Verbindung setzen und das Geld zunächst übernehmen. Nachdem der Angeklagte und Ax einen Übergabetermin vereinbart hatten, beauftragte der Angeklagte seinerseits den gesondert verfolgten E, der ihn zum Übergabeort begleiten sollte, um das Geld anschließend zu A zu verbringen. Hierfür sollte E die Hälfte der dem Angeklagten versprochenen Provision erhalten. Der verdeckte Ermittler erschien allerdings nicht am vereinbarten Übergabeort. Er gab gegenüber dem Angeklagten telefonisch vor, dass seine Kontaktperson ihrerseits nicht erschienen sei und deshalb noch ein Teil des Erlöses fehle. Nach weiteren erfolglosen Telefonaten zwischen dem Angeklagten und Ax verließ Ersterer den vereinbarten Treffpunkt.

Das Landgericht verurteilte den Angeklagten wegen Handeltreibens, begangen in sukzessiver Mittäterschaft. Die hiergegen gerichtete Sachrüge des Angeklagten hatte Erfolg.

Zunächst rekurrierte der 5. Strafsenat auf die im Rahmen der (Geld- oder Betäubungsmittel-)Kurierrechtsprechung eingetretenen Neuerungen, wonach der konkrete Tatbeitrag des Kuriers jeweils im Hinblick auf das Umsatzgeschäft insgesamt und nicht lediglich für den Teilbereich des Transports bewertet werden muss.[1462] Hierzu wurde festgestellt, dass der Tatbeitrag des Angeklagten lediglich von untergeordneter Natur war, da er „weder am Verkauf des Rauschgifts unmittelbar beteiligt noch […] in das Gesamtgeschäft eingebunden“[1463] war. Mithin verbleibe für eine (mit-)täterschaftliche Bewertung des Handelns des Angeklagten kein Raum.

---

auch *Winkler* selbst (NStZ 2010, 685): „Die Rechtsprechung ist nach wie vor […] uneinheitlich“.

1462 Vgl. oben 3. Kapitel:G.II.3.a).

1463 BGH, Urt. v. 07.02.2008 – 5 StR 242/07 = NJW 2008, 1460.

Vielmehr sei von einer Beihilfe des Angeklagten auszugehen. Diese sei jedoch nicht vollendet, sondern lediglich versucht und damit straflos.[1464] Maßstab für die Prüfung der Vollendung der Beihilfe könne nicht die weit auszulegende

---

1464 A.A. *Krack* (JR 2008, 342, 344), der die Beurteilung des Verhaltens des Drogenlieferanten A in mehrere Teilakte aufspalten will und so zu der Überzeugung gelangt, dass der 5. Strafsenat auf der Grundlage seiner Urteilsbegründung zu einer Strafbarkeit wegen vollendeter Beihilfe zum versuchten Handeltreiben hätte kommen müssen. Zunächst soll A durch seine ursprünglichen Lieferbemühungen vollendetes Handeltreiben verwirklicht haben. Dieser „abgebrochenen Vollendung" soll der (nunmehr untaugliche) Versuch des Handeltreibens durch A nachfolgen. Nach *Krack* hätte diese versuchte Verwirklichung des Handeltreibens von der Rechtsprechung in den, im Ergebnis fruchtlos gebliebenen Bemühungen des A um den Weitertransport des Verkaufserlöses erblickt werden müssen. Zu diesen untauglichen (und daher im Ergebnis nur als Versuch zu beurteilenden Bemühungen) soll der Angeklagte nunmehr eine vollendete Beihilfe geleistet haben. Dieser Einschätzung ist nicht zu folgen. Zunächst kann *Krack* nicht erklären, inwiefern die Trennung des Verhaltens des A in einen vollendeten (aber „abgebrochenen"?) und einen versuchten Teil des Handeltreibens mit den Grundsätzen der Bewertungseinheit im Betäubungsmittelstrafrecht zu vereinbaren ist. Die von *Krack* vorgeschlagene, unnatürlich wirkende Aufspaltung dieses einheitlichen, sich auf eine Betäubungsmittelmenge beziehenden Vorgangs, liefe den Grundsätzen der Bewertungseinheit vielmehr zuwider. Ferner kann auch die Beurteilung der verschiedenen Handlungsabschnitte, zumindest wenn man sich wie von *Krack* proklamiert in die Lage der Rechtsprechung versetzt, nicht überzeugen. Richtig ist zwar, dass die Rechtsprechung die ursprünglichen Bemühungen des A um die Betäubungsmittellieferung als vollendetes Handeltreiben begreifen würde. Die Beurteilung des von *Krack* gebildeten zweiten Handlungsabschnittes, also die Bemühungen des A um den Weitertransport des Verkaufserlöses, können jedoch, aus Perspektive der Rechtsprechung, auch unter Zugrundelegung der vom 5. Strafsenat in seinem Urteil gemachten Ausführungen, nicht als lediglich versuchtes Handeltreiben angesehen werden. Allein daraus, dass diese im Ergebnis untauglich waren, kann nicht auf deren Beurteilung als (untaugliche) Versuchshandlung geschlossen werden. So geht auch der 5. Strafsenat weiterhin davon aus, dass es sich beim Handeltreiben um ein unechtes Unternehmensdelikt handelt, zu dessen Verwirklichung der Umsatz der Betäubungsmittel (bzw. hier der erfolgreiche Transport der Erlöse) gerade nicht nötig ist und die in Bezug genommene Handlung deswegen insofern auch keine Tauglichkeit aufweisen muss. *Krack* berücksichtigt hier nicht, dass die Eignung der Bemühungen auch in der Beurteilung des 5. Strafsenats lediglich im Rahmen der Beihilfehandlung Relevanz erlangte. Dies ist auch zutreffend, da der Beihilfehandlung (unabhängig von der Natur der Haupttat) eine fördernde Wirkung innewohnen muss. Darauf, dass die Bemühungen des Haupttäters nunmehr selbst erfolgsgeeignet sein müssen, kann durch die, allein die Beihilfe betreffenden Ausführungen des 5. Strafsenats, aber gerade nicht geschlossen werden. Mithin wäre der vorgeschlagene Lösungsweg, auch unter Zugrundelegung der vom 5. Strafsenat gegebenen Urteilsgründe, nicht zu beschreiten.

und damit enorm früh vollendete Haupttat sein. Indessen ist für jeden Teilnehmer gesondert zu prüfen, ob sein Tatbeitrag vollendet war.[1465]

Auch wenn man mit der ständigen Rechtsprechung auf das Erfordernis einer kausalen Beihilfehandlung verzichtet,[1466] muss die Tatverwirklichung durch den Haupttäter doch zumindest objektiv gefördert oder erleichtert werden.[1467] Nicht tauglich sind dagegen Beihilfehandlungen, denen jede Eignung zur Förderung der Haupttat fehlt oder die erkennbar nutzlos für das Gelingen der Tat sind.[1468] Hieraus ergibt sich im konkreten Fall, für den Bereich der physischen Beihilfe, dass diese nicht vollendet wurde. Ein Verkaufserlös wurde weder in der Vergangenheit erlangt noch könnte ein solcher in Zukunft, aufgrund der Sicherstellung der Betäubungsmittel, erzielt werden. Die auf dessen Transport gerichteten Bemühungen (sowie dessen Zusage selbst) waren mithin von vornherein zur Förderung der Haupttat ungeeignet und mussten ins Leere gehen.[1469]

Ferner würde die Wertentscheidung des Gesetzgebers, die versuchte Beihilfe straflos zu stellen, unterlaufen, wenn „die Zusage jedes im Ergebnis nutzlosen Gehilfenbeitrags, der auf eine Förderung der Tat abzielt, stets in eine psychische Beihilfe"[1470] umgedeutet würde. Diese, den eigenständigen Anforderungen an die Annahme einer psychischen Beihilfe nicht gerecht werdende Deutung, scheitert ferner daran, „dass ein solcher Gehilfenbeitrag nicht auf die Psyche des Täters, sondern auf die Förderung seiner Tat zielt, mithin also die Tat „physisch" [und nicht psychisch] unterstützt werden soll."[1471] Auch im konkreten Fall lässt sich weder erkennen, dass die Zusage des Geldtransports durch den Angeklagten die Psyche des Haupttäters weiter bestärkt hätte noch dass dem Angeklagten eine etwaige solche Wirkung bewusst gewesen sein könnte.

Offengelassen hat der Senat, ob die Möglichkeit einer Beihilfe schon aufgrund einer durch die Sicherstellung eingetretenen Beendigung des Handeltreibens ausgeschlossen ist.[1472]

1465 BGH, Urt. v. 07.02.2008 – 5 StR 242/07 = NJW 2008, 1460, 1461.

1466 Vgl. oben 3. Kapitel:F.II.2.c)bb).

1467 BGH, Urt. v. 07.02.2008 – 5 StR 242/07 = NJW 2008, 1460, 1461; vgl. auch oben: 3. Kapitel:F.II.2.c)bb).

1468 BGH, Urt. v. 07.02.2008 – 5 StR 242/07 = NJW 2008, 1460, 1461 m.w.N.

1469 BGH, Urt. v. 07.02.2008 – 5 StR 242/07 = NJW 2008, 1460, 1461 m.w.N.

1470 BGH, Urt. v. 07.02.2008 – 5 StR 242/07 = NJW 2008, 1460, 1461 m.w.N.

1471 BGH, Urt. v. 07.02.2008 – 5 StR 242/07 = NJW 2008, 1460, 1461 m.w.N.

1472 Vgl. BGH, Urt. v. 07.02.2008 – 5 StR 242/07 = NJW 2008, 1460, 1461; hierzu krit. *Krumdiek*, StV 2009, 385, 387 („Chance verpasst").

bb) Die Entscheidung des 2. Strafsenats des Bundesgerichtshofs vom 16.01.2008

Nach den gerichtlichen Feststellungen[1473] organisierten die Rauschgifthändler M und C ihre Transporte folgendermaßen: Regelmäßig wurden Kuriere von Pakistan nach Frankfurt gesandt, um dort von einem Hintermann des M und C (dem B) in Empfang genommen zu werden und an diesen das Rauschgift abzuliefern. Am Tattag flogen wiederum zwei Kuriere von Pakistan nach Frankfurt. Nachdem diese sich bereits an Bord befanden, versuchte M, den B zwecks Inempfangnahme der Kuriere zu kontaktieren. Dies misslang. Deshalb rief er den Angeklagten an und bat ihn, er möge zwei Heroinkuriere am Flughafen abholen und für diese den Kontakt zu B herstellen. Dies sagte der Angeklagte zu. Ein Entgelt wurde weder vereinbart noch seitens des Angeklagten erwartet. Er fuhr daraufhin zum Flughafen, um die Kuriere abzuholen. Allerdings hatte die Polizei schon vor dem Flug Kenntnis von dem beabsichtigten Transport erhalten, die beiden Kuriere schon bei ihrer Ankunft festgenommen und das Rauschgift sichergestellt. Der Angeklagte wartete mithin vergeblich. Eine sonstige Einbeziehung des Angeklagten in die Geschäfte des M und des C konnte nicht festgestellt werden.

Zunächst verurteilte das Landgericht den Angeklagten wegen mittäterschaftlichen Handeltreibens. Nach der Zurückverweisung durch den Bundesgerichtshof wurde der Angeklagte wegen Beihilfe zum Handeltreiben verurteilt. Die hiergegen eingelegte Revision des Angeklagten, der sein Verhalten nur als straflose versuchte Beihilfe bewertet wissen wollte, blieb ohne Erfolg.

Der 2. Strafsenat führte zunächst knapp aus, dass der Angeklagte die Tat der eingereisten Kuriere weder beeinflusste, verstärkte oder unterstützte und mithin insofern keine Beihilfe anzunehmen sei. Ferner sei auch die Tat des M zwar nicht durch die Fahrt zum Flughafen (inkl. dortigem Warten) gefördert worden. Wegen der sicheren Festnahme der Kuriere bei ihrer Ankunft konnte diese sich auf das weitere Geschehen nicht auswirken.[1474] Vielmehr sei in der Zusage des Angeklagten, die Kuriere in Empfang zu nehmen und den Kontakt zu B herzustellen, eine taugliche (wohl psychische) Beihilfehandlung zu erblicken: Hätte eine solche Zusage nicht vorgelegen, hätten weitere, mit einem erhöhten Entdeckungsrisiko einhergehende Maßnahmen unternommen werden müssen, um die Weiterleitung des Rauschgifts sicherzustellen. Dass auch das Einschalten anderer Personen die Festnahme der Kuriere nicht verhindert und dadurch den geplanten Taterfolg ebenfalls nicht herbeigeführt hätte, steht wegen des Charakters

1473 Vgl. BGH, Urt. v. 16.01.2008 – 2 StR 535/07 = NStZ 2008, 284 ff.

1474 BGH, Urt. v. 16.01.2008 – 2 StR 535/07 = NStZ 2008, 284.

des Handeltreibens als Unternehmensdelikt nicht entgegen. Durch die Zusage dagegen konnte M sicher sein, „dass sein Tatplan wie vorgesehen umgesetzt würde."[1475]

cc) Bewertung

Die Begründung des dargestellten Urteils des 2. Strafsenats fordert zur Kritik auf. Die insofern bestehenden Schwächen werden insbesondere unter Berücksichtigung der begrüßenswerten Argumentation des 5. Strafsenats deutlich.

Zunächst kann dem 2. Strafsenat insoweit zugestimmt werden, als er die Förderung einer Tat der Kuriere ablehnt.[1476] Zutreffend ist ferner die Verneinung einer tauglichen Beihilfehandlung des Angeklagten durch die Fahrt zum Flughafen bzw. durch das dortige Warten.

Im weiteren Verlauf der Begründung verliert das Urteil allerdings an Überzeugungskraft. Dies gilt insbesondere im Hinblick auf die Bewertung der Zusage des Angeklagten, die Kuriere in Empfang zu nehmen und den Kontakt zu B herzustellen, als vollendete Beihilfe. Der Senat versäumt es bereits auf sprachlicher Ebene, für Klarheit zu sorgen und hervorzuheben, dass es sich bei der in Bezug genommenen Handlung nur um Beihilfe in Form der psychischen Unterstützung handeln kann, da eine erfolgreiche Abholung der Kuriere nicht mehr möglich war. Diese fehlende sprachliche Differenzierung setzt sich inhaltlich fort. Der 2. Senat spricht also schlicht von „Beihilfe" und verkennt damit den eigenständigen Bedeutungsgehalt der psychischen gegenüber der physischen Form der Hilfeleistung.[1477] Er erliegt vielmehr gerade dem Rück- bzw. Trugschluss, vor dem der 5. Strafsenat in seiner Urteilsbegründung warnte, und deutet die fehlgeschlagene physische Beihilfe in eine taugliche psychische Beihilfe um. Neben den bereits oben geschilderten allgemeinen Bedenken (Umgehung der gesetzgeberischen Entscheidung der Straflosigkeit der versuchten Beihilfe)[1478] vermag diese Sichtweise auch im konkreten Fall nicht zu überzeugen. Es fragt sich, inwiefern der Zusage des Angeklagten eine, die Psyche des M objektiv fördernde Wirkung zugeschrieben werden kann.[1479] So muss beachtet werden, dass die Kuriere zum Zeitpunkt der Zusage des Angeklagten bereits in der Luft und deswegen dem Einfluss des M faktisch entzogen waren. Dieser Situati-

1475 BGH, Urt. v. 16.01.2008 – 2 StR 535/07 = NStZ 2008, 284.

1476 So auch *Krumdiek*, StV 2009, 385, 387.

1477 Vgl. LK/*Schünemann*, StGB, § 27 Rn. 11.

1478 Vgl. oben 3. Kapitel:G.III.1.a)aa).

1479 Eine solche vermag auch *Krumdiek* (StV 2009, 385, 387) nicht zu erkennen.

on war sich M auch bewusst.[1480] Letztlich führt also die Kombination aus der bestehenden Information der Sicherheitsbehörden und der seitens des M ihm gerade auch bewussten, fehlenden Möglichkeit der Einflussnahme auf die Kuriere zum Zeitpunkt der Zusage des Angeklagten dazu, dass M in seinem Tatentschluss weder bestärkt noch ihm ein erhöhtes Sicherheitsgefühl vermittelt werden konnte.[1481]

Der 2. Strafsenat führt dagegen aus, dass es wegen des Charakters des Handeltreibens als Unternehmensdelikt unerheblich sei, dass der Taterfolg nicht mehr herbeigeführt werden konnte. Mit dieser Argumentation jedoch vermischt der Senat die Rechtsnatur des Handeltreibens[1482] mit den, an die Beihilfe zu stellenden, eigenständig zu prüfenden Anforderungen: Auch im Betäubungsmittelstrafrecht gelten grds.[1483] die allgemein zu § 27 StGB aufgestellten Anforderungen.[1484] Nur weil im Rahmen der Haupttat auf den Eintritt eines Erfolgs verzichtet wird, darf das Erfordernis der fördernden Wirkung der Beihilfehandlung nicht als obsolet betrachtet werden. Insgesamt muss die Beihilfehandlung daher als untauglich bezeichnet werden. Durch die Zusage hat der Angeklagte (schon objektiv) mithin lediglich eine versuchte und damit straflose Beihilfe verwirklicht.

Ferner muss, nunmehr im subjektiven Bereich der Beihilfe, beachtet werden, dass die Zusage des Angeklagten nicht auf die Psyche des Haupttäters gerichtet war und auf diesen nicht im Sinne einer Bestärkung einwirken sollte.[1485] Der Hilfeleistende müsste sich aber der Tatsache, dass er die Tathandlung des Täters infolge psychischer Beeinflussung objektiv erleichtert oder gefördert hat, bewusst gewesen sein.[1486] Die in der gewollten (tatsächlichen) Förderung der Tat steckende Billigung des Vorgehens reicht insofern nicht aus.[1487] Damit muss für den konkreten Fall über die objektive Untauglichkeit der Beihilfehandlung hinaus festgestellt werden, dass sich der Angeklagte zudem einer etwaigen psy-

---

1480 Vgl. *Krumdiek*, StV 2009, 385, 387.

1481 Vgl. zu diesem Aspekt: BGHR StGB § 27 Abs 1 Unterlassen 3; BGH, StV 1982, 516, 517.

1482 Vgl. die Kritik bzgl. der Einordnung des Handeltreibens als unechtes Unternehmensdelikt oben 3. Kapitel:B.III.2.

1483 Zu einer in der neueren Rechtsprechung anerkannten Modifikation vgl. unten 3. Kapitel:G.III.1.b)bb).

1484 *Weber*, NStZ 2008, 467, 469.

1485 Vgl. *Krumdiek*, StV 2009, 385, 387.

1486 Vgl. BGH, NStZ 1996, 563, 564; MK-StGB/*Joecks*, § 27 Rn. 10.

1487 BGH, Urt. v. 07.02.2008 – 5 StR 242/07 = NJW 2008, 1460, 1461; BGH, NStZ 1995, 490, 491.

chisch fördernden Wirkung seiner Zusage nicht bewusst gewesen wäre. Somit mangelt es also auch am subjektiven Element der Beihilfe.

Es zeigt sich mithin, dass auch der 2. Strafsenat, legte man seiner Entscheidung die Ausführungen des 5. Strafsenats zugrunde, schon nach dem bisher Gesagten nicht zu einer Verurteilung wegen Beihilfe hätte gelangen dürfen.

Schließlich hat der 5. Strafsenat offen gelassen, ob eine Beihilfe in den Konstellationen der bereits erfolgten Sicherstellung der Betäubungsmittel nicht schon generell an der Beendigung der Tat scheitert.[1488] Hierfür spricht aus Sicht des 5. Strafsenats, „dass der Waren- und Geldfluss zur Ruhe gekommen ist, weil aus dem sichergestellten Rauschgift keine Erlöse erzielt wurden und auch nicht mehr erzielt werden konnten.“[1489] Diese Überlegungen sind aus dem Blickwinkel der Restriktionsbemühungen zwar begrüßenswert, eine ihnen tatsächlich folgende Entscheidung aber ist der Rechtsprechung auf der Basis ihres aktuellen Verständnisses des Handeltreibens wohl verwehrt: Nach der überkommenen Auffassung bzgl. des Handeltreibens ist eine bloß auf den Umsatz gerichtete Handlung, ohne dass es tatsächlich zum Umsatz kommt, ausreichend. Handeltreiben kann damit auch in den Fällen vorliegen, in denen das Betäubungsmittel zwar sichergestellt worden ist, es also objektiv tatsächlich zu dem vom 5. Strafsenat angesprochenen Stillstand des Waren- bzw. Geldflusses gekommen ist und auch die Wiederaufnahme eines solchen nicht möglich ist, dies dem Täter aber bei seinem weiteren Tun nicht bekannt ist.[1490] Es ist also ausreichend, wenn (wie auch im vorliegend Fall) die Bemühungen des Täters weiterhin auf den Betäubungsmittelumsatz (bzw. auf das ebenso vom Handeltreiben erfasste Eintreiben des Verkaufserlöses) abzielen. Mithin konnte der 5. Strafsenat durch seinen Hinweis zwar einen eventuellen (weiteren) Ausweg aus der in derlei Sachverhaltskonstellationen für ungerecht erachteten Strafbarkeit aufzeigen, das Betreten dieses Weges dürfte der Rechtsprechung, ausgehend von ihrer bisherigen Basis, aber verwehrt sein.[1491]

1488 Jedenfalls insofern verdient das Urteil des 2. Strafsenats eine separate Würdigung: Da sich zum Zeitpunkt der Zusage des M die Kuriere noch auf dem Weg zum Zielflughafen befanden, ist von einer Beendigung der Tat in dieser Situation nicht auszugehen (so auch BGH, Urt. v. 16.01.2008 – 2 StR 535/07 = NStZ 2008, 284, 285).

1489 BGH, Urt. v. 07.02.2008 – 5 StR 242/07 = NJW 2008, 1460, 1461.

1490 BGH, B. v. 21.05.1999 – 2 StR 154/99 = NStZ 1999, 467, 468; BGH, B. v. 17.05.1996 – 5 StR 119/96 = NStZ-RR 1997, 85; BGH, B. v. 28.05.2008 – 1 StR 196/08 = NStZ 2008, 573; jüngst bestätigt durch BGH, Urt. v. 03.02.2010 – 2 StR 368/09 = NStZ 2010, 522.

1491 So auch *Krack*, JR 2008, 342, 343 und *Weber*, NStZ 2008, 467, 469.

b) *Weitere Beihilferechtsprechung*

Über das spezielle Problem der „versuchten Beihilfe“ hinaus haben sich der 3. und 5. Strafsenat in jüngerer Vergangenheit um eine Konturierung der Voraussetzungen der Beihilfe zum Handeltreiben bemüht. In den in diesem Zusammenhang darzustellenden und zu bewertenden Beschlüssen stehen die durch die Übertragung des weiten Begriffs des Handeltreibens auf die im Rahmen der Beihilfe zu prüfenden (sowohl objektiven, als auch subjektiven) Voraussetzungen auftretenden Probleme im Mittelpunkt. Beide Senate verleihen ihren Entscheidungen ein restriktives Gepräge und nehmen Strafbarkeitsbeschränkungen vor.

aa) Die Entscheidung des 5. Strafsenats des Bundesgerichtshofs vom 30.10.2008

Es war wiederum der 5. Strafsenat[1492], der in einem Beschluss auf die Beachtung der gegenüber dem Begriff des Handeltreibens eigenständigen Voraussetzungen der Beihilfestrafbarkeit drängte. Nach den Sachverhaltsfeststellungen hatte die Angeklagte eine weitere Person angeworben, um mit ihr gemeinsam nach Spanien zu fahren und dort (innerhalb Spaniens) einen Rauschgifttransport vorzunehmen. Als die Angeklagte erfuhr, dass ihr Geliebter, der sie in die Kuriertätigkeit verstrickt hatte, zwischenzeitlich eine andere Frau geheiratet hatte, nahm sie von dem Vorhaben Abstand.

Das Landgericht verurteilte die Angeklagte wegen Beihilfe zum unerlaubten Handeltreiben mit Betäubungsmitteln. Die hiergegen gerichtete Revision der Angeklagten hatte Erfolg.

Der 5. Strafsenat führte aus, dass die Beihilfehandlung trotz der bereits vollzogenen Anwerbung noch nicht vollendet sei, „weil der hinreichend konkrete Bezug zu einer Tat fehlte.“[1493] Die Einzelheiten bzgl. des in Aussicht genommenen Transportvorgangs seien noch völlig offen gewesen, sodass sich die Handlung der Angeklagten in diesem frühen Stadium noch nicht fördernd auf eine spätere Haupttat auswirken konnte. Damit scheide eine Bestrafung wegen vollendeter Beihilfe jedenfalls aus, ohne dass abgegrenzt werden müsse, ob die Beihilfe nur vorbereitet oder schon versucht war.

Diesem Ergebnis ist zuzustimmen. Allerdings differenziert der 5. Strafsenat nicht deutlich zwischen den verschiedenen, nicht erfüllten objektiven Voraussetzungen der Beihilfe. Vielmehr vermengt er das Erfordernis einer hinreichend bestimmten Haupttat (vgl. nur den Gesetzeswortlaut des § 27 StGB) mit dem

---

1492 BGH, B. v. 30.10.2008 – 5 StR 345/08 = NStZ 2009, 392.
1493 BGH, B. v. 30.10.2008 – 5 StR 345/08 = NStZ 2009, 392, 393.

einer fördernden Wirkung der Beihilfehandlung an sich.[1494] Zutreffend ist allerdings wiederum, dass aufgrund der nur rudimentär konkretisierten Planung von einer hinreichend konkretisierten Haupttat noch nicht ausgegangen werden kann. Setzt man diese Feststellung voraus, so erscheint es bereits logisch zwingend, dass die Beihilfehandlung insofern (bzgl. der nicht vorhandenen Haupttat) auch keine fördernde Wirkung entfalten konnte. Wegen des Nichtvorliegens der hinreichend bestimmten Haupttat kann auch die Zusage des künftigen Tätigwerdens an den Haupttäter keine fördernde (psychische) Wirkung entfalten. Die Angeklagte war damit freizusprechen.

bb) Die Entscheidung des 3. Strafsenats des Bundesgerichtshofs vom 24.10.2006

Der Entscheidung des 3. Strafsenats[1495] liegt folgender Sachverhalt zugrunde: Der Mitangeklagte hatte den Angeklagten nach Heroingeschäften gefragt. Dieser erkannte hierin eine Gelegenheit, dem Mitangeklagten, der ihm einige Zeit zuvor ein Geschäft mit Kupferschrott angedient hatte, bei welchem der Angeklagte einen finanziellen Verlust hinnehmen musste, „eins auszuwischen."[1496] Deshalb vermittelte er dem Mitangeklagten den Eindruck, dass er größere Mengen Heroin in kurzer Zeit beschaffen könne. Hierzu war er jedoch tatsächlich nicht in der Lage. Dies war zwar dem Angeklagten, nicht aber dem Mitangeklagten bewusst. In der Hoffnung auf eine Provision begann der Mitangeklagte nach Großabnehmern zu suchen und geriet so an einen Scheinkäufer der Polizei. Diesem wurde zunächst eine kleinere Probe von 1,29 g Heroingemisch zur Verfügung gestellt. Daraufhin bot der Mitangeklagte dem Scheinkäufer der Polizei die Lieferung von 8 kg Heroin innerhalb eines Monats und von 15 weiteren kg im folgenden Jahr an. Der Scheinkäufer der Polizei wollte jedoch zunächst eine weitere Probe von 50 g überreicht bekommen. Diese konnte der Mitangeklagte nicht aufbringen. Das Geschäft scheiterte.

Der Mitangeklagte habe sich des unerlaubten Handeltreibens mit Betäubungsmitteln schuldig gemacht.[1497] Der Angeklagte wurde durch das Landgericht wegen Beihilfe zum Handeltreiben mit Betäubungsmitteln in nicht geringer Menge verurteilt. Die hiergegen gerichtete Revision hatte insoweit Erfolg.

1494 *Winkler*, NStZ 2009, 433; vgl. oben 3. Kapitel:F.II.2.c)bb).

1495 BGH, B. v. 24.10.2006 – 3 StR 392/06 = NStZ 2007, 531.

1496 Vgl. BGH, B. v. 24.10.2006 – 3 StR 392/06 = NStZ 2007, 531.

1497 Vgl. insbesondere zur Beurteilung des hier ausgeklammerten Aspekts des Handeltreibens des Mitangeklagten *Weber*, JR 2007, 400, 403, der zu Recht darauf hinweist, dass nach der Rechtsprechung des Bundesgerichtshofs hier nicht nur bzgl. der 8 kg sondern auch bzgl. der 15 kg Handeltreiben hätte bejaht werden müssen.

Der 3. Strafsenat verwies zunächst auf die Natur des Handeltreibens und die hiermit einhergehende Ausweitung der Strafbarkeit. Dass es sich bei den mit einer Vollendungsstrafe belegten Taten oftmals „qualitativ um einen Versuch des Delikts handelt“[1498] dürfe bei der Beurteilung der Teilnehmerstrafbarkeit nicht aus dem Blick geraten. Deswegen müssten die Grundsätze der Teilnahmestrafbarkeit entsprechend angewandt werden. „Demgemäß kann derjenige, der sich durch Anstiftungs- oder Gehilfenhandlungen vorsätzlich an Handlungen eines anderen beteiligt, die sich – wegen des weiteren Begriffs des Tatbestandsmerkmals – formell als vollendetes Handeltreiben darstellen, ihrer Qualität nach aber Versuchshandlungen sind, nur dann wegen Teilnahme bestraft werden, wenn er sich – jedenfalls mit bedingtem Vorsatz – vorstellt, dass es zu dem in Rede stehenden Betäubungsmittelumsatz kommt.“[1499]

Dem Ergebnis dieser Entscheidung kann beigepflichtet werden. Die deutlich restriktiven Tendenzen sind zu begrüßen. Der Senat geht in zutreffender Weise davon aus, dass die Beihilfehandlung fördernde Wirkung entfalte und insoweit objektiv vollendet ist. Ferner stellt er fest, dass der Angeklagte auch Kenntnis der Umstände hatte, die nach dem weiten Begriff des Handeltreibens zum gesetzlichen Tatbestand des § 29a I Nr.2 BtMG[1500] gehören. Wie oben gezeigt, vermochte er allerdings allein aufgrund dieser Tatsache den Teilnahmevorsatz des Angeklagten nicht zu bejahen. Die von ihm vorgebrachte weitere Voraussetzung stützt der Senat jedoch auf eine teilweise nicht vollständig überzeugende Argumentation. Er führt insoweit aus, dass die, die weite Auslegung nicht zuletzt stützenden kriminalpolitischen Gesichtspunkte zwar für den Täter zu einer Verschiebung der Grenzen zwischen Versuch und Vollendung führten, eine Ausweitung der Strafbarkeit des Teilnehmers sei insofern aber nicht gewollt. Dieser Gedanke lässt sich indes nicht bruchlos aus der, durch den Großen Senat bestätigten, (aber verfehlten)[1501] kriminalpolitischen Argumentation der Rechtsprechung ableiten: Es ist nicht ersichtlich, warum die aus der Angst vor Beweisschwierigkeiten entspringende bzw. die von dem Willen zur effektiven Bekämpfung organisierten, arbeitsteiligen Vorgehens hierarchischer Systeme getragene Motivation vor einer Ausweitung der Strafbarkeit im Bereich der Teilnahme Halt machen sollte. Vielmehr müsste danach auch die extensive Bestra-

1498 BGH, B. v. 24.10.2006 – 3 StR 392/06 = NStZ 2007, 531, 532.

1499 BGH, B. v. 24.10.2006 – 3 StR 392/06 = NStZ 2007, 531, 532; vgl. hierzu den ähnlichen Ansatz von *Mitsch*, Straflose Provokation, S. 202 im Falle der Anstiftung zur Jagdwilderei (§ 292 StGB).

1500 Für den hier interessierenden Bereich ergeben sich keinerlei Unterschiede zum Grundtatbestand des Handeltreibens nach § 29 I 1 Nr. 1 BtMG.

1501 Vgl. oben 3. Kapitel:E.III.2.

fung des Teilnehmers, bei dem ebenso Beweisschwierigkeiten auftreten können und der ebenso ein Glied im arbeitsteilig aufgebauten hierarchischen System des Drogenhandels ist, gewollt sein.

Durch einen zweiten Argumentationsansatz wird das Problem allerdings in zutreffender Weise durch den 3. Strafsenat erfasst: Wird derjenige, der nur anscheinend ernsthafte Verkaufsverhandlungen führt, das Geschäft tatsächlich aber nicht abwickeln will, nicht wegen täterschaftlichen Handeltreibens bestraft, weil es an einem (subjektiv) auf den Umsatz von Betäubungsmitteln gerichteten Tun fehlt, so erscheint es wertungswidersprüchlich, wenn derjenige, der Verkaufsverhandlungen lediglich unterstützt und dabei in dem Wissen handelt, dass es zu einem Güterumsatz tatsächlich nicht kommen kann, wegen Beihilfe strafbar wäre.

Dieser Ansatz lässt sich durch eine weitere Überlegung stützen: Zunächst ist festzustellen, dass sich der Teilnahmevorsatz generell auf die vollendete Haupttat erstrecken muss.[1502] Zwar tritt eine solche Vollendung beim täterschaftlichen Handeltreiben auch ohne den Betäubungsmittelumsatz ein. Trotzdem muss man eine aus der Natur der Haupttat entspringende, unangemessene Ausweitung der Teilnehmerstrafbarkeit verhindern. Insofern ist insbesondere zu beachten, dass der Teilnehmer hinsichtlich der Rechtsgutsbeeinträchtigung denselben Vorsatzinhalt (bzw. dieselbe Vorsatzintensität) aufzuweisen hat wie der Täter.[1503] Muss sich, nunmehr bezogen auf das Handeltreiben, das Tun des Täters also subjektiv auf den Betäubungsmittelumsatz ausrichten,[1504] so gilt dies auch für den Teilnehmer. Dies zeitigt Konsequenzen, sofern sich der Teilnahmevorsatz auf eine materiell dem Versuchsbereich zuzuordnende Tat erstreckt, die allein aufgrund der Deliktsnatur der Haupttat bereits als vollendet zu bewerten ist. Dann nämlich muss beim Teilnehmer eine Art, über den bloßen Vorsatz bzgl. der formellen Vollendung der Tat hinausgehende „überschießende Innentendenz" hinsichtlich eines Betäubungsmittelumsatzes verlangt werden.[1505]

1502 *Schönke/Schröder/Heine*, StGB, § 27 Rn. 19; SK-StGB/*Hoyer*, Vor. § 26 Rn. 59; BGH, B. v. 24.10.2006 – 3 StR 392/06 = NStZ 2007, 531.

1503 SK-StGB/*Hoyer*, Vor. § 26 Rn. 69.

1504 *Körner*, BtMG, § 29 Rn. 411; *Weber*, BtMG, § 29 Rn. 704; BGH, B. v. 24.10.2006 – 3 StR 392/06 = NStZ 2007, 531.

1505 Vgl. zu diesem Problemkreis LK/*Schünemann*, StGB, § 26 Rn. 72, der im Bereich der Vorbereitungsdelikte für eine Straflosigkeit des Anstifters plädiert, sofern er es zur Vollendung des Tatbestands auf den sich das Vorbereitungsdelikt bezieht, nicht kommen lassen will. Diese restriktive Handhabung will er wohl auch auf die Unternehmensdelikte übertragen.

Mithin kann das durch den 3. Strafsenat gefundene Ergebnis auf mehrere Argumentationsansätze gestützt werden. Ob diese Rechtsprechung auf andere (unechte) Unternehmensdelikte übertragen wird, bleibt abzuwarten. Sicher ist dagegen schon jetzt, dass der 3. Strafsenat mit der vorgenommenen Einschränkung einen weiteren Reibungspunkt für zukünftige Entscheidungen anderer Strafsenate geschaffen haben dürfte.

2. Vorbereitung

Der 1. Strafsenat wertete folgenden Fall[1506], entgegen der landgerichtlichen Würdigung, als bloße Vorbereitung zum Handeltreiben. Dagegen vermochte er weder ein versuchtes noch ein bereits vollendetes[1507] Handeltreiben zu erkennen.

Der Angeklagte verhandelte mit seinen ebenfalls auf der Käuferseite stehenden Geschäftspartnern darüber, wie mit einem künftigen Verkäufer in Kontakt zu treten sei, welche Mengen an Betäubungsmitteln gekauft werden sollten, wie der Kauf zu finanzieren und von wem das Rauschgift im Falle des Kaufs zu transportieren sei. Nach einem Gespräch mit seiner Schwester besann sich der Angeklagte jedoch und nahm von der Realisierung des Geschäfts Abstand. Es konnte nicht festgestellt werden, dass der Angeklagte zuvor mit der Verkäuferseite Kontakt aufgenommen hat oder gar in ernsthafte Verhandlungen mit ihr eingetreten war.

In den Entscheidungsgründen führt der erkennende Senat zunächst aus, dass es für das vollendete Handeltreiben zwar ausreiche, wenn der Täter bei einem beabsichtigten Ankauf von zum gewinnbringenden Weiterverkauf bestimmten Betäubungsmitteln in ernsthafte Verhandlungen mit dem potentiellen Verkäufer eintrete, im vorliegenden Fall allerdings noch keinerlei Kontakt mit dem potentiellen Verkäufer vorgelegen habe. Vielmehr seien sämtliche Verhandlungen ausschließlich innerhalb der Käuferseite geführt worden. Es fehle „in einem solchen Fall zwar nicht an jeder Konkretisierung der beabsichtigten Tat [...], wohl aber an der Konkretisierung hinsichtlich der Aufnahme von Verhandlungen zwischen (potentieller) Verkäufer- und (potentieller) Käuferseite, die für den Tatbestand des Handeltreibens kennzeichnend“[1508] sei.

Der letzte Teil der gegebenen Begründung ist kritikwürdig. Hierbei sind insbesondere zwei Gesichtspunkte zu beleuchten. Zunächst fällt positiv auf, dass der 1. Strafsenat auf die vom Großen Senat vorgeschlagene, sonst von der Rechtsprechung allerdings weitestgehend vernachlässigte, Restriktionsmöglich-

---

1506 BGH, B. v. 10.10.2006 – 1 StR 377/06 = NStZ 2007, 287.

1507 So aber das erkennende Landgericht.

1508 BGH, B. v. 10.10.2006 – 1 StR 377/06 = NStZ 2007, 287.

keit der „fehlenden Konkretisierung der in Aussicht genommenen Tat" rekurriert. Die Möglichkeit der Anwendung des Restriktionsvorschlags auf den konkreten Fall wird allerdings im direkten Anschluss verworfen.[1509] Auch wenn der 1. Strafsenat insofern von erläuternden Ausführungen absieht, lässt sich seine Sichtweise begründen: Da man sich bereits auf bestimmte Lieferanten einigte, das zu erwerbende Betäubungsmittel (Kokain) und der Umsatzort (Kolumbien) feststanden und überdies die gesamte Finanzierung des Umsatzgeschäfts schon geplant war, lässt es sich vertreten, auch eine, nach der oben[1510] erarbeiteten und vom Großen Senat (wohl auch) intendierten Auslegung[1511] zu fordernde, nähere Konkretisierung des beabsichtigten Umsatzgeschäfts anzunehmen. Unzutreffend ist es hingegen, wenn der 1. Strafsenat hier die Strafbarkeit letztendlich verneint, weil noch keine „Konkretisierung hinsichtlich der Aufnahme von Verhandlungen zwischen (potentieller) Verkäufer- und (potentieller) Käuferseite"[1512] zu erkennen ist. Entscheidend ist nach der Rechtsprechung des Bundesgerichtshofs nämlich nicht, ob die Aufnahme solcher Verhandlungen bereits konkretisiert wurde, sondern ob eine Kontaktaufnahme und damit Verhandlungen mit der Käuferseite überhaupt stattgefunden haben.[1513] Insofern muss jedoch festgestellt werden, dass dies gerade nicht der Fall war. Die Entscheidung gelangt damit zum richtigen Ergebnis.[1514]

3. Versuchsstrafbarkeit

An vorhergehender Stelle[1515] wurde bereits auf das Urteil des 5. Strafsenats vom 18.04.2007[1516] eingegangen. Nachdem dort herausgestellt wurde, dass der Angeklagte hier richtigerweise als Teilnehmer und nicht als (Mit-)Täter hätte ange-

---

1509 Vgl. BGH, B. v. 10.10.2006 – 1 StR 377/06 = NStZ 2007, 287: „Es fehlt in einem solchen Fall zwar nicht an jeder Konkretisierung der beabsichtigten Tat [...]".

1510 Vgl. oben 3. Kapitel:F.I.2.

1511 Insofern ist daran zu erinnern, dass unter der „Tat" i.d.S. der Güterumsatz zu verstehen und zudem nicht das Fehlen jeglicher Konkretisierung zu fordern ist.

1512 BGH, B. v. 10.10.2006 – 1 StR 377/06 = NStZ 2007, 287.

1513 Diesem Gesichtspunkt misst auch *Weber* (JR 2007, 400, 402) entscheidende Bedeutung bei.

1514 Eine Strafbarkeit wegen Verbrechensverabredung gem. § 30 II StGB verneint der 1. Strafsenat ebenfalls zutreffend. Hiervon ist der Angeklagte nach § 31 I Nr. 3 zurückgetreten (vgl. BGH, B. v. 10.10.2006 – 1 StR 377/06 = NStZ 2007, 287 f.).

1515 Vgl. oben 3. Kapitel:G.II.3.b); dort ist auch der Sachverhalt geschildert.

1516 BGH, Urt. v. 18.04.2007 – 5 StR 546/06 = BGHSt 51, 285.

sehen werden müssen, soll nunmehr ein weiterer materiellrechtlicher Aspekt[1517] der Entscheidung beleuchtet werden: Die Verurteilung wegen versuchten (mittäterschaftlichen) Handeltreibens. Soweit ersichtlich ist das vom 5. Strafsenat getroffene Urteil eine von insgesamt nur zwei Entscheidungen des Bundesgerichtshofs, die dem Versuch im Rahmen des Handeltreibens Raum lassen. Beide Entscheidungen[1518] ergingen nach dem Beschluss des Großen Senats für Strafsachen vom 26.10.2005. Trotzdem bezieht sich der 5. Strafsenat nicht auf das vom Großen Senat zur Abgrenzung von Vorbereitung und Versuch vorgeschlagene Kriterium der fehlenden Konkretisierung der Tat.[1519] Vielmehr erscheint seine Entscheidung völlig unabhängig von allgemeinen Erwägungen getroffen worden zu sein. Insgesamt stand die Beurteilung des Handeltreibens ersichtlich nicht im Mittelpunkt des Urteils.[1520] Entsprechend knapp ist die Begründung gehalten. Der 5. Strafsenat führt insofern aus, dass die Annahme eines bloßen (untauglichen) Versuchs keinerlei Bedenken begegne, da zu dem Zeitpunkt, zu dem der Angeklagte seine Kuriertätigkeit ausführen sollte, bereits eine Sicherstellung des Rauschgifts erfolgt war und mithin keine Verfügungsmacht über das Rauschgift bestand.[1521] Damit, dass der 5. Strafsenat im Rahmen der Kuriertätigkeit entscheidend auf das Bestehen bzw. Nichtbestehen der Verfügungsmacht abstellt, folgt er der durch die frühere Rechtsprechung bereits vorgegebenen Linie.[1522] Obwohl es generell zu begrüßen ist, dass dem Versuch des Handeltreibens ein tatsächlicher Anwendungsbereich eröffnet wird, kann die Begründung nicht überzeugen:[1523] Weiterhin bleibt völlig unklar, woraus das, im Bereich des „restlichen Handeltreibens“ absolut unbekannte einschränkende

---

1517 Nicht gewürdigt werden kann hier die verfahrensrechtliche Bedeutung des Urteils (Verwertungsverbot für bei einer Wohnungsdurchsuchung aufgefundene Beweismittel bei Durchsuchungsanordnung der Staatsanwaltschaft unter Missachtung des Richtervorbehalts); vgl. hierzu die zust. Anm. v. *Roxin*, NStZ 2007, 616.

1518 BGH, Urt. v. 18.04.2007 – 5 StR 546/06 = BGHSt 51, 285; BGH, Urt. v. 15.12.2005 – 3 StR 243/02 (unveröffentlicht).

1519 Vgl. oben 3. Kapitel:E.III.4.a).

1520 Ausführlich behandelt wurde hingegen der schon in Fn. 1517 angesprochene verfahrensrechtliche Bereich. Auch von den zahlreichen zu diesem Urteil ergangenen Anmerkungen wird ausnahmslos dieser Aspekt beleuchtet.

1521 BGH, Urt. v. 18.04.2007 – 5 StR 546/06 = NJW 2007, 2269, 2274 (insoweit nicht abgedr. in BGHSt 51, 285).

1522 Vgl. BGH, Urt. v. 18.06.1986 – 2 StR 201/86 = NJW 1987, 720; vgl. zur Bedeutung der Verfügungsmacht im Rahmen der früheren Kurierrechtsprechung insgesamt oben 3. Kapitel:C.II.2.c).

1523 Vgl. bereits oben 3. Kapitel:C.II.2.c).

Kriterium der Verfügungsmacht abgeleitet wird.[1524] Auch sofern man den Angeklagten als Mittäter ansieht, was vom Standpunkt der Rechtsprechung nach dem grundsätzlichen Urteil des 2. Strafsenats aus als verfehlt zu betrachten ist,[1525] hätte eine Argumentation über § 22 StGB überzeugender zu dem gefundenen Ergebnis geführt. Der Täter hatte seine Kuriertätigkeit noch nicht ausgeführt. Allerdings versuchte er kurz vor der Festnahme die Wohnungstür des „Bunkers" zu öffnen, sodass ein unmittelbares Ansetzen zur Kuriertätigkeit i.S.d. § 22 StGB bejaht werden kann.[1526] Die Untauglichkeit des Versuchs ergibt sich aus der vorherigen Sicherstellung der Betäubungsmittel.

4. Scheindrogen

Der Entscheidung des 3. Strafsenats[1527] lag folgender Sachverhalt zugrunde: Der Angeklagte hatte für einen anderen Drogenhändler in einem Versteck 500 g einer weißen Substanz gegen ein Entgelt von 200 € aufbewahrt. Den verwahrten Stoff hielt er fälschlich für Kokain mittlerer Qualität. In Wirklichkeit enthielt er jedoch nur Bestandteile, die nicht unter das Betäubungsmittelgesetz fallen.

In der rechtlichen Würdigung hat das Landgericht insoweit ausgeführt, dass sich der Angeklagte deshalb wegen unerlaubten Besitzes von Betäubungsmitteln strafbar gemacht habe. Ein entsprechender Schuldspruch findet sich in der Urteilsformel allerdings nicht. Deshalb geht der Bundesgerichtshof davon aus, dass dort die „Tat wohl in die Zahl der 6 Fälle des Handeltreibens mit Betäubungsmitteln in nicht geringer Menge eingereiht"[1528] wurde. Er führte zunächst aus, dass die Feststellungen keinen der beiden Straftatbestände tragen. Die Revision sei schon allein deshalb begründet, weil die beim Handeltreiben in den Fällen untergeordneter Tatbeiträge angezeigte Abgrenzung von Täterschaft und Beihilfe im angefochtenen Urteil unterblieben ist. Insoweit ist dem Senat vollumfänglich zuzustimmen.

Ergänzend fügte der Senat eine weitere, die Scheindrogen betreffende, hier nicht tragende Erwägung an und führte aus, dass er Bedenken habe, die sehr weitgehende Rechtsprechung, die auch dann ein vollendetes Handeltreiben annimmt, wenn sich die auf den Umsatz von Betäubungsmitteln gerichteten Be-

---

1524 Darauf, dass die Verfügungsmacht hier nicht entscheidend sein kann, weist auch *Weber* (JR 2007, 400, 404) knapp hin.

1525 Vgl. hierzu oben 3. Kapitel:G.II.3.b).

1526 Vgl. hierzu auch schon die Einschätzung des Generalbundesanwalts in einem ähnlich gelagerten Fall (BGH, Urt. v. 20.08.1991 – 1 StR 273/91 = NStZ 1992, 380); ferner *Weber*, JR 2007, 400, 404.

1527 BGH, B. v. 04.04.2006 – 3 StR 91/06 = NStZ 2007, 102.

1528 BGH, B. v. 04.04.2006 – 3 StR 91/06 = NStZ 2007, 102.

mühungen tatsächlich auf Scheindrogen beziehen, fortzuführen. Obwohl der 3. Strafsenat diese nur knapp vorgebrachten Bedenken nicht weiter erläutert, besitzen sie eine nicht zu überschätzende Bedeutung für das gesamte Handeltreiben: Der 3. Strafsenat stellt damit eine der, die weite Auslegung des Handeltreibens tragenden Säulen, in Frage. Bisher argumentiert die Rechtsprechung in der angesprochenen Situation folgendermaßen:[1529] Maßgeblich ist die Vorstellung des Täters von Art und Wirkstoffgehalt des Rauschgifts im Zeitpunkt der Abrede. Auf nachträgliche Abweichungen bei der Lieferung bzw. der Übergabe der Scheindrogen kommt es nicht an. Ferner seien schon mit einem ernstgemeinten Lieferangebot die Voraussetzungen des vollendeten Handeltreibens erfüllt.[1530] Deshalb könne der Umstand, dass es sich in Wirklichkeit nicht um Betäubungsmittel handle, „schon aus Gründen rechtlicher Logik“[1531] nicht dazu führen, dass das Delikt dadurch in das Stadium des bloßen (untauglichen) Versuchs zurückfalle.

Der 3. Strafsenat gibt bzgl. seiner Bedenken allerdings keine weiteren Begründungen oder Konkretisierungen. Deshalb stellt sich zunächst die Frage, ob der 3. Strafsenat die Rechtsprechung im Rahmen der Scheindrogen gänzlich für bedenklich hält oder ob er insoweit nur die von ihm zu beurteilende Situation[1532] der Vollendungsstrafbarkeit entziehen möchte, also ein vollendetes Handeltreiben im Zusammenhang mit Scheindrogen lediglich ablehnt, sofern bereits der ursprünglichen Abrede in Wirklichkeit eine Scheindroge zugrunde lag, nicht aber, wenn später statt des verabredeten Rauschgifts (ohne, dass sich die Vereinbarung auf eine bestimmte, schon tatsächlich vorhandene, Rauschgiftmenge bezieht) eine Scheindroge geliefert wird.[1533] Dafür, dass sich die Zweifel des 3. Strafsenats nicht auf die komplette Scheindrogenrechtsprechung beziehen, sprechen mehrere Gründe: Als Beleg für die vom ihm in Bezug genommene und nunmehr für bedenklich gehaltene ältere Rechtsprechung, führt der 3. Strafsenat einen Beschluss von 1991[1534] an. Diesem lag ein Sachverhalt zugrunde, in dem sich die Abrede auf fälschlich für Betäubungsmittel gehaltenen Scheindrogen, die bereits, wie im aktuellen Fall, tatsächlich im Besitz des Angeklagten waren,

---

1529 Vgl. oben 3. Kapitel:C.II.4.a).

1530 BGH, B. v. 06.11.1991 – 3 StR 406/91 = NStZ 1992, 191.

1531 BGH, Urt. v. 14.04.1999 – 3 StR 22/99 = NJW 1999, 2683, 2684.

1532 Von der „klassischen“ Scheindrogenkonstellation in der, nach gelungener Verkaufs- bzw. Kaufabrede, Scheindrogen geliefert werden, unterscheidet sich der hier zu beurteilende Sachverhalt insofern, als dass der Angeklagte, die Scheindrogen vor Augen hat und deren Beschaffenheit falsch einschätzt.

1533 Vgl. *Weber*, JR 2007, 400, 405.

1534 BGH, B. v. 06.11.1991 – 3 StR 406/91 = NStZ 1992, 191.

bezog. Die Verhandlungen richteten sich also auf eine real existierende, bestimmte Menge eines Stoffs, den der Angeklagte irrtümlich für Betäubungsmittel hielt.

Ferner sind auch zwei, außerhalb der eigentlichen Entscheidung liegende Gründe, zu berücksichtigen: In einem kurz nach der hier interessierenden Entscheidung ergangenen Beschluss des 3. Strafsenats,[1535] in dem die Betäubungsmittel nach der Abrede noch geliefert werden sollten, stellte dieser entscheidend auf die getroffene Abrede ab. Er führte aus, dass „es sowohl für die Frage des Vorliegens einer nicht geringen Menge wie auch für den Schuldumfang bereits auf die Abrede über den Kauf und nicht erst auf die spätere Lieferung“[1536] ankomme. Eine Berücksichtigung der mangelhaften Qualität der gelieferten Drogen könne lediglich auf Strafzumessungsebene stattfinden. Damit bewegt sich auch der 3. Strafsenat mit dieser Entscheidung auf der Linie der bisherigen Rechtsprechung.

Darüber hinaus lassen sich aus der Beurteilung eines Beschlusses des 1. Strafsenats[1537] durch einen bei der einschränkenden Entscheidung des 3. Strafsenats mitwirkenden Richter (*Winkler*) Rückschlüsse ziehen: Am 25.07.2006 bestätigte der 1. Strafsenat vollumfänglich die bisherige Rechtsprechung und stellte in einem Fall, in dem lediglich Scheindrogen geliefert wurden, einzig auf die sich auf echte Betäubungsmittel beziehende Abrede ab und nahm vollendetes Handeltreiben an. Dieser Vorgehensweise stimmte *Winkler* in seiner Rechtsprechungsübersicht zu.[1538] Er erkannte insofern keine Reibungspunkte zwischen den durch den 3. Senat unter seiner Mitwirkung angemeldeten Bedenken und der Entscheidung des 1. Strafsenats.

Mithin scheinen die neuerlich geäußerten Bedenken des 3. Strafsenats „lediglich“ diejenigen Scheindrogenkonstellationen zu betreffen, in denen sich die Abrede von vornherein auf einen bestimmten, existenten Stoff bezieht, den der Angeklagte irrtümlich für Betäubungsmittel hält.[1539] Die somit (wohl) getroffene Unterscheidung mutet allerdings künstlich an. In beiden Fällen bezieht sich die Abrede in derselben Weise auf echte Betäubungsmittel.[1540] Allein der Umstand, dass in der einen Konstellation die Scheindroge bereits tatsächlich vor den Augen der Beteiligten ist, vermag, sofern man grundsätzlich allein auf die Abrede

---

1535 BGH, B. v. 23.05.2006 – 3 StR 142/06 = NStZ 2006, 577.

1536 BGH, B. v. 23.05.2006 – 3 StR 142/06 = NStZ 2006, 577, 578.

1537 BGH, B. v. 25.07.2006 – 1 StR 297/06 = NStZ-RR 2006, 350.

1538 Vgl. *Winkler*, NStZ 2007, 317, 318.

1539 Wie hier: *Winkler*, NStZ 2007, 317, 318; *Weber,* JR 2007, 400, 405; *Schmidt*, NJW 2007, 3252, 3254; unklar insoweit *Vahle*, Kriminalistik 2007, 475.

1540 *Weber,* JR 2007, 400, 405.

abstellen möchte,[1541] zumindest im Rahmen des Tatbestands keine Veränderung herbeizuführen.[1542] Es wäre also konsequent, wenn der 3. Strafsenat insgesamt Bedenken an der Scheindrogenrechtsprechung anmelden und für eine Neugestaltung[1543] in diesem Bereich eintreten würde. Unabhängig davon, wie der 3. Strafsenat seine hier benannten Zweifel letztlich konkret ausgestaltet, muss bereits jetzt festgestellt werden, dass sich die geäußerten Restriktionsgedanken nicht mit der aktuellen Auslegung des Handeltreibens vereinbaren lassen und sie sich damit, über den Bereich der Scheindrogen hinaus, im Ergebnis gegen den weiten Begriff des Handeltreibens im Ganzen richten.

5. Zusammenfassung

Obwohl der Große Senat ausdrücklich die überkommene Definition des Handeltreibens und ihre weite Auslegung billigte, bemühen sich insbesondere der 3. und der 5. Strafsenat um weitreichende und grundlegende Restriktionen.

Bei der Beurteilung von Beihilfehandlungen, die sich auf bereits sichergestellte Betäubungsmittel beziehen, besteht erhebliche Uneinigkeit zwischen den Strafsenaten. So ist der 5. Strafsenat[1544] dafür eingetreten, diese Beihilfehandlungen als straflose versuchte Beihilfe zu beurteilen. Im Rahmen seines Urteils warnte er insbesondere davor, die gesetzgeberische Entscheidung, die versuchte Beihilfe straflos zu stellen, durch eine eilfertige Umdeutung der physischen in eine psychische Beihilfe zu umgehen. Der 2. Strafsenat[1545] hingegen geht, der bisherigen Rechtsprechungslinie[1546] entsprechend, davon aus, dass in dieser Situation, eine taugliche vollendete Beihilfehandlung vorliegt.[1547]

Wiederum der 5. Strafsenat[1548] hat in einem anderen Fall eine gewissenhafte Prüfung der Beihilfevoraussetzungen eingefordert. Er stellte insofern klar, dass

---

1541 So auch der 3. Senat, vgl. BGH, B. v. 23.05.2006 – 3 StR 142/06 = NStZ 2006, 577 f.

1542 *Weber* (JR 2007, 400, 405 Fn. 92); *ders.* weist hier zudem darauf hin, dass ein solcher Unterschied im Rahmen der Strafzumessung berücksichtigt werden könnte.

1543 Vgl. hierzu die schon oben (3. Kapitel:C.II.4.b) geäußerte Kritik der Literatur, auf die sich der 3. Strafsenat mittels eines Klammerverweises bezieht.

1544 BGH, Urt. v. 07.02.2008 – 5 StR 242/07 = NJW 2008, 1460.

1545 BGH, Urt. v. 16.01.2008 – 2 StR 535/07 = NStZ 2008, 284.

1546 Vgl. BGH, Urt. 26.04.1994 – 1 StR 87/94 = NJW 1994, 2162; BGH, B. v. 09.07.1996 – 1 StR 728/95 = NStZ-RR 1996, 374; zum Verhältnis beider Entscheidungen zu BGH, Urt. v. 07.02.2008 – 5 StR 242/07 = NJW 2008, 1460 unten 4. Kapitel:B.II.1.

1547 Vgl. zur Bewertung der aufgezeigten Divergenzen und der in diesem Bereich stattfindenden Entwicklung unten 4. Kapitel:B.II.1.

1548 BGH, B. v. 30.10.2008 – 5 StR 345/08 = NStZ 2009, 392.

es für eine Beihilfestrafbarkeit sowohl einer hinreichend konkretisierten Haupttat als auch einer fördernden Wirkung der Beihilfehandlung bedarf.

Ebenfalls im Bereich der durch den Hinweis des Großen Senats nunmehr stärkere Beachtung findenden Beihilferechtsprechung verengte der 3. Strafsenat[1549] die bisher tolerierten weiten Strafbarkeitsvoraussetzungen im subjektiven Bereich. Er stellte heraus, dass bei den im Rahmen des Handeltreibens mit einer Vollendungsstrafbarkeit belegten Taten qualitativ oftmals von Versuchshandlungen auszugehen sei. Deswegen müssten die Grundsätze der Teilnahmestrafbarkeit entsprechend angewandt werden. „Demgemäß kann derjenige, der sich durch Anstiftungs- oder Gehilfenhandlungen vorsätzlich an Handlungen eines anderen beteiligt, die sich – wegen des weiteren Begriffs des Tatbestandsmerkmals – formell als vollendetes Handeltreiben darstellen, ihrer Qualität nach aber Versuchshandlungen sind, nur dann wegen Teilnahme bestraft werden, wenn er sich – jedenfalls mit bedingtem Vorsatz – vorstellt, dass es zu dem in Rede stehenden Betäubungsmittelumsatz kommt.“[1550]

Ferner entschied der 1. Strafsenat[1551], trotz zu kritisierender Begründung im Ergebnis zutreffend, dass ausschließlich innerhalb der „Verkäuferseite“ geführte Verhandlungen weder zu einer Vollendungs- noch zu einer Versuchsstrafbarkeit führen. Der 1. Strafsenat erkannte im Handeln des Angeklagten eine bloße Vorbereitungshandlung des unerlaubten Handeltreibens.

Die schon oben angesprochene Entscheidung des 5. Strafsenats[1552] verdient auch unter einem weiteren Aspekt besondere Beachtung: Mit ihr verhilft der 5. Strafsenat dem versuchten Handeltreiben zum zweiten Mal in seiner langen Geschichte[1553] zu praktischer Anwendung. Jedoch stand die Beurteilung des Handeltreibens ersichtlich nicht im Mittelpunkt des Urteils. Es scheint sich vielmehr um eine Einzelfallentscheidung zu handeln, die zudem völlig unabhängig von den Erwägungen des Großen Senats getroffen wurde.

Schließlich meldete der 3. Strafsenat Zweifel an, ob die weite, die Scheindrogen betreffende Rechtsprechung fortzuführen sei. Anscheinend beziehen sich die Zweifel „lediglich“ auf diejenigen Scheindrogenkonstellationen, in denen sich die Abrede von vornherein auf einen bestimmten existenten Stoff bezog, den der Angeklagte vor Augen hat und irrtümlich für Betäubungsmittel hält. Überzeugend ist diese Differenzierung allerdings nicht. Unabhängig von der letztendlichen konkreten Ausgestaltung seiner Bedenken, stellt der 3. Strafsenat

---

1549 BGH, B. v. 24.10.2006 – 3 StR 392/06 = NStZ 2007, 531.

1550 BGH, B. v. 24.10.2006 – 3 StR 392/06 = NStZ 2007, 531, 532.

1551 BGH, B. v. 10.10.2006 – 1 StR 377/06 = NStZ 2007, 287.

1552 BGH, B. v. 30.10.2008 – 5 StR 345/08 = NStZ 2009, 392.

1553 Vgl. oben 1. Kapitel:C.IV.

durch seine Äußerung eine seit Anbeginn der Rechtsprechung des Bundesgerichtshofs zum Handeltreiben unangefochten bestehende und tief im überkommenen Begriff des Handeltreibens verwurzelte Entscheidungslinie in Frage.[1554] Auch diese Einschränkung hängt nicht mit der Entscheidung des Großen Senats zusammen.

1554 Vgl. die erste Entscheidung des Bundesgerichtshofs zum OpiumG 1929: BGH, Urt. v. 01.07.1954 – 3 StR 657/53 = BGHSt 6, 246 mit abl. Anm. *Topf*, NJW 1954, 1898; sowie oben 3. Kapitel:A und 3. Kapitel:C.II.4.a). Auch sie hatte den Handel mit Scheindrogen zum Gegenstand.

4. Kapitel: Bewertung des Status quo und notwendige Konsequenzen

Die zuvor gewonnenen Ergebnisse sind nunmehr zusammenfassend zu bewerten. Ferner sollen etwaig zu ziehende Konsequenzen dargelegt werden.

A. Bewertung des Status quo

Die Restriktionsansätze des Großen Senats haben eine unterschiedlich starke Rezeption erfahren. Insgesamt konnten allerdings auch sie den Begriff des Handeltreibens keiner homogenen rechtsstaatskonformen Auslegung zuführen.

Der Rechtsprechungspraxis ist es nicht gelungen, dem Kriterium der fehlenden Konkretisierung der Tat zu beachtenswerter praktischer Relevanz zu verhelfen.[1555] Gerade eine an diesem in dogmatischer Hinsicht begrüßenswerten[1556] Vorschlag des Großen Senats anknüpfende Entwicklung wäre allerdings zu wünschen gewesen. Die für diese Situation verantwortlichen Gründe sind auf mehreren Ebenen zu suchen. So kann zum einen direkt an die Formulierung des Großen Senats angeknüpft werden: Ginge man davon aus, dass tatsächlich „noch jede [noch so vage] Konkretisierung der in Aussicht genommenen Tat“[1557] fehlen muss, wäre der praktische Anwendungsbereich der Restriktion von vornherein als äußerst gering zu bezeichnen.[1558] Erst die hier vorgeschlagene, sich aus einer umfassenden Analyse der Entscheidung des Großen Senats ergebende, Auslegungsweise[1559] würde eine größere Praxisrelevanz ermöglichen. Zum anderen steht einer vermehrten Anwendung des Kriteriums die teilweise nach wie vor bestehende repressive Grundausrichtung, also die kriminalpolitische Intention der Rechtsprechung innerhalb des Betäubungsmittelstrafrechts, entgegen.

Der Hinweis, dass viele der als problematisch angesehenen Konstellationen an der Grenzlinie zwischen Täterschaft und Teilnahme zu lösen sind, ist auf größere praktische Akzeptanz gestoßen. Er hat zu einer Änderung der Kurierrechtsprechung geführt.[1560] Der bloße Kurier wird nunmehr wegen Beihilfe zum

---

1555 Einzig angewendet durch: BGH, Urt. v 15.12.2005 – 3 StR 61/02 (unveröffentlicht); vgl. oben 3. Kapitel:G.I.1.

1556 Vgl. oben 3. Kapitel:F.I.

1557 BGH, B. v. 26.10.2005 – GSSt 1/05 = BGHSt 50, 252, 266.

1558 Vgl. oben 3. Kapitel:F.I.2.b).

1559 Vgl. oben 3. Kapitel:F.I.

1560 Vgl. oben 3. Kapitel:G.II.

Handeltreiben und nicht wegen täterschaftlicher Begehung des Handeltreibens bestraft.[1561] Allerdings stehen dieser Neuerung wiederum tiefgreifende dogmatische Bedenken gegenüber.[1562] Diese lassen es insgesamt nicht sachgerecht erscheinen, die dargestellte Restriktion in ihrer jetzigen Form weiterhin unverändert anzuwenden.

Auch die nicht unmittelbar mit den Einschränkungen des Großen Senats zusammenhängenden Entwicklungen zeichnen das Bild eines weiterhin problembehafteten Begriffs des Handeltreibens. Entgegen der teilweise gehegten Erwartung bzw. Hoffnung, dass der Große Senat das Problemfeld des Handeltreibens zumindest innerhalb der Rechtsprechung wird befrieden können, muss konstatiert werden, dass immer noch eine ebenso weitreichende wie tiefgreifende Uneinigkeit zwischen den verschiedenen Strafsenaten des Bundesgerichtshofs herrscht.

So ist es abermals insbesondere der 3. Strafsenat, der sich mit den Problemen des überkommenen Begriffs des Handeltreibens nicht abfindet. Die aus seiner kritischen Grundhaltung resultierenden Abweichungen reichen von nur einmaligen, deswegen aber nicht weniger entscheidenden „Modifikationen" bis hin zu offen gehegten Zweifeln bzgl. der Richtigkeit der aktuellen Rechtsprechung anderer Senate.

Schon am 15.12.2005[1563] wich der 3. Strafsenat von der bisherigen Rechtsprechung insofern ab, als dass er für die bereits strafbarkeitsbegründenden „ernsthaften Verhandlungen mit dem potentiellen Verkäufer" ein „ernsthaftes Mitverhandeln" von Verkäuferseite aus forderte. Dieses Urteil blieb jedoch eine Einzelfallentscheidung.[1564]

Ferner wendete der 3. Strafsenat die im Rahmen der Kurierrechtsprechung maßgeblichen Beurteilungskriterien auf weitere Sachverhaltskonstellationen an.[1565] Dabei beschränkte sich der 3. Strafsenat allerdings nicht auf einen bloßen Transfer der Kriterien im Rahmen rechtlich vergleichbarer Situationen. Vielmehr übertrug er sie auch auf Verhaltensweisen, die weder der schlichten Ku-

---

1561 Von dieser, mittlerweile einheitlichen Rechtsprechungslinie noch abweichend: BGH, Urt. v. 18.04.2007 – 5 StR 546/06 = BGHSt 51, 285; BGH, B. v. 25.04.2007 – 1 StR 124/07 = NStZ 2007, 530; vgl. insgesamt oben 3. Kapitel:G.II.3.b). Es ist jedoch zu beachten, dass beide Entscheidungen in enger zeitlicher Nähe zum maßgeblichen Urteil des 2. Strafsenats (BGH, Urt. v. 28.02.2007 – 2 StR 516/06 = BGHSt 51, 219) ergangen sind.

1562 Vgl. oben 3. Kapitel:F.II.2. und 3. Kapitel:G.II.3.c).

1563 BGH, Urt. v. 15.12.2005 – 3 StR 243/02 (unveröffentlicht).

1564 Vgl. oben 3. Kapitel:G.I.2.

1565 Vgl. oben 3. Kapitel:G.II.5.

riertätigkeit gleichkommen noch dem klassischen Bild einer untergeordneten Tätigkeit entsprechen.[1566] Er löste sich damit zum einen von der mit der Einschränkung ursprünglich zusammenhängenden Idee des 2. Strafsenats und verließ zum anderen den Boden der durch den Großen Senat bestätigten bisherigen Rechtsprechung.

Überdies verschärfte der 3. Strafsenat[1567] die im subjektiven Bereich der Beihilfestrafbarkeit zu stellenden Anforderungen und versuchte dadurch, die sich im täterschaftlichen Bereich ergebenden Strafbarkeitsvorverlagerungen nicht auf die Teilnahmestrafbarkeit zu übertragen.[1568] In diesem Zusammenhang stellt sich nun nicht nur die Frage, ob diese Rechtsprechung auch auf andere Unternehmensdelikte übertragen werden wird.[1569] Vielmehr wird vorrangig zu beobachten sein, wie sich die anderen Strafsenate des Bundesgerichtshofs positionieren, ob also der Vorstoß des 3. Strafsenats zu erneuten Spannungen und Divergenzen innerhalb der Rechtsprechung führt.

Schließlich setzte der 3. Strafsenat zur offenen Konfrontation an und äußerte Bedenken, die „sehr weitgehende Rechtsprechung [im Bereich der Scheindrogen] fortzuführen."[1570] Eine Entscheidung des 3. Strafsenats, in der der von ihm geäußerte Vorbehalt tragende Bedeutung erlangt, steht noch aus. Diese könnte allerdings abermals genutzt werden, um den Begriff des Handeltreibens insgesamt in Frage zu stellen. Wieder könnte sich der 3. Strafsenat auf die, auch in dieser konkreten Frage, größtenteils Kritik übende Literatur stützen[1571], und wieder könnte eine grundsätzliche Neubestimmung des Handeltreibens angezeigt sein.[1572]

Neben dem 3. Strafsenat wendet sich nunmehr auch der 5. Strafsenat gegen die bisherige extensive Auslegung des Handeltreibens. So versucht er insbesondere im Bereich der Beihilferechtsprechung eine teilweise Rücknahme der Strafbarkeit herbeizuführen. Auch seine Bemühungen reichen von kleineren Korrekturen bis hin zu klaren Brüchen mit der bisherigen Rechtsprechung.

1566 Vgl. BGH, B. v. 02.02.2010 – 3 StR 4/10 = NStZ-RR 2010, 318; BGH, B. v. 10.03.2009 – 3 StR 36/09 = NStZ 2009, 394 und oben 3. Kapitel:G.II.5.d).

1567 BGH, B. v. 24.10.2006 – 3 StR 392/06 = NStZ 2007, 531; vgl. oben 3. Kapitel:G.III.1.b)bb).

1568 Vgl. oben 3. Kapitel:G.III.1.b)bb).

1569 Vgl. *Fischer*, StGB, § 27 Rn. 27.

1570 BGH, B. v. 04.04.2006 – 3 StR 91/06 = NStZ 2007, 102; vgl. oben 3. Kapitel:G.III.4.

1571 Vgl. oben 3. Kapitel:C.II.4.b).

1572 Ob insoweit eine rechtliche Notwendigkeit besteht, wird unten im 4. Kapitel:B.II.2 erläutert.

So stellte der 5. Strafsenat am 30.10.2008[1573] klar, dass die Beihilfestrafbarkeit sowohl eine hinreichend konkrete Haupttat als auch eine fördernde Wirkung der Gehilfenhandlung voraussetzt.

Bereits wenige Monate zuvor[1574] knüpfte der 5. Strafsenat erstmalig an das soeben zuletzt genannte Kriterium an und urteilte, dass im Fall von Unterstützungshandlungen, die sich auf schon sichergestellte Betäubungsmittel beziehen, lediglich eine straflose versuchte, dagegen aber keine strafbare vollendete Beihilfe angenommen werden könne. Diese Sichtweise entspricht nicht der überkommenen Rechtsprechung.[1575] Demgemäß beurteilte der 2. Strafsenat[1576] eine ähnliche Konstellation nur kurz zuvor entgegengesetzt und ging, unter Berufung auf die Rechtsnatur des Handeltreibens als Unternehmensdelikt, von einer vollendeten Beihilfe aus. Damit setzt sich auch der 5. Strafsenat in einen, von ihm in seinem Urteil zwar nicht klar benannten, jedoch recht deutlichen Widerspruch zur bisherigen Rechtsprechung.

Insgesamt konnte die im Bereich des Handeltreibens umsichgreifende Uneinheitlichkeit damit vom Großen Senat nicht beseitigt werden. Seine diesbezüglichen Vorstöße vermochten an der herrschenden frappierenden Heterogenität nichts zu ändern. Noch immer bietet der Bundesgerichtshof nicht das, aus rechtsstaatlicher Sicht unbedingt erforderliche, einheitliche Bild.

B. Notwendige Konsequenzen

Zu untersuchen ist nunmehr, welche Konsequenzen aus dem gegenwärtigen Zustand der Rechtsprechung im Bereich des unerlaubten Handeltreibens mit Betäubungsmitteln zu ziehen sind. Insofern müssen insbesondere die sich aus § 132 GVG ergebenden Vorgaben beachtet werden.

1573 BGH, B. v. 30.10.2008 – 5 StR 345/08 = NStZ 2009, 392; vgl. oben 3. Kapitel:G.III.1.b)aa).

1574 BGH, Urt. v. 07.02.2008 – 5 StR 242/07 = NJW 2008, 1460; vgl. oben 3. Kapitel:G.III.1.a)aa).

1575 So erkannte auch der 5. Strafsenat die Notwendigkeit, sein Urteil im Verhältnis zu früheren Entscheidungen anderer Strafsenate abzugrenzen (vgl. BGH, Urt. v. 07.02.2008 – 5 StR 242/07 = NJW 2008, 1460, 1461 f.). Der Frage, inwiefern ihm dies überzeugend gelang, soll ebenso wie der weiteren Entwicklung in diesem Bereich unten (4. Kapitel:B.II.1) nachgegangen werden.

1576 BGH, Urt. v. 16.01.2008 – 2 StR 535/07 = NStZ 2008, 284; vgl. oben 0.

I. Voraussetzungen des § 132 GVG

§ 132 GVG soll die Einheitlichkeit der Rechtsprechung sichern und dient damit dem aus dem Rechtsstaatsgebot folgenden Prinzip der Rechtssicherheit.[1577] Zur Erreichung dieses Ziels sind in § 132 GVG zwei unterschiedliche Verfahren vorgesehen: Die in den Absätzen II und III geregelte Divergenzvorlage sowie die in Absatz IV niedergeschriebene Grundsatzvorlage.[1578]

1. Divergenzvorlage

Will ein Senat in einer Rechtsfrage von der Entscheidung eines anderen Senats abweichen, so ist er gem. § 132 II GVG, ein erfolglos durchgeführtes Anfrageverfahren nach § 132 III GVG vorausgesetzt,[1579] zur Vorlage an den Großen Senat verpflichtet. Ein Verstoß gegen eine bestehende Vorlagepflicht berührt zwar die Wirksamkeit der Entscheidung nicht,[1580] allerdings kann ein – bewusstes oder unbewusstes – Unterlassen einer angezeigten Vorlage eine Zuwiderhandlung gegen Art. 101 I 2 GG darstellen.[1581] Die Missachtung des Grundsatzes des gesetzlichen Richters vermag jedoch nur im Falle der Willkür eine etwaige Verfassungsbeschwerde zu begründen.[1582]

Eine Vorlagepflicht entfällt, wenn es sich zwar um dieselbe Rechtsfrage handelt, dieser aber unterschiedliche Sachverhalte zugrunde liegen. In dieser Situation könne schon keine rechtliche Divergenz entstehen,[1583] da ein Revisionsurteil nur eine Antwort auf den zu entscheidenden Fall geben könne.[1584] Insofern ist jedoch zu beachten, dass geringfügige Unterschiede im Tatsächlichen

---

1577 *Kissel/Mayer*, GVG, § 132 Rn. 1; KK-StPO/*Hannich*, § 132 GVG Rn. 1; *Jungmann*, JZ 2009, 380; MK-ZPO/*Zimmermann*, § 132 GVG Rn. 1; *Meyer*, Divergenz- und Grundsatzvorlage, S. 13.

1578 Im Folgenden sollen die Voraussetzungen des § 132 GVG nicht komplett dargestellt werden. Vielmehr sollen nur diejenigen Gesichtspunkte näher beleuchtet werden, die im weiteren Verlauf der Untersuchung von Relevanz sein könnten.

1579 Die Durchführung des Anfrageverfahrens mit negativem Ergebnis ist eine Zulässigkeitsvoraussetzung der Divergenzvorlage; vgl. LR/*Franke*, § 132 GVG Rn. 17; *Katholnigg*, GVG, § 132 Rn. 6.

1580 KK-StPO/*Hannich*, § 132 GVG Rn. 10; LR/*Franke*, § 132 GVG Rn. 32; *Kissel/Mayer*, GVG, § 132 Rn. 16.

1581 BVerfGE 19, 38, 43; BVerfG, NStZ 1993, 90; *Kissel/Mayer*, GVG, § 132 Rn. 16; *Meyer-Goßner*, § 132 GVG Rn. 13; *Jungmann*, JZ 2009, 380.

1582 BVerfGE 3, 359, 364; BVerfG, NStZ 1995, 76; *Katholnigg*, GVG, § 132 Rn. 10; KK-StPO/*Hannich*, § 132 GVG Rn. 10.

1583 Vgl. LR/*Franke*, § 132 GVG Rn. 7 m.w.N.

1584 BGHSt 18, 324, 326; BGHSt 34, 71, 76.

wohl niemals vollkommen auszuschließen sein werden und damit die Gefahr einer Aushöhlung der Vorlagepflicht nach § 132 II GVG besteht.[1585] Deshalb darf die Pflicht zur Vorlage nicht entfallen, wenn sich der bereits entschiedene Sachverhalt und derjenige, den das abweichungswillige Gericht zu beurteilen hat, „„„in den wesentlichen Beziehungen gleichkommen", „in wesentlichen Punkten gleichgelagert", „gleichartig" sind, wenn die Sachverhalte „die gleichen tatsächlichen Elemente", lediglich „nicht rechtserhebliche" Unterschiede aufweisen".[1586] Dagegen ist eine Vorlage nach § 132 II, III GVG nicht vonnöten, wenn die jeweilige Rechtsansicht entweder in der früheren oder in der anstehenden Entscheidung nicht den tragenden Grund bildet, sondern nur beiläufig geäußert wurde.[1587]

Ferner dürfte die zuerst ergangene, der Abweichung nunmehr entgegenstehende Entscheidung ihre Relevanz nicht verloren haben. Ein solcher Bedeutungsverlust läge vor, wenn die Entscheidung überholt wäre.[1588] Dies kann z.B. daraus resultieren, dass sie nunmehr im Widerspruch zu einer später ergangenen Entscheidung des Großen Senats steht.[1589] Zu klären ist ferner, ob eine seinerseits ohne die erforderliche Vorlage abgewichene Entscheidung insofern irrelevant wird, als dass von ihr erneut ohne eine Vorlage abgewichen werden darf, wenn zur ursprünglichen Rechtsansicht zurückgekehrt werden soll. Gegen eine solche Ausnahme spricht jedoch schon der insofern klare Wortlaut des § 132 II GVG. Zudem würde ansonsten gerade der Zustand eintreten bzw. fortdauern,

---

1585 Vgl. auch *Jungmann*, JZ 2009, 380, 383, der die Suche nach Unterschieden im Sachverhalt, um letztlich eine Vorlage zu umgehen, als „typisches Argumentationsmuster" der Rechtsprechung bezeichnet; ähnlich *Hamm*, Revision in Strafsachen, Rn. 102, der der Rechtsprechung „spitzfindige Überdifferenzierungen" attestiert. Diese auffällig restriktive Vorlagepraxis der Rechtsprechung (ursprünglich des Reichsgerichts) wird im Schrifttum teilweise als „horror pleni" bezeichnet (vgl. *Schmidt*, MDR 1958, 815; *Meyer*, Divergenz- und Grundsatzvorlage, S. 44).

1586 BGHSt 34, 71, 76 m.w.N.; ähnlich auch BVerfG, NStZ 1993, 90, 91: Danach kommt eine Vorlage in Betracht, sofern nicht die „Sachverhalt[e] im Tatsächlichen wesentlich anders gelagert" sind.

1587 BGH, NStZ 2000, 439, 440; BGHSt 17, 157, 158; BGHSt 18, 176, 179; MK-ZPO/*Zimmermann*, § 132 GVG Rn. 8; *Kissel/Mayer*, GVG, § 132 Rn. 20; a.A. *Hanack*, Ausgleich divergierender Entscheidungen, S. 251 ff.; vgl. zu dieser Problematik insgesamt *Meyer*, Divergenz- und Grundsatzvorlage, S. 52 ff.

1588 Vgl. BGHSt 50, 216, 224; BGH, NJW 2003, 74.

1589 KK-StPO/*Hannich*, § 132 GVG Rn. 8.

der verhindert werden soll: „Es würden voneinander abweichende Entscheidungen zweier Senate nebeneinander fortbestehen“.[1590]

Schließlich ist klärungsbedürftig, ob eine erneute Vorlage an den Großen Senat uneingeschränkt erfolgen kann, wenn die Rechtsansicht, von der abgewichen werden soll, bereits Gegenstand eines Vorlageverfahrens war und vom Großen Senat bestätigt wurde. Die diese Frage verneinende Entscheidung[1591] des Bundesfinanzhofs[1592] ist insgesamt nicht überzeugend. Sie ist den praktischen Erfordernissen einer zweistufigen Finanzgerichtsbarkeit geschuldet.[1593] Für die Zulässigkeit spricht demgegenüber schon der klare Wortlaut des § 132 II GVG, dem insofern keinerlei Einschränkungen zu entnehmen sind. Die Bindungswirkung einer Entscheidung des Großen Senats ist ausschließlich in § 138 I 3 GVG geregelt und bezieht sich allein auf die vorgelegte Sache.[1594] Mithin ist auch dieser Regelung die vom Bundesfinanzhof vertretene Einschränkung nicht zu entnehmen. Mangels einer entgegenstehenden Bestimmung steht damit den Senaten, auf Grund der richterlichen Unabhängigkeit, eine eigenständige Entscheidung darüber zu, ob sie der Rechtsmeinung des Großen Senats weiterhin folgen

---

1590 BGHSt 10, 94, 96 (noch zu § 136 GVG a.F.). Diese Aussage ist zwar insofern zu relativieren, als dass auch der Große Senat die zuerst abgewichene Entscheidung nicht korrigieren könnte. Trotzdem ließe sich durch die Vorlage eine einheitliche Klärung der Rechtsfrage herbeiführen (vgl. *Meyer*, Divergenz- und Grundsatzvorlage, S. 44).

1591 BFHE 101, 13 (zu der mit § 132 II GVG identischen Regelung des § 11 FGO); danach soll eine erneute Vorlage nur zulässig sein, „wenn in der Zwischenzeit neue rechtliche Gesichtspunkte aufgetreten sind, die bei der ursprünglichen Entscheidung des Großen Senats nicht berücksichtigt werden konnten, und (oder) neue Rechtserkenntnisse eine andere Beurteilung der entschiedenen Rechtsfrage rechtfertigen könnten“; deutlich zurückhaltender BFHE 144, 124, 128: „Es bedarf keiner Entscheidung, ob der Große Senat an dieser Auffassung heute noch festhalten könnte“.

1592 Der Bundesgerichtshof hat zu dieser Frage noch keine Stellung beziehen müssen; a.A. aber *Kissel/Mayer*, GVG, § 132 Rn. 15, die der früheren Entscheidung des Bundesfinanzhofs (BFHE 101, 13) folgen. Als weiteren Beleg führen *Kissel/Mayer* BGH, NJW 1977, 964 an. Diese Entscheidung bezieht sich jedoch nur auf § 121 II GVG, also auf den Fall der Abweichung eines Oberlandesgerichts von einem anderen Oberlandesgericht. Wie die mit der hier aufgeworfenen Frage vergleichbare Situation, nämlich die Divergenz eines Oberlandesgerichts vom Bundesgerichtshof zu entscheiden ist, wird dagegen offengelassen (vgl. MK-ZPO/*Zimmermann*, § 132 GVG Rn. 11 Fn. 18).

1593 *Schefold*, NJW 1973, 122, 123; wegen der fehlenden unterinstanzlichen Koordinierung kommt dem Großen Senat hier funktional teilweise die Aufgabe einer „3. Instanz“ zu (MK-ZPO/*Zimmermann*, § 132 GVG Rn. 11).

1594 MK-ZPO/*Zimmermann*, § 132 GVG Rn. 11.

wollen oder nicht.[1595] Somit ist eine erneute Vorlage an den Großen Senat ohne jede Einschränkung zulässig.[1596]

Im Falle des Vorliegens der Voraussetzungen des § 132 II, III GVG steht die Vorlage nicht im Ermessen des abweichungswilligen Senats: Sie ist durchzuführen.[1597]

2. Grundsatzvorlage

Eine Grundsatzvorlage i.S.d. § 132 IV GVG setzt voraus, dass die Entscheidung einer Frage von grundsätzlicher Bedeutung zur Fortbildung des Rechts oder zur Sicherung einer einheitlichen Rechtsprechung erforderlich ist. Die Vorlage nach § 132 IV GVG kommt schon im Vorfeld einer Divergenz i.S.d. § 132 II GVG in Betracht. Damit wird dem aus Art. 3 I GG entspringenden Gebot der Rechtsanwendungsgleichheit Rechnung getragen. Ferner wird von § 132 IV GVG die Rechtsfortbildung als richterliche Gestaltungsaufgabe anerkannt.[1598]

Eine Frage ist von grundsätzlicher Bedeutung[1599], wenn sie voraussichtlich wiederholt Bedeutung erlangen wird,[1600] sich also ein gleicher Fall jederzeit wieder ereignen kann[1601] und sich damit die Frage über den vorgelegten Einzelfall hinaus jederzeit wieder stellen könnte.[1602] Eine weitere Einschränkung ist mit dem Erfordernis der grundsätzlichen Bedeutung nicht verbunden.[1603]

1595 MK-ZPO/*Zimmermann*, § 132 GVG Rn. 11.

1596 So auch *Jungmann*, JZ 2009, 380, 385; *Meyer*, Divergenz- und Grundsatzvorlage, S. 47; *Zöller/Lückemann*, § 132 GVG Rn. 4; MK-ZPO/*Zimmermann*, § 132 GVG Rn. 11; *Schefold*, NJW 1973, 122 ff.; *Katholnigg*, GVG, § 132 Rn. 3.

1597 *Kissel/Mayer*, GVG, § 132 Rn. 16, 30; *Meyer*, Divergenz- und Grundsatzvorlage, S. 106.

1598 MK-ZPO/*Zimmermann*, § 132 GVG Rn. 21; vgl. zum historischen Normtelos *ebenda* und *Jungmann*, JZ 2009, 380, 381.

1599 Zur Kritik an diesem Begriff vgl. *Kissel/Mayer*, GVG, § 132 Rn. 32. *Hanack* (Ausgleich divergierender Entscheidungen, S. 94 Fn. 10) bezeichnet die Rechtsprechung zu diesem Begriff als „oft schwammig, […] bisweilen sogar widersprüchlich".

1600 BGHSt 46, 321, 324 f.; *Kissel/Mayer*, GVG, § 132 Rn. 20; KK-StPO/*Hannich*, § 132 GVG Rn. 18.

1601 BGHSt 22, 58, 61 zu § 27 DAG; LR/*Franke*, § 132 GVG Rn. 34; *Kissel/Mayer*, GVG, § 132 Rn. 32; zu engeren Begriffsbestimmungen innerhalb des Schrifttums vgl. LR/*Franke*, § 132 GVG Rn. 35 m.w.N.

1602 BGHSt 47, 326, 327 zu § 42 IRG; vgl. *Kissel/Mayer*, GVG, § 132 Rn. 32 mit weiteren, ähnlichen Formulierungsbeispielen aus der Rechtsprechung.

1603 So ausdrücklich auch LR/*Franke*, § 132 GVG Rn. 34; enger allerdings *Katholnigg*, GVG, § 132 Rn. 11, der „eine Art Weichenstellerfunktion für die Zukunft" fordert.

Ferner müsste die Entscheidung einer solchen Frage entweder zur Sicherung einer einheitlichen Rechtsprechung oder zur Fortbildung des Rechts erforderlich sein können. Eine solche Erforderlichkeit kommt im Hinblick auf die Einheitlichkeit der Rechtsprechung in Betracht, wenn abweichende Entscheidungen in Zukunft zu erwarten sind[1604] und schon im Voraus eine Divergenzvorlage vermieden werden soll,[1605] wenn also der vorlegende Senat im Fall der Befassung eines anderen Senats mit derselben Rechtsfrage mit einer divergierenden Sichtweise rechnet.[1606] Dies kann insbesondere dann der Fall sein, wenn die geäußerte abweichende Rechtsauffassung die Entscheidung nicht trug,[1607] sondern nur obiter dictum war.[1608] Eine Fortbildung des Rechts kommt namentlich in Betracht, wenn der Senat mit einer hergebrachten Rechtsauslegung brechen möchte,[1609] um so der Rechtsanwendung eine neue Richtung zu geben.[1610]

Ob der Senat im Fall der Bejahung der Voraussetzungen von § 132 IV GVG vorlegen muss oder ob ihm insofern ein Ermessen eingeräumt ist, wird unterschiedlich beurteilt. Überwiegend wird unter Berufung auf den Wortlaut des § 132 IV GVG („kann, […] wenn das nach seiner Auffassung") ein Ermessen bejaht.[1611] Dies ist allerdings im Lichte des Art. 101 I 2 GG, der die eindeutige Bestimmbarkeit des gesetzlichen Richters fordert und damit die Rechtssicherheit in den Vordergrund stellt, problematisch.[1612] Deshalb wird teilweise eine verfassungskonforme Auslegung des § 132 IV GVG dahingehend vorgeschlagen, dass der erkennende Senat stets – ohne Ermessen – vorzulegen hat, sofern die Tatbestandsvoraussetzungen des § 132 IV GVG erfüllt sind.[1613]

1604 BGHSt 40, 138, 145; KK-StPO/*Hannich*, § 132 GVG Rn. 20.

1605 *Kissel/Mayer*, GVG, § 132 Rn. 36.

1606 MK-ZPO/*Zimmermann*, § 132 GVG Rn. 24.

1607 Vgl. dazu, dass die Entscheidungserheblichkeit auch im Rahmen der Grundsatzvorlage nach § 132 IV GVG zu fordern ist BGHSt 52, 124, 128 und LR/*Franke*, § 132 GVG Rn. 42 m.w.N.

1608 *Kissel/Mayer*, GVG, § 132 Rn. 36; *Katholnigg*, GVG, § 132 Rn. 11; MK-ZPO/*Zimmermann*, § 132 GVG Rn. 24; LR/*Franke*, § 132 GVG Rn. 34.

1609 BGHSt 52, 124, 128; LR/*Franke*, § 132 GVG Rn. 36; KK-StPO/*Hannich*, § 132 GVG Rn. 20.

1610 KK-StPO/*Hannich*, § 132 GVG Rn. 20.

1611 So *Katholnigg*, GVG, § 132 Rn. 14; *Jungmann*, JZ 2009, 380, 385; KK-StPO/-*Hannich*, § 132 GVG Rn. 16; *Kissel/Mayer*, GVG, § 132 Rn. 38; LR/*Franke*, § 132 GVG Rn. 38

1612 *Maunz/Dürig/Maunz*, Art. 101 GG Rn. 27; *Schefold*, Zweifel des erkennenden Gerichts, S. 42.

1613 So MK-ZPO/*Zimmermann*, § 132 GVG Rn. 27; *Prütting*, ZZP 1979, 272, 278 f.; noch weitergehend *Maetzel*, MDR 1966, 453, 454, der in Anbetracht des Wortlauts des

II. Anwendung auf den Status quo

Es ist zu überprüfen, welche Konsequenzen die Anwendung der dargestellten Voraussetzungen auf den Status quo der Rechtsprechung zum Handeltreiben erfordert.

1. Vorlage im Bereich der „versuchten Beihilfe“

Fraglich ist insofern, ob wegen der im Bereich der „versuchten Beihilfe“ aufgetretenen Differenzen eine neuerliche Anfrage bzw. Vorlage gem. § 132 II, III GVG vonnöten ist. Mit dieser Problematik setzt sich auch der 5. Strafsenat in seiner Entscheidung vom 07.02.2008 auseinander.[1614]

Zunächst sah dieser die Notwendigkeit, zu einem schon 1994 ergangenen Urteil des 1. Strafsenats[1615] Stellung zu nehmen. In diesem Fall holte eine Gehilfin ein ursprünglich mit Heroin gefülltes, postlagernd versandtes Päckchen ab. Der erkennende Senat hat Beihilfe zum Handeltreiben angenommen, obwohl zum Zeitpunkt der Abholung das Heroin bereits sichergestellt und aus dem Päckchen entfernt worden war. Zu einer Anfrage nötige das vorgenannte Urteil jedoch nicht, da „dort ein vom Haupttäter initiierter Transportvorgang tatsächlich stattgefunden hat“ und es außerdem im aktuell vom 5. Strafsenat entschiedenen Fall – im Gegensatz zu der vom 1. Strafsenat 1994 abgeurteilten Konstellation – „um eine von den Ermittlungsbehörden selbst angeschobene und zum Schein vereinbarte Geldübergabe, die schon deshalb keinen Erfolg eines Rauschgiftgeschäfts fördern konnte“[1616] ging. Beide vom 5. Strafsenat angesprochenen Gesichtspunkte erscheinen zweifelhaft. So ist zunächst festzustellen, dass auch im aktuell vom 5. Strafsenat abgeurteilten Fall ein tatsächlicher, vom Haupttäter initiierter Betäubungsmitteltransport stattfand (gemeint ist hier der ursprüngliche Transport der importierten Betäubungsmittel, der Gehilfe selbst hat dagegen in beiden Fällen letztlich keine Betäubungsmittel transportiert). Dieser Transport wurde, wie im Vergleichsfall, vor Tateintritt des vermeintlichen Gehilfen durch den Zugriff der Sicherheitsbehörden gestoppt.[1617] Richtig

---

§ 132 IV GVG von einem „Nebelmeer von Begriffen ohne bestimmbaren Gehalt“ spricht und deshalb auf die Grundsatzvorlage generell verzichten möchte; ähnlich auch *Schefold*, Zweifel des erkennenden Gerichts, S. 45, der die Regelungen zur Grundsatzvorlage für verfassungswidrig und damit nichtig hält.

1614 BGH, Urt. v. 07.02.2008 – 5 StR 242/07 = NJW 2008, 1460; vgl. oben 3. Kapitel:G.III.1.a)aa).

1615 BGH, Urt. 26.04.1994 – 1 StR 87/94 = NJW 1994, 2162.

1616 BGH, Urt. v. 07.02.2008 – 5 StR 242/07 = NJW 2008, 1460, 1461.

1617 Vgl. *Krack*, JR 2008, 342, 344.

ist zwar, wie der 5. Strafsenat weiter ausführt, dass die Geldübergabe von den Ermittlungsbehörden initiiert wurde und schon deshalb keinen Erfolg fördern konnte, ebenso stellt sich jedoch die Situation in der früheren Entscheidung dar. Auch hier erfolgte der Weitertransport des bereits entleerten Drogenpakets auf Initiative der Ermittlungsbehörden, die den Benachrichtigungsschein zur Abholung des Päckchens übersandten. In beiden Fällen sollte also von staatlicher Seite aus der Schein eines reibungslos verlaufenden Geschäfts aufrechterhalten werden.[1618] Zu einem das Rauschgiftgeschäft fördernden Erfolg konnte es aufgrund der Kontrolle des Vorgangs durch die Sicherheitsbehörden, wiederum in beiden Konstellationen, nicht kommen. Damit sind die Sachverhalte, nach den oben dargestellten Maßstäben,[1619] jedenfalls nicht wesentlich unterschiedlich. Die im Rahmen des Tatsächlichen stets verbleibende Abweichung lässt keine rechtliche Relevanz erkennen.[1620] Mithin hätte der 5. Strafsenat schon im Verhältnis zu dieser 1994 ergangenen Entscheidung nicht von einer Anfrage bzw. Vorlage absehen dürfen.[1621]

Die Tatbegehung auf Initiative eines verdeckten Ermittlers erscheint dem 5. Strafsenat auch im Verhältnis zu einer 1996[1622] ergangenen Entscheidung das relevante Unterscheidungskriterium zu sein. Dort hatte sich der Angeklagte bereiterklärt, im Auftrag des Hintermanns nach den zwischenzeitlich allerdings sichergestellten[1623] Betäubungsmitteln zu suchen. Zwar erfolgte in der vom 5. Strafsenat zu beurteilenden Sachverhaltskonstellation das Handeln des Gehilfen auf Veranlassung eines verdeckten Ermittlers. Eine solche, zumindest mittelbare Veranlassung des Geschehens nach der Sicherstellung der Betäubungsmittel, ist allerdings auch im 1996 entschiedenen Vergleichsfall zu erkennen: So waren es dort doch die Ermittlungsbehörden, die mit dem ursprünglichen Transporteur der Betäubungsmittel vereinbarten, seine Hintermänner zu kontaktieren, um so eine Zugriffsmöglichkeit auf diese zu schaffen. Dass keine unmittelbare Kommunikation zwischen dem Angeklagten und den Ermittlungsbehörden stattfand, ist unerheblich. Wiederum hat in beiden Fällen eine Sicherstellung der Betäubungsmittel stattgefunden, bevor die Gehilfen jeweils tätig wurden. Allein deshalb konnten ihre Bemühungen von vornherein nicht erfolgreich abgeschlos-

1618 *Krack*, JR 2008, 342, 344.

1619 Vgl. oben 4. Kapitel:B.I.1.

1620 Zu dieser äußert sich auch der 5. Strafsenat nicht.

1621 So auch knapp *Krumdiek*, StV 2009, 385, 388; zweifelnd *Krack*, JR 2008, 342, 344 und *Winkler*, jurisPR-StrafR 10/2008 Anm. 3.

1622 BGH, B. v. 09.07.1996 – 1 StR 728/95 = NStZ-RR 1996, 374.

1623 Dieser Umstand war jedoch sowohl dem Auftraggeber als auch dem letztendlich suchenden Gehilfen unbekannt.

sen werden.[1624] Damit handelt es sich auch im Verhältnis zu dieser, schon 1996 ergangenen Entscheidung nur um unwesentliche und damit rechtlich nicht relevante Sachverhaltsunterschiede. Eine Anfrage bzw. Vorlage durch den 5. Strafsenat wäre vonnöten gewesen.[1625]

Als ob der 5. Strafsenat sich seiner Argumentation selbst nicht uneingeschränkt sicher wäre, führt er, gleichsam einer umfassenden Absicherung gegen antizipierte Kritik, einen weiteren Gesichtspunkt an: Eine möglicherweise entgegenstehende Rechtsprechung aus der Zeit vor der Entscheidung des Großen Senats für Strafsachen hindere seine aktuelle Entscheidung schon wegen der hiernach angezeigten „Neuorientierung im Grenzbereich von Mittäterschaft und Beihilfe"[1626] nicht. Richtig ist zwar, dass eine entgegenstehende Entscheidung ihre Relevanz verliert, sofern sie überholt ist,[1627] dies kann, wie gezeigt,[1628] auch daraus resultieren, dass die entgegenstehende Entscheidung im Widerspruch zu einer später ergangenen Entscheidung des Großen Senats steht. Dies ist hier allerdings gerade nicht der Fall. Im Gegenteil hat der Große Senat die bisherige Definition und ihre weite Auslegung ausdrücklich gebilligt. Die begutachteten Entscheidungen aus den Jahren 1994 und 1996 stehen der Rechtsprechung des Großen Senats damit nicht entgegen. Ferner hat der Große Senat am Ende seiner Entscheidung zwar den Hinweis gegeben, dass viele der als problematisch angesehenen Konstellationen ihre Lösung im Grenzbereich von Mittäterschaft und Beihilfe fänden.[1629] Eben in diesem Grenzbereich liegt der hier interessierende Teil der verschiedenen Entscheidungen jedoch nicht. Es bestehen keine Differenzen bzgl. der Einordnung des Verhaltens als Beihilfe. Problematisch ist vielmehr ein spezieller Ausschnitt der Beihilfe selbst. Auf diesen Bereich bezog sich der noch dazu unverbindliche[1630] Hinweis des Großen Strafsenats indes nicht. Deswegen spricht auch dieser Gesichtspunkt nicht gegen die zuvor festgestellte, aus § 132 II, III GVG resultierende Anfrage- bzw. Vorlagepflicht.[1631]

1624 Vgl. *Krumdiek* (StV 2009, 385, 388), die ebenfalls dem Gesichtspunkt der Sicherstellung der Betäubungsmittel im Vorfeld des Eingreifens des Gehilfen entscheidende Bedeutung zumisst.

1625 Vgl. *Krumdiek*, StV 2009, 385, 388; zweifelnd *Winkler*, jurisPR-StrafR 10/2008 Anm. 3.

1626 BGH, Urt. v. 07.02.2008 – 5 StR 242/07 = NJW 2008, 1460, 1462.

1627 Vgl. BGHSt 50, 216, 224; BGH, NJW 2003, 74.

1628 Vgl. oben 4. Kapitel:B.I.1.

1629 Vgl. oben 3. Kapitel:E.III.4.b).

1630 Vgl. oben 4. Kapitel:B.I.1.

1631 Diese ist durch Art. 101 I 2 GG verfassungsrechtlich abgesichert (vgl. BVerfG (1. Kammer des 2. Senats), B. v.17.07.2007 – 2 BvR 1255/07 = NStZ 2008, 39.

Fraglich erscheint weiterhin, ob auch im Hinblick auf die Entscheidung des 2. Strafsenats ein Anfrageverfahren hätte stattfinden müssen.[1632] Der 5. Strafsenat hatte von dieser Entscheidung wohl keine Kenntnis, obwohl diese ca. drei Wochen vor dem Urteil des 5. Strafsenats erging. Die Sachverhalte wurden oben bereits ausführlich dargestellt.[1633] Sie unterscheiden sich insofern, als dass bei dem vom 2. Strafsenat zu beurteilenden Fall der Gehilfe bereits vor der endgültigen Sicherstellung der Betäubungsmittel tätig wurde. Allerdings stand die zukünftige Sicherstellung der Betäubungsmittel zu diesem Zeitpunkt schon fest.[1634] Es erscheint in Bezug auf die fördernde Wirkung der Beihilfehandlung vorzugswürdig, die Situation, in der die Betäubungsmittel tatsächlich bereits sichergestellt wurden, mit derjenigen Situation, in der eine Sicherstellung zwar noch nicht erfolgte, die Betäubungsmittel aber jeglicher Einflussmöglichkeit entzogen sind, bevor sie dann tatsächlich sichergestellt werden, gleichzusetzen:[1635] Eine physisch fördernde Wirkung kann der Beihilfe in beiden Konstellationen nicht zugeschrieben werden, sodass die Beihilfehandlung auch hier ins Leere gehen musste. Mithin erscheint es nicht zielführend, auf diesen Gesichtspunkt eine Verneinung der Voraussetzungen des § 132 II, III GVG zu stützen.

Insgesamt bleibt festzuhalten, dass der 5. Strafsenat das Absehen von einer Anfrage bzw. Vorlage nicht überzeugend zu begründen vermochte.[1636] Insbesondere im rechtsstaatlichen Interesse einer einheitlichen Rechtsprechung hätte eine solche stattfinden müssen.

Diese wäre vor dem Hintergrund der weiteren Entwicklung in diesem Problemfeld umso wünschenswerter gewesen. So hatten sowohl der 1.[1637] als auch wiederum der 2. Strafsenat[1638] jüngst Konstellationen zu entscheiden, in denen die Betäubungsmittel zum Zeitpunkt der Vornahme der Beihilfehandlung bereits sichergestellt waren. In beiden Fällen ging es dem Angeklagten darum, die Inbe-

---

1632 Dies bejahend: *Krumdiek*, StV 2009, 385, 388.

1633 Vgl. oben 3. Kapitel:G.III.1.a)aa) und 0.

1634 Insoweit zurückhaltender *Winkler* (jurisPR-StrafR 10/2008 Anm. 3) der einwendet, dass die Festnahme der Kuriere, aus welchen Gründen auch immer, hätte nicht gelingen können und damit einen (allerdings auch nach *Winkler* nur theoretischen) Unterschied zwischen den vom 2. und 5. Strafsenat entschiedenen Fallkonstellationen aufzeigt. Hierzu ist anzumerken, dass der 2. Strafsenat in seiner Entscheidung ersichtlich nicht auf diesen Aspekt abstellt (dies konstatiert auch *Winkler*). Vielmehr geht auch der 2. Strafsenat von einer „sicheren Festnahme der Kuriere bei ihrer Ankunft" aus.

1635 Vgl. *Krumdiek*, StV 2009, 385, 387.

1636 So auch: *Krack*, JR 2008, 342, 344; *Krumdiek*, StV 2009, 385, 388; *Winkler*, jurisPR-StrafR 10/2008 Anm. 3.

1637 BGH, B. v. 28.05.2008 – 1 StR 196/08 = NStZ 2008, 573 f.

1638 BGH, Urt. v. 03.02.2010 – 2 StR 368/09 = NStZ 2010, 522.

sitznahme der bereits sichergestellten Betäubungsmittel zu ermöglichen: Im Fall des 1. Strafsenats sollte der Angeklagte als Kurier fungieren und suchte deshalb den vereinbarten Übergabeort, im Ergebnis allerdings wegen der zu diesem Zeitpunkt bereits erfolgten Sicherstellung der Betäubungsmittel, vergebens auf.[1639] Der 2. Strafsenat hatte einen Sachverhalt zu entscheiden, in dem der Angeklagte versuchte, den Aufenthaltsort eines verschwunden geglaubten Kuriers mittels Telefonanrufen zu bestimmen. Der Kurier war zu diesem Zeitpunkt jedoch bereits festgenommen und auch die Betäubungsmittel sichergestellt. In beiden Fällen wurde der Angeklagte wegen vollendeter Beihilfe zum Handeltreiben bestraft. Da es im Urteil des 5. Strafsenats vom 07.02.2008[1640] dagegen um den Transport von Erlösen aus einem Betäubungsmittelgeschäft ging, sahen sich weder der 1. noch der 2. Senat durch die Entscheidung des 5. Strafsenats an ihren Beschlüssen gehindert. Ersterer bemühte sich immerhin um eine Abgrenzung und ließ (in Form eines obiter dictums) verlauten, dass er der, im hier ausführlich dargestellten Urteil des 5. Strafsenats, „dargelegten Rechtsansicht nicht folgen“[1641] könne. Der 2. Strafsenat beschränkte sich gar auf einen Klammerverweis und kennzeichnete die Entscheidung des 5. Strafsenats schlicht als „Sonderfall“[1642], ohne weiter auf sie einzugehen. Damit ist fraglich, ob auch der 1. und der 2. Strafsenat verpflichtet gewesen wären, das von § 132 II, III GVG vorgegebene Programm zu durchlaufen. Insofern ist in Erinnerung zu rufen, dass der hier festgestellte Verstoß des 5. Strafsenats gegen die Anfrage- bzw. Vorlagepflicht an der Wirksamkeit seiner Entscheidung nichts ändert.[1643] Ferner wird eine etwaige Anfrage- bzw. Vorlageverpflichtung des 1. und 2. Strafsenats auch nicht dadurch suspendiert, dass beide Senate zu der ursprünglichen Rechtsauffassung, von welcher der 5. Strafsenat abgewichen ist, zurückkehren.[1644] Letztlich ist damit wiederum die Wesentlichkeit und damit Erheblichkeit der Abweichungen im tatsächlichen Bereich maßgeblich. Insofern ist abermals festzustellen, dass sämtliche Unterschiede, auch und gerade im Hinblick auf ihre rechtliche Relevanz, unerheblich erscheinen. Wieder hängt die Beantwortung der Fra-

---

1639 Vgl. BGH, B. v. 28.05.2008 – 1 StR 196/08 = NStZ 2008, 573 (vgl. zur Beurteilung des erfolglosen Aufsuchens des Übergabeortes durch einen Kurier oben 3. Kapitel:C.II.2.b), wobei hier die Beurteilung der Kuriertätigkeit noch unter der Prämisse täterschaftlichen Handeltreibens erfolgte).

1640 BGH, Urt. v. 07.02.2008 – 5 StR 242/07 = NJW 2008, 1460.

1641 BGH, B. v. 28.05.2008 – 1 StR 196/08 = NStZ 2008, 573, 574.

1642 BGH, Urt. v. 03.02.2010 – 2 StR 368/09 = NStZ 2010, 522.

1643 Vgl. oben 4. Kapitel:B.I.1.

1644 Vgl. oben 4. Kapitel:B.I.1. Auf die ursprüngliche Rechtsauffassung nimmt sowohl der 1. als auch der 2. Strafsenat ausdrücklich Bezug.

ge nach der Strafbarkeit einzig davon ab, ob man eine Beihilfehandlung, die erst nach Sicherstellung der Betäubungsmittel ergeht, als tauglich begreift und damit von einer vollendeten Beihilfe ausgeht oder nicht. Mithin war auch der 1. und der 2. Strafsenat zur Anfrage bzw. Vorlage verpflichtet. Folglich hätte es im Bereich der „versuchten Beihilfe“ schon mehrfach zu einer Anfrage bzw. Vorlage nach § 132 II, III GVG kommen müssen.

Wollte man die Wesentlichkeit der Abweichungen im Tatsächlichen jeweils anders als hier geschehen beurteilen, ist fraglich, ob auch die Voraussetzungen des § 132 IV GVG bejaht werden können, sodass eine Grundsatzvorlage an den Großen Senat für Strafsachen möglich ist.[1645] Dafür müsste die Frage, wie Beihilfehandlungen, die nach der bereits erfolgten Sicherstellung der Betäubungsmittel erfolgen, zu beurteilen sind, von grundsätzlicher Bedeutung im Sinne des § 132 IV GVG sein. Diese grundsätzliche Bedeutung ergibt sich bereits aus der in der Praxis aufgetretenen Häufung an derlei Fällen. Ferner ist davon auszugehen, dass sich die Rechtsfrage in Zukunft wieder stellen wird und sie deshalb eine über den konkreten Einzelfall hinausgehende Relevanz erlangt. Überdies ist die Lösung des aufgeworfenen Problems auch zur Sicherung der Einheitlichkeit der Rechtsprechung erforderlich: So hat der 1. Strafsenat[1646] doch ausdrücklich angekündigt, dass er der Auffassung des 5. Strafsenats, selbst bei einer, auch aus seiner Sicht gleichgelagerten Fallgestaltung, nicht folgen würde. Damit sind auch abweichende Entscheidungen in Zukunft zu erwarten. Mithin sind die Voraussetzungen des § 132 IV GVG erfüllt. Dies ermöglicht den Senaten des Bundesgerichtshofs das Unterbreiten einer Grundsatzvorlage, sofern denn die Rechtsfrage im Rahmen eines bei ihnen anhängigen Verfahrens, entscheidungserheblich[1647] wird.[1648]

2. Vorlage im Bereich der Scheindrogen

Im Bereich der Scheindrogen könnte der 3. Strafsenat[1649] ebenfalls den Weg für eine erneute Vorlage geebnet haben.

Die von ihm insofern angemeldeten Bedenken[1650] wurden in Form eines obiter dictum geäußert, waren also nicht tragend. Mithin besteht noch keine Abwei-

---

1645 Vgl. zu den Voraussetzungen der Grundsatzvorlage nach § 132 IV GVG oben 4. Kapitel:B.I.2.

1646 BGH, B. v. 28.05.2008 – 1 StR 196/08 = NStZ 2008, 573, 574.

1647 Vgl. KK-StPO/*Hannich*, § 132 GVG Rn. 16; sowie Fn. 1607.

1648 Zudem ist auch eine sog. Doppelvorlage, also eine Divergenz- und Grundsatzvorlage zulässig; vgl. BGHSt 40, 360; *Kissel/Mayer*, GVG, § 132 Rn. 30.

1649 BGH, B. v. 04.04.2006 – 3 StR 91/06 = NStZ 2007, 102.

1650 Vgl. oben 3. Kapitel:G.III.4.

chung im Sinne des § 132 II, III GVG, sodass eine Divergenzvorlage ausscheidet.[1651]

Es könnte allerdings auch[1652] hier die Möglichkeit einer schon im Vorfeld der Divergenzvorlage anwendbaren[1653] Grundsatzvorlage nach § 132 IV GVG bestehen. Insofern ist wiederum maßgeblich, ob die Frage nach der zukünftigen Beurteilung der Scheindrogenkonstellationen von grundsätzlicher Bedeutung im Sinne des § 132 IV GVG ist. Aufgrund der großen Praxisrelevanz der aufgeworfenen Frage[1654] und der damit einhergehenden Feststellung, dass sie voraussichtlich wiederholt von Relevanz sein wird, ist eine grundsätzliche Bedeutung im Sinne des § 132 IV GVG zu bejahen. Ferner ist davon auszugehen, dass der 3. Strafsenat seinen bis jetzt nur als obiter dictum geäußerten Zweifeln im Rahmen einer abweichenden Beurteilung eines etwaig bei ihm anhängigen Einzelfalls, Rechnung tragen wird. Insofern ist auch die Erforderlichkeit einer Vorlage zur Sicherung der Einheitlichkeit der Rechtsprechung zu erkennen. Darüber hinaus könnte die Vorlage in diesem Bereich auch der Fortbildung des Rechts dienlich sein. In dieser Hinsicht wird eine Vorlage als erforderlich im Sinne des § 132 IV GVG angesehen, wenn mit der hergebrachten Rechtsauslegung gebrochen werden soll, um so der Rechtsanwendung eine neue Richtung zu geben.[1655] Dass der 3. Strafsenat im Bereich der Scheindrogen mit der überkommenen Auslegung brechen möchte, hat er bereits selbst dargelegt. Allein mit der hiermit einhergehenden neuen Richtung der Rechtsanwendung wäre dem Erfordernis des § 132 IV GVG genüge getan. Überdies ist zu berücksichtigen, wie tief die nunmehr bezweifelte Auslegungslinie in der bisherigen Rechtsprechung verwurzelt ist. Eine diesbezügliche Änderung der Richtung der Rechtsauslegung widerspräche dem gesamten überkommenen Konzept der Rechtsprechung und würde insofern wohl zwingend eine komplette Neuorientierung im Bereich des Handeltreibens mit sich bringen. Damit bietet sich die Chance, eine Fortbildung des Rechts – nicht nur bezogen auf einen Teilaspekt des Handeltreibens, sondern auch im Hinblick auf die komplette Begrifflichkeit – herbeizuführen. Insgesamt sind die Voraussetzungen des § 132 IV GVG erfüllt. Die Möglichkeit einer Grundsatzvorlage zum Großen Senat für Strafsachen besteht mithin.

1651 Vgl. oben 4. Kapitel:B.I.1.

1652 Vgl. oben 4. Kapitel:B.II.1.

1653 MK-ZPO/*Zimmermann*, § 132 GVG Rn. 21; sowie Fn. 1605.

1654 Die Scheindrogenproblematik begleitet den Bundesgerichtshof kontinuierlich seit seiner ersten Entscheidung zum OpiumG 1929 (BGH Urt. v. 01.07.1954 – 3 StR 657/53 = BGHSt 6, 246); vgl. oben 3. Kapitel:C.II.4.a) und 3. Kapitel:G.III.4.

1655 Vgl. oben 4. Kapitel:B.I.2.

III. Fazit

Es ist eine Hauptaufgabe des Bundesgerichtshofs für Einheitlichkeit innerhalb der Rechtsprechung zu sorgen.[1656] Diese Aufgabe wird im Hinblick auf das Handeltreiben zurzeit nicht hinreichend erfüllt. Entgegen vielfacher Einschätzung[1657] bildet die Entscheidung des Großen Senats weder den Schlusspunkt der Auslegungsstreitigkeiten noch ist zu erkennen, dass der Begriff des Handeltreibens nur noch in seinen Randbereichen Probleme aufwirft.[1658]

In den soeben vertieft dargestellten Ausschnitten ist die Anfrage bzw. Vorlage gem. § 132 II, III GVG gesetzlich verpflichtend. Die Vorlage gem. § 132 IV GVG ist jedenfalls – wenn man denn dem erkennenden Senat insofern überhaupt ein Handlungsermessen einräumen möchte –[1659] besonders dringlich. Darüber hinaus könnte es auch im Rahmen anderer Auslegungsfragen zu relevanten Meinungsverschiedenheiten kommen.[1660] Auch insofern wäre, unter Beachtung der jeweiligen Voraussetzungen, eine Divergenz- bzw. Grundsatzvorlage denkbar.[1661]

Der Erfolg einer etwaigen Anfrage bzw. Vorlage ist nicht von vornherein auszuschließen. Allein die Tatsache, dass der Große Senat die im Jahr 2005 vorgelegte Rechtsfrage abschlägig beschied und den überkommenen Begriff des Handeltreibens stützte, darf im Hinblick auf eine neuerliche Vorlage nicht als hemmendes Präjudiz wirken. Im Gegenteil muss beachtet werden, dass der 4. Strafsenat[1662], der schon der ursprünglichen Vorlage des 3. Strafsenats positiv gegenüberstand, bereit war, seine eigene Rechtsprechung aufzugeben, und die Ablehnung des 2.[1663] und 5. Strafsenats[1664] „lediglich" mehrheitlich erfolgte. Es erscheint damit möglich, dass sich unter dem Eindruck jüngerer Entwicklungen

---

1656 *Meyer-Goßner*, § 132 GVG Rn. 13.

1657 Vgl. die Nachweise in Fn. 1214.

1658 So aber ausdrücklich *Winkler* (NStZ 2010, 685): „Um den zentralen Begriff des Handeltreibens gibt es kaum mehr rechtliche Probleme, diese treten eher in Randbereichen in Erscheinung".

1659 Vgl. oben 4. Kapitel:B.I.2.

1660 Vgl. zum Beispiel die weitreichende Übertragung der, durch den 2. Strafsenat geprägten Beurteilungsgrundsätze, auf andere Sachverhaltskonstellationen, in der Rechtsprechung des 3. Strafsenats: 3. Kapitel:G.II.5.

1661 Insofern wäre es sogar möglich, dass sich einer der Strafsenate erneut mit der schon vom 3. Strafsenat vorgelegten Frage (vgl. oben 3. Kapitel:E.II) an den Großen Senat für Strafsachen wendet. Die Entscheidung des Großen Senats vom 26.10.2005 (vgl. oben 3. Kapitel:E.III) stünde nicht entgegen, vgl. oben 4. Kapitel:B.I.1.

1662 Vgl. oben 3. Kapitel:E.I.2.d)cc).

1663 Vgl. oben 3. Kapitel:E.I.2.d)bb).

1664 Vgl. oben 3. Kapitel:E.I.2.d)dd).

bzw. durch Personalveränderungen zumindest innerhalb dieser Senate die „Kräfteverhältnisse" zugunsten einer Restriktion bzw. gar Neudefinition des Handeltreibens verschoben haben.

Sollte die aktuell gegebene Heterogenität der Rechtsprechung auch in Zukunft anhalten, ohne dass es zu einer Anfrage bzw. Vorlage kommt, erscheint auch eine Grenzziehung durch das Bundesverfassungsgericht möglich. So könnte sich das ansonsten in dieser Beziehung eher zurückhaltend entscheidende[1665] Bundesverfassungsgericht unter rechtsstaatlichen Gesichtspunkten (Art. 101 I 2 GG) gezwungen sehen, den die Vorlage an den Großen Senat umgehenden „Begründungen" des Bundesgerichtshofs Sachfremdheit[1666] und damit Willkür zu attestieren.

1665 Vgl. nur BVerfGE 3, 359, 364 f.: „Eine willkürliche Anmaßung von Kompetenzen seitens einer Rechtsinstanz, durch die das Recht der Prozeßbeteiligten auf den gesetzlichen Richter verletzt sein könnte, wird daher außerordentlich selten sein. Keineswegs kann jede irrtümliche Überschreitung der den Rechtsinstanzen gezogenen Grenzen bereits für diese Annahme ausreichen".

1666 BVerfGE 7, 327, 329; BVerfGE 19, 38, 43; *Maunz/Dürig/Maunz*, Art. 101 GG Rn. 39.

5. Kapitel: Schlussbetrachtung

Mit dem Gesetz über den Verkehr mit Betäubungsmitteln vom 10.12.1929[1667] (OpiumG 1929) wurde das unerlaubte Handeltreiben auf betäubungsmittelrechtlicher Ebene erstmalig inkriminiert. Eine Legaldefinition des Handeltreibens bleibt allerdings sowohl das OpiumG 1929 als auch sämtliche seiner Nachfolger bis zum heutigen Tag schuldig. Maßgeblich ist somit die durch die Rechtsprechung geformte Definition des Handeltreibens.

Schon das Reichsgericht vertrat eine weiteste[1668] Auslegung des Begriffs und verstand unter dem Handeltreiben: Jede eigensüchtige, auf Umsatz von Betäubungsmitteln gerichtete Tätigkeit, gleichviel in welcher Form und unter welchem Namen sie ausgeübt wird.[1669] Diese Überzeugung speiste sich allerdings nicht aus betäubungsmittelspezifischen Überlegungen. Vielmehr entspringt sie der, durch besondere kriegsbedingte Zwänge motivierten und bestimmten Rechtsprechung zu den Kriegsnotverordnungen[1670] während des Ersten Weltkriegs.[1671]

Der Bundesgerichtshof hat die reichsgerichtliche Definition, trotz ihrer Weite und trotz des Wegfalls der hinter der Definition stehenden Zwänge, übernommen.[1672]

Auf der Grundlage dieser Definition stellt sich das unerlaubte Handeltreiben mit Betäubungsmitteln sowohl als Tätigkeits-[1673] als auch als abstraktes Gefährdungsdelikt[1674] dar. Die von der Rechtsprechung vorgenommene Einordnung als unechtes Unternehmensdelikt konnte hingegen nicht überzeugen.[1675] Aufgrund der durch die Deliktsnatur vorgegebenen dogmatischen Implikationen ist der Anwendungsbereich des Versuchs im Rahmen des Handeltreibens zwar von vornherein eingeschränkt, besteht allerdings dennoch.[1676]

Vor der Entscheidung des Großen Senats für Strafsachen vom 26.10.2005 wurde dieser Erkenntnis bzw. der gesetzlichen Regelung des § 29 II BtMG in der Praxis keine Rechnung getragen. Dies stieß auf berechtigte Kritik in der Li-

---

1667 RGBl. I S. 215; vgl. oben 1. Kapitel:C.IV.
1668 RG, Urt. v. 25.04.1932 – III StR 234/32 = DJZ 1932, Sp. 808.
1669 Vgl. oben 2. Kapitel:A.
1670 Vgl. oben 1. Kapitel:B.
1671 Vgl. oben 2. Kapitel:A.
1672 Vgl. oben 2. Kapitel:B.I.1.
1673 Vgl. oben 3. Kapitel:B.I.2.
1674 Vgl. oben 3. Kapitel:B.II.2.
1675 Vgl. oben 3. Kapitel:B.III.2.
1676 Vgl. oben 3. Kapitel:B.IV.

teratur.[1677] Neben der, der weiten Vorverlagerung der Vollendungsstrafbarkeit geschuldeten, Negation des Versuchsbereichs des Handeltreibens kritisierte das Schrifttum insbesondere die Rechtsprechungspraxis im Bereich der bereits sichergestellten Betäubungsmittel,[1678] der Scheindrogen[1679] und des Betäubungsmitteldiebstahls.[1680] Ferner wurde auch eine überzeugende Abgrenzung von Täterschaft und Teilnahme nicht gewährleistet.[1681]

Die von der Literatur vorgebrachte Kritik griff der 3. Strafsenat in seinem Anfragebeschluss vom 10.07.2003 auf und schlug eine neue Definition des Handeltreibens vor.[1682] Sein an der waffenrechtlichen Begriffsbestimmung angelehnter Vorschlag stieß sowohl in der Literatur[1683] als auch in der Rechtsprechung[1684] auf Ablehnung. Auf die vom 3. Strafsenat am 13.01.2005 getätigte Vorlage[1685] hin bestätigte der Große Senat für Strafsachen am 26.10.2005[1686], allerdings auf eine nicht überzeugende Argumentation gestützt, die überkommene Definition des Handeltreibens. Trotzdem versäumte er es nicht, am Ende seiner Entscheidung zwei einer restriktiveren Auslegung dienende Kriterien aufzuzeigen: Als solche benannte er die fehlende Konkretisierung der in Aussicht genommenen Tat und die stärkere Betonung der Abgrenzung zwischen Beihilfe und Mittäterschaft.[1687]

Der hier zuerst genannte Gesichtspunkt hält einer dogmatischen Untersuchung stand.[1688] Die aufgezeigte Möglichkeit lässt sich zwanglos aus § 22 StGB ableiten. Würde man sie, in Form der hier vorgeschlagenen und vom Großen Senat selbst wohl auch bezweckten Auslegung anwenden,[1689] könnte ein nicht unerheblicher Teil der heute mit einer Vollendungsstrafbarkeit belegten Fallkonstellationen aus diesem Stadium ausgeschieden und in das Stadium der straflosen Vorbereitung bzw. des Versuchs vorverlegt werden. Die praktische Rezeption blieb diesem Restriktionsvorschlag allerdings versagt. Sein Potential wird von der Rechtsprechung nicht in ausreichendem Umfang genutzt.

1677 Vgl. oben 3. Kapitel:D.I.
1678 Vgl. oben 3. Kapitel:C.II.3.
1679 Vgl. oben 3. Kapitel:C.II.4.
1680 Vgl. oben 3. Kapitel:C.II.5.
1681 Vgl. oben 3. Kapitel:C.II.2.
1682 Vgl. oben 3. Kapitel:E.I.2.
1683 Vgl. oben 3. Kapitel:E.I.2.c).
1684 Vgl. oben 3. Kapitel:E.I.2.d) und 3. Kapitel:E.III.
1685 Vgl. oben 3. Kapitel:E.II.
1686 Vgl. oben 3. Kapitel:E.III.
1687 Vgl. oben 3. Kapitel:E.III.4.
1688 Vgl. oben 3. Kapitel:F.I.
1689 Vgl. oben 3. Kapitel:F.I.2.

Anders verhält es sich mit dem zweiten, vom Großen Senat gegebenen Restriktionshinweis. Dieser führte in der Praxis zu einer Änderung der Kurierrechtsprechung: Der bloße Betäubungsmittelkurier wird nunmehr nicht mehr als Täter des Handeltreibens, sondern nur noch als Gehilfe des täterschaftlich Handeltreibenden, begriffen.[1690] Teilweise wurden die im Rahmen der Kurierrechtsprechung nunmehr anerkannten Beurteilungskriterien auch auf andere, mit der Kurierrechtsprechung nur schwerlich vergleichbare Sachverhaltskonstellationen übertragen.[1691] Allerdings stehen sowohl der neuen Kurierrechtsprechung im Besonderen[1692] als auch dem Restriktionsvorschlag im Allgemeinen[1693] schwerwiegende dogmatische Bedenken entgegen. Insgesamt kann nicht von einer Vereinbarkeit des Vorschlags mit den Regeln des Allgemeinen Teils des StGB ausgegangen werden.

Auch die nach der Entscheidung des Großen Senats ergangene Rechtsprechung ist insgesamt heterogen. Immer noch kommt es zu widersprüchlichen Entscheidungen.[1694] Weiterhin vertreten die Strafsenate divergierende Ansichten zu denselben Rechtsfragen.[1695] Zu einer erneuten Anfrage bzw. Vorlage kam es bisher jedoch nicht. Diesem Zustand muss im Hinblick auf die Regelung des § 132 GVG[1696] zwingend abgeholfen werden.[1697] Um den Begriff des Handeltreibens einer gleichförmigen rechtsstaatskonformen Auslegung zuzuführen, bedarf es einer neuerlichen Vorlage zum Großen Senat für Strafsachen. Die Verpflichtung hierzu wurde bisher mit teilweise sachfremden Begründungen umgangen. Nur eine Vorlage ermöglicht es den verfassungsrechtlichen Vorgaben (Art. 101 I 2 GG) Rechnung zu tragen und damit – zumindest insoweit – Rechtsstaatlichkeit im Rahmen des Handeltreibens herzustellen.

1690 Vgl. oben 3. Kapitel:G.II.
1691 Vgl. oben 3. Kapitel:G.II.5.
1692 Vgl. oben 3. Kapitel:G.II.3.c).
1693 Vgl. oben 3. Kapitel:F.II.2.
1694 Vgl. oben 3. Kapitel:G.III.1.a).
1695 Vgl. oben 3. Kapitel:G.III.4.
1696 Vgl. oben 4. Kapitel:B.I.
1697 Vgl. oben 4. Kapitel:B.II und 4. Kapitel:B.III.

Literaturverzeichnis

Apel, Erich / Bushart, Christoph: Waffenrecht; Band 2: Waffengesetz, 3. Auflage, Stuttgart 2004 (zitiert: *Apel/Bushart*, WaffG).

Apfel, Henner / Strittmatter, Georg: Praxiswissen Strafverteidigung im Betäubungsmittelstrafrecht, hrsg. von Detlef Burhoff, Münster 2010 (zitiert: *Apfel/Strittmatter/Bearbeiter*, Praxiswissen Strafverteidigung).

Arzt, Gunther / Weber, Ulrich / Heinrich, Bernd / Hilgendorf, Eric: Strafrecht Besonderer Teil, 2. Auflage, Bielefeld 2009 (zitiert: *Arzt/Weber/-Heinrich/Hilgendorf*, Strafrecht BT).

Bartholomeyczik, Horst: Die Kunst der Gesetzesauslegung. Eine wissenschaftliche Hilfe zur praktischen Rechtsanwendung, 4. Auflage, Frankfurt am Main 1967 (zitiert: *Bartholomeyczik*, Die Kunst der Gesetzesauslegung).

Baumann, Jürgen: Dogmatik und Gesetzgeber. Vier Beispiele. In: Festschrift für Hans-Heinrich Jescheck zum 70. Geburtstag, Erster Halbband, hrsg. von Theo Vogler in Verbindung mit Joachim Herrmann u.a., S. 105, Berlin 1985 (zitiert: *Baumann*, FS Jescheck).

Baumann, Jürgen / Weber, Ulrich: Strafrecht Allgemeiner Teil, 9. Auflage, Bielefeld 1985 (zitiert: *Baumann/Weber*, Strafrecht AT).

Baumann, Jürgen / Weber, Ulrich / Mitsch, Wolfgang: Strafrecht Allgemeiner Teil, 11. Auflage, Bielefeld 2003 (zitiert: *Baumann/Weber/Mitsch*, Strafrecht AT).

Becker, Walter: Betäubungsmittelgesetz, Möglichkeiten und Grenzen, Hamm 1972 (zitiert: *Becker*, Betäubungsmittelgesetz).

Beck'scher Online-Kommentar Bürgerliches Gesetzbuch, hrsg. von Heinz Georg Bamberger und Herbert Roth, München Stand 01.08.2010 (zitiert: BeckOK-BGB/*Bearbeiter*).

Beck'scher Online-Kommentar Gewerberecht, hrsg. von Johann-Christian Pielow, München Stand 01.01.2011 (zitiert: BeckOK-GewO/*Bearbeiter*).

Beck'scher Online-Kommentar Strafgesetzbuch, hrsg. von Bernd von Heintschel-Heinegg, München Stand 01.12.2010 (zitiert: BeckOK-StGB/*Bearbeiter*).

Bédé, Nicole: Abgrenzung Mittäterschaft/Beihilfe bei Transport von Erlösen aus Btm-Geschäften, StRR 2008, 192.

Bensch, Andreas: Der Begriff des „Handeltreibens“ im Betäubungsmittelgesetz, Frankfurt 2005 (zitiert: *Bensch*, Der Begriff des Handeltreibens).

Berz, Ulrich: Formelle Tatbestandsverwirklichung und materieller Rechtsgüterschutz. Eine Untersuchung zu den Gefährdungs- und Unternehmensdelikten, München 1986 (zitiert: *Berz*, Formelle Tatbestandsverwirklichung).

Böllinger, Lorenz: Grenzenloses symbolisches Strafrecht. Zum Cannabis-Beschluß des Bundesverfassungsgerichts, KJ 1994, 405.

Böllinger, Lorenz: Strafrecht, Drogenpolitik und Verfassung, KJ 1991, 393.

Brockhaus Enzyklopädie in 30 Bänden: Band 1, A – Anat, red. Leitung Annette Zwahr, 21. Auflage, Leipzig 2006 (zitiert: Brockhaus Enzyklopädie in 30 Bänden).

Burkhardt, Björn: Das Unternehmensdelikt und seine Grenzen, JZ 1971, 352.

Büttner, Thomas: Eine verfassungsrechtliche Bewertung des Betäubungsmittelstrafrechts. Zum Cannabis-Beschluß des Bundesverfassungsgerichts, Frankfurt 1997 (zitiert: *Büttner*, Betäubungsmittelstrafrecht).

Cramer, Peter: Der Vollrauschtatbestand als abstraktes Gefährdungsdelikt, Tübingen 1962 (zitiert: *Cramer*, Der Vollrauschtatbestand als abstraktes Gefährdungsdelikt).

Cramer, Peter: Gedanken zur Abgrenzung von Täterschaft und Teilnahme. In: Festschrift für Paul Bockelmann zum 70. Geburtstag, hrsg. von Arthur Kaufmann, Günter Bemmann u.a., S. 389, München 1979 (zitiert: *Cramer*, FS Bockelmann).

Demko, Daniela: Zur „Relativität der Rechtsbegriffe" in strafrechtlichen Tatbeständen, Berlin 2002 (zitiert: *Demko*, Relativität der Rechtsbegriffe).

Demuth, Hennrich: Der normative Gefahrbegriff: Ein Beitrag zur Dogmatik der konkreten Gefährdungsdelikte, Bochum 1980 (zitiert: *Demuth*, Der normative Gefahrbegriff).

Dreher, Eduard: In: Beratungen des Sonderausschusses für die Strafrechtsreform, V. Wahlperiode, S.1826 (zitiert: *Dreher*, Beratungen des Sonderausschusses für die Strafrechtsreform).

Dreher, Eduard: Strafgesetzbuch und Nebengesetze, 35. Auflage, München 1975 (zitiert: *Dreher*, StGB).

Dreier, Horst (Hrsg.): Grundgesetz. Kommentar. Band 3, Art. 83 – 146 GG, 2. Auflage, Tübingen 2008 (zitiert: Dreier/*Bearbeiter*).

Dyckmans, Mechthild: Pressemitteilung Nr. 9 der Drogenbeauftragten der Bundesregierung vom 17.08.2010.

Ebert, Christoph: Das Handeltreiben mit Betäubungsmitteln im Sinne von § 29 I 1 Nr. 1 BtMG, Aachen 1997 (zitiert: *Ebert*, Das Handeltreiben mit Betäubungsmitteln).

Eberth, Alexander / Müller Eckhart / Schütrumpf, Mathias: Verteidigung in Betäubungsmittelsachen, 5. Auflage, Heidelberg 2008 (zitiert: *Eberth/-Müller/Schütrumpf*, Verteidigung in BtM-Sachen).

Ellinger, Hans: Betäubungsmittel und Strafbarkeit, Wiesbaden 1974 (zitiert: *Ellinger*, Betäubungsmittel und Strafbarkeit).

Endriß, Rainer: Anmerkung zu BGH, Urt. v. 17.06.1997, NStZ 1998, 463.

Endriß, Rainer / Malek, Klaus: Betäubungsmittelstrafrecht, 2. Auflage, München 2000 (zitiert: *Endriß/Malek*, Betäubungsmittelstrafrecht).

Endriß, Rainer / Kinzig, Jörg: Neuralgische Punkte des Betäubungsmittelstrafrechts, NJW 2001, 3217.

Engels, Friedrich: Die Lage der arbeitenden Klasse in England. Nach eigener Anschauung und authentischen Quellen, 2. Auflage, Leipzig 1848 (zitiert: *Engels*, Die Lage der arbeitenden Klasse in England).

Erbs, Georg / Kohlhaas, Max: Strafrechtliche Nebengesetze, Band 1, hrsg. von Friedrich Ambs, Stand 179. Ergänzungslieferung, München April 2010; Band 2, hrsg. von Friedrich Ambs, Stand 179. Ergänzungslieferung, München April 2010, Band 4, hrsg. von Friedrich Ambs, Stand 179. Ergänzungslieferung, München April 2010 (alle zitiert: *Erbs/Kohlhaas/-Bearbeiter*).

Fischer, Thomas: Strafgesetzbuch und Nebengesetze, 58. Auflage, München 2011 (zitiert: *Fischer*, StGB).

Fraeb, Walter Martin: Anmerkung zu RG, Urt. v. 20.10. 1933 – 1D 804/33, JW 1933, 2772.

Frank, Reinhard v.: Das Strafgesetzbuch für das Deutsche Reich nebst dem Einführungsgesetz, 18 Auflage, Tübingen 1931(zitiert: *Frank*, StGB).

Franke, Ulrich / Wienroeder Karl: Betäubungsmittelgesetz, 3. Auflage, Heidelberg 2008 (zitiert: *Franke/Wienroeder/Bearbeiter*).

Friauf, Karl Heinrich (Hrsg.): Kommentar zur Gewerbeordnung, Band 3, Stand 246. Ergänzungslieferung, Köln Oktober 2010 (zitiert: *Friauf/Bearbeiter*).

Gaede, Karsten: Anmerkung zu BGH, Anfrageb. v. 10.07.2003 – 3 StR 61/02 und 243/02, StraFo 2003, 392.

Gaede, Karsten: Gesetzesorientierte Auslegung des Handeltreibens oder Verzicht auf staatliche Strafansprüche nach richterlichem Ermessen?, HRRS 2004, 165.

Gaede, Karsten: Vollendung und Versuch beim Handeltreiben – Zur „kleinen Vorlage“ des dritten Strafsenats, HRRS 2005, 250.

Gärditz, Klaus Ferdinand / Gusy, Christoph: Zur Wirkung europäischer Rahmenbeschlüsse im innerstaatlichen Recht. Zugleich Besprechung von EuGH, Urteil vom 16.6.2005, GA 2006, 225.

Geerds, Friedrich: Täterschaft und Teilnahme – Zu den Kriterien einer normativen Abgrenzung, Jura 1990, 173.

Gragert, Jörg: Strafrechtliche Aspekte des Organhandels, Hamburg 1997 (zitiert: *Gragert*, Strafrechtliche Aspekte des Organhandels).

Graul, Eva: Abstrakte Gefährdungsdelikte und Präsumtionen im Strafrecht, Berlin 1991 (zitiert: *Graul*, Abstrakte Gefährdungsdelikte und Präsumtionen im Strafrecht).

Haas, Stephanie: Der Schutz der öffentlichen Gesundheit durch das Betäubungsmittelrecht. Eine Analyse des Rechtsguts der Volksgesundheit, München 2001 (zitiert: *Haas*, Der Schutz der öffentlichen Gesundheit durch das Betäubungsmittelrecht).

Hackbarth, Hansjoachim / Lückert, Annekatrin: Tierschutzrecht. Praxisorientierter Leitfaden, 2. Auflage, München 2002 (zitiert: *Hackbarth/Lückert*, Tierschutzrecht).

Hamm, Rainer: Die Revision in Strafsachen, 7. Auflage, Berlin 2010 (zitiert: *Hamm*, Revision in Strafsachen).

Hanack, Ernst-Walter: Der Ausgleich divergierender Entscheidungen in der oberen Gerichtsbarkeit. Eine prozeßrechtliche Studie insbesondere zur Vorlagepflicht und der Rechtsmittelzulässigkeit wegen Abweichungen, Hamburg 1962 (zitiert: *Hanack*, Ausgleich divergierender Entscheidungen).

Hartung, Fritz: Der „Badewannenfall", JZ 1954, 430.

Harzer, Regina: Der provozierende Helfer und die Beihilfe am untauglichen Versuch. Zugleich eine Besprechung von BGH StV 1995, 524.

Hassemer, Winfried: Kennzeichen und Krisen des modernen Strafrechts. ZRP 1992, 378.

Hassemer, Winfried: Prävention im Strafrecht, JuS 1987, 257.

Hassemer, Winfried: Stellungnahme zum Entwurf eines Gesetzes zur Bekämpfung des illegalen Rauschgifthandels und anderer Erscheinungsformen der organisierten Kriminalität (OrgKG), KJ 1992, 64.

Hassemer, Winfried: Anmerkung zu BGH, Urt. v. 20.08.1991 – 1 StR 273/91 und BGH, Urt. v. 20.08.1991 – 1 StR 321/91, JuS 1992, 352.

Hecker, Bernd: Anmerkung zu BGH, B. v. 25.06.1999 – 3 StR 372/98, NStZ 2000, 208.

Heinrich, Bernd: Strafrecht – Allgemeiner Teil I. Grundlagen der Strafbarkeit, Aufbau der Straftat beim Vollendungs- und Versuchsdelikt, 2. Auflage, Stuttgart 2010 (zitiert: *Heinrich*, Strafrecht AT I).

Heller, Robert E. / Soschinka, Holger: Waffenrecht. Handbuch für die Praxis, 2. Auflage, München 2007 (zitiert: *Heller/Sochschinka*, WaffR).

Hellmann, Vanessa: Der Vertrag von Lissabon. Vom Verfassungsvertrag zur Änderung der bestehenden Verträge – Einführung mit Synopse und Übersichten, Berlin, Heidelberg 2009 (zitiert. *Hellman*, Der Vertrag von Lissabon).

Herzberg, Rolf Dietrich: Grundfälle zur Lehre von Täterschaft und Teilnahme, JuS 1974, 237.

Hirt, Almuth / Maisack, Christoph / Moritz, Johanna: Tierschutzgesetz, 2. Auflage, München 2007 (zitiert: *Hirt/Maisack/Moritz*, TierschG).

Hoffmann-Riem, Wolfgang: Straflosigkeit des Betreibens von Drogenberatungs- und Drogenhilfestellen mit Konsummöglichkeit, NStZ 1998, 7.

Hohmann, Harald / John, Klaus: Ausfuhrrecht, München 2002 (zitiert: *Hohmann/John*, Ausfuhrrecht).

Holthausen, Dieter: Zum Tatbestand des Förderns in den neuen Strafvorschriften des Kriegswaffenkontrollgesetzes (§§ 16-21 KWKG), NJW 1991, 203.

Höfling, Wolfram: Transplantationsgesetz, Berlin 2003 (zitiert: *Höfling/-Bearbeiter*).

Hügel, Herbert / Junge, Wilfried.K / Lander, Carola / Winkler, Karl-Rudolf: Deutsches Betäubungsmittelrecht, Recht des Verkehrs mit Suchtstoffen und psychotropen Stoffen, Stuttgart 2009 (zitiert: *Hügel/Junge/-Lander/Winkler*, Deutsches Betäubungsmittelrecht).

Jakobs, Günther: Strafrecht Allgemeiner Teil. Die Grundlagen und die Zurechnungslehre, 2. Auflage, Berlin 1993 (zitiert: *Jakobs*, Strafrecht AT).

Jescheck, Hans-Heinrich / Weigend, Thomas: Lehrbuch des Strafrechts. Allgemeiner Teil, 5. Auflage, Berlin 1996 (zitiert: *Jescheck/Weigend*, Strafrecht AT).

Joachimski, Jupp / Haumer, Christine: Betäubungsmittelgesetz, 7. Auflage, Stuttgart 2002 (zitiert: *Joachimski/Haumer*, BtMG).

Jungmann, Carsten: Ein neuer „horror pleni" in den Zivilsenaten des Bundesgerichtshofs? Zum sachgerechten Umgang mit Divergenz- un Grundsatzvorlagen gemäß § 132 GVG zur Sicherung einer einheitlichen Rechtsprechung, JZ 2009, 380.

Karlsruher Kommentar zur StPO, hrsg. von Rolf Hannich, 6. Auflage, München 2008 (zitiert: KK-StPO/*Verfasser*).

Katholnigg, Oskar: Strafgerichtsverfassungsrecht. Kommentar zu den allgemeinen und den die Strafrechtspflege regelnden Vorschriften des Gerichtsverfassungsgesetzes, des Einführungsgesetzes zum Gerichtsverfassungsgesetz und des Gesetzes zur Wahrung der Einheitlichkeit der Rechtsprechung der obersten Gerichtshöfe des Bundes, 3. Auflage, Köln, Berlin, Bonn, München 1999 (zitiert: *Katholnigg,* GVG).

Kienapfel, Diethelm: Der Einheitstäter im Strafrecht, Frankfurt a. M. 1971 (zitiert: *Kienapfel*, Der Einheitstäter im Strafrecht).

Kindhäuser, Urs: Gefährdung als Straftat. Rechtsdogmatische Untersuchungen zur Dogmatik der abstrakten und konkreten Gefährdungsdelikte, Frankfurt 1989 (zitiert: *Kindhäuser*, Gefährdung als Straftat).

Klaws, Tim: Unerlaubtes Handeltreiben mit Betäubungsmitteln; Mittäterschaft; Beihilfe, StRR 2009, 390.

Kluge, Hans-Georg (Hrsg.): Tierschutzgesetz, Stuttgart 2002 (zitiert: *Kluge/-Bearbeiter*).

Kniesel, Michael: Nach der Entscheidung des BVerfG zur Strafbarkeit weicher Drogen: Anfang vom Ende der Drogenpolitik durch Strafrecht, ZRP 1994, 352.

Kotz, Peter: Anmerkung zu OLG München, B. v. 01.12.2005 – 4 St RR 234/05, NStZ 2006, 456.

Kotz, Peter: Praxiswissen Strafverteidigung im Betäubungsmittelrecht, StRR 2010, 301.

Körner, Harald Hans: Arzneimittelgesetz, 6. Auflage, München 2007 (zitiert: *Körner*, AMG).

Körner, Harald Hans: Betäubungsmittelgesetz, 5. Auflage, München 2001 (zitiert: *Körner*, BtMG, 5. Auflage).

Körner, Harald Hans: Betäubungsmittelgesetz, 6. Auflage, München 2007 (zitiert: *Körner*, BtMG).

Körner, Harald Hans: Der Schmuggel und der Handel mit Betäubungsmitteln in Körperöffnungen und im Körper, StV 1988, 448.

Körner, Harald Hans: Der unerlaubte Erwerb und das Sichverschaffen von Betäubungsmitteln, StV 1984, 527.

Körner, Harald Hans: Die Strafrechtspraxis im Labyrinth neuer Betäubungsmittelrechtsbestimmungen, NJW 1993, 233.

Körner, Harald Hans: Neuordnung des Betäubungsmittelrechts, NJW 1982, 673.

Körner, Harald Hans: Strafbarkeit des Handels mit Scheindrogen, NStZ 2000, 95.

Körner, Harald Hans: Zum Betäubungsmittelgesetz, NStZ 1981, 16.

Krack, Ralf: Handeltreiben mit Betäubungsmitteln nach deren Sicherstellung – BGH, NJW 1994, 2162, JuS 1995, 585.

Krack, Ralf: Anmerkung zu BGH, Urt. v. 07.02.2008 – 5 StR 242/07, JR 2008, 342.

Kreuzer, Arthur: Betäubungsmittelstrafrecht – Gedanken, Befunde, Kritik. In: Festschrift für Koichi Miyazawa: Dem Wegbereiter des japanisch-deutschen Strafrechtsdiskurses, hrsg. von Hans-Heiner Kühn, S. 177, Baden-Baden 1995 (zitiert: *Kreuzer*, FS Miyazawa).

Kreuzer, Arthur: Drogen und Delinquenz : eine jugendkriminologisch-empirische Untersuchung der Erscheinungsformen und Zusammenhänge, Wiesbaden 1975 (zitiert: *Kreuzer*, Drogen und Delinquenz).

Kreuzer, Arthur: Reform des Drogenstrafrechts. Kritik des Novellierungsantrags zum Betäubungsmittelgesetz, ZRP 1975, 206.

Kreuzer, Arthur: Strafrecht als Hindernis sinnvoller AIDS-Prophylaxe? Verunsicherung bei Apothekern wegen der Abgabe von Injektionsgerät an Drogenabhängige, NStZ 1987, 268.

Krumdiek, Nicole: Abgrenzung (Mit-)Täterschaf/Beihilfe zum Handeltreiben, Kurierdienste, StRR 2007, 110.

Krumdiek, Nicole: Beihilfe oder (Mit-)Täterschaft?! Abgrenzungskriterien im Betäubungsmittelrecht, StRR 2007, 244.

Krumdiek, Nicole: Cannabis sativa L. und das Aufleben alter Vorurteile, NStZ 2008, 437.

Krumdiek, Nicole: Unerlaubtes Handeltreiben mit Betäubungsmitteln – Abgrenzung der vollendeten zur versuchten (straflosen) Beihilfehandlung, StV 2009, 385.

Krumdiek, Nicole / Wesemann, Horst: Anmerkung zu BGH, B. v. 26.20.2005 – GSSt 1/05, StV 2006, 634.

Krüger, Matthias: Vom Kampf gegen Kampfhunde mit den Mitteln des Strafrechts – Überlegungen zum neuen § 143 StGB de lege ferenda, JR 2002, 1.

Kühl, Kristian: Strafrecht Allgemeiner Teil, 6. Auflage, München 2008 (zitiert: *Kühl*, Strafrecht AT).

Küpper, Georg: Anspruch und wirkliche Bedeutung des Theorienstreits über die Abgrenzung von Täterschaft und Teilnahme, GA 1986, 437.

Lackner, Karl / Kühl, Kristian: Strafgesetzbuch, 24. Auflage, München 2001 (zitiert: *Lackner/Kühl*, 24. Auflage, StGB).

Lackner, Karl / Kühl, Kristian: Strafgesetzbuch, 27. Auflage, München 2011 (zitiert: *Lackner/Kühl*, StGB).

Lenckner, Theodor: Anmerkung zu BGH, Urt. v. 28.02.1997 – 2 StR 556/96, NStZ 1998, 257.

Leipold, Klaus: Begriff des „Handeltreibens“, NJW-Spezial 2007, 232.

Leipold, Klaus: Beihilfe-Strafbarkeit des Drogenkuriers, NJW-Spezial 2007, 234.

Leipold, Klaus: Früher Vollendungszeitpunkt beim Handeltreiben, NJW-Spezial 2006, 40.

Leipold, Klaus: Vollendungszeitpunkt beim BtM-Handeltreiben, NJW-Spezial 2005, 282.

Leipziger Kommentar zum Strafgesetzbuch, Band 4, §§ 80 – 109k StGB, hrsg. von Burkhard Jähnke, Heinrich Wilhelm Laufhütte, Walter Odersky 11. Auflage, Berlin 2001 (zitiert: LK/*Bearbeiter*, 11. Auflage).

Leipziger Kommentar zum Strafgesetzbuch, Band 1, Einleitung, §§ 1 – 31 StGB, hrsg. von Heinrich Wilhelm Laufhütte, Ruth Rissing-van Saan und Klaus Tiedemann, 12. Auflage, Berlin 2006; Band 4, §§ 80 – 109k StGB, hrsg. von Heinrich Wilhelm Laufhütte, Ruth Rissing-van Saan und Klaus

Tiedemann, 12. Auflage, Berlin 2006 (alle zitiert: LK/*Bearbeiter*).

Levinstein, Eduard: Die Morphinsucht, 3. Auflage, Berlin 1883 (zitiert: *Levinstein*, Morphinsucht).

Liemersdorf, Thilo / Miebach, Klaus: Beihilfe zum „Handeltreiben" nach § 11 Abs. 1 des Betäubungsmittelgesetzes, MDR 1979, 981.

Liszt, Franz v.: Strafrechtliche Aufsätze und Vorträge, zweiter Band von 1892 – 1904, Berlin 1905 (zitiert: *Liszt*, Strafrechtliche Aufsätze und Vorträge).

Lorz, Albert / Metzger, Ernst: Tierschutzgesetz, 6. Auflage, München 2008 (zitiert: *Lorz/Metzger*, TierSchG).

Löwe-Rosenberg: Die Strafprozeßordnung und das Gerichtsverfassungsgesetz, Band 10, GVG, EGGVG, hrsg. von Volker Erb, Robert Esser, Ulrich Franke u.a., 26. Auflage, Berlin 2010 (zitiert: LR/*Bearbeiter*).

Lüderssen, Klaus: Das „Recht über sich selbst" – Freigabe von Drogen im Rahmen des Arzneimittelrechts, StV 1994, 508.

Lüttger, Hans: Zur Abgrenzung des objektiven Tatbestandes der §§ 92 und 109f StGB sowie zum Presse- und Funkprivileg des § 109f Abs. 1 Satz 2 StGB, MDR 1966, 629.

Maetzel, Wolf Bogumil: Prozessuale Fragen zum Verfahren vor dem „Großen Senat", MDR 1966, 453.

Malek, Klaus: Betäubungsmittelstrafrecht, 3. Auflage, München 2008 (zitiert: *Malek*, Betäubungsmittelstrafrecht).

Maunz, Theodor / Dürig, Günter: Grundgesetz. Kommentar. Band VI, Art. 83 – 106b GG, hrsg. von Roman Herzog, Matthias Herdegen, Rupert Scholz u.a., 60. Ergänzungslieferung, München Oktober 2010 (zitiert: *Maunz/-Dürig/Bearbeiter*).

Maurach, Reinhart / Zipf, Heinz: Strafrecht Allgemeiner Teil, Teilband 1, Grundlehren des Strafrechts und Aufbau der Straftat, 8. Auflage, Heidelberg 1992 (zitiert: *Maurach/Zipf*, Strafrecht AT I).

Maurach, Reinhart / Gössel, Karl Heinz / Zipf, Heinz: Strafrecht Allgemeiner Teil, Teilband 2, Erscheinungsformen des Verbrechens und Rechtsfolgen der Tat, 7. Auflage, Heidelberg 1989 (zitiert: *Maurach/Gössel/Zipf*, Strafrecht AT II).

Maurer, Hartmut: Allgemeines Verwaltungsrecht, 17. Auflage, München 2009 (zitiert: *Maurer*, Allgemeines Verwaltungsrecht).

Meier, Bernd-Dieter: Strafrechtliche Sanktionen, 3. Auflage, Berlin 2009 (zitiert: *Meier*, Strafrechtliche Sanktionen).

Meyer, Christian: Die Sicherung der Einheitlichkeit höchstrichterlicher Rechtsprechung durch Divergenz- und Grundsatzvorlage – Zur Anrufung der Großen Senate bei den obersten Gerichtshöfen des Bundes, Baden-Baden 1994 (zitiert: *Meyer*, Divergenz- und Grundsatzvorlage).

Meyer-Goßner, Lutz: Strafprozessordnung mit GVG und Nebengesetzen, 53. Auflage, München 2010 (zitiert: *Meyer-Goßner*).

Mitsch, Wolfgang: Straflose Provokation strafbarer Taten. Eine Studie zu Grund und Grenzen der Straffreiheit des agent provocateur, Lübeck 1986 (zitiert: *Mitsch*, Straflose Provokation).

Münchener Kommentar zum Bürgerlichen Gesetzbuch, Band 2, §§ 41 – 432 BGB, hrsg. von Kurt Rebmann, Franz Jürgen Säcker und Roland Rixecker, 5. Auflage, München 2007 (zitiert: MK-BGB/*Bearbeiter*).

Münchener Kommentar zum Strafgesetzbuch, Band 1, §§ 1 – 51 StGB, hrsg. von Wolfgang Joecks und Klaus Miebach, München 2003; Band 2/1, §§ 52–79b StGB, hrsg. von Wolfgang Joecks und Klaus Miebach, München 2005; Band 2/2, §§ 80 – 184f StGB, hrsg. von Wolfgang Joecks und Klaus Miebach, München 2005; Band 3, §§ 185 – 262 StGB, hrsg. von Wolfgang Joecks und Klaus Miebach, München 2003; Band 4, §§ 263 – 358 StGB; §§ 1 – 8, 105, 106 JGG, hrsg. von Wolfgang Joecks und Klaus Miebach, München 2006 (alle zitiert: MK-StGB/*Bearbeiter*); Band 5, Nebenstrafrecht I, hrsg. von Wolfgang Joecks und Klaus Miebach, München 2007 (zitiert: MK-BtMG/*Bearbeiter*); Band 6/1, Nebenstrafrecht II, hrsg. von Wolfgang Joecks und Klaus Miebach, München 2010 (zitiert: MK-GewO/*Bearbeiter*).

Münchener Kommentar zur Zivilprozessordnung mit Gerichtsverfassungsgesetz und Nebengesetzen, Band 3, §§ 946 – 1086 ZPO, EGZPO, GVG, EGGVG, UKlaG, Internationales Zivilprozessrecht; hrsg. von Thomas Rauscher, Peter Wax und Joachim Wenzel, 3. Auflage, München 2008 (zitiert: MK-ZPO/*Bearbeiter*).

Nestler, Cornelius: (Mit-)Täterschaft beim bewaffneten Betäubungsmittelhandel, StV 2002, 504.

Nestler, Cornelius: Grundlagen und Kritik des Betäubungsmittelstrafrechts. In: Handbuch des Betäubungsmittelstrafrechts, hrsg. von. Arthur Kreuzer, München 1998 (zitiert: *Nestler*, Handbuch Betäubungsmittelstrafrecht).

Neuhaus, Ralf: Anmerkung zu BGH, Urt. v. 04.08.1999 – 2 StR 100/99, NStZ 2001, 39.

Niehaus, Holger: Der Begriff des Handeltreibens mit Betäubungsmitteln. Zum Anfragebeschluss des 3. Strafsenats des BGH in diesem Heft S. 209, JR 2005, 192.

Nomos Kommentar zum Strafgesetzbuch, Band 3, Stand 13. Ergänzungslieferung, Baden-Baden März 2003 (zitiert: NK/*Bearbeiter*, 1. Auflage).

Nomos Kommentar zum Strafgesetzbuch, Band 1, §§ 1 - 145d StGB, hrsg. von Hans-Ullrich Paeffgen, 2. Auflage, Baden-Baden 2005 (zitiert: NK/*Bearbeiter*, 2. Auflage).

Nomos Kommentar zum Strafgesetzbuch, Band 1, §§ 1 - 145d StGB, hrsg. von Hans-Ullrich Paeffgen, 3. Auflage, Baden-Baden 2010 (zitiert: NK/*Bearbeiter*).

Oğlakcıoğlu, Mustafa Temmuz / Henne-Bruns, Doris / Wittau, Matthias: Unerlaubte Einfuhr von Betäubungsmitteln durch „Bodypacking" – Rechtliche und medizinische Grundlagen, NStZ 2011, 73.

Ostendorf, Heribert: Grundzüge des konkreten Gefährdungsdelikts, JuS 1982, 426.

Paeffgen, Hans-Ullrich: Betäubungsmittel-Strafrecht und der Bundesgerichtshof. In: 50 Jahre Bundesgerichtshof, Festgabe aus der Wissenschaft, Band IV. Strafrecht, Strafprozeßrecht, hrsg. von Claus Roxin und Gunter Widmaier, S. 695, München 2000 (zitiert: *Paeffgen*, FS 50 Jahre BGH).

Patzak, Jörn / Marcus, Alexander / Goldhausen, Sabine: Cannabis – wirklich eine harmlose Droge? NStZ 2006, 259.

Patzak, Jörn / Goldhausen, Sabine: Die aktuellen Wirkstoffgehalte von Cannabis, NStZ 2011, 76.

Paul, Carsten: Der Begriff des „Handeltreibens" nach dem Betäubungsmittelgesetz, StV 1998, 623.

Paul, Carsten: Zur Rechtsfolge des § 30 a II Nr. 2 BtMG. Zugleich Anmerkung zu BGH, Urt. v. 28.02.1997 – 2 StR 556/96, NStZ 1998, 222.

Pielow, Johann-Christian (Hrsg.): Gewerbeordnung, München 2009 (zitiert: *Pielow/Bearbeiter*).

Polizeiliche Kriminalstatistik 2009, Bundesrepublik Deutschland, hrsg. vom Bundeskriminalamt Kriminalistisches Institut Fachbereich KI 12, Wiesbaden 2010 (zitiert: PKS 2009).

Pottmeyer, Klaus: Kriegswaffenkontrollgesetz, 2.Auflage, Köln, Berlin, Bonn München 1994 (zitiert: *Pottmeyer*, KWKG).

Prütting, Hanns: Anmerkung zu BVerfG, B. v. 09.08.1978 – 2 BvR 831/76, ZZP 1979, 272.

Puppe, Ingeborg: Anmerkung zu BGH, Urt. v. 28.02.2007 – 2 StR 516/06, JR 2007, 299.

Rahlf, Joachim: Der strafrechtliche Begriff des Handeltreibens. In: Festschrift zu Ehren des Strafrechtsausschusses der Bundesrechtsanwaltskammer, hrsg. von Werner Beulke und Eckhart Müller S. 243, Neuwied 2006 (zitiert: *Rahlf*, FS BRAK).

Rath, Jürgen: Grundfälle zum Unrecht des Versuchs, JuS 1998, 1006.

Rehmann, Wolfgang A.: Arzneimittelgesetz, 3. Auflage, München 2008 (zitiert: *Rehmann*, AMG).

Rommeney, Gerhard: Internationale Kontrolle des Opiumhandels und gesetzliche Beschränkung des Betäubungsmittelverkehrs in Deutschland. In:

Festschrift für Ernst Heinitz zum 70. Geburtstag, hrsg. von Hans Lüttger, S. 611, Berlin 1972 (zitiert: *Rommeney*, FS Heinitz).

Rosenau, Henning: Anmerkung zu BGH, Urt. v. 17.06.1997 – 1 StR 119–97, NStZ 1999, 352.

Roxin, Claus: Die Abgrenzung von Täterschaft und Teilnahme in der höchstrichterlichen Rechtsprechung. In: 50 Jahre Bundesgerichtshof, Festgabe aus der Wissenschaft, Band IV. Strafrecht, Strafprozeßrecht, hrsg. von hrsg. von Claus Roxin und Gunter Widmaier, S. 177 München 2000 (zitiert: *Roxin*, FS 50 Jahre BGH).

Roxin, Claus: Strafrecht Allgemeiner Teil, Band I, Grundlagen. Der Aufbau der Verbrechenslehre, 4. Auflage, München 2006 (zitiert: *Roxin*, Strafrecht AT I); Band II, Besondere Erscheinungsformen der Straftat, München 2003 (zitiert: *Roxin*, Strafrecht AT II).

Roxin, Claus: Tatherrschaft und Täterschaft, 8. Auflage, Berlin 2006 (zitiert: *Roxin*, TuT).

Roxin, Claus: Anmerkung zu BGH, Urt. v. 20.08.1991 – 1 StR 273/91 und BGH, Urt. v. 15.01.1992 – 2 StR 267/91, StV 1992, 517.

Roxin, Claus: Anmerkung zu BGH, Anfrageb. v. 10.07.2003 – 3 StR 61/02 und 3 StR 243/02, StV 2003, 619.

Roxin, Claus: Zum Strafgrund der Teilnahme. In: Beiträge zur Rechtswissenschaft. Festschrift für Walter Stree und Johannes Wessels zum 70. Geburtstag, hrsg. von Wilfried Küper und Jürgen Welp, S. 365, Heidelberg 1993 (zitiert: *Roxin*, FS Stree – Wessels).

Roxin, Claus: Zum Beweisverwertungsverbot bei bewusster Missachtung des Richtervorbehalts nach § 105 I StPO, NStZ 2007, 616.

Rönnau, Thomas: Grundwissen – Strafrecht: Erfolgs- und Tätigkeitsdelikte, JuS 2010, 961.

Sachs, Michael (Hrsg.): Grundgesetz, 5. Auflage, München 2009 (zitiert: Sachs/*Bearbeiter*).

Satzger, Helmut / Schmitt, Bertram / Widmaier, Gunter: StGB – Strafgesetzbuch. Kommentar, Köln 2009 (zitiert: SSW-StGB/*Bearbeiter*).

Sax, Walter: Der Bundesgerichtshof und die Täterlehre. Gedanken zum Stachynskij-Urteil, JZ 1963, 329.

Schefold, Dian: Rechtsprechung oder Interpretationsrichtlinie, NJW 1973, 122.

Schefold, Dian: Zweifel des erkennenden Gerichts. Beiträge zur richterlichen Grundsatzvorlage, zur Völkerrechtsverifikation und zur Altrechtsqualifikation durch das Bundesverfassungsgericht, sowie zur Vorabentscheidung im Europarecht, Berlin 1971 (zitiert: *Schefold*, Zweifel des erkennenden Gerichts).

Schiller, Johann Christoph Friedrich v.: Wallenstein. Ein dramatisches Gedicht,

Stuttgart 1862 (zitiert: *Schiller*, Wallenstein).
Schmidhäuser, Eberhard: Strafrecht Allgemeiner Teil, 2. Auflage Tübingen 1984 (zitiert: *Schmidhäuser*, Strafrecht AT).
Schmidt, Detlev: Die Entwicklung des Betäubungsmittelstrafrecht bis Mitte 2005, NJW 2005, 3250.
Schmidt, Detlev: Die Entwicklung des Betäubungsmittelstrafrecht bis Mitte 2007, NJW 2007, 3252.
Schmidt, Detlev: Die Entwicklung des Betäubungsmittelstrafrecht bis Mitte 2009, NJW 2009, 2999.
Schmidt, Eberhard: Zur Auslegung des § 136 GVG, MDR 1958, 815.
Schmidt, Hans Wolfgang: Hinweise zum Betäubungsmittelgesetz, MDR 1960, 969.
Schmidt, Hans Wolfgang: Fragen des Betäubungsmittelstrafrechts, MDR 1982, 881.
Schober, Oskar: Gewerbefreiheit beim Handel mit Tieren und bei der Haltung gefährlicher (wilder) Tiere, GewArch 1976, 324.
Schönke, Adolf / Schröder, Horst: Strafgesetzbuch, Gesamtred. Albin Eser, 28. Auflage, München 2010 (zitiert: *Schönke/Schröder/Bearbeiter*).
Schoreit, Armin: Anmerkung zu BGH, B. v. 05.11.1991 – 1 StR 361/91, NStZ 1992, 496.
Schröder, Horst: Die Gefährdungsdelikte im Strafrecht, ZStW 81 (1969), 7.
Schröder, Horst: Die Unternehmensdelikte. In: Tübinger Festschrift für Eduard Kern, S. 457, Tübingen 1968 (zitiert: *Schröder*, FS Kern).
Schroth, Ulrich: Das Organhandelsverbot, Legitimität und Inhalt einer paternalistischen Strafrechtsnorm. In: Festschrift für Claus Roxin zum 70. Geburtstag, hrsg. von Bernd Schünemann, Hans Achenbach, Wilfried Bottke u.a., S. 869, Berlin, New York 2001 (zitiert: *Schroth*, FS Roxin).
Schroth, Ulrich: Die Cross-over-Spende – Die Notwendigkeit einer gesetzesüberschreitenden Rechtsfortbildung. In: Recht gestalten – dem Recht dienen. Festschrift für Reinhard Böttcher zum 70. Geburtstag, hrsg. von Heinz Schöch, Roland Helgerth, Dieter Dölling u.a., S. 535, Berlin 2007 (zitiert: *Schroth*, FS Böttcher).
Schroth, Ulrich / König, Peter / Gutmann, Thomas / Oduncu, Fuat: Transplantationsgesetz, München 2005 (zitiert: *Schroth/König/Gutmann/Oduncu/-Bearbeiter*).
Schroth, Ulrich: Anmerkung zu BSG, Urt. v. 10.12.2003 – B 9 VS 1/01 R, JZ 2004, 469.
Schünemann, Bernd: Der polizeiliche Lockspitzel – Kontroverse ohne Ende? Kritische Anmerkung zum Vorlagebeschluß des 2. Strafsenats vom 4.6.1985, StV 1995 424.

Schünemann, Bernd: Moderne Tendenzen in der Dogmatik der Fahrlässigkeits- und Gefährdungsdelikte, JA 1975, 787.

Schütz-Scheifele, Kornelie: Betäubungsmittelstrafrecht in der Bundesrepublik Deutschland und in Großbritannien aus rechtsvergleichender Sicht, Rheinfelden 1988 (zitiert: *Schütz-Scheifele*, Betäubungsmittelstrafrecht).

Schütz-Scheifele, Kornelie: Drogenkriminalität und ihre Bekämpfung: Das Deutsche Betäubungsmittelstrafrecht, 2. Auflage, Freiburg 1993 (zitiert: *Schütz-Scheifele*, Drogenkriminalität und ihre Bekämpfung).

Schwarzburg, Peter: Tatbestandsmäßigkeit und Rechtswidrigkeit der polizeilichen Tatprovokation, Göttingen 1991 (zitiert: *Schwarzburg*, Tatbestandsmäßigkeit und Rechtswidrigkeit der polizeilichen Tatprovokation).

Schwitters, Jan Hendrik: Die Vorverlagerung der Strafbarkeit beim unerlaubten Handeltreiben im Betäubungsmittelstrafrecht, Konstanz 1998 (zitiert: *Schwitters*, Die Vorverlagerung beim Handeltreiben).

Seelmann, Kurt: Zur materiell-rechtlichen Problematik des V-Mannes. Die Strafbarkeit des Lockspitzels und des Verlockten, ZStW 95 (1983), 797.

Slotty, Martin: Das Betäubungsmittelgesetz 1982 – Kurzbericht für die Strafrechtspraxis, NStZ 1981, 321.

Sommer, Bertold: Sondervotum zu BverfG, B. v. 09.03.1994 – 2 BvL 43/92 u.a, NJW 1994, 1577.

Sowoda, Christoph: Das „unechte Unternehmensdelikt" – eine überflüssige Rechtsfigur, GA 1988, 195.

Steindorf, Joachim / Heinrich, Bernd / Papsthart, Christian: Waffenrecht, 9. Auflage, München 2010 (zitiert: *Steindorf/Heinrich/Papsthart/Bearbeiter*, WaffR).

Strate, Gerhard: Mit Taktik zur Wahrheitsfindung. Probleme der Verteidigung in Betäubungsmittelverfahren, ZRP 1987, 314.

Sturm, Richard: In: Beratungen des Sonderausschusses für die Strafrechtsreform, V. Wahlperiode, S. 1649, 1823, 1825 (zitiert: *Sturm*, Beratungen des Sonderausschusses für die Strafrechtsreform).

Systematischer Kommentar zum Strafgesetzbuch, Band 1, §§ 1 – 37, hrsg. von Hans-Joachim Rudolphi und Jürgen Wolter, 125. Lieferung, Köln Oktober 2010; Band 5, §§ 267 – 358, hrsg. von Hans-Joachim Rudolphi und Jürgen Wolter, 125. Lieferung, Köln Oktober 2010 (alle zitiert: SK-StGB/*Bearbeiter*).

Topf, Peter: Anmerkung zu BGH, Urt. v. 01.07.1954 – 3 StR 657/53, NJW 1954, 1898.

Tinkl, Cristina: Anmerkung zum Urteil des EuGH vom 16.6.2005 - C-105/03 (Pupino), StV 2006, 36.

Tröndle, Herbert / Fischer, Thomas: Strafgesetzbuch und Nebengesetze, 51.

Auflage, München 2003 (zitiert: *Tröndle/Fischer*, StGB).
Vahle, Jürgen: Recht Aktuell. Handeltreiben mit Scheindrogen, Kriminalistik 2007, 475.
Vogler, Theo: Die Begünstigungshandlung. Zum Begriff „Hilfe leisten" in § 257 StGB. In: Festschrift für Eduard Dreher zum 70. Geburtstag, hrsg. von Hans-Heinrich Jescheck und Hans Lüttger, S. 405, Berlin, New -York 1977 (zitiert: *Vogler*, FS Dreher).
Wassermann, Rudolf: Gesetzgebungshektik? Der plötzliche Eifer des Normgebers beim Kampf gegen die „Kampfhunde", NJW 2000, 2560.
Weber, Klaus: Anmerkung zu BGH, Urt. v. 07.02.2008 – 5 StR 242/07, NStZ 2008, 467.
Weber, Klaus: Betäubungsmittelgesetz, 3. Auflage. München 2009 (zitiert: *Weber*, BtMG).
Weber, Klaus: Der Begriff des Handeltreibens, Baden-Baden 2008 (zitiert: *Weber*, Handeltreiben).
Weber, Klaus: Der Begriff des Handeltreibens im Betäubungsmittelstrafrecht. Zur Entwicklung der Rechtsprechung nach dem Beschluss des großen Senats für Strafsachen des BGH vom 26.10.2005, JR 2007, 400.
Weber, Klaus: Nichts Neues vom Handeltreiben. Zum Beschluss des großen Senats für Strafsachen des BGH vom 26.10.2005, JR 2006, 139.
Weber, Klaus: Was lässt der Beschluss des 3. Strafsenats des BGH vom 10.07.2003 vom Handeltreiben übrig?, NStZ 2004, 66.
Weider, Hans-Joachim: Vom Dealen mit Drogen und Gerechtigkeit, Strafwissenschaftliche Analyse und Kritik der Verteidigung in Betäubungsmittelsachen, Mönchengladbach 2000 (zitiert: *Weider,* Vom Dealen mit Drogen und Gerechtigkeit).
Wessels, Johannes / Beulke, Werner: Strafrecht Allgemeiner Teil. Die Straftat und ihr Aufbau, 40. Auflage, Heidelberg 2010 (zitiert: *Wessels/Beulke*, Strafrecht AT).
Wessels, Johannes / Hettinger, Michael: Strafrecht Besonderer Teil 1. Straftaten gegen Persönlichkeits- und Gemeinschaftswerte, 34. Auflage, Heidelberg 2010 (zitiert: *Wessels/Hettinger*, Strafrecht BT I).
Wessels, Johannes / Hillenkamp, Thomas: Strafrecht Besonderer Teil 2. Straftaten gegen Vermögenswerte, 33. Auflage, Heidelberg 2010 (zitiert: *Wessels/Hillenkamp*, Strafrecht BT II).
Winkler, Walter: Anmerkung zu BGH, Urt. v. 07.02.2008 – 5 StR 242/07, jurisPR-StrafR 10/2008.
Winkler, Walter: Verbrechen und Vergehen gegen das Betäubungsmittelgesetz, NStZ 2004, 376.
Winkler, Walter: Verbrechen und Vergehen gegen das Betäubungsmittelgesetz,

NStZ 2005, 315.
Winkler, Walter: Verbrechen und Vergehen gegen das Betäubungsmittelgesetz, NStZ 2006, 328.
Winkler, Walter: Verbrechen und Vergehen gegen das Betäubungsmittelgesetz, NStZ 2007, 317.
Winkler, Walter: Verbrechen und Vergehen gegen das Betäubungsmittelgesetz, NStZ 2008, 444.
Winkler, Walter: Verbrechen und Vergehen gegen das Betäubungsmittelgesetz, NStZ 2009, 433.
Winkler, Walter: Verbrechen und Vergehen gegen das Betäubungsmittelgesetz, NStZ 2010, 685.
Wagner, Hans-Jochen / Kallin, Ulf / Kruse, Michael: Betäubungsmittelstrafrecht, 2. Auflage, Baden-Baden 2004 (zitiert: *Wagner/Kallin/Kruse*, Betäubungsmittelstrafrecht).
Wohlers, Wolfgang: Deliktstypen des Präventionsstrafrechts – zur Dogmatik „moderner" Gefährdungsdelikte, Berlin 2000 (zitiert: *Wohlers*, Deliktstypen des Präventionsstrafrechts).
Wolters, Gereon: Betäubungsmittel als taugliche Objekte eines Eigentumsdelikts. In: Recht – Wirtschaft – Strafe. Festschrift für Erich Samson zum 70. Geburtstag, hrsg. von Wolfgang Joecks, Heribert Ostendorf, Thomas Rönnau u.a., S. 495, Heidelberg 2010 (zitiert: *Wolters*, FS Samson).
Wolters, Gereon: Das Unternehmensdelikt, Baden-Baden 2001 (zitiert: *Wolters*, Unternehmensdelikt).
Zaczyk, Rainer: Anmerkung zu BGH, Urt. v. 28.02.2997 – 2 StR 556/96, JR 1998, 254.
Zimmermann, Theo: Der Wortlaut des Gesetzes im Spiegel der höchstrichterlichen Rechtsprechung, NJW 1956, 1262.
Zöller, Richard: Zivilprozessordnung mit Gerichtsverfassungsgesetz und den Einführungsgesetzen, mit Internationalem Zivilprozessrecht, EG-Verordnung, Kostenanmerkung, 28. Auflage, Köln 2010 (zitiert: *Zöller/-Bearbeiter*).
Zschockelt, Alfons: Verbrechen und Vergehen gegen das Betäubungsmittelgesetz, NStZ 1996, 222.

SCHRIFTEN ZUM STRAFRECHT UND STRAFPROZESSRECHT

Herausgegeben von Manfred Maiwald und Carsten Momsen

Band 1 Christian-Peter Frees: Die steuerrechtliche Selbstanzeige. Zur kriminalpolitischen Zweckmäßigkeit des § 371 AO. 1991.

Band 2 Norbert Joachim: Der Hörensagenbeweis im Strafverfahren. 1991.

Band 3 Alfred A. Göbel: Die Einwilligung im Strafrecht als Ausprägung des Selbstbestimmungsrechts. 1991.

Band 4 Karl-Heinz Vehling: Die Abgrenzung von Vorbereitung und Versuch. 1991.

Band 5 Heiko Hartmut Lesch: Das Problem der sukzessiven Beihilfe. 1992.

Band 6 Dirk Schwerdtfeger: Besondere persönliche Unrechtsmerkmale. 1992.

Band 7 Stefan Göhring: Polizeiliche Kontrollstellen und Datenverarbeitung. § 163 d StPO und novellierte Polizeigesetze der Länder zwischen Strafverfolgung, Gefahrenabwehr und vorbeugender Straftatenbekämpfung. 1992.

Band 8 Werner Kemper: Horizontale Teilrechtskraft des Schuldspruchs und Bindungswirkung im tatrichterlichen Verfahren nach der Zurückverweisung. §§ 353, 354 Abs. 2 StPO. 1993.

Band 9 Ovvadias Namias: Die Zurechnung von Folgeschäden im Strafrecht. 1993.

Band 10 Jan Zopfs: Unfallflucht bei eindeutiger Haftungslage? Unverzüglichkeitsgebot und Wahlmöglichkeit in § 142 Abs. 2 und 3 StGB. 1993.

Band 11 Stefan Hiebl: Ausgewählte Probleme des Akteneinsichtsrechts nach § 147 StPO. 1994.

Band 12 Ralf Krack: List als Straftatbestandsmerkmal. Zugleich ein Beitrag zu Täuschung und Irrtum beim Betrug. 1994.

Band 13 Henning Radtke: Zur Systematik des Strafklageverbrauchs verfahrenserledigender Entscheidungen im Strafprozeß. 1994.

Band 14 Bernd J. A. Müssig: Schutz abstrakter Rechtsgüter und abstrakter Rechtsgüterschutz. Zu den materiellen Konstitutionskriterien sog. Universalrechtsgüter und deren normentheoretischem Fundament – am Beispiel der Rechtsgutsbestimmung für die §§ 129, 129a und 324 StGB. 1994.

Band 15 Heinz Koriath: Über Beweisverbote im Strafprozeß. 1994.

Band 16 Burkhard Niepoth: Der untaugliche Versuch beim unechten Unterlassungsdelikt. 1994.

Band 17 Karsten Altenhain: Die Strafbarkeit des Teilnehmers beim Exzeß. 1994.

Band 18 Ina Walbaum: Schuldspruch in der Revisionsinstanz nach freisprechendem Urteil des Tatgerichts. 1996.

Band 19 Birgit Dalbkermeyer: Der Schutz des Beschuldigten vor identifizierenden und tendenziösen Pressemitteilungen der Ermittlungsbehörden. 1994.

Band 20 Thomas Hackner: Der befangene Staatsanwalt im deutschen Strafverfahrensrecht. 1995.

Band 21 Hartmut Loritz: Kritische Betrachtungen zum Wert des strafprozessualen Zwischenverfahrens. 1996.

Band 22 Heinz-Hermann Berghof: Therapie und Strafe im Betäubungsmittelrecht. Recht und Wirklichkeit der Behandlung Drogenabhängiger unter besonderer Berücksichtigung der §§ 35 ff BtMG. 1995.

Band 23 Oliver Mertens: Strafprozessuale Grundrechtseingriffe und Bindung an den Wortsinn der ermächtigenden Norm. 1996.

Band 24 Sönke Bahnsen: Das Akteneinsichtsrecht der Verteidigung im Strafverfahren. Dogmatische Grundlagen und Einzelprobleme im Lichte einer rechtsstaatlichen Verfahrensgestaltung. 1996.

Band 25 Dirk Schwieger: Der Vorteilsbegriff in den Bestechungsdelikten des StGB. 1996.

Band 26 Stephanie Meinecke: Die Auswirkungen von Verfahrensfehlern auf die Strafbarkeit nach den Aussagedelikten. 1996.

Band 27 Ute Lambrecht: Strafrecht und Disziplinarrecht. Abhängigkeiten und Überschneidungen. 1997.

Band 28 Carsten Momsen: Verfahrensfehler und Rügeberechtigung im Strafprozeß. Die Strukturen der Revisionsberechtigung unter besonderer Berücksichtigung des Begriffs "Rechtsnormen, die lediglich zugunsten des Angeklagten gegeben sind" in § 339 StPO. 1997.

Band 29 Ursula Epp: Die Abgeordnetenbestechung – § 108 e StGB. 1997.

Band 30 Bernd Scheiff: Wann beginnt der Strafrechtsschutz gegen kriminelle Vereinigungen (§ 129 StGB)? 1997.

Band 31 Ulrike Fontaine: Max Grünhut (1893-1964). Leben und wissenschaftliches Wirken eines deutschen Strafrechtlers jüdischer Herkunft. 1998.

Band 32 Claudia Keiser: Das Kindeswohl im Strafverfahren. Zur Notwendigkeit eines am Kindeswohl orientierten Umgangs mit minderjährigen Opfern und Zeugen, den Möglichkeiten de lege lata und den Erfordernissen de lege ferenda. 1998.

Band 33 Wiebke Schürer-Mohr: Erlaubte Risiken. Grundfragen des "erlaubten Risikos" im Bereich der Fahrlässigkeitsdogmatik. 1998.

Band 34 Stephan Voigtel: Zum Freibeweis bei Entscheidungen der Strafvollstreckungskammer. Eine Untersuchung zu ausgewählten Fragen des Beweisrechts im gerichtlichen Verfahren in Strafvollstreckungs- und Strafvollzugssachen. 1998.

Band 35 Volkmar Wißgott: Das Beweisantragsrecht im Strafverfahren als Kompensation der richterlichen Inquisitionsmaxime. Die Judikatur des Reichsgerichts zum strafprozessualen Beweisrecht. 1998.

Band 36 Susanne Merz: Strafrechtlicher Ehrenschutz und Meinungsfreiheit. 1998.

Band 37 Uwe Schlömer: Der elektronisch überwachte Hausarrest. Eine Untersuchung der ausländischen Erfahrungen und der Anwendbarkeit in der Bundesrepublik Deutschland. 1998.

Band 38 Michael Liedke: Die Vermögensstrafe gemäß § 43a StGB in ihrer kriminalpolitischen Bedeutung. 1999.

Band 39 Danja Domeier: Gesundheitsschutz und Lebensmittelstrafrecht. Zur Konkretisierung der Verkehrspflichten und ihrer Strafbewehrung, insbesondere mit Blick auf §§ 8 ff. LMBG. 1999.

Band 40 Ritva Westendorf: Die Pflicht zur Verhinderung geplanter Straftaten durch Anzeige. Eine kritische Betrachtung der §§ 138, 139 StGB im Kontext der Unterlassungsdelikte. 1999.

Band 41 Hans Theile: Tatkonkretisierung und Gehilfenvorsatz. 1999.

Band 42 Nicole Lange: Vorermittlungen. Die Behandlung des staatsanwaltschaftlichen Vorermittlungsverfahrens unter besonderer Berücksichtigung von Abgeordneten, Politikern und Prominenten. 1999.

Band 43 Tanja Gunder: Der Umgang mit Kindern im Strafverfahren. Eine empirische Untersuchung zur Strafverfolgung bei Sexualdelinquenz. 1999.

Band 44 Sven-Markus Thiel: Die Konkurrenz von Rechtfertigungsgründen. 2000.

Band 45 Jan Schlüter: Die Strafbarkeit von Unternehmen in einer prozessualen Betrachtung nach dem geltenden Strafprozeßrecht. 2000.

Band 46 Detlef Heise: Der Insiderhandel an der Börse und dessen strafrechtliche Bedeutung. Eine Untersuchung des neuen deutschen Insiderrechts speziell unter Bezugnahme auf die strafrechtstheoretischen und strafrechtsdogmatischen Grundlagen. 2000.

Band 47 Hermann Wichmann: Das Berufsgeheimnis als Grenze des Zeugenbeweises. Ein Beitrag zur Lehre von den Beweisverboten. 2000.

Band 48 Rainer T. Cherkeh: Betrug (§ 263 StGB), verübt durch Doping im Sport. 2000.

Band 49 Kristian Hohn: Die Zulässigkeit materieller Beweiserleichterungen im Strafrecht. Eine Untersuchung über Erscheinungsformen und Grenzen der Lösung beweisrechtlicher Probleme im materiellen Strafrecht. 2000.

Band 50 Malte Rabe von Kühlewein: Der Richtervorbehalt im Polizei- und Strafprozeßrecht. 2001.

Band 51 Donata Meinecke: Die Gesetzgebungssystematik der Versuchsstrafbarkeit von Verbrechen und Vergehen im StGB. 2001.

Band 52 Joachim Bock: Begriff, Inhalt und Zulässigkeit der Beweislastumkehr im materiellen Strafrecht. 2001.

Band 53 Gabriele Rose: Grenzen der journalistischen Recherche im Strafrecht und Strafverfahrensrecht. 2001.

Band 54 Wiebke Reitemeier: Täuschungen vor Abschluß von Arbeitsverträgen. Zum Verhältnis zwischen dem Straftatbestand des Betrugs und dem Anfechtungsrecht wegen arglistiger Täuschung (§§ 263 Abs. 1 StGB, 123 Abs. 1 Alt. 1 BGB). 2001.

Band 55 Peter Rackow: Das DNA-Identitätsfeststellungsgesetz und seine Probleme. 2001.

Band 56 Frank Zschieschack: Geiselnahme und erpresserischer Menschenraub (§§ 239a, 239b StGB) im Zwei-Personen-Verhältnis. 2001.

Band 57 Natascha Sëyfi: Das Sicherungsverfahren (§§ 413 - 416 StPO). 2002.

Band 58 Dirk Seiler: Die *Sperrwirkung* im Strafrecht. 2002.

Band 59 Dorothee Sydow: Die actio libera in causa nach dem Rechtsprechungswandel des Bundesgerichtshofs. 2002.

Band 60 Inga Metrikat: Die Unterbringung in einer Entziehungsanstalt nach § 64 StGB – Eine Maßregel im Wandel? Eine vergleichende, empirische Untersuchung zur Entscheidung des Bundesverfassungsgerichts vom 16.03.1994, BVerfGE 91, 1 ff. 2002.

Band 61 Sabine Caroline Bechtoldt: Die Erledigungserklärung im Maßregelvollzug des § 63 StGB. Eine empirische Untersuchung der Erledigungserklärung und zugleich rechtsdogmatische Erörterung ihrer Rechtskraftproblematik. 2002.

Band 62 Sandra Schulte-Nover: Strafrichter in Deutschland und England. Ein systematischer Rechtsvergleich im Hinblick auf die richterlichen Kompetenzen im Strafverfahren. 2003.

Band 63 Tim Schurig: Belehrung und Beratung des Beschuldigten über sein Aussageverhalten. Eine gemeinsame Aufgabe von Gericht und Verteidigung? 2003.

Band 64 Markus Laski: Die strafrechtlichen Bezüge des Bundes-Bodenschutzgesetzes. 2003.

Band 65 Gunnar Lüer: Die Versäumung im Berufungsverfahren. Das strafprozessuale Anwesenheitsprinzip im Spannungsfeld von autonomer Subjektstellung und öffentlichen Interessen am Beispiel des § 329 Abs. 1,2 StPO. 2003.

Band 66 Thomas Grützner: Die Sanktionierung von Submissionsabsprachen. Eine Untersuchung der bestehenden Möglichkeiten einer Bekämpfung von Submissionsabsprachen unter besonderer Berücksichtigung des § 298 StGB. 2003.

Band 67 Bettina Noltenius: Kriterien der Abgrenzung von Anstiftung und mittelbarer Täterschaft. Ein Beitrag auf der Grundlage einer personalen Handlungslehre. 2003.

Band 68 Bettina Kraft: Tendenzen in der Entwicklung des Jugendstrafrechts seit der Jugendgerichtsbewegung. 2004.

Band 69 Jessica Däbritz: Die Bestimmung strafbaren fahrlässigen Verhaltens in der Forschung am Beispiel ärztlicher Humanerprobungen. Ein Beitrag zur methodischen Ermittlung und inhaltlichen Bestimmung von Sorgfaltspflichten in der Humanforschung. 2004.

Band 70 Maike Steenbock: Über die Unfallflucht als Straftat. Eine kritische Untersuchung zum Zusammenhang der Strafbarkeit der Unfallflucht mit den Besonderheiten des Straßenverkehrs. 2004.

Band 71 Holger Mann: Beschleunigungspotential im Jugendstrafverfahren. 2004.

Band 72 Dorothee Krutisch: Strafbarkeit des unberechtigten Zugangs zu Computerdaten und -systemen. 2004.

Band 73 Heinz-Helmut Fuhrmann: Das Begehen der Straftat gem. § 25 Abs. 1 StGB. Unter besonderer Berücksichtigung der sogenannten "eigenhändigen" Delikte. 2004.

Band 74 Gerwin M. Moldenhauer: Eine Verfahrensordnung für Absprachen im Strafverfahren durch den Bundesgerichtshof? 2004.

Band 75 Dirk Busch: Konzernuntreue. Eine Untersuchung spezifischer Untreuestrafbarkeit innerhalb von Konzernverbindungen mit Aktiengesellschaften und Gesellschaften mit beschränkter Haftung. 2004.

Band 76 Mitsuru Iijima: Die Entwicklung des strafrechtlichen Unrechtsbegriffs in Japan. Eine kritische Betrachtung aus strafrechtsdogmatischer und rechtsphilosophischer Perspektive. 2004.

Band 77 Lena Barbara Kötter: Private Elemente in der Strafvollstreckung. Zur Privatisierung von Bewährungshilfe, Gerichtshilfe und gemeinnütziger Arbeit. 2004.

Band 78 Martin Maria Laufen: Der Wucher (§ 291 Abs. 1 Satz 1 StGB). Systematische Einordnung und dogmatische Struktur. 2004.

Band 79 Maike Aselmann: Die Selbstbelastungs- und Verteidigungsfreiheit. Ein Beitrag zu den Garantiewirkungen von Verfahrensrechten im Hinblick auf die Beweiswürdigung, Strafzumessung und Strafbarkeit des Beschuldigten im Strafprozess. 2004.

Band 80 Ingmar Wolf: Graffiti als kriminologisches und strafrechtsdogmatisches Problem. 2004.

Band 81 Misuk Son: Straftatfolgen im deutschen und koreanischen Strafrecht. Ein prinzipieller Vergleich. 2004.

Band 82 Matthias Saal: Die Beteiligung an einer Schlägerei (§ 231 StGB). Ein Plädoyer für die Streichung der schweren Folge. 2004.

Band 83 Michael Stüber: Die Entwicklung des Prinzips der Unmittelbarkeit im deutschen Strafverfahren. 2005.

Band 84 Patrick Gerberding: Das Rechtsmittelsystem im US-amerikanischen Strafverfahren. Eine rechtsvergleichende Betrachtung. 2005.

Band 85 Rouven Seeberg: Aufgedrängte Nothilfe, Notwehr und Notwehrexzess. 2005.

Band 86 Andre Knoerchen: Schadenswiedergutmachung über anwaltliche Schlichtungsstellen. Rechtsökonomische Analyse eines Modellprojekts. 2005.

Band 87 Andreas Quante: Sanktionsmöglichkeiten gegen juristische Personen und Personenvereinigungen. 2005.

Band 88 Gundula Momsen-Pflanz: Die sportethische und strafrechtliche Bedeutung des Dopings. Störung des wirtschaftlichen Wettbewerbs und Vermögensrelevanz. 2005.

Band 89 Klaus Kleinbauer: Rechtsmittelverzicht und Rechtsmittelzurücknahme des Beschuldigten im Strafprozeß. 2006.

Band 90 Manuel Fumagalli: Rechtsprobleme vorgeburtlicher Diagnoseverfahren. Die personenrechtliche Begründung von Pränataldiagnostik und Präimplantationsdiagnostik. 2006.

Band 91 Matthias Dann: Staatliche Tatprovokation im deutschen, englischen und schottischen Recht. Rechtsvergleichende Untersuchung unter besonderer Berücksichtigung europäischer und internationaler Entwicklungslinien. 2006.

Band 92 Shahryar Ebrahim-Nesbat: Die Herausbildung der strafrechtlichen Teilnahmeformen im 19. Jahrhundert. 2006.

Band 93 Christoph Paglotke: Notstand und Notwehr bei Bedrohungen innerhalb von Prozesssituationen. 2006.

Band 94 Sebastian Olk: Die Abgabe von Sacherklärungen des Angeklagten durch den Verteidiger. 2006.

Band 95 Bernadette Pape: Legalverhalten nach Sexualdelinquenz. Eine empirische Analyse der Delinquenzkarrieren nach Sexualstraftaten an Kindern. 2007.

Band 96 Uttam Das: Möglichkeiten der Angleichung materiellen Strafrechts zwischen England und Deutschland im Rahmen des Art. K 31 EUV. 2007.

Band 97 Dennis Miller: Die Beteiligung am Verbrechen nach italienischem Strafrecht. Ein Beitrag zur Geschichte und Gegenwart von Einheits- und Differenzierungsmodellen der strafbaren Beteiligung mehrerer Personen. 2007.

Band 98 Michael Nehring: Kriminelle und terroristische Vereinigungen im Ausland. Auslegung und Analyse des im Zuge der Terrorismusbekämpfung nach dem 11. September 2001 geschaffenen § 129b Strafgesetzbuch. 2007.

Band 99 Bernadette Berger: Das Gesinnungsmoment im Strafrecht. 2008.

Band 100 Peter Rackow: Neutrale Handlungen als Problem des Strafrechts. 2007.

Band 101 Simone Mölders: Bestechung und Bestechlichkeit im internationalen geschäftlichen Verkehr. Zur Anwendbarkeit des § 299 StGB auf Sachverhalte mit Auslandsbezug. 2009.

Band 102 Anke David: Die Entwicklung des Mordtatbestandes im 19. Jahrhundert. 2009.

Band 103 Arne Habenicht: Die Beteiligung an sexuellen Gewalttaten. 2009.

Band 104 Marwan Hamdan: Drittmittelforschung in der Medizin. Eine Gratwanderung zwischen strafbarer Vorteilsannahme und verfassungsgarantierter Forschungsfreiheit. 2009.

Band 105 Carl-Friedrich von Scherenberg: Die sozialethischen Einschränkungen der Notwehr. 2009.

Band 106 Andreas Poppe: Die Akzessorietät der Teilnahme. Eine kritische Analyse der dogmatischen Grundlagen. 2011.

Band 107 Jonathan Burmeister: Die schuldangemessene Bewertung von Ehrenmorden im deutschen Strafrecht. Differenzierte Schuldmerkmale auf Tatbestandsebene bei sonstigen niedrigen Beweggründen. 2011.

Band 108 Philipp Reinhold: Amtsträgerbestechung. Unrechtsgehalt und Grenzen der §§ 331 ff. StGB. 2011.

Band 109 Simone Reiß: Verbotsirrtum und Subventionsbetrug. Unter Berücksichtigung der Besonderheiten bei der betrügerischen Erlangung von EU-Subventionen. 2012.

Band 110 Johannes Altenburg: Die Unlauterkeit in § 299 StGB. Ein Beitrag zur Harmonisierung von Strafrecht und Wettbewerbsrecht. 2012.

Band 111 Christoph Skoupil: Handeltreiben mit Betäubungsmitteln. Strafbarkeitsvorverlagerungen vor und nach der Entscheidung des Großen Senats für Strafsachen vom 26.10.2005. 2012.